İNSAN ÖTESİ GELECEĞİMİZ

BİYOTEKNOLOJİ DEVRİMİNİN SONUÇLARI

FRANCIS FUKUYAMA

ODTÜ
Yayıncılık

İNSAN ÖTESİ GELECEĞİMİZ
BİYOTEKNOLOJİ DEVRİMİNİN SONUÇLARI

ISBN 975-7064-74-2

ODTÜ
Yayıncılık

ODTÜ Geliştirme Vakfı
Yayıncılık ve İletişim A.Ş. Yayınları
ODTÜ Yayıncılık

Çeviren:
Çiğdem AKSOY FROMM

Yayına Hazırlayan:
Cem KAMÖZÜT

Kapak Tasarımı
Çetin ALATAŞ

Sayfa Düzeni:
Emrullah ÖZ

1. Basım Ekim 2003
Özkan Matbaacılık Gaz. San. ve Tic. L. Ş.

ODTÜ Geliştirme Vakfı **Yayıncılık ve İletişim A.Ş.**
İnönü Bulvarı, ODTÜ Yerleşkesi 06531 ANKARA
Tlf.: (312) 210 38 70 - 210 38 73
Faks: (312) 210 15 49
E-posta: odtuyayincilik@tr.net
metupres@tr.net
İnternet: www.metupress.com.tr

John Sebastian için.

Yeter: Politikanın farklı bir anlamı olacağı dönem geliyor.
Friedrich Nietzsche, *Güç İstenci*, Bölüm 960[1]

İÇİNDEKİLER

ÖNSÖZ

Biyoteknoloji konusunda bir kitap yazmak, geçen yıllarda özellikle kültür ve ekonomi konularıyla ilgilenmiş olan bir kişi için oldukça büyük bir adım sayılırsa da, aslında bu çılgınlığa belirli bir yöntem ile ulaşılmıştır.

1999 yılının başlarında The National Interest'in editörü olan Owen Harries benden geçen on yılın ardından, ilk olarak 1989 yazında yayımlanmış olan "Tarihin Sonu mu?" başlıklı makaleme ilişkin bir retrospektif yazmamı istedi. Sözü edilen makalemde, tarihin 1806'da sona erdiğini söylerken Hegel'in haklı olduğunu iddia etmiştim; çünkü tarihte Hegel'in, Napolyon'un Jena Savaşı'nda kazandığı zafer sayesinde pekişmiş olduğunu ileri sürdüğü Fransız Devrimi'nin ilkelerinin ötesine geçmeyi başaran önemli politik bir gelişme yer almamıştır. Komünizmin 1989'daki çöküşü, küresel anlamda liberal bir demokrasiye doğru daha geniş kapsamlı bir yönelimin yalnızca habercisiydi.

O zamanlar kaleme almış olduğum söz konusu özgün yazıyı eleştirenlerin çoğunun düşüncelerini gözden geçirdiğimde, çürütülmesi olanaksız tek iddianın, bilimin sonu gelmediği sürece tarihin de sona ermeyeceği şeklindeki sav olduğunu düşünmüştüm.

Bir önceki kitabım olan Tarihin Sonu ve Son İnsan'da ilerlemeci evrensel bir tarihin mekanizmasını açıklarken belirttiğim gibi, modern fen bilimleri ile bu bilimlerin ortaya çıkmasını sağladığı teknolojinin baş göstermesi tarihin başta gelen itici güçlerindendir. Yirminci yüzyılın sonlarında ortaya çıkan teknolojinin büyük bölümü, örneğin Bilgi Devrimi denilen şey, liberal demokrasinin yayılmasında oldukça önemli bir rol oynamıştır. Bununla birlikte, bilimin sonuna yaklaşmış filan değiliz ve işin aslı şu ki, yaşam bilimlerinde anıtsal bir ilerleme döneminin ortalarındayız.

Her nasılsa bir süreden beri modern biyolojinin politikayı algılayışımız üzerindeki etkisi hakkında düşünüyorum. Bu düşüncenin tohumları aslında, yeni bilim dallarının uluslararası politika üzerindeki etkileri konusunda uzun yıllar boyunca yürüttüğüm bir çalışma grubunda atılmıştı. Bu konuda ilk düşüncelerimi, etoloji, evrimsel biyoloji, bilişsel nörobilim gibi alanların insan doğası ile insana özgü normlara ilişkin görüşlerimizi nasıl biçimlendirdiğini incelediğim Büyük Bozgun adlı kitabımda dile getirmiştim. Fakat "tarihin sonu" üzerine bir retrospektif yazmamın istenmesinden itibaren, gelecek konusunda daha sistematik bir şekilde düşünmeye başladım ve bunun sonucunda 1999'da The National Interest'de yayımlanan "Sonradan Akla Gelenler: Şişedeki Son Adam" adlı makale ortaya çıktı. Şu anda elinizde bulunan kitap, ilk olarak o makalede değinmiş olduğum temaların çok daha kapsamlı olarak incelenmesinden oluşmaktadır.

11 Eylül 2001 tarihinde Amerika'ya yöneltilen terörist saldırılar tarihin sonu teziyle ilgili yeni kuşkuların beslenmesine yol açtı. Öne sürülen gerekçe bu kez (Samuel P. Huntington'ın sözleriyle) Batı ile İslam arasında bir "uygarlıklar çarpışması" yaşanıyor olmasıydı. Yaşanan olayların bu tür bir şeyi kanıtladığına inanmıyorum ve bu saldırıların gerisindeki İslamcı kökten dinci hareketin, modernizm dalgası daha geniş bir alana yayıldıkça zaman içinde üstesinden gelinecek olan ümitsiz artçı

bir hareket olduğu kanısındayım. Ancak şu da bir gerçek ki, yaşanan olaylar modern dünyanın kaynağı olan bilim ve teknolojinin, uygarlığımızın en zayıf ve saldırıya açık yanları olduğunu gözler önüne sermiştir. Modernizmin simgeleri olan yolcu uçakları, gökdelenler ve biyoloji laboratuarları kötü dehalar elinde birer silaha dönüştüler. Elinizdeki kitap biyolojik silahlar konusunu ele almıyor; fakat biyolojik terörün gerçek bir tehdit olarak ortaya çıkışı bu kitapta da değinildiği gibi, bilim ve teknolojinin kullanımları üzerinde çok daha kapsamlı ve güçlü politik bir denetimin gerekliliğine işaret etmektedir.

Bu projede elbette çok sayıda kişi bana yardım etti ve onlara teşekkürü borç biliyorum. Bu kişiler arasında David Armor, Larry Arnhart, Scott Barrett, Peter Berkowitz, Mary Cannon, Steve Clemons, Eric Cohen, Mark Cordover, Richard Doerflinger, Bill Drake, Terry Eastland, Robin Fox, Hillel Fradkin, Andrew Franklin, Franco Furger, Jonathan Galassi, Tony Gilland, Richard Hassing, Richard Hayes, George Holmgren, Leon Kass, Bill Kristol, Jay Lefkowitz, Mark Lilla, Michael Lind, Michael McGuire, David Prentice, Gary Schmitt, Abram Shulsky, Gregory Stock, Richard Velkley, Caroline Wagner, Marc Wheat, Edward O. Wilson, Adam Wolfson ve Robert Wright bulunuyor. Yayın temsilcim Esther Newberg'e ve yıllardır benden yardımlarını esirgemeyen International Creative Management'ın tüm çalışanlarına teşekkür ederim. Araştırma asistanlarım Mike Curtis, Ben Allen, Christine Pommerening, Sanjay Marwah ve Brian Grow bu çalışmaya paha biçilemeyecek katkılarda bulundular. Bu projenin bir parçası olarak öğrenci burslarını sağlayan Bradley Vakfı'na da teşekkür ederim. Yanı başımdan asla eksik olmayan asistanım Cynthia Paddock çalışmanın bir kitap biçimini almasına büyük katkıda bulundu. Eşim Laura da her zaman olduğu gibi metni okuyup, çeşitli konulardaki kuvvetli görüşlerini benimle paylaşarak değerli yorumlarda bulundu.

TÜRKÇE BASIMA ÖNSÖZ

Yirmi birinci yüzyılın ilk birkaç yılı oldukça çalkantılı geçti; bir yandan insan genomunun çözülmesi yönündeki çalışmaların başarıyla tamamlanmasıyla birlikte olağanüstü bilimsel bir ilerleme kaydedilmiş oldu, diğer yandan küresel terörizm, anlaşmazlıklar ve Ortadoğu'da savaş yeniden hortladı. Bu gelişmeler insanoğlunu birbiriyle çelişen zıt yönlere—hem modern, bilimsel bir geleceğe doğru, hem de ataç, çelişkisel bir geçmişe doğru geriye—çekiyormuş gibi görünmekle birlikte, aslında bunların her ikisi de modern bilim ve teknolojinin sürekli gelişimi sayesinde ivme kazanmaktadır.

Biyoteknolojinin ilerlemesi, diğer başka teknolojilere oranla çözümlenmesi özellikle zor sorunların ortaya çıkmâsına yol açmaktadır. Çünkü modern genetik bazlı biyotıp, insanlara gelecek için sağlık ve uzun yaşama ilişkin büyük vaatlerde bulunurken, aile, soyun devamı, çocuklar ve üreme gibi bazı kilit ahlaki kavramların anlamı konusunda belirsizlik yaratmaktadır. Anne babalar ve toplumların, yetiştirecekleri çocukların doğasına ilişkin gitgide daha çok sayıda seçim yapabileceği ve çocukların davranışlarını yönlendirip denetleyebilmek için yeni olanaklara kavuşacakları bir dönemin başında bulunuyoruz. Bu yeni gücün ne şekilde kullanılacağı, insan yaşamının gelişmesine katkıda bulunmak için mi yoksa seçenekleri kısıtlı hale getirerek insanlık onurunu yıpratmak amacıyla mı kullanılacağı, içinde bulunduğumuz yeni yüzyılın en önemli ahlaki sorunlarından biri olacaktır.

Laik bir devlete sahip Müslüman bir toplum olan Türkiye de kilit dönemeçlerden birinde bulunuyor. Başka ülkeler gibi, teknolojinin kullanımına ilişkin önemli politik sonuçları beraberinde getirecek bazı kararları vermeye zorlanacak. Gelişmekte olan birçok ulus geçmişte pek çok seçim yapmaya zorlanmıştı. Örneğin Avrupa ve Amerika'nın genetik olarak değiştirilmiş besinler konusundaki farklı görüşleri, 2003 yılı gelip çattığında geniş kapsamlı bir ticaret tartışmasına dönüştü. Genetik olarak değiştirilmiş gıda maddelerine ilişkin politikalar, ABD ile ilişkisi ve Avrupa Birliği'ne üyelik konusundaki arzusunu dengede tutmak isteyen Türkiye için özellikle kritik bir durum arz edecektir. Son zamanlarda üç büyük tek tanrılı din arasında uygarlık bağlamında yer alan çelişkilere ilişkin hatırı sayılır miktarda tartışma yapılmasına rağmen, ailenin önemi, soyun doğum yoluyla devamı, insanın Tanrı'nın suretinden yaratılmış olması nedeniyle taşıdığı insanlık onuru ve insanın kaçınılmaz olarak ölümlü ve sınırlı oluşu şeklinde tanımlanabilecek kavramlar konusunda bu dinlerin her üçü de bazı temel noktalarda hemfikirdir ve gelecekte biyotıp alanında kaydedilecek gelişmeler bunların tümünü tartışmaya açacaktır. Her toplum, teknolojik ilerleme ve toplumun dayandığı temel ahlaki yapı arasında bir uzlaşma sağlanacağı konusunda ciddi tartışmalar yapmak zorundadır.

İnsan Sonrası Geleceğimiz'in Türk okurlara sunuluyor olması beni özellikle mutlu ediyor. Bunun tek nedeni kitapta ele alınan konuların Türkiye'yi de yakından ilgilendiriyor olması değil, aynı zamanda Türkiye ile kişisel bağlarımın bulunması. Babam 1940'ların sonlarında Türkiye'de yaşamış ve üç yıl boyunca Talas Amerikan Ortaokulu'nda öğretmenlik yapmıştı. Türkçe konuşmayı ve yazmayı öğrenmiş ve hayatının sonuna dek, bu ülkede karşılaştığı insanlardan, gezip gördüğü ve yaşadığı yerlerden büyük bir sevgi ve hayranlıkla söz etmişti.

Hep Türkiye'ye yeniden dönme hayalini kurmuştu ama ne yazık ki bu düşünü gerçekleştiremedi. Yine de daha küçük yaştan itibaren zihnimde güçlü, girift ve büyüleyici bir toplum imgesinin yerleşmesini sağladı; öyle ki, bu imge daha sonra bir yetişkin olarak Türkiye'ye yaptığım ziyaretler sırasında da beni terk etmedi. Kitabımın Türkçe basımının, tarihin bu dönüm noktasında tüm uygarlıkların hayatta kalması için kilit öneme sahip moderniteye ilişkin ciddi sorunlar üzerindeki kültürel iletişim sürecine katkıda bulunmasını diliyorum.

Temmuz 2003

I. KISIM

GELECEĞE GİDEN YOLLAR

1

İKİ KORKU ÜTOPYASI ÖYKÜSÜ

İnsanoğluna yönelik tehdit, asıl olarak öldürme potansiyeline sahip makineler ve teknolojik gereçlerden kaynaklanmaz. Gerçek tehdit, her zaman için insanın özünü yaralamıştır. Düzenleme yasası *(Gestell)*, insanı daha özgün bir vahiyden ve dolayısıyla daha ilksel bir gerçeğin çağrısını deneyimleme olanağından yoksun bırakılma olasılığıyla tehdit eder.

Martin Heidegger, *Teknolojiyle İlgili Soru*[1]

Amerika'da 1952 yılında, nüfus patlamasının yaşandığı yılların tam ortasında doğdum. Benim gibi yirminci yüzyılın ortalarında büyüyen her insan için, gelecek ve gelecekle ilgili insanı dehşete düşüren olasılıklar, George Orwell'in (ilk kez 1949'da yayımlanan) *1984*'ü ile Aldous Huxley'nin (ilk kez 1932'de yayımlanan) *Cesur Yeni Dünya* adlı kitaplarıyla tanımlanmıştı.

Bu iki kitap, insanların o zamanlar farkına vardığından çok daha ileri görüşlüydü; çünkü ana konuları, sonraki iki kuşak boyunca ortaya çıkıp dünyayı biçimlendirecek olan iki ayrı teknolojiydi. *1984* adlı roman, günümüzde bilgi teknolojisi olarak adlandırdığımız şey üzerineydi. Okyanusya'da kurulmuş olan büyük totaliter bir imparatorluğun elde ettiği başarının merkezinde tele ekran adı verilen ve her evde olup biteni her yerde hazır ve nazır olan Büyük Birader'e görüntü olarak aktarabilen, duvar büyüklüğünde düz bir göstergeden oluşan bir cihaz vardı. Toplumsal hayatın, Gerçek Bakanlığı ile Sevgi Bakanlığının egemenliği altında merkezileştirilmesine olanak sağlayan da işte bu tele ekrandı; çünkü hükümetin devasa bir kablo ağı sayesinde ağızdan çıkan her sözü izlemesini sağlayarak mahremiyeti ortadan kaldırmasını olanaklı kılıyordu.

Buna karşılık, *Cesur Yeni Dünya* eli kulağındaki diğer teknolojik devrim olan biyoteknoloji üzerineydi. Bokanovskileştirme, yani insanların ana rahminde değil bugün söylendiği şekliyle kuluçka yöntemiyle yumurtadan çıkartılması; insanlara çabuk mutluluk sağlayan soma hapı; implantasyon yöntemiyle yerleştirilen elektrotların sağladığı duyu simülasyonlarını içeren Duyusal Filmler ve davranışların bilinçaltıyla algılanan sürekli yinelenmesi aracılığıyla, bu da işe yaramadığında ise çeşitli yapay hormonların kullanımıyla değiştirilmesi bu kitaba insanı özellikle ürperten bir atmosfer kazandıran unsurlardı.

Bugün bu kitapların yayınlanmasının üstünden en az yarım yüzyıl geçmişken, bunların teknolojiye ilişkin ortaya attıkları öngörüler şaşırtıcı derecede doğru çıkmakla birlikte, değindiğimiz ilk kitap olan *1984*'teki politik öngörüler bütünüyle yanlış çıkmıştır. 1984 yılı geldi geçti ve o tarihte Amerika Birleşik Devletleri, Sovyetler Birliği ile hâlâ soğuk savaş halindeydi. O yıl IBM marka kişisel bilgisayarların yeni modeli piyasaya çıktı ve PC devrimi başlamış oldu. Peter Huber'ın öne sürdüğü gibi, İnternet'e bağlanan kişisel bilgisayar aslında Orwell'in tele ekranının gerçeğe dönüşmesinden başka bir şey değildi.[2] Fakat bu bir merkezileştirme ve zorbalık yönetimine dönüşmek yerine, tam tersine yol açtı: Gerçekleşen bilgiye erişimde demokratikleşme ve politikanın merkeziyetçiliğini yitirmesiydi. Hükümetler etkinlikleri hakkında daha fazla bilgi vermek zorunda kaldıkça, herkesi izleyen Büyük Birader yerine, insanlar Büyük Biraderi izlemek için PC ve İnternet'i kullanabilir hale geldiler.

1984'ten yalnızca beş yıl sonra, daha önceleri politik içerikli bir bilim kurgu gibi görünebilecek bir dizi dramatik olay sonucunda, Sovyetler Birliği ve onun imparatorluğu çöktü; böylece Orwell'in son derece renkli bir şekilde canlandırdığı totaliter tehdit de ortadan kalkmış oldu. İnsanlar bu iki durumun; yani totaliter imparatorlukların çöküşüyle, kişisel bilgisayarlara ek olarak televizyondan radyoya, fakstan elektronik postaya dek ucuz yeni bilgi teknolojisi türlerinin ortaya çıkışının, bağlantısız olamayacağını yeniden ileri sürmekte gecikmediler. Totaliter egemenlik, bir rejimin bilgi üzerinde tekel kurma yeteneğine bağlıydı ve modern bilgi teknolojisi bunu bir kez olanaksız kıldığında, rejimin gücü de zayıflamış oldu.

Diğer önemli korku ütopyası olan *Cesur Yeni Dünya*'nın öne sürdüğü politik öngörünün doğru çıkıp çıkmayacağı henüz belli değil. Huxley'nin öngörmüş olduğu teknolojilerin çoğu, örneğin yapay dölleme, taşıyıcı annelik, psikotropik ilaçlar ve çocuk üretimine yönelik genetik mühendisliği çoktan gerçekleşti veya gerçeğe dönüşmek üzere. Fakat bu devrim henüz çok yeni; her geçen gün biyomedikal teknolojide birbiri ardına çığ gibi kaydedilen yeni ilerlemeler ve İnsan Genom Projesi'nin 2000 yılında tamamlanması gibi başarılar, çok daha ciddi başka değişikliklerin işaretlerini veriyor.

Bu iki kitabın akla getirdiği karabasanlar arasında, *Cesur Yeni Dünya*'daki bana hep çok daha incelikli ve daha meydan okuyucu gelmiştir. 1984'ün dünyasında neyin hatalı olduğunu anlamak kolaydır: Romanın baş kişisi olan Winston Smith'in en çok nefret ettiği şeyin fareler olduğu bilinir. Bu nedenle Büyük Birader, Smith'in kız arkadaşına ihanet etmesini sağlamak için, farelerin onun yüzünü ısırabileceği bir kafes tasarlar. Bu, teknolojik açıdan güç kazanmış ama insanlık tarihinde trajik bir biçimde görüp bildiğimizden pek de farklı olmayan klasik zulmün dünyasıdır.

Buna karşılık, *Cesur Yeni Dünya*'da kötülük o kadar açık değildir; çünkü kimseye zarar gelmez. Aksine, herkesin her istediğini elde ettiği bir dünyadır bu. Roman kişilerinden birinin belirttiği gibi, "Denetçiler gücün işe yarar bir şey olmadığını fark ettiler" ve insanları düzenli bir toplumda yaşamaya yönelmelerini zorlayarak değil, onları baştan çıkararak sağlamanın gerekli olduğunu anladılar. Bu dünyada hastalık ve toplumsal çatışma ortadan kaldırılmıştır. Depresyon, delilik, yalnızlık veya duygusal sıkıntı yoktur. Seks iyi bir şeydir ve her an elde edilebilir. Bir arzunun ortaya çıkışıyla doyuma ulaştırılması arasında geçen sürenin en aza indirilmesini sağlamak için bir devlet bakanlığı bile vardır. Artık kimse dini çok önemsemez, kimse içe kapanık değildir ve kimsenin doyuma ulaşmayan özlemleri yoktur. Biyolojik aile ortadan kalkmıştır ve kimse Shakespeare okumaz. Ama zaten (kitabın baş kahramanı John Savage dışında) hiç kimse bunları özlemez de; çünkü mutlu ve sağlıklıdırlar.

Romanın yayımlanmasından bu yana, "Bu resimdeki hata nedir?" sorusuna yanıt olarak, liselerde herhalde milyonlarca kompozisyon yazılmış olmalı. Verilen yanıt (en yüksek notu alan kompozisyonlarda, her durumda) şuna benzer bir şeydir: *Cesur Yeni Dünya*'daki insanlar sağlıklı ve mutlu olabilirler ama artık insan değildirler. Artık mücadele etmezler, yüksek amaçlar peşinde koşmazlar, sevmezler, acı çekmezler, güç ahlaki seçimler yapmazlar, aileleri yoktur ve geleneksel olarak insan olmanın gereği olarak görülen hiçbir şeyi yapmazlar. Bize insan olmanın onurunu hissettiren niteliklerin hiçbirine sahip değillerdir. Aslında artık insan ırkı diye bir şey kalmamıştır; çünkü Denetçiler onları Alfalar, Betalar, Epsilonlar ve Gamalar olarak farklı kastlara ait olacak biçimde özel olarak üretmişlerdir ve bunlar birbirlerinden, insanların hayvanlardan farklı olduğu kadar farklıdır. Dünyaları, hayal edilebilecek en esaslı şekilde doğadışı bir nitelik kazanmıştır; çünkü *insan doğası* değiştirilmiştir. Biyoetikçi Leon Kass'ın sözleriyle, "Hastalık veya kölelik sonucunda alçalan insanın aksine, insanlıklarını *Cesur Yeni Dünya* usulü yitiren insanlar sefil ve bedbaht değillerdir; insanlıklarını yitirdiklerinin farkında bile değillerdir; daha da kötüsü farkında olsalar bile aldırmazlardı. Gerçekte, onlar kölece bir mutluluk içindeki mutlu kölelerdir."[3]

Bununla birlikte, bu tür bir yanıt tipik bir lise İngilizce öğretmenini memnun etmeye genellikle yetse de, (Kass'ın sözlerine eklediği gibi) çok da derine inmez. Çünkü insan şunu sorabilir: Huxley'nin tanımladığı şekliyle, geleneksel anlamda insan olmak neden o kadar önemli? Sonuçta insan ırkı bugün, milyonlarca yıldır sürmekte olan ve büyük olasılıkla geleceğe uzanacak evrimsel bir sürecin ürünüdür. Ne olmak istediğimizi seçme ve kendimizi arzularımıza göre kabaca ayarlama yeteneği dışında, insana ait kesin özellikler yoktur. Öyleyse kim bize insan ve onurlu olmanın, kazara evrimsel tarihimizin yan ürünü olan bir dizi duygusal tepkiye yapışıp kalmak olduğunu söyleyebilir ki? Biyolojik aile diye bir şey yoktur, insan doğası ya da "normal" insan diye bir şey de yoktur. Olsaydı bile, neden doğru ve adil olana giden yolu bize bunlar göstersin ki? Huxley sonuç olarak bizlere acı çekmeye, kendimizi kederli ve yapayalnız hissetmeye veya insanı takatsiz bırakan bir hastalık çekmeye devam etmemiz gerektiğini söyler ve bunun tek nedeni, insanoğlunun bir tür olarak varoluşunun büyük bölümünde yaptığının bunlardan ibaret olmasıdır. Elbette şimdiye dek kimse bu tür bir programla Meclis'e seçilmemiştir. Bu özellikleri ele alıp "insanlık onurunun" temelini oluşturduklarını söylemek yerine, neden kendilerini değiştiren yaratıklar olarak yazgımızı kabullenmeye yanaşmıyoruz?

Huxley, insan olmanın ne demek olduğunu tanımlamaya yarayan kaynaklardan birinin din olduğunu öne sürer. *Cesur Yeni Dünya*'da din kaldırılmıştır ve Hıristiyanlık geçmişte kalmış bir anıdır. Hıristiyan geleneği, insanın Tanrının suretinden yaratıldığını kabul eder ve bu suret insan onurunun kaynağıdır. Bir başka Hıristiyan yazar C.S. Lewis'in "insanoğlunun feshedilmesi" olarak adlandırdığı şeyle uğraşmak için biyoteknoloji kullanmak da bu nedenle Tanrı iradesinin çiğnenmesidir. Ama Huxley veya Lewis'in dikkatli bir okumasının, her iki yazarın da dinin, insan olmanın anlamının kavramasının tek dayanağı olduğuna inandığı sonucunu çıkarmaya yol açtığına inanmıyorum. Her iki yazar da doğanın kendisinin, özellikle de insan doğasının bizim için neyin doğru neyin yanlış, neyin adil neyin adaletsiz, neyin önemli ve neyin önemsiz olduğunu tanımlamada ayrıcalıklı bir rolü olduğunu ileri sürerler. Dolayısıyla Huxley'nin cesur yeni dünyasında "neyin yanlış" olduğu konusundaki son kararımız, insan doğasının değerlerin kaynağı olarak ne denli önemli olduğuna ilişkin görüşümüzle desteklenir veya çöker.

Bu kitabın amacı, Huxley'nin haklı olduğunu ve günümüz biyoteknolojisinin yarattığı en önemli tehdidin, insan doğasını değiştirebilme ve böylelikle bizi "insan sonrası" bir tarihsel döneme taşıyabilme olanağı olduğunu savunmaktır. Bunun önemli olduğunu ileri süreceğim çünkü insan doğası vardır; anlamlı bir kavramdır ve bir tür olarak deneyimimize kararlı bir süreklilik kazandırmıştır. Dinle birlikte en temel değerlerimizi tanımlayan da odur. İnsan doğası, olası politik rejim türlerini biçimlendirir ve sınırlar. Bundan dolayı, bizi yeniden biçimlendirecek kadar güçlü bir teknoloji, liberal demokrasi ve politikanın kendi doğası açısından büyük olasılıkla kötücül sonuçlara yol açacaktır.

1984 örneğinde olduğu gibi, belki de en sonunda biyoteknolojinin sonuçlarının bütünüyle ve şaşırtıcı derecede olumlu olduğunu ve uykularımızın boş yere kaçmış olduğunu anlayacağız. Belki de sonunda teknolojinin bugün sandığımızdan çok daha güçsüz olduğu anlaşılacak ya da insanlar bu teknolojinin kullanımında makul ve özenli olacaklardır. Fakat pek o kadar iyimser olmamamın nedenlerinden biri, diğer bilimsel ilerlemelerin tersine biyoteknolojinin bariz yararları ile hemen göze çarpmayan zararlarının birbiriyle iç içe geçmiş olarak tek bir paket halinde sunulması.

Nükleer silahlarla nükleer enerji en başından beri tehlikeli olarak görüldüler ve bu nedenle, Manhattan Projesi ile 1945 yılında ilk atom bombasının yapılışından itibaren çok katı kurallara bağlıydılar. Bill Joy gibi gözlemciler nanoteknoloji—yani denetim dışı üreme ve yaratıcılarını yok etme yeteneği olan, kendini kopyalayabilen moleküler ölçekli makineler—konusunda endişelendiler.[4] Fakat bu tür tehditler aslında başa çıkılması en kolay olanlardır çünkü apaçıktırlar. Yarattığınız bir makine tarafından öldürülme olasılığınız varsa, kendinizi korumak için önlem alırsınız. Ayrıca bugüne dek makinelerimizi denetim altında tutma konusunda kayda değer bir sicile sahibiz.

İnsanlığa yönelttikleri tehlikeleri aynı şekilde ortada olan biyoteknoloji ürünleri bulunabilir: Örneğin, süper böcekler, yeni virüsler veya toksik tepkimelere yol açan genetik olarak dönüştürülmüş besinler. Tıpkı nükleer silahlar ya da nanoteknoloji gibi, bunlar da başa çıkılması en kolay tehlikeler sayılabilir; çünkü tehlikeli olduklarını bir kez saptadık mı artık onları açık bir tehdit olarak ele alabiliriz. Diğer taraftan biyoteknolojinin ortaya çıkardığı daha tipik tehditler, Huxley'nin mükemmel bir şekilde kavramış olduğu, ve roman yazarı Tom Wolfe'nin "Üzgünüz Ama Ruhunuz Biraz Önce Öldü" adlı makalesinin başlığında özetlenenlerdir.[5] Tıbbi teknoloji bize çoğu kez şeytani bir anlaşma önerir: Daha uzun yaşam ama azalmış zihinsel kapasite eşliğinde; depresyondan kurtuluş, aynı zamanda yaratıcılık ya da ruhtan da kurtuluş; kendi başımıza elde ettiğimiz şeylerle beynimizdeki çeşitli kimyasal maddelerin düzeyi sonucunda elde ettiğimiz şeyler arasındaki çizgiyi bulanık hale getiren terapiler.

Her biri bir ya da iki kuşak sonra baş gösterebilecek ayrı olasılıklar olan şu üç senaryoyu ele alın.

Bunların ilki yeni ilaçlarla ilgili. Nörofarmakoloji alanındaki gelişmeler sonucunda psikologlar insan kişiliğinin aslında inanıldığından çok daha şekillendirmeye uygun olduğunu keşfederler. Günümüzde Prozac ve Ritalin gibi psikotropik ilaçlar zaten özsaygı ve konsantrasyon yeteneği gibi özellikleri etkileyebilmektedir ama istenmeyen bazı yan etkileri olabiliyor ve bu nedenle tedaviye yönelik çok net bir gereksinim olmadığı sürece uzak tutulmaları tercih ediliyor. Fakat gelecekte, genomik alanındaki bilgiler sayesinde ilaç firmaları her bir hastanın genetik profillerine uygun ısmarlama ilaçlar üretebilir ve istenmeyen yan etkileri en aza indirmeyi başarabilir duruma gelecek-lerdir. Kolay heyecanlanmayan duygusuz insanlar canlı ve hayat dolu olabilir; içe dönüklerin dışa dönmesi sağlanır; Çarşamba günü bir kişiliği hafta sonuysa bir diğerini benimseyebilirsiniz. Hiç kimsenin keyifsiz ya da mutsuz olmak için bahanesi olamaz; hatta "normalde" mutlu olan insanlar bile bağımlılık, akşamdan kalma hali veya kalıcı beyin hasarı konusunda hiç kaygılanmadan kendilerini daha mutlu kılabilirler.

İkinci senaryoda kök hücre üzerine yapılan araştırmalardaki ilerlemeler bilimcilerin vücuttaki herhangi bir dokuyu yeniden oluşturmalarına olanak sağlar; öyle ki, olası yaşam süreleri 100 yılın çok üstüne çıkar. Yeni bir kalp ya da karaciğere gereksiniminiz varsa, bir domuz ya da ineğin göğüs boşluğunda hemen yenisini yetiştiriverirsiniz. Alzheimer hastalığına bağlı beyin hasarı ve felç iyileştirilebilir. Biyoteknoloji endüstrisinin çözüme kavuşturamadığı tek sorun, insanın yaşlanmasıyla ilgili birçok hassas ve çok da hassas olmayan yönün bulunmasıdır. Örneğin insanlar yaşlandıkça zihinsel esnekliklerini yitirir, görüşlerine gitgide daha sıkı sarılırlar; ne kadar uğraşırlarsa uğraşsınlar kendilerini birbirlerine cinsel anlamda beğendiremez ve üreyebilecek yaşta eşler aramayı sürdürürler. En kötüsü, yalnızca çocuklarının değil, torunlarının ve torunlarının çocuklarının yolundan çekilmeyi reddederler. Diğer yandan, bu pek de sorun olmaz; çünkü zaten çok az kişinin çocukları ya da geleneksel üreme yöntemiyle ilgisi vardır.

Üçüncü senaryoda, zenginler çocuklarının özelliklerini iyileştirmek amacıyla implantasyon öncesinde embriyonları düzenli taramalardan geçirirler. Genç bir insanın sosyal geçmişini, görünüşü veya zekasına bakarak başarıyla öngörmek giderek kolaylaşmaktadır. Kişi toplumun beklentilerine uygun davranmadığında genellikle kendisi yerine ebeveynlerinin kötü genetik seçimlerini suçlar. İnsan genleri, araştırma ve yeni tıbbi ürünler ortaya çıkarma amacıyla hayvanlara hatta bitkilere aktarılmıştır ve fiziksel dayanıklılıklarını ya da hastalıklara karşı dirençlerini artırmak için bazı embriyolara hayvan genleri eklenmiştir. Bilimciler güçleri yettiği halde, yarı insan yarı maymun olan tam bir canavar yaratmaya cüret etmezler ama gençler kendilerinden oldukça başarısız olan sınıf arkadaşlarının, aslında genetik olarak tam anlamıyla insan olmadıklarından kuşkulanmaya başlarlar. Çünkü gerçekten de insan değillerdir.

Üzgünüz ama ruhunuz biraz önce öldü...

Thomas Jefferson yaşamının sonuna doğru şunları yazmıştı: "Bilim ışığının genel olarak yayılması, o apaçık gerçeği, ne insanoğullarından oluşan kitlelerin sırtlarında eyerlerle ne de ayrıcalıklı birkaç kişinin onları mahmuzlayıp tekmeleyerek Tanrının izniyle meşru bir şekilde üstlerine binip sürmeye hazır olarak doğduğunu herkesin gözleri önüne çoktan serdi."[6] Bağımsızlık Bildirge'sinde saygın bir yere koyulan politik eşitlik, doğal insan eşitliğinin ampirik gerçeğine dayanır. Bireyler olarak ve kültürel açıdan birbirimizden çok farklıyız ama her insanın bu gezegendeki diğer bütün insanlarla iletişim kurma ve onlarla ahlaki ilişkiye geçme olanağını tanıyan ortak bir insanlığı paylaşıyoruz. Biyoteknolojinin ortaya attığı temel soru şu: Bazı insanları sırtlarında eyerlerle, diğerlerini ise ayaklarında çizme ve mahmuzlarla yetiştirmemiz gerçekten olanaklı olduğu zaman, politik haklara ne olacak?

KESTİRME BİR ÇÖZÜM

Gelecekte olası yararlarla, fiziksel ve apaçık ya da ruhsal ve örtük tehditleri birbiriyle iç içe geçirecek biyoteknolojiye karşı ne yapmalıyız? Yanıt belli: *Onu düzenlemek için devletin gücünü kullanmalıyız.* Eğer bunun herhangi bir ulus-devletin gücünün ötesinde olduğu ortaya çıkarsa, uluslararası bir zeminde yapılması gerekir. Artık biyoteknolojinin iyi ve kötü kullanımları arasında ayrım yapabilecek kurumlar oluşturma konusunda somut olarak düşünmeye başlamamız ve bu kuralları hem ulusal hem de uluslararası düzeyde etkili bir şekilde uygulamaya koymamız gerekli.

Bu açık yanıt, biyoteknoloji konusunda sürmekte olan tartışmalara katılanların çoğu için hiç de açık değil. Tartışma, kopyalama ve kök hücresi araştırması gibi prosedürlerin ahlaka ne kadar uygun olduğu gibi görece soyut bir düzeye saplanıp kalmış ve her şeye izin vermek isteyenler ile geniş araştırma ve uygulama alanlarını yasaklamak isteyenler olmak üzere iki gruba ayrılmış durumda. Bu daha geniş tartışma elbette çok önemli; ama olaylar o kadar büyük bir hızla gelişiyor ki, çok yakında teknolojinin insanın efendisi olmasındansa uşağı olarak kalmasını sağlamak için gelecekteki ilerlemeleri yönlendirmede daha somut bir kılavuzluğa gereksinim duyacağız. Her şeye izin vermemiz de ümit verici araştırmaları yasaklamamız da pek olası görünmediğinden, bir orta yol bulmamız gerekiyor.

Düzenlemeye yönelik bütün çabaları saran etkisizlik göz önünde tutulduğunda, düzenleyici yeni kurumların oluşturulmasını hafife almamak gerek. Geçtiğimiz son otuz yıl boyunca, hava yollarından telekomünikasyona dek her ulusun ekonomisinin geniş sektörlerini kuralsızlaştırmaya ve daha genel anlamda devletin boyutu ve etkinlik alanını küçültmeye yönelik övgüye değer bir hareket dünya çapında etkili oldu. Bunun sonucunda ortaya çıkan küresel ekonomi, zenginliğin ve teknolojik atılımın çok daha verimli bir kaynağıdır. Geçmişteki aşırı düzenleme birçoklarının hangi biçimde olursa olsun devlet müdahalesine içgüdüsel bir düşmanlık duymasına neden olmuştu ve düzenleme ve denetime düşünmeden verilen bu tiksinmeyle karışık tepki, insan biyoteknolojisini politik denetime sokmanın önündeki en büyük engellerden biri olacaktır.

Bununla birlikte, bir ayrım yapılması da önemli: Bir ekonomi sektöründe işe yarayan şey diğerinde işe yaramayabilir. Örneğin, bilgi teknolojisi birçok toplumsal yarar ve görece çok daha az zarar getirir ve bundan dolayı devlet tarafından oldukça az sayılabilecek bir düzenlemeyle yürütülebilmektedir. Nükleer maddeler ve zehirli atıklar ise çok sıkı ulusal ve uluslararası denetimlere bağlıdır; çünkü bunların kuralsız olarak ticaretinin yapılması çok kesin biçimde tehlikelidir.

İnsan biyoteknolojisini kurallara bağlı hale getirmeyi savunmanın önündeki en büyük sorunlardan biri, arzu edilseydi bile teknolojik ilerlemeyi durdurmanın olanaklı olmadığı şeklindeki yaygın görüştür. Amerika Birleşik Devletleri veya başka bir ülke, insan kopyalamayı veya germ-hattı genetik mühendisliğini ya da başka herhangi bir işlemi tek başına yasaklamaya kalksa, bunları yapmak isteyen insanlar kendilerine izin verilen, daha uygun başka bir devletin topraklarına gidip yerleşeceklerdir. Küreselleşme ve biyomedikal araştırma alanındaki uluslararası rekabet, bilimsel topluluklarına ya da biyoteknoloji endüstrilerine etik sınırlamalar getirerek kendi kendilerine ayak bağı olan ülkelerin cezalandırılmalarını garanti eder.

Teknolojiyi durdurmanın veya denetlemenin olanaksız olduğu şeklindeki düşünce, elinizdeki kitabın 10. Bölümünde daha ayrıntılı olarak ele alınan nedenlerden dolayı kesinlikle yanlıştır. Gerçekte her türlü teknoloji ve birçok bilimsel araştırma türü denetimimiz altında: İnsanların artık insan deneklerin rızası olmadan üzerlerinde deney yapma özgürlüğüne sahip olmadıkları gibi, yeni biyolojik savaş malzemeleri konusunda deney yapmakta da serbest değiller. Bu kuralları çiğneyen bazı birey veya kurumların bulunması ya da kuralların olmadığı ya da yetersiz uygulandığı bazı ülkelerin olması bile, işin başında hiç kural koymamayı haklı çıkaramaz. Sonuçta, hırsızlık yapıp veya cinayet işleyip cezasız kalan insanların var olması, hırsızlık ve cinayeti yasal hale getirmeyi gerektirmez.

Her ne pahasına olursa olsun, teknoloji konusunda hoşumuza gitmeyen gelişmeleri durdurmak ya da biçimlendirmek için madem hiçbir şey yapamıyoruz öyleyse bunu denemeye ne gerek var diyen bozguncu bir tavırdan kaçınmalıyız. Toplumların insan biyoteknolojisini denetlemelerini sağlayacak düzenlemeleri içeren bir sisteme işlerlik kazandırmak kolay olmayacak: Dünyanın çeşitli yerlerindeki ülkelerdeki yasa koyucuların şapkalarını önlerine koyup karmaşık bilimsel konularda zor kararlar vermeleri gerekecek. Yeni kuralları uygulamak üzere tasarlanan kurumların biçimi, tartışmaya bir hayli açık bir konu; bu kuralların, olumlu gelişmeleri olabildiğince az engelleyecek ve diğer yandan etkili uygulama kapasitelerine sahip olacak şekilde tasarlanmaları önemli bir sorun durumundadır. Daha da zor başka bir sorun ise, uluslararası düzeyde ortak kuralların oluşturulması, farklı kültürlere ve temel etik sorunlara ilişkin farklı bakış açılarına sahip ülkeler arasında görüş birliğinin sağlanması olacaktır. Ama benzer karmaşıklıktaki politik etkinlikler geçmişte başarıyla ele alınmıştır.

BİYOTEKNOLOJİ VE TARİHİN YENİDEN BAŞLAMASI

Biyoteknoloji alanında, kopyalama, kök hücre araştırması ve germ-hattı mühendisliği konularında son günlerde yapılan tartışmaların çoğu, bilimsel çevreler ile dini yükümlülükleri olan çevreler arasında kutuplaşmış durumda. Bu kutuplaşmayı talihsizlik olarak görüyorum; çünkü birçok kişinin biyoteknolojideki bazı ilerlemelere karşı çıkmanın tek nedeninin dini inançlardan kaynaklandığına inanmasına yol açıyor. Biyoteknoloji, özellikle Amerika Birleşik Devletleri'nde kürtaj konusundaki tartışmaların içine çekildi; birçok araştırmacı az sayıdaki kürtaj karşıtı fanatik yüzünden çok değerli gelişmelerin saygınlık kaybettiğini düşünüyor.

Dinle ilgisi olmayan bazı nedenlerden dolayı, biyoteknolojideki bazı atılımlar konusunda dikkatli olmanın önemine inanıyorum. Burada öne süreceğim sav Aristotelesçi olarak nitelendirilebilir ama bunun nedeni bir filozof olarak Aristoteles'in yetkesine başvurmuş olmam değil, varmayı umduğum noktaya ulaşabilmek için onun politika ve doğa konusunda, rasyonel felsefi tartışma biçimini örnek almamdır.

Aristoteles aslında insana ait doğru ve yanlış kavramlarının—bugün insan hakları dediğimiz şeyin—sonuç itibarıyla insanın doğasına dayandığını iddia etmişti. Yani doğal arzuların, amaçların, kişisel özellik ve davranışların bir bütün olarak insanı nasıl oluşturduklarını anlamadan, insanoğlunun ereğini anlamak ya da doğru ve yanlış, iyi ve kötü, adil ve adaletsiz kavramlarına ilişkin bir yargıda bulunmak olanaklı değildir. Daha yakın çağlarda yaşamış birçok yararcı filozof gibi Aristoteles de iyinin insanların arzularıyla tanımlandığına inanıyordu; fakat yararcılar insanın ereğini, acıdan kurtulmak veya zevki en yüksek düzeye çıkarmak gibi basit bir ortak paydaya indirgeme peşinde oldukları halde, Aristoteles insanın doğal ereğinin çeşitliliği ve yüceliğine ilişkin karmaşık ve incelikli bir görüşe bağlı kaldı. Felsefesinin amacı, doğal olanla uzlaşımsal olanı ayırt etmeye çalışmak ve insanın iyiliklerini akılcı biçimde düzenlemekti.

Aristoteles, kendini önceleyen Sokrates ve Plato ile birlikte insan doğasının doğasına ilişkin, Batı felsefi geleneğinde devam edip liberal demokrasinin doğduğu erken modern döneme dek uzanan bir diyalogu başlattı. İnsan doğasının ne olduğuna ilişkin hatırı sayılır anlaşmazlıklar yaşandıysa da, hiç kimse insanın doğasının hak ve adaletin temeli olarak taşıdığı öneme karşı çıkmadı. Doğal haklara inananların arasında, bunları Britanya tacına karşı devrimlerinin temeli olarak alan Amerika'nın Kurucu Babaları da bulunuyordu. Yine de bu kavram, geçtiğimiz bir ya da iki yüzyılda akademik filozoflarla entelektüeller arasında gözden düşmüştü.

Bu kitabın II. Kısmında göreceğimiz gibi, bunun bir hata olduğuna ve hakların her anlamlı tanımının, insan doğası hakkında bağımsız yargılara dayanması gerektiğine inanıyorum. Biyoteknoloji devrimi tam da punç kasesini masadan kaldırma tehdidini savururken, modern biyoloji nihayet insan doğası kavramına anlamlı ampirik bir içerik kazandırmaya başladı.

Akademik filozoflarla toplumbilimciler insan doğası kavramı üzerine ne düşünürlerse düşünsün, insanlık tarihi boyunca değişmez bir insan doğasının var olduğu gerçeği çok önemli politik sonuçlara yol açmıştır. Aristoteles'in ve insan doğasıyla ilgili her ciddi kuramcının kavradığı gibi, insanlar doğal olarak kültürel hayvanlardır; bu da onların, deneyimlerinden ders alabildikleri ve öğrendiklerini soylarından gelenlere genetik olmayan yollardan aktarabildikleri anlamına gelir. Bu nedenle insan doğası, dar anlamıyla insanın davranışını belirleyici değildir; ama insanların çocuklarını yetiştirme, kendi yaşamlarını yönetme, kaynak sağlama ve benzeri süreçleri yerine getirmede büyük çeşitliliğe yol açar. İnsanlık tarihinin gerçekleşmesini ve insanlar tarafından oluşturulan kurumların karmaşıklığıyla inceliğinin hiç durmadan gelişmesini sağlayan, insanoğlunun kendini kültürel açıdan değiştirmeye yönelik sürekli çabalarıdır.

Gelişme ve kültürel evrim olgusu, birçok çağdaş düşünürü insanların neredeyse sınırsız ölçüde esnek ve biçimlendirmeye uygun olduklarına inanmaya yöneltti. Öyle ki, insanların herhangi bir biçimde davranmak üzere toplumsal çevre tarafından biçimlendirilmeleri olanaklıydı. Günümüzde insan doğası kavramına karşı beslenen önyargı, işte tam bu noktada başlıyor. İnsan davranışının toplumsal kuruluşuna inanların çoğu, açığa vurulmamış güçlü amaçlara sahipti: Soyut, ideolojik bir ilkeye göre adil veya hakça olan toplumlar yaratmak için, toplum mühendisliğinden yararlanmayı umuyorlardı. Dünya, Fransız Devrimi ile başlayarak, bir dünya cenneti yaratmayı amaçlayan bir dizi ütopik politik hareketle sarsılmıştı; aile, özel mülkiyet ve devlete varıncaya kadar toplumun en temel kurumlarını kökten bir biçimde yeniden düzenlemeye girişilmişti. Rusya, Çin, Küba, Kamboçya ve başka yerlerdeki sosyalist devrimlerle, yirminci yüzyılda bu hareketler doruk noktasına ulaştı.

Yüzyılın sonu geldiğinde, bütün bu deneylerin hemen hepsi başarısızlığa uğramıştı ve yerlerini eşit derece çağdaş ama politik anlamda daha az köktenci liberal demokrasiler oluşturma ya da bunları yeniden canlandırma çabaları aldı. Dünya çapında, liberal demokrasiye yönelme eğiliminin önemli nedenlerinden biri, insan doğasının kararlılık özelliğiyle ilgiliydi. Çünkü insan davranışı yoğrulabilir olsa da değişkenliğinin bir sınırı vardır; derinlerde yatan doğal içgüdüler ve davranış şablonları belirli bir noktada kendilerini gösterip, toplum mühendisinin en incelikli tasarılarını sarsıverirler. Birçok sosyalist rejim özel mülkiyeti yasakladı, aile bağlarını zayıflattı ve insanların dar bir arkadaş ve aile çemberini değil tüm insanlığı düşünmelerini istedi. Fakat evrim, insanoğullarını böyle biçimlendirmemişti. Sosyalist toplumlardaki bireyler ellerine geçen ilk fırsatta yeni kurumlara karşı koydular ve 1989'da Berlin Duvarı'nın yıkılmasıyla sosyalizmin çökmesinden sonra, daha eski ve daha tanıdık davranış kalıpları her yerde kendilerini göstermeye başladı.

Politik kurumlar ne doğayı ne de aile terbiyesini bütünüyle yasaklayarak başarıya ulaşabilirler. Yirminci yüzyıl tarihi iki karşıt dehşet unsuruyla tanımlanmıştı: Biyolojinin her şey demek olduğunu söyleyen Nazi rejimiyle, biyolojinin adeta bir hiç olduğunu öne süren komünizm. Liberal demokrasi, çağdaş toplumlar için uygulanması olanaklı ve meşru tek politik sistem olarak ortaya çıkmıştır; çünkü her iki aşırı uçtan da uzak durur, bir yandan politikayı tarih boyunca yaratılmış adalet normlarıyla biçimlendirirken, diğer yandan doğal davranış şablonlarına aşırı karışmaktan kaçınır.

Tarihin Sonu ve Son İnsan[7] adlı kitabımda ele almış olduğum gibi, tarihin akışını etkileyen birçok başka etken de vardı. İnsanın tarihsel sürecini işleten temel unsurlardan biri, ekonomik üretim olanaklarının ufkunu ve dolayısıyla toplumun çoğu yapısal özelliklerini belirleyen bilim ve teknolojideki gelişim olmuştur. Teknolojinin yirminci yüzyıl sonlarında gelişimi özellikle liberal demokrasiye yol hazırladı. Bunun nedeni, teknolojinin tek başına politik özgürlükle eşitliğin destekçisi olması değil—ki bu doğru da değildir—yirminci yüzyılın sonuna denk gelen teknolojilerin (özellikle bilgiye ilişkin olanlarının), siyaset bilimcisi Ithiel de Sola Pool'un özgürlük teknolojileri adını koyduğu teknolojiler olmasıydı.[8]

Bununla birlikte, teknolojinin her zaman bu tür olumlu politik sonuçlar doğurması garanti edilemez. Geçmişin birçok teknolojik gelişmesi insan özgürlüğünü kısıtlamıştır.[9] Örneğin tarımın gelişmesi, geniş hiyerarşik toplumlarının ortaya çıkmasına ve köleliğin, avcı-toplayıcı çağlardakinden çok daha uygulanabilir hale gelmesine yol açtı. Günümüze doğru gelirsek, Eli Whitney'in çırçırı bulmasıyla pamuk, on dokuzuncu yüzyılın başında Amerika'nın güneyinde para getiren çok önemli bir ürün haline geldi ve bölgede kölelik kurumunun yeniden canlanmasına neden oldu.

"Tarihin sonu" kavramının eleştirisini yapanlardan sezgisi daha güçlü kişilerin belirtmiş olduğu gibi, çağdaş doğa bilimleri ve teknolojinin sonu gelmeden tarihin sona ermesi olanaksızdır.[10] Bilim ve teknolojinin sonunda olmadığımız gibi, tarihte teknolojik ilerlemenin en ciddi dönemlerinden birinin sivri ucunda hazır bekler gibiyiz. Biyoteknolojinin ve insan beyninin bilimsel olarak daha kapsamlı biçimde anlaşılması, son derece önemli politik sonuçlar vaat eder. Bu ikisi birlikte, toplumların sahip olduğu yirminci yüzyıl teknolojilerini ve artık ümit kesilen toplumsal mühendislik olanaklarını yeniden gündeme getiriyorlar.

Geçen yüzyılın toplum mühendisleriyle, ütopya tasarımcılarının kullandıkları araçlara baktığımızda, inanılmayacak kadar kaba ve bilimsellikten uzak görünürler. Agitprop, işçi kampları, yeniden eğitim, Freudculuk, erken çocuklukta koşullandırma, davranışçılık—bunların hepsi de tıpkı dörtköşe bir çiviyi alıp yuvarlak bir deliğe çakmaya uğraşırcasına, insan doğasını ona yakışmayan bir toplumsal yapıya uymaya zorlayan tekniklerdi. Hiçbiri beynin nörolojik yapısı veya biyokimyasal temeli konusundaki bilgilere dayanmıyordu; hiçbiri davranışın genetik kaynaklarını anlamamıştı, anladıysa bile bunları etkileyecek bir şey yapabilecek durumda değildi.

Bunların hepsi bir ya da iki kuşak sonra değişebilir. Bunun nasıl gerçekleşebileceğini görmek için devlet ödenekli öjeni biliminin veya yaygın genetik mühendisliğinin gerçeğe dönüşeceğini zihnimizde canlandırmamıza gerek yok. Nörofarmakoloji şimdiye dek yalnızca depresyon için Prozac üretmekle kalmadı, gençlerin ele avuca sığmaz davranışlarını denetim altından tutmak için Ritalin de üretti. Zeka, saldırganlık, cinsel kimlik, suça eğilim, alkol bağımlılığı gibi özellikler ile genler arasında karşılıklı bir düzenlilik ilişkisinin ötesinde, somut moleküler bağlantılar bulunduğunu keşfettikçe, insanlar bu bilgiyi belirli toplumsal amaçlarla kullanabileceklerini kaçınılmaz olarak fark edecekler. Bu durum hem bireysel anlamda anne babaların karşısına bir dizi etik soru olarak, hem de gün gelip politikayı yönlendirecek politik bir sorun olarak ortaya çıkacaktır. Zengin anne babalar bir gün birdenbire çocuklarının, hatta torunlarının zekasını yükseltme fırsatını karşılarında bulurlarsa, işte o zaman yalnızca etik bir ikilemin değil, tam bir sınıf savaşının gerekleri sağlanmış olacaktır.

Bu kitap üç bölüme ayrılmıştır. İlki geleceğe uzanan akla yakın olasılıkları önümüze seriyor; hem kısa vadeli olasılıklardan hem de daha uzak ve belirsiz olabilecek olasılıklardan yararlanarak birinci derecede çıkarımlarda bulunuyor. Burada özetlenen dört aşama şunlardır:

- beynin ve insan davranışının biyolojik kaynakları hakkındaki bilginin artışı;
- nörofarmakoloji ve duygular ile davranışların yönlendirilmesi;
- yaşam süresinin uzatılması;
- ve son olarak, genetik mühendisliği.

II. Kısım insan doğasını yönlendirme yeteneğiyle bağlantılı olarak ortaya çıkan felsefi sorunları ele alıyor. Doğru ve yanlış anlayışımızın—yani insan haklarının—odağında insan doğasının var olduğunu savunuyor ve insanlık onuru kavramını insanın kökenlerine ilişkin dinsel varsayımlara dayanmadan nasıl geliştirebileceğimizi araştırıyor. Daha kuramsal politik tartışmalara eğilimi olmayan okurlar buradaki bazı bölümleri atlamayı seçebilirler.

Son bölüm ise daha çok uygulamaya yönelik: Biyoteknolojinin uzun vadede ortaya çıkacak bazı sonuçları bizi kaygılandırıyorsa, yasal ve yasal olmayan kullanımları ayırt edecek düzenleyici bir yapı kurarak bu konuda bir şeyler yapabileceğimizi ileri sürüyor. Kitabın bu bölümü, Amerika Birleşik Devletleri'ndeki ve başka ülkelerdeki belirli resmi dairelerin ve kanunların ayrıntılarına inerek II. Kısımdaki zıt kötülüğü içeriyormuş gibi görünse de, bunun bir nedeni var. Teknoloji o kadar büyük bir hızla ilerliyor ki, ne tür kurumlar tarafından ele alınması gerektiği konusunda daha somut analizlere bir an önce geçmek zorundayız.

Uygulamalar ve izlenecek politikalar konusunda, genetik ayrımcılık ve genetik bilgilerin mahremiyeti de dahil olmak üzere, İnsan Genom Projesinin tamamlanması gibi biyoteknolojik ilerlemelerin ortaya koyduğu birçok kısa vadeli sorun var. Elinizdeki kitap bu soruların hiçbirine odaklanmayacak. Bunun nedeni kısmen başkalarının bu sorunlar üzerinde çokça durmuş olmaları, kısmen ise biyoteknolojinin yol açtığı en büyük zorlukların şu anda ufukta görünenler değil, on yıl ya da daha uzun süre sonra ortaya çıkacak olanlar olması. Asıl farkına varılması gereken, bunun yalnızca etik değil aynı zamanda politik bir sorun olduğu. Çünkü önümüzdeki birkaç yıl içinde bu teknolojiyle olan ilişkimizle ilgili politik seçimlerimiz, insan sonrası bir geleceğe ve bu tür bir geleceğin önümüzde açacağı olası bir etik dar boğaza girip girmeyeceğimizi belirleyecektir.

2

BEYİN BİLİMİ

Biyoteknoloji devriminin, anne baba ve çocukların bireysel yaşamlarını etkilemekle kalmayıp politik sonuçlara yol açma olasılığı nedir? İnsan davranışını makro düzeyde değiştirmek ya da denetlemek için hangi yeni olanaklar ortaya çıkacak? Özellikle de, insan doğasını bilinçli olarak değiştirmemiz bir gün gerçekten olanaklı olacak mı?

Human Genome Sciences'ın yönetici genel müdürü William Haseltine gibi İnsan Genom Projesinin bazı destekçileri, çağdaş moleküler biyolojinin hangi başarılara ulaşacağına ilişkin etkileyici iddialarda bulunmuş, "bedenin onarım sürecini genetik düzlemde anladıkça... bedenlerimizin normal işlevlerini sürdürme süresini uzatma, belki de sonsuza dek sürdürme amacına da yaklaşmış olacağımızı"[1] öne sürmüştür. Fakat bu alanda çalışan birçok bilimci, yaptıkları iş ve bir gün ulaşabilecekleri nokta konusunda çok daha alçakgönüllü görüşlere sahipler. Çoğu yalnızca, meme kanseri ve cystic fibrosis gibi genetikle bağlantılı bazı hastalıklara çare aradıklarını, insan kopyalamanın ve genetik güçlendirmenin önünde devasa engeller olduğunu ve insan doğasının değiştirilmesinin teknolojik bir olasılık değil, bilim kurgunun konusu olduğunu ileri süreceklerdir.

Teknolojik öngörülerde bulunmanın zorluk ve riski ünlüdür; özellikle de ancak bir hatta iki kuşak sonra gerçekleşebilecek olaylardan söz ediliyorsa. Buna rağmen, bir bölümü oldukça olası, hatta bugün gerçekleşmekte olan, bir bölümüyse sonuçta asla gerçeğe dönüşemeyecek olan bir dizi sonuca işaret eden geleceğe ilişkin bazı senaryolar tasarlamak önemlidir. Göreceğimiz gibi, genetik mühendisliği o güne dek bir tane bile tasarlanmış bebek üretmeyi başaramasa da, modern biyoteknoloji *şimdiden* gelecek kuşağa egemen olacak dünya politikaları açısından önemli sonuçlar doğuracak etkileri yarattı.

Biyoteknoloji devriminden söz ederken, genetik mühendisliğinden çok daha geniş kapsamlı bir şey hakkında konuştuğumuzu anımsamamız önemli. Bugün deneyimlemekte olduklarımız, yalnızca DNA'yı deşifre edip yönlendirme yeteneğimizi içeren teknolojik bir devrim değil, biyoloji bilimini temelden etkileyen bir devrimdir. Bu bilimsel devrim moleküler biyolojinin yanı sıra, bilişsel nörobilim, populasyon genetiği, davranış genetiği, psikoloji, antropoloji, evrimsel biyoloji ve nörofarmakoloji de dahil olmak üzere, konuyla ilgili çok sayıda alanda buluş ve ilerlemeleri de beraberinde getirecektir. Bütün bu bilimsel gelişim alanlarının potansiyel politik etkileri vardır; çünkü hepsi de tüm insan davranışlarının kaynağı olan beyin hakkındaki bilgimizi ve dolayısıyla onu ustalıkla yönetme yeteneğimizi artırırlar.

İleride göreceğimiz gibi, genetik mühendisliğiyle ilgili olasılıklar konusunda abartılı öngörülerimiz olmaksızın da, önümüzdeki birkaç on yıl içinde dünya çok daha farklı bir görünüm alabilir. Günümüzde ve yakın gelecekte genetik mahremiyet, ilaçların uygun kullanımı, embriyonların dahil olduğu araştırmalar ve insan kopyalama konularında etik seçimler yapmak zorundayız. Bunrunla birlikte, kısa süre içinde embriyo seçimine ve tüm tıbbi teknolojilerin sağaltım yerine güçlendirme amacıyla ne derecede kullanılabileceğine ilişkin sorunlarla karşılaşacağız.

BİLİŞSEL NÖROBİLİMDEKİ DEVRİM

Geleceğe uzanan ilk yolun teknolojiyle hiçbir ilgisi yok; yalnızca genetik ve davranışa ilişkin bilgi birikimiyle ilgili. Şu sıralar İnsan Genomu Projesi'nden beklenen yararların çoğunun, potansiyel genetik mühendisliğiyle ilgisi yok; daha çok, genlerin işlevlerinin anlaşılmasına yönelik genomik çalışmalarından kaynaklanıyorlar. Genomik, örneğin istenmeyen yan etki olasılığının azaltılması amacıyla ilaçların her bireye göre özel olarak hazırlanmasına olanak verecektir. Ayrıca yeni türlerin tasarımında bitki yetiştiricilerine çok daha kesin bilgi sağlayacaktır.[2]

Bununla birlikte, genlerle davranışı birbiriyle ilişkilendirme girişimi, İnsan Genomu Projesi'nden çok daha önceye dayanır ve daha şimdiden sayısız politik meydan savaşına yol açmıştır.

En azından eski Yunanlılar devrinden beri, insanlar doğanın mı yoksa yetiştirme tarzının mı insan davranışı üzerinde görece daha etkili olduğunu tartışıp durmuştur. Yirminci yüzyılın büyük bir bölümünde doğa bilimleri, özellikle de toplumsal bilimler, davranışı yönlendiren kültürel itkileri, doğal itkileri göz ardı etmek pahasına vurgulamayı seçtiler. Oysa geçtiğimiz yıllarda sarkaç artık geriye—bazılarına göre çok fazla geriye— doğru, genetik nedenlerin lehinde sallanmaya başladı.[3] Bilimsel bakış açısındaki bu kayma, popüler basının her noktasına yansımış durumda; öyle ki, zekadan şişmanlığa ve saldırganlığa dek her şeyin "geni" tartışması sürüp gidiyor.

İnsan davranışlarının biçimlendirilmesinde kalıtım ve kültürün rolü hakkındaki tartışma, en başından beri son derece politik bir niteliğe sahipti. Muhafazakarlar doğayı temel alan açıklamalara taraf olma eğilimi gösterirken; Sol, eğitim ve yetiştirmenin rolünü vurguluyordu. Yirminci yüzyılın ilk birkaç on yılında çeşitli ırkçılar ve bağnazlar, kalıtsalcı savları bazı ırk, kültür ve toplumların neden diğerlerine göre daha aşağı olduğunu açıklamak amacıyla kötüye kullandılar. Hitler genetik düşüncenin yalnızca en ünlü sağ kanat şampiyonudur. 1924 tarihli kısıtlayıcı Göçmenlik Yasasının yürürlüğe girmesinden önce Amerika Birleşik Devletleri'ne göç hareketine karşı çıkan kişiler, 1921 basımı *Yüce Irkın Yok Oluşu*[4] adlı kitabın yazarı Madison Grant gibi, göç hareketinin Kuzey Avrupa'dan güneye doğru kaymaya başlamasının Amerikan ırkının soyunun bozulması anlamına geldiğini iddia ediyorlardı.[5]

Kalıtsalcı savların kuşkulu geçmişleri, yirminci yüzyılın ikinci yarısında genetikle ilgili çoğu tartışmayı gölgeledi. İlerici entelektüeller doğaya ilişkin savları çürütme konusunda özellikle kararlıydılar. Bunun tek nedeni, insan grupları arasındaki doğal farkların toplumsal hiyerarşiyi de beraberinde getirmesi değildi; aynı zamanda, doğal özelliklerin evrensel olarak paylaşıldıklarında bile insanın yoğrulup biçimlendirilebilme özelliğini, dolayısıyla insanların umutlarını ve hayallerini sınırlamasıydı. Feministler, erkek-kadın ayrımının toplumca oluşturulmayıp genetik temelli olduğunu ima eden her tür düşünceye en şiddetle karşı çıkanlar arasındaydılar.[6]

Aşırı toplumsal oluşturmacı görüşle aşırı kalıtsalcı görüşün sorunu, eldeki ampirik kanıtlar ışığında ikisinin de savunulacak yanının olmamasıdır. I. Dünya Savaşı için seferber olma sürecinde ABD Ordusu orduya yeni alınanlar üzerinde geniş kapsamlı zeka testleri uygulamaya, böylece ilk defa farklı ırk ve etnik gruplardan kişilerin bilişsel yetenekleriyle ilgili veri toplamaya başlamıştı.[7] Bu veriler, göç karşıtlarının eline geçti ve başkalarıyla birlikte Yahudiler ve siyahların zihinsel olarak daha geri olduklarının kanıtı olarak kullanıldı. "Bilimsel ırkçılığın" ilk ve en büyük yenilgilerinden birinde, antropolog Franz Boas dikkatle hazırlanmış bir inceleme yoluyla, Amerikan tarzı beslenen göçmen çocukların kafa ölçülerinin ve zekalarının, Amerika'da doğan çocukların ölçülerine yaklaştığını gösterdi. Diğerleri, ordu zeka testlerinin içine yerleştirilen kültürel önyargıları (testlerde çocuklardan birçok başka şeyle birlikte tenis kortlarını ayırt etmeleri isteniyordu; oysa göçmen çocukların çoğu yaşamlarında hiç tenis kortu görmemişlerdi) ortaya çıkardılar.

Diğer yandan, çocuk yetiştirmiş olan her anne baba yetiştirme ve çevre koşullarıyla açıklanması olanaksız birçok bireysel farklılığın da bulunduğunu deneyimlerine dayanarak bilir. Şimdiye dek davranışı etkileyen doğal nedenlerle kültürel nedenleri bilimsel olarak birbirinden ayırıp çözmenin yalnızca iki yöntemi vardı. İlki, davranış genetiği disiplini yoluyla, ikincisiyse kültürlerarası antropoloji yoluyladır. Bununla birlikte gelecek, genlerden davranışa giden moleküler ve sinirsel yollar hakkında neredeyse kuşku götürmeyecek kadar kesin ampirik bilgi sunabilecek gibi görünüyor.

Davranış genetiği ikizlerin—ideal olarak, birbirinden ayrı yetiştirilmiş özdeş ikizlerin—incelenmesine dayanır. (Bunlara tek yumurta ikizi de denir; çünkü aynı döllenmiş yumurtanın bölünmesinden oluşurlar.) Özdeş ikizlerin aynı genotipe—yani aynı DNA'ya—sahip olduklarını biliriz ve ikizlerin davranışlarında daha sonra ortaya çıkan farklılıkların kalıtımdan çok, yetişmiş oldukları farklı çevreleri yansıttıklarını varsayarız. Bu tür ikizlerin davranışları arasında ilişki kurarak—örneğin zeka testleri uygulamak veya farklı yaşlardaki suç ya da meslek kayıtlarını karşılaştırmak yoluyla—sonuçlardaki genlere bağlı istatistikçilerin değişkenlik adını verdiği dereceyi gösteren bir sayıya ulaşmak olanaklıdır. İşte bu nedenle, geriye kalan her şey çevreden kaynaklanmıştır. Davranış genetiği, aynı ailede yetişmiş ve kan bağına sahip olmayan kişileri (yani evlat edinilmiş kardeşleri) de inceler. Ortak aile ve benzer yetiştirilme biçimi, davranışı biçimlendirmede kalıtsalcılık karşıtlarının ileri sürdükleri kadar güçlüyse, kan bağı bulunmayan aynı aile üyelerinin özellikleri aralarında kan bağı bulunmayan herhangi iki kişininkinden daha yüksek bir uyuşma sergilemelidir. Sonra da bu iki ilişkinin karşılaştırılması, bize ortak çevrenin etkisinin ölçüsünü verir.

Davranış genetiğinin sonuçları sıklıkla çarpıcı olup, farklı kültürel ve/veya sosyoekonomik geçmişleri olan anne babalar tarafından yetiştirilmiş olmalarına rağmen, özdeş ikizlerin davranışları arasında güçlü bir bağıntı gösterirler. Bununla birlikte, bu yaklaşımı şiddetle eleştirenler de yok değildir. En büyük sorun, farklı bir çevreyi neyin belirlediğidir. Birbirinden ayrılan ikizler çoğu durumda yine de aynı çevresel koşulları paylaşacaklardır. Bu da doğal etkilerle kültürel etkileri birbirinden ayırmayı olanaksız hale getirecektir. Bir davranış genetikçisinin gözden kaçırabileceği "ortak çevreler" arasında, belirli bir genotipin bir fenotipe yansıması, diğer bir deyişle bireysel bir insan olarak nasıl ortaya çıkacağı üzerinde güçlü bir etkisi olan ana rahmi de vardır. Özdeş ikizler ister istemez aynı ana rahmini paylaşırlar; ama aynı cenin başka bir rahimde büyümüş ve anne yetersiz beslenmiş, alkol ve uyuşturucu kullanan biri olmuş olsaydı oldukça farklı bir hale gelebilirdi.

Davranışın doğal kaynaklarını açığa çıkarmanın ikinci ve daha kuşkulu olan yöntemi, belirli bir kişilik özelliğinin veya etkinliğin kültürlerarası yoklamasını yapmaktır. Gerek günümüzde var olan gerekse tarihsel veya arkeolojik kayıtlar aracılığıyla tanıdığımız, geniş bir yelpazeye yayılmış insan toplulukları açısından davranışın çok geniş kapsamlı etnografik kaydı şu anda elimizde bulunmakta. Bir özellik bilinen tüm toplumlarda ya da hemen hemen tüm toplumlarda görünüyorsa, duruma bağlı olmakla birlikte, bunun çevreden çok genlere bağlı olduğuna ilişkin güçlü bir sav öne sürebiliriz. Hayvan davranışlarının karşılaştırmalı araştırması olan hayvan etolojisinde kullanılan yaklaşım da genellikle budur.

Bu yaklaşımla ilgili sorunlardan biri, insanların düşünme ve eylem tarzlarında gerçekten evrensel bir yapı bulmanın çok zor olmasıdır. İnsan davranışlarında hayvanlarınkinden çok daha fazla değişken vardır; çünkü insanlar nasıl davranacaklarını yasalar, adetler, gelenekler ve doğal olmaktan çok toplumsal olarak oluşturulan diğer etkiler yoluyla öğrenen, çok daha kültürel canlılardır.[8] Boas-sonrası kültürel antropologlar, insan davranışının değişkenliğini vurgulamaktan özellikle hoşlanıyorlardı. Yirminci yüzyıl antropolojisinin klasiklerinden çoğu, Margaret Mead'in *Samoa'da Yaşlanmak* adlı yapıtı gibi, Batı'daki bazı bildik kültürel uygulamaların, örneğin cinsel kıskançlık ya da genç kızların cinselliğinin kurallara bağlanmasının, Batı'lı olmayan bazı egzotik kültürlerde uygulanmadığını gösterme iddiasında olan çalışmalar olmuştur.[9] Aynı gelenek Birleşik Devletler'in dört bir yanındaki üniversitelerin aykırı, ihlalci veya en azından alışılmadık davranış biçimleri üzerinde duran çok sayıdaki "kültürel araştırmalar" bölümünde varlığını sürdürüyor.

Kültürel evrensellerin olduğu gerçeği yine de hâlâ doğrudur: Beş kuşağı içine alan Çin tipi aile ile Amerikan çekirdek aile tipi evrensel olmamakla birlikte, erkekler ve dişiler arasında eşlik bağı kurmak gerçekten de insanlar açısından—şempanzeler için geçerli olmayan bir biçimde—türe özgü bir davranıştır. İnsan dillerinin içeriği keyfidir ve kültürel olarak oluşturulmuştur ama ilk defa Noam Chomsky tarafından tanımlanan ve tüm dillerin temeli olan "derin dilbilgisi yapıları" bu özelliği taşımaz. Margaret Mead'in Samoalı genç yetişkinleri ele alan incelemesi gibi, evrensel kavrayış biçimlerinin var olduğu gerçeğini geçersiz kılmak için kullanılan garip ya da alışılmadık davranış örneklerin çoğu kusurluydu. Hopi Kızılderililerinin zaman kavramı olmadığı söylenmişti, ki aslında vardı; yalnızca onları inceleyen antropolog bunun farkına varmayı başaramamıştı.[10] Renklerin toplumsal oluşturmayı göstermeye iyi birer örnek olacağı düşünülebilir; çünkü bizim "mavi" ya da "kırmızı" olarak tanımladıklarımız aslında yalnızca ışığın dalga boylarından oluşan sürekli bir tayf üzerindeki noktalardan başka bir şey değildir. Buna rağmen, yapılan antropolojik bir araştırmada, birbirinden tam anlamıyla apayrı sayılan kültürlerin üyelerine, toplumlarından kullanılan renkleri bir renk tablosu üzerine yerleştirmeleri istenmişti. Sonuçta insanların ana ve yan renkleri algılayışlarının kültürel sınırları aşan bir ortaklığı olduğu ortaya çıktı. Bu da, insan biyolojisine dayalı renk algılaması söz konusu olduğunda, ilgili genleri ya da buna yol açan nörolojik yapıları bilmesek bile, yapısal bir şeyler bulunduğunu gösterir.

Davranış genetiği ve kültürlerarası antropoloji, makro davranıştan yola çıkar ve düzenliliklere dayanarak insan doğasıyla ilgili çıkarımlarda bulunur. Bunların ilki, genetik olarak birbiriyle özdeş insanlardan yola çıkarak çevreden kaynaklanan farklılıkları arar; ikincisi ise, kültürel açıdan heterojen kişileri ele alır ve genetik benzerlikleri bulmaya çalışır. Her iki yaklaşım da genellikle geniş hata payı olan istatistiksel çıkarımları temel aldığından, ikisi de ne savlarını eleştirenleri doyurucu biçimde kanıtlamayı başarabilir, ne de genlerle davranış arasındaki etkin nedensel bağlantıları açıklamaya girişir.

Bu tümden değişmekte. Biyoloji, kuramsal olarak genlerle davranış arasındaki moleküler bağlantılara ilişkin bilgi verebilir. Genler, başka genlerin dışavurumunu—yani devreye girip girmemelerini—denetler; bu genler vücuttaki kimyasal tepkimeleri denetleyen proteinlerin kodlarını içerir; proteinler de vücut hücrelerinin yapıtaşlarını oluştururlar. Günümüzde genetik nedensellik üzerine olan bilgimizin çoğu Huntington hastalığı, Tay-Sachs hastalığı ve cystic fibrosis gibi, görece basit ve hepsi de tek bir alele (DNA'nın bireylere göre değişkenlik gösterebilen bir parçası) dayandırılabilen tek hücre bozukluklarıyla sınırlıdır. Hem birbiriyle hem de çevreyle etkileşime geçen çoklu genlerin sonucu olan zeka ve saldırganlık gibi daha üst düzey davranışların, büyük olasılıkla daha karmaşık genetik kökenleri vardır. Ancak davranışın nasıl oluştuğunu hiçbir zaman tam olarak anlamasak bile, gelecekte genetik nedenselliğe ilişkin çok daha fazla bilgimizin olması kaçınılmaz.

Örneğin, Princeton'lı biyolog Joe Tsien tarafından bir fareye üstün bellek geni eklenmişti. NDMA reseptörü olarak bilinen bir beyin hücresi parçasının, anıları oluşturma yeteneğiyle bağlantısı olduğu ve NR1, NR2A ve NR2B olarak bilinen bir dizi genin ürünü olduğundan uzun zamandır kuşkulanılıyordu. Tsien bir farenin NR1 geni olmadan üretilmesini içeren bir gen-dışlama deneyi yaptı ve bu genin gerçekten de bellekle ilişkili olduğunu saptadı. Yaptığı ikinci deneyde başka bir fareye NR2B genini ekledi ve bu genin aslında üstün belleğe sahip bir hayvana yol açtığını buldu.[11]

Tsien'in bulduğu gen bir "zeka geni" değildi; belleğin birçok farklı genin etkileşimi sonucunda biçimlendiği göz önüne alınırsa, bulunan bir "bellek geni" bile değildi. Zeka herhalde tek başına tek bir özellik sayılamaz. Daha çok, beynin geniş yelpazeli bilişsel işlevlerinden etkilenen, ki bellek bunlardan yalnızca bir tanesidir, yeteneklerin bileşimidir. Ama yine de yap-bozun bir parçası artık yerini buldu ve bunun arkası gelecek. İnsanlar üzerinde gen-dışlama deneylerinin yapılamayacağı çok açıktır; fakat insan ve hayvan genotipleri arasındaki benzerlikler göz önüne alındığında, genetik nedenselliğe ilişkin şu anda olanaklı olandan çok daha güçlü çıkarımlarda bulunabileceğiz.

Bundan başka, farklı alellerin dağılımlarındaki farklılıkları inceleyip, bunlarla toplumsal farklılıklar arasında bağlantılar kurmak da olanaklı. Örneğin biliyoruz ki, dünya üzerindeki farklı nüfus topluluklarının farklı kan grubu dağılımları var; Avrupalıların kabaca yüzde 40'ı 0 grubu kana sahipken, Amerikan yerlilerinde neredeyse yalnızca 0 grubu kan bulunur.[12] Orak hücre anemisiyle ilişkili aleller beyazlara oranla Afrika kökenli

Amerikalılar arasında daha yaygındır. Populasyon genetikçisi Luigi Luca Cavalli-Sforza, ilk insanların Afrika'dan çıkıp dünyanın farklı bölgelerine göçlerinin tahmini tarihsel haritasını, mitokondriyal DNA'nın (yani mitokondriyanın içinde, anne tarafından geçen, hücre çekirdeğinin dışında bulunan DNA) dağılımlarını temel alarak çıkarmıştı.[13] Kendisi bir adım daha ileri gidip, söz konusu nüfusları dillerin gelişimiyle ilişkilendirmiş ve yazılı kayıtlar olmadığı halde bir erken dil evrimi tarihi ortaya koyabilmiştir.

Bu tür bir bilimsel bilginin, bunu kullanıma geçirecek bir teknoloji yokken bile, önemli politik sonuçları vardır. Kökü genetiğe dayanan üç üst düzey davranışta—zeka, suç ve cinsellik—bunun gerçekleştiğini gördük bile ve bunun arkası da gelecektir.[14]

Zekanın Kalıtsallığı

1994 yılında Charles Murray ve Richard Herrnstein, *Çan Eğrisi* adlı kitaplarının yayınlanmasıyla büyük bir ateş fırtınasının ilk kıvılcımını çaktılar.[15] Geniş kapsamlı bir veri grubuna sahip olan Ulusal Boylamsal Gençlik Taramasını temel alan ve tıka basa istatistikle dolu bu kitap, aşırı derecede tartışmalı iki sav öne sürüyordu. Bunların ilki, zekanın büyük ölçüde kalıtımsal olduğuydu. İstatistik diliyle konuşursak, Murray ve Herrnstein zekadaki değişkenliğin yüzde 60 ila 70'inin genlere bağlı olduğunu, geri kalanının ise beslenme, eğitim, aile yapısı gibi çevresel etkenlerden kaynaklandığını ileri sürmüşlerdi. İkinci olarak, zeka testlerinde Afro-Amerikanların puanlarının, beyazların puanlarından yaklaşık bir standart sapma* oranında daha düşük olmasında genlerin rolü olduğunu iddia etmişlerdi. Murray ve

---

* Bir standart sapma, belirli bir populasyonun ortalamaya göre ne kadar değişkenlik gösterdiğinin istatistiksel ölçüsüdür; bir grubun yaklaşık üçte ikisi, ortalamanın bir standart sapma kadar altı ile üstü arasında yer alır.

Herrnstein, hareketliliğin önündeki sosyal engellerin ortadan kalktığı ve zekaya verilen ödüllerin arttığı bir dünyada, toplumun büyük ölçüde bilişsel hatlara göre tabakalaşacağını savunuyorlardı. Başarının anahtarı, toplumsal geçmiş değil genler olacaktı. En zeki olanlar en fazla kazancı sağlayacaklardı; gerçekten de, "sınıflandırmacı eşleşme" (insanların kendi benzerleriyle evlenmeye eğilimi) nedeniyle, bilişsel seçkinler zaman içinde göreli avantajlarını artırmış olacaktı. Daha az zeki kişiler bir hayli sınırlı yaşam olanaklarına sahip olacaktı ve telafi amaçlı toplumsal programların bu tür kişileri iyileştirme kapasitesi kısıtlıydı.[16] Öne sürülen bu savlar adeta, daha önceden psikolog Arthur Jensen'ın 1969'da *Harvard Educational Review*'da yayımlanan ve benzer şekilde iç karartıcı sonuçlara varan makalesindeki görüşlerinin yansıması gibiydi.[17]

Çan Eğrisi'nin bu kadar büyük bir tartışmaya yol açmasına hiç şaşmamak gerek. Murray ve Herrnstein ırkçı ve bağnaz ilan edildiler.[18] Bir eleştiri yazısında şöyle denilmişti: "Ne kadar saldırgan ve ürkütücü olursa olsun... *Çan Eğrisi* aslında ırkçılığın süregelen politik ekonomisindeki yeni bir sayfadan başka bir şey değil."[19] Saldırıların ortak noktası, kitabın yazarlarının ciddi bir tartışmaya bile değmeyecek kadar gelişigüzel ve önyargılı bulgular öne süren, sözde bilimciler olduğunu söylemeleri ve yazarları çeşitli dazlak ve Neo-nazi örgütleriyle ilgili olmakla suçlamalarıydı.[20]

Fakat bu kitap, aslında yalnızca zekanın büyük ölçüde kalıtım yoluyla geçebileceğini savunanlarla, zekanın çevre tarafından biçimlendirildiğini iddia edenler arasında sürmekte olan savaşın son yaylım ateşiydi. Muhafazakarlar, insanlar arasında doğal farklılıklar olduğu yönündeki savlara genellikle olumlu bakarlar; çünkü var olan sosyal hiyerarşiyi haklı göstermek ve hükümetin bu hiyerarşiyi düzeltmek amacıyla müdahale etmesine karşı çıkabilmek isterler. Buna karşın Sol, toplumsal adalet arayışının doğal sınırları olduğunu ve özelliklede insan toplulukları arasında doğal farklılıklar bulunduğunu kabullenemez. Zeka gibi bir konu söz konusu olduğunda çıtalar öylesine yüksektir ki, yöntemsel anlaşmazlıklar derhal ortaya saçılır; Sağ kanat bilişsel yeteneğin apaçık ortada ve ölçülebilir olduğunu öne sürerken, Sol kanat bunun belirsiz olduğunu ölçümlerin hata payının büyük olacağını savunur.[21]

Modern istatistiğin, dolayısıyla toplumbilimin bir bütün olarak gelişmesinin, psikometriyle ve hem ırkçı hem de öjenist olan birçok parlak yöntembilimcinin çalışmalarıyla yakından bağlantılı olması rahatsız edici bir gerçektir. Bunlar arasındaki ilk kişi, öjenik terimini de ortaya atan ve Charles Darwin'in kuzeni olan Francis Galton'dır; *Kalıtsal Deha* adlı kitabında, üstün yeteneğin aile içinde aktarılma eğilimi gösterdiğini ileri sürmüştür.[22] Galton, on dokuzuncu yüzyılın sonlarında zekayı ölçmek için nesnel bir test olduğunu umduğu bir tasarı geliştiren ilk kişilerdendir. Sistematik olarak veri topladı ve bunları analiz etmek için yeni matematiksel yöntemlerle deneyler yaptı.

Galton'ın öğrencisi ve Londra'daki University College'da Galton Öjeni Profesörü olan Karl Pearson, sosyal Darwinizm'in sıkı bir takipçisiydi ve bir defasında, "Tarih bana tek ama tek bir yol gösteriyor ve o yolda yüksek bir uygarlık düzeyi sağlanmış; yani ırkın ırkla savaşımı ve hem fiziksel hem de zihinsel açıdan en sağlam ırkın seçilmesi gerçekleşmiş." diye yazmıştı.[23] Kendisi aynı zamanda mükemmel bir yöntembilimci ve modern istatistiğin kurucularından biriydi. İstatistik bölümünün birinci sınıfındaki her öğrenci en temel bağıntı katsayısı olan "Pearson'ın r sayısını" hesaplamayı bilir; ve Pearson'ın başka bir icadı olan istatistiksel anlamlılığı belirlemek için chi kare testini öğrenir. Pearson bağıntı katsayısını geliştirdi; bunun nedeni kısmen, zeka testleri gibi ölçülebilir olguları, zeka gibi temel biyolojik özelliklerle ilişkilendirmenin daha kesin bir yolunu bulmak istemesiydi. (University College'ın istatistik bölümünün Web sayfasında Pearson'ın uygulamalı matematikçi olarak elde ettiği başarılar büyük bir gururla sergilenmekle birlikte, ırk ve kalıtım üzerine yazıları tedbirli bir tavırla göz ardı edilmiştir.)

Üçüncü önemli yöntembilimci, her ikisi de vazgeçilmez istatistiksel araçlar sayılan temel faktör analizi tekniği ve Spearman düzeyi bağıntısını icat etmiş olan Charles Spearman'dır. Psikometrist olan Spearman, zihinsel yetenek testlerinin birbiriyle ileri derecede bağlantılı olduğunu fark etti: Örneğin, sözel bir testte başarılı olan biri, aynı zamanda matematik testinde de iyi olma eğilimi gösteriyordu. Sonradan (genel zekayı temsilen) g olarak nitelendirdiği genel bir zeka faktörünün bulunması gerektiğini ve bu faktörün bir bireyin değişik testlerdeki performansının temel nedeni olduğu varsayımında bulundu. Faktör analizi, Spearman'ın g'yi özenli bir şekilde yalıtma çabası sonucunda ortaya çıkmış olup, kalıtım yoluyla aktarılabilen zeka konusundaki güncel tartışmaların merkezinde olmayı sürdürür.

Psikometrinin politik açıdan hoşa gitmeyen ırk ve öjeni konulu görüşlerle ilişkisi, bu alanın bazılarının gözünden tamamen düşmesi için yeterli olabilir; ancak bunun asıl gösterdiği, politik açıdan doğru olmayan bulgularla kötü bilim arasında bir bağlantı bulunmasının zorunlu olmadığıdır. Görüşleri hoşumuza gitmeyen kişilerin yöntemsel niteliklerine saldırmak ve çalışmalarını "sözde bilim" olarak niteleyip, ciddiye almayı reddetmek, somut bir tartışma yapmak yerine kullanışlı kestirme yolu seçmek sayılır. Sol kanat bu yöntemi, yirminci yüzyılın ikinci yarısının çoğunda etkili bir şekilde kullandı ve bu dönemin ulaştığı en yüksek başarı düzeyi, 1981 yılında Stephen Jay Gould'un *İnsanın Yanlış Ölçümü*[24] adlı kitabının yayınlanması ile elde edildi. Sol kanadın güçlü bir sempatizanı olan paleontolog Gould, zekanın kafa ölçüsüne bakarak anlaşılabileceğine inanan ve hatalı verileri yirminci yüzyılın başında ırkçı ve göçmen karşıtı politikaları desteklemede kullanılmış olan on dokuzuncu yüzyıl bilimcileri Samuel George Morton ve Paul Broca gibi kolay hedefleri seçmekle işe başladı. Sonra da Arthur Jensen'ın ciddi anlamda bel bağladığı Spearman ve Sir Cyril Burt gibi, zekaya ilişkin genetik kuramların yirminci yüzyıldaki hatırlı yandaşlarına saldırmaya yöneldi.

Bunlardan sonuncusu özellikle dikkat çekici; çünkü 1976'da modern psikolojinin devlerinden biri olan Burt, zekanın yüzde yetmişten fazlasının kalıtıma bağlı olduğunu gösteren bir sonuca ulaşmak amacıyla, tek yumurta ikizlerine ilişkin araştırmalarda, verileri bilerek çarpıtmakla suçlanmıştı. İngiliz gazeteci Oliver Gillie, *The Sunday Times*'ın o yıla ait bir sayısında, Burt'ün hayali ortak yazarlar ve veriler uydurmuş olduğunu ve elindeki bulguların hileden başka bir şey olmadığını iddia etmişti. Yazısı, "sağgörülü bir insanı, IQ testi sonuçlarının herhangi bir derecede kalıtımsal olduğuna inanmaya yöneltecek hiçbir verinin var olmadığını" iddia eden psikolog Leon Kamin gibi başka eleştirel kişilere muazzam bir cephane sağlamış oldu.[25] Kamin, Richard Lewontin ve Steven Rose ile birlikte, sözde bilim olarak gördükleri davranış genetiğinin tümüne yönelik geniş kapsamlı bir saldırı yürüttü.[26]

Ne yazık ki, g'nin beyindeki gerçek bir şeye karşılık geldiği ve bunun genetik bir temele dayandığı şeklindeki düşünceyi, yalnızca yöntembilimsel gerekçelerle çürütmek pek de kolay değildi. Daha sonra Burt'ün çalışmalarını yeniden inceleyen araştırmacılar, asıl hilenin bilinçli çarpıtma yapıldığı yönündeki suçlamalar olduğunu ortaya çıkardılar.[27] Burt'ün çalışmaları, ne olursa olsun, tek yumurta ikizlerinde yüksek oranda kalıtsallığa işaret eden tek araştırma değildi. 1990'da Minnesota ikiz araştırmaları gibi, Burt'ünkine çok benzer sonuçları olan çok sayıda başka araştırma daha bulunuyordu.

Psikologlar arasında Spearman'ın g'sinin varlığı ve doğası hakkındaki ciddi ve karmaşık tartışma, her iki taraftan da son derece güvenilir bilginlerin öne sürdükleri iddialar eşliğinde şiddeti hiç hafiflemeden sürüyor.[28] Spearman'ın zekanın tek bir şey olduğuna ilişkin kuramına açık bir şekilde ilk ifade edildiği 1904'ten bu yana saldıranların görüşü, zekanın gerçekte aynı bireyde farklılık gösterebilen birbiriyle ilişkili yeteneklerin bileşimi olduğunu yönündeydi. Bu görüşün en eski yandaşlarından biri, Amerikalı psikolog L. L. Thurstone idi; daha yakın zamandaki yandaşlarından biriyse, "çoklu zeka" doktrini Amerikadaki eğitim çevrelerinde çok iyi tanınan Howard Gardner'dır.[29] g faktörünü savunanlar, söz konusu savın bir ölçüde tanımlamaya ilişkin olduğuna dikkati çekerler: Gardner'ın zeka olarak nitelediği şeylerin çoğuna, Murray ve Herrnstein'ın da bizzat belirttikleri gibi, aslında rahatlıkla yetenek denilebilir ve *zeka* terimi daha belirli, daha sınırlı olan bir dizi bilişsel işlev için kullanılabilir. g'ye ilişkin tezlerini faktör analizine ve g'nin varlığını gösterecek güçlü istatistiksel duruma dayandırmaktaydılar. Bunu eleştirenler, mantıklı bir karşı sav ileri sürerek, g'nin yandaşlarının bir yeteneğin var olduğuna ilişkin bir sonuç çıkartırken, bu yeteneğin beyinde olması gereken fizyolojik karşılığını kimse gözlemleyememiştir.

Çan Eğrisi başka psikolog ve zeka uzmanlarının da, günümüzde zeka ile kalıtsallık arasındaki bağ üzerine bilinenleri özetleyen bir dizi çalışma yayımlamalarına neden oldu.[30] Bu literatürden ortaya çıkan şudur ki, birçok kişi temel iddiaları söz konusu olduğunda Murray ve Herrnstein'ın görüşlerine katılmadığı halde, tanımlamış oldukları konu—modern toplumlarda zekanın önemi ve zekanın kalıtsal kökleri olduğuna ilişkin göndermeler—ortadan kaybolmayacaktır. Örneğin, g ya da başka bir çoklu zeka faktörü olsun, zeka testlerinin ölçtüğü her ne ise onun önemli oranda kalıtsal olduğu konusunda pek fazla anlaşmazlık yoktur. *American Psychologist* dergisinin, *Çan Eğrisi*'nin hemen ardından yayımlanan özel sayısında, bilim dalında varılan uzlaşma, insan zekasının çocukluk döneminde yarısının kalıtımla ilişkili göründüğünü, hatta kişi erişkinliğe vardığında bu oranın daha da arttığı şeklinde özetlenmişti.[31] Uzmanlar arasında, "geniş" ve "dar" kalıtsallıkla ilgili teknik bir tartışma vardır ve bu tartışma, bazılarının zekanın genetik unsurunun yüzde 40'tan fazla olmadığını iddia etmelerine bile yol açmıştır.[32] Fakat çok az kişi, Kamin'in zeka testlerindeki başarıyla, kalıtsallığı ilişkilendiren güvenilir hiçbir kanıt olmadığı şeklindeki savını ciddiye almaktadır.

Kalıtsal olarak aktarılabilirlik öngörülerindeki bu fark, kamu politikaları açısından önemli olanaklara işaret eder; çünkü yüzde 40 ila 50 arasında seyreden düşük sayılar, Murray ve Herrnstein'ın aksine, devlet politikalarından etkilenebilecek çevresel faktörlerin gerçekten de insanların IQ düzeyini yükseltmeye yarayacağını gösterir. Bardağı, yarı boş olarak değil yarı dolu olarak da görebiliriz: Daha iyi bir beslenme, eğitim, güvenli bir çevre ve ekonomik kaynaklar birlikte, çocuğun zekasının çevreye ve dolayısıyla toplumsal politikanın mantıklı hedeflerine bağlı olan yüzde 50'sini yükseltmeye katkıda bulunabilir.

Bu çevresel unsur aynı zamanda zeka ve ırkla ilgili azap dolu sorunun darbesini de hafifletir. *American Psychologist*'in yine aynı özel sayısı, standart zeka testlerinde siyahların gerçekten de beyazlardan daha düşük puan aldıklarını onaylamıştı. Sorulması gereken soru "neden"dir. Aradaki farkın genetik faktörlerden çok, çevresel faktörlere bağlı olduğunu ileri sürmeyi gerektiren durumsal nedenler bulunuyor. Bunlardan biri IQ skorlarının geçmiş kuşak boyunca hemen hemen bütün gelişmiş ülkelerde yükselmekte olduğunu ilk fark eden kişi olan psikolog James Flynn'in adıyla anılan Flynn etkisidir.[33] Bu değişimin genetik faktörlerden dolayı gerçekleşmesi pek olası değil; çünkü genetik değişim bu kadar büyük bir hızla gerçekleşmez. Flynn'in kendisi de, insanların genel olarak bir kuşak öncesine oranla çok daha zeki olduklarından kuşku duyar. Bu da yüksek orandaki IQ artışının, daha iyi beslenmeden (ki bu etken, aynı nüfusların aynı zaman diliminde daha uzun boylu olmalarına da yol açmıştır) tutun eğitime ve zihinsel uyarımların sayıca artmasına dek, iyice anlamayı başaramadığımız çevresel faktörlerin sonucu olduğunu gösterir. Buna göre, Afrika kökenli Amerikalılar gibi beslenme, eğitim ve sosyal çevrenin diğer yönleri açısından görece dezavantajlı toplulukların IQ skorları da zaman içinde yükselecektir. Siyahların IQ'ları da, tıpkı Yahudilerin ve diğer göçmen topluluklarınınki gibi yükselmiştir ve siyah-beyaz farkı daha şimdiden bir dereceye kadar azalmıştır; gelecekte bu fark önemsiz bir düzeye inebilir.

Zeka ve genetiğe ilişkin bu tartışmanın amacı, belirli bir zeka kuramının bir başka kurama oranla daha iyi olduğunu savunmak ya da zekanın kalıtsallığının oranına ilişkin öngörülerden birini desteklemek değil. Çevremdeki insanlarla (özellikle kendi çocuklarımla) ilgili kişisel gözlemlerim, zekanın yalnızca tek bir g faktörünün işi olmadığını, birbiriyle yakından ilişkili bir dizi yeteneğin sonucu olduğunu gösteriyor. Sağduyulu bir gözlem bana bu yeteneklerin kalıtsallıktan yoğun olarak etkilendiğini de anlatıyor. Tahminimce, moleküler düzeyde daha kapsamlı araştırmalar, zekayla ilintili ırksal farklılıklar hakkında şaşırtıcı yeni bulgulara yol açmayacaktır. Irkların birbirlerinden ayrılmalarından bu yana geçmiş olan evrimsel zaman henüz çok kısadır ve (kan gruplarının dağılımı gibi) ölçülebilir özelliklere bakıldığında, ırklar arasındaki genetik değişkenlik, gruplar arasında bu açıdan güçlü farklar olabileceğini öne sürmek için yeterli değil.

Sorun çok farklı. Genetik mühendisliği dalında, zekayı yönlendirmemizi sağlayacak büyük bir bilimsel sıçrama yapılacağını varsaymasak da, yalnızca genler ve insan davranışlarına ilişkin bilginin yalnızca birikiminin bile politik sonuçları olacaktır. Bu sonuçların bazıları çok iyi olabilir: Tıpkı Boas'ın baş ölçüleriyle ilgili araştırmasının, yirminci yüzyıl başlarındaki "bilimsel ırkçılığın" hatalı yönlerini açıkça ortaya koyması gibi, moleküler biyoloji de, bireyler veya topluluklar arasındaki farklılıklar konusunda genleri temize çıkarıp, üstlerine yüklenen sorumluluktan kurtarabilir. Diğer taraftan, yaşam bilimleri bize duymamayı yeğleyeceğimiz haberler de verebilir. *Çan Eğrisi*'nin tutuşturduğu politik ateş fırtınası bu konudaki son örnek olmayacak ve genetik, bilişsel nörobilim ve moleküler biyoloji alanlarında yapılacak araştırmalar alevleri besleyecek. Sol'un büyük bölümü, ırkçılığa özgü ve sözde bilimcilerin işi olduğunu ileri sürerek, genler ve zeka üzerine olan tartışmalara hemen son vermeyi isterlerdi; fakat bilimin kendisi bu tür bir kolaycılığa izin vermeyecektir. Joe Tsien'in fareler üzerinde yaptığı gen-dışlama deneyleriyle olduğu gibi, belleğe giden moleküler yollar üzerine bilgi toplanması, zekanın kalıtsallığı konusunda gelecekte yapılacak tahminleri çok daha kesin hale getirecek. Pozitron-yayılımlı tomografi, işlevsel rezonans görüntüleme ve manyetik rezonans spektroskopi gibi beyin görüntüleme teknikleri, kan akışıyla nöron atışlarının dinamik haritasını çıkarabilmektedir. Bunlarla değişik türdeki zihinsel etkinlikler arasında bağlantı kurulması, g'nin beynin farklı bölümlerinde lokalize edilmesi yoluyla tek bir şey mi yoksa birden fazla şey mi olduğu sorusuna bir gün son noktayı koyabilir. Geçmişin kötü biliminin kötü amaçlarla kullanılmış olması, bizi iyi bilimin gelecekte yalnızca bizim iyi olarak nitelendireceğimiz amaçlara hizmet etmesi olasılığına karşı korunaklı hale getirmez.

Genetik Suç

Kalıtsallıkla zeka arasındaki bağdan daha çok politik tartışmaya açık bir şey varsa, o da suçun genetik kökenleridir. Suça yönelik davranışı biyolojiyle temellendirme çabası, psikometrininki kadar uzun ve sorunlu bir geçmişe sahiptir ve bu alanda yapılan araştırmalar, kötü metodoloji ve öjeni hareketiyle olan bağlantılardan payını almış olmanın sıkıntısını taşır. Yirminci yüzyılın başında canlı ve ölü mahkumları inceleyip, eğimli alın, küçük bir kafa ve diğer özelliklerle belirlenen fiziksel bir suçlu tipi olduğu kuramını geliştiren İtalyan hekim Cesare Lombroso, bu geleneğin en tanınmış itibarsız bilimcisidir.

Darwin'in etkisiyle Lombroso, suçlu "tiplerin" bir biçimde günümüze dek hayatta kalmayı başaran insan evriminin daha önceki evrelerine dönüşler olduğuna inanıyordu. Lombroso, bazı insanların biyolojik nedenlerden ötürü işledikleri suçlardan sorumlu tutulamayacakları şeklindeki liberal görüşten sorumlu olmakla birlikte, çalışması yöntembilim açısından o denli hatalıydı ki, daha sonra sahte bilim tarihinde frenoloji ve flogistonlarla bir tutulmaya başlandı.[34]

Suçun biyolojik kökenlerine ilişkin modern kuramlar, kalıtsallık ve zeka konulu modern kuramlarla aynı kaynaktan, yani davranış genetiğinden gelir. Birbirinden ayrı büyüyen tek yumurta ikizleri veya aralarından kan bağı bulunmayıp birlikte yetişen kişiler üzerine yapılan çok sayıdaki inceleme, genlerle suça yönelik davranış arasında bağlantılar kurulmasını sağlamıştır.[35] Danimarka İkiz Kayıtlarındaki 3586 ikiz üzerinde yapılan oldukça geniş kapsamlı bir inceleme, tek yumurta ikizlerinde suça yönelik davranışı paylaşma oranının yüzde 50, ayrı yumurta ikizlerinde (özdeş olmayan ikizlerde) ise bu oranın yüzde 21 olduğunu göstermiştir.[36] Evlat edinme üzerine yapılan ve yine Danimarka'daki verilere dayanan geniş kapsamlı başka bir araştırmada, suçlu ve suçlu olmayan anne babaların bulunduğu ailelerde yetişen tek yumurta ikizleri ile yine suçlu anne babaların varlığında ve yokluğunda yetiştirilen ve aralarında kan bağı bulunmayan kardeşler karşılaştırılmıştı. İnceleme, çocukta suçlu davranış görülmesinde, suçlu bir biyolojik ebeveynin, çocuğu evlat edinen suçlu bir kişiye oranla çok daha güçlü bir belirleyici olduğunu ortaya koyarak, suça eğilimin genetik olarak bir şekilde aktarıldığını öne sürmüştü.

Suçla ilgili genetik kuramları eleştiren akademisyenler, zeka konusundaki eleştirilerinin çoğunu yinelemişlerdir.[37] İkizler üzerine yapılan incelemeler, paylaşılan çevreyle ilgili hemen göze çarpmayan noktaları saptamada sıklıkla başarısız olur; düzenlilikleri etkileyebilecek genetik olmayan etmenleri denetlemede başarı sağlayamaz ya da dar kapsamlı örnekleme niteliğindeki anketlere bel bağlarlar. Travis Hirschi ve Michael Gottfredson, suçun toplumsal olarak oluşturulan bir kategori olması nedeniyle, biyolojik kökenleri olmasının olanaksızlığını savunmuşlardır.[38] Bu demektir ki, bir toplumun suç saydığı şey başka bir toplumda mutlaka yasadışı olacak diye bir şey yoktur; öyleyse insan nasıl ırza geçme ya da aylaklık "genine" sahip olmaktan söz edebilir ki?

Suçla ilgili birçok genetik kuramın kayda değer olmadığı ortaya çıktıysa da, suç, genetik etmenlerin işe karıştığını düşünmek için gerçekten hatırı sayılır nedenlerin bulunduğu bir toplumsal davranış alanıdır. Suç elbette toplumsal olarak oluşturulan bir kategoridir ama cinayet ve hırsızlık gibi bazı ciddi eylemlere hiçbir toplumda göz yumulmaz ve isteğin yetersiz denetimi gibi bazı bireylerin bu kuralları çiğnemelerine yol açabilecek davranış özelliklerinin genetik kaynaklı olması akla yakındır.[39] Bir çift koşu ayakkabısı uğruna bir insanı tabancayla başından vuran bir suçlunun, kısa vadeli hazla uzun vadeli bedel arasında mantıklı bir karşılaştırma yapmadığı açıktır; bu elbette erken çocukluk dönemindeki kötü sosyalleşmenin sonucu olabilir ama bazı insanların bu tür bir kararı vermede yalnızca doğuştan gelen nedenlerle başarısız olduklarını düşünmek de saçma sayılmaz.

Bireysel farklılıkları bırakıp grup farklılıklarına bakarsak bilinen hemen hemen tüm toplumlarda ve bütün tarihi dönemlerde suçları ağırlıklı olarak yaşları 15 ile 25 arasındaki genç erkeklerin işlediğini basitçe gözlemleyerek, genetik faktörlerin suçta rol oynadığını güçlü bir şekilde savunabiliriz.[40] Elbette kızlar ve kadınlar da suç işler, ve tabii yaşlılar da; fakat genç yetişkin erkeklerde, kendilerini fiziksel açıdan ön plana çıkarmaya ve toplumsal kuralları çiğnemelerine neden olacak şekilde risk almaya özellikle yatkın hale getiren bir özellik bulunur. Biyolojik antropolog Richard Wrangham, 1996 tarihli *Şeytani Erkekler* adlı kitabında, erkek şempanzelerin küçük gruplar oluşturarak gidip, kendi kolonilerine ait bölgenin sınırları etrafındaki diğer erkek şempanze gruplarını nasıl pusuya düşürdüklerini belgelemiştir.[41] İnsanların beş milyon yıl kadar önce yaşamış şempanze benzeri bir soydan evrimleştikleri ve erkeklerin şiddet ve saldırganlığa eğilimlerinin bu evrimsel dönem boyunca dikkate değer bir süreklilik gösterdiği düşünülürse, genetik nedensellik yönündeki savunma çok daha güçlü görünecektir.[42]

Birtakım araştırmalar, genlerle saldırganlık arasında dolaysız moleküler yollar olduğunu ileri sürmüştür. 1980'lerin sonlarında, şiddete eğilimli bir geçmişi olan Hollandalı bir ailenin üzerinde yapılan inceleme, sorunun monoamid oksidazlar yani MAO olarak bilinen enzimlerin üretimini denetleyen genlerden kaynaklandığını gösterdi.[43] Daha sonraki bir tarihte Fransa'da fareler üzerinde gerçekleştirilen başka bir araştırmada farelerin MAO genlerindeki benzer bir kusurun aşırı derecede vahşileşmelerine yol açtığını gösterdi.[44]

Özellikle gelişimlerinin doğru aşamasında uygun alışkanlıkları kazanmaları sağlanmışsa*, bireyler elbette ki dürtülerini denetlemeyi öğrenebilirler.[45] Toplumlar bu özdenetimi güçlendirecek pek çok şey yapabilir ve özdenetim başarısız olursa, suçu caydırma yoluna gidebilir ve bireyi cezalandırabilir. Bu tür toplumsal etmenler, ayrı toplumlarda (bir defasında, bir yıl içinde New York'ta gerçekleşen cinayetler, Japonya'nın tamamında gerçekleşenlerden fazla olmuştu) ve aynı toplum içinde ayrı zamanlarda suç oranlarının önemli ölçüde değişkenlik göstermesinin nedenidir.[46] Bununla birlikte, toplumsal denetim biyolojik dürtüler bağlamında oluşur. Evrimsel psikologlar Martin Daly ve Margo Wilson, cinayet oranlarının evrimsel biyolojinin

---

* Dürtü denetiminin, tıpkı dil gibi, bazı yaşlarda diğer yaşlara oranla daha iyi öğrenilebilmesi, suçun biyolojik doğasına ilişkin bir diğer göstergedir.

belirli tahminlerine bağlı olarak değişkenlik gösterdiğini ortaya koymuşlardı; örneğin, aile içi cinayetleri, kan bağı olan akrabalardan çok akraba olmayan aile bireyleri (eşler veya üvey babalarla üvey çocuklar gibi) arasında çok daha sık işlenir.[47]

Suç konusunda genlerle çevre arasındaki etkileşim tam olarak ne olursa olsun, günümüzde Birleşik Devletler'de bu konu üzerine kamuya açık herhangi mantıklı bir tartışmanın yapılması politik açıdan olanaksızdır. Afrika kökenli Amerikalıların ABD'deki suçla ilişkili nüfusta orantısız bir şekilde temsil edilmelerinden dolayı, suçun genetik bir boyutu olduğuna ilişkin herhangi bir sav, siyahların genetik olarak suça eğilimleri olduğunu söylemek gibi görünecektir. Bu konu üzerinde çalışan hiçbir ciddi akademik araştırmacı, eski kötü bilimsel ırkçılık zamanlarının sona ermesinden beri bu tür bir savlar ortaya atmamıştır. Buna rağmen, insanların bu konuyla ilgilenen herkesin ırkçı emellere sahip olduğu yönünde derin bir kuşku beslemelerinin önüne geçilememiştir.

Bu tür kuşkuları besleyenlerden biri de, Federal Alkol ve Uyuşturucu Bağımlılığı ve Zihinsel Sağlık Yönetimi'nin başındaki tanınmış psikiyatrist Frederick K. Goodwin idi. Tom Wolfe'un "halkla ilişkiler alanında sertifikalı bir hödük" olarak tanımladığı Goodwin, suça batmış kentsel Amerika'nın "balta girmemiş bir orman" olduğunu öne sürerken, aslında Ulusal Zihinsel Sağlık Enstitüsü'nün Şiddet İnisiyatifi'ni betimliyordu.[48] Goodwin belli ki, erkekler tarafından uygulanan şiddetin yapısal olduğunu ileri süren, kesinlikle saygıdeğer bir dizi araştırmaya değiniyordu. Yine de, kullandığı sözcükleri seçerken benimsediği yakışık almayan tutum, Senator Edward Kennedy ve Temsilci John Dingell tarafından derhal ırkçı olarak ilan edilmesine ve istenmeyen insanları ortadan kaldırmak üzere tasarlanmış bir öjeni programı olan Şiddet İnisiyatifi'nin kınanmasına yol açtı.

Bu durum, Maryland Üniversitesinde görevli bir araştırmacı olan David Wasserman'ın düzenlediği ve kısmen Ulusal Sağlık

Enstitüleri'nin İnsan Genomu Araştırması Ulusal Merkezi tarafından finanse edilen "Genetik ve Suçlu Davranışı Üzerine Yapılan Araştırmaların Anlamı ve Önemi" başlıklı konferans etrafında örgütlenen toplumsal protesto hareketlerine zemin oluşturdu.[49] Konferansın programı belirlendi, eleştirildi, tekrar belirlendi; ve en sonunda 1993 yılında Chesapeake Körfezi'ndeki kuytu bir mekanda gerçekleştirildi. Wasserman etkinlik öncesindeki baskılara karşı, genetik ve suç alanını eleştirenleri de konferansa dahil etmeye çalıştı ve öjeni hareketinin tarihçesi konusunda bütün bir panel düzenledi.[50] Fakat bu konferans katılımcılarından bazılarının resmi bir protesto duyurusu yaparak "tarihçiler ve sosyologlar gibi bilim adamlarının da kendilerini ırkçı sözde bilime akademik saygınlık kazandıracak işlere alet etmemeleri gerektiği" uyarısında bulunmalarını engellemedi. Konferans dışarıdaki göstericilerin "Maryland Konferansı, saklanamazsınız. Soykırımı desteklediğinizi biliyoruz!"[51] diye bağırmalarıyla kesintiye uğradı. Ulusal Sağlık Enstitüleri'nin (NIH) veya Ulusal Zihinsel Sağlık Enstitüsü'nün yakın gelecekte buna benzer bir etkinliğe sponsorluk yapma olasılığı, tahmin edilebileceği gibi, oldukça düşük.

Genler ve Cinsellik, Hetero ve Homo

Genetik bilimine ilişkin bilgi birikiminin, önemli politik sonuçlara yol açtığı ve açmaya devam edeceği üçüncü alan cinsellikdir.[52] Çok az kişi cinselliğin güçlü biyolojik kökleri olduğunu yadsır ve erkeklerle dişiler arasındaki birçok farklılığın sosyal çevreden çok biyolojik etmenlere bağlı olduğu görüşü, ırksal farklılıklara ilişkin görüşten daha güçlüdür. Irka özgü ve etnik insan grupları (ki bunların arasındaki sınır genellikle belirgin değildir), sonuçta yalnızca geçtiğimiz birkaç on bin yıl süresince gelişmişlerdir, ki bu evrimsel ölçekte kısacık bir andan başka bir şey değildir. Buna karşın, cinsel farklılaşma yüz milyonlarca yıldan beri, hatta insanların henüz var olmadığı çağlarda bile vardı. Erkeklerle kadınlar birbirlerinden fizyolojik, genetik (tabii ki kadınlarda iki X kromozomu erkeklerdeyse XY kromozom çifti vardır) ve nörolojik açıdan farklıdırlar. Çağdaş feminizmin önemli bir koluna göre, buna benzer bütün cinsiyet farklılıkları bedenle sınırlıdır; erkek ve dişi zihinleri temel olarak aynıdır. Bu bakış açısına sahip kişiler için bütün cinsiyet farklılıkları cins farkından ibarettir; diğer bir deyişle, erkek ve kız çocukların sosyalleşme tarzlarından kaynaklanırlar. Fakat bunun bütünüyle doğru olduğuna inanmak hiç de makul değildir ve evrimsel biyolojinin önemli bir dalı, bir önceki kuşakta erkek ve dişi zihinlerinin evrimsel adaptasyonun farklı gereksinimleri doğrultusunda biçimlenmiş olduğunu iddia eder.[53]

Bu konuyla ilgili olarak geçtiğimiz son kırk yılda çokça ampirik çalışma yapıldı. 1974'te Eleanor Maccoby ve Carol Jacklin adlı psikologlar, o dönemde eldeki bilgilerin çoğunu *Cinsiyet Farklılıklarının Psikolojisi* adlı hacimli bir kitapta özetlediler.[54] Bu çalışma erkeklerle kadınların ne şekilde farklı olduklarına ilişkin bazı efsanelerin hatalı yönlerini ortaya serdi. Örneğin oğlanlarla kızların; sosyalleşebilirlik, kolaylıkla etki altına alınabilirlik, analitik düşünebilme yetisi veya daha genel olarak zeka yönünden farklı olduklarını gösteren güvenilir hiçbir kanıt yoktu. Öte yandan, tutarlılık gösteren bazı farklılıkları ortaya çıkaran araştırmalar da yapılmıştı. Kızların sözel ifade yeteneği erkeklere oranla daha gelişmiş gibidir; oğlanların ise görsel-uzaysal yetenekleri gelişmiştir, daha üstün matematik yeteneğine sahiptirler ve son olarak, oğlanlar çok daha saldırgandır.[55]

Maccoby'nın daha sonraki kitabı *İki Cinsiyet*, cinsiyet farklılıklarının çok erken yaşta başladığını gösteriyor. Yapılan çok çeşitli ampirik incelemeler, oğlanların oyumlarının kızlarınkilere oranla daha fiziksel olduğunu, kızlara oranla daha iyi tanımlı egemenlik hiyerarşileri kurduklarını, daha rekabetçi olduklarını ve rekabetçiliklerinin bireyler arasında olmaktan çok gruplar arasında ortaya çıktığını gösterir. Oğlanlar kızlara göre fiziksel olarak daha saldırgandır. Buna karşılık, kızların ilişkilerinde daha fazla saldırganlık (yani toplumsal sürgün ya da dışlama biçiminde saldırganlık) söz konusudur. Oğlanların konuşma tarzı farklıdır ve kızlarınki aile ilişkilerine odaklanırken oğlanlarınki saldırgan şiddet içerikli temalar üzerine daha sıklıkla yoğunlaşır. Ayrıca erken çocukluk döneminde oyun arkadaşlarının cinsiyetinin seçimi söz konusu olduğunda, oğlanlarla kızların cinsiyete göre ayrı gruplar halinde bir araya gelmeye katı biçimde programlanmış oldukları görülür.[56] Bu sonuçların çoğu farklı kültürlerde de geçerlidir. Bütün bunlar, erkek ve dişilere özgü davranışların tanımlanmasında hep neden olarak ortaya konulan sosyalleşme düzenlerine ek olarak, belirli bir biyolojik unsurun da etkili olduğunu Maccoby'e göstermiştir.[57]

Genler ve eşcinsellik konusuna gelirsek, politik açıdan durum bunun tamamen aksidir. Sol, genler ile zeka, genler ile suç ve genler ile cinsiyet farklılığı konusundaki sorunlarda, biyolojik açıklamalara şiddetle karşı çıkar ve kalıtsallığın bu davranışların herhangi biri üzerinde önemli bir etkisi olduğuna ilişkin herhangi bir kanıtın geçersizliğini göstermeye uğraşır. Eşcinsellik konusunda ise Sol bu kez karşı tarafı tutar: Cinsel yönelim bireysel seçimden veya sosyal koşullanmadan kaynaklanmaz; bireyin başına gelen bir doğum kazasıdır.

Eşcinsellik her zaman için evrimsel biyoloji açısından belirli bir sorun teşkil etmiştir. Evrimin bütünüyle üreme başarısıyla ilgili olduğu düşünüldüğünden ve eşcinseller genellikle geride soylarını sürdüren bir birey bırakmadıklarından; bir eşcinsellik geninin doğal seçilim yoluyla belirli bir populasyonda oldukça hızlı bir şekilde ayıklanacağı düşünülebilir. Çağdaş evrimsel biyologlar, eğer genetik bir etmen eşcinselliği doğuruyorsa, bunun aslında uyum sağlamaya yatkın, büyük olasılıkla dişilere yarar sağlayan ve anne tarafından geçen başka bir genin yan ürünü olduğu kuramını ortaya atmışlardır.[58] İnsanlar da dahil olmak üzere çeşitli hayvanların beyinlerinin, doğum öncesi evrede genetik olarak belirlenmiş olan farklı düzeylerdeki çeşitli cinsiyet hormonlarına maruz kalarak cinsiyet kazandıklarına inanılır. Fareler üzerinde yapılan deneyler doğrultusunda, erkek eşcinselliğinin doğum öncesinde yetersiz düzeyde testosterona maruz kalmaktan kaynaklandığı varsayımında ileri sürülmüştür.

Bugüne dek, eşcinselliğin kalıtımla aktarılabilirliği, zeka ya da suça eğilimin aktarılabilirliğiyle aynı yöntemle, yani ikizler ve evlat edinilen çocuklar üzerinde yapılan incelemeler yoluyla hesaplanmıştır. Bu araştırmalar eşcinselliğin erkeklerde yüzde 31 ile 74, kadınlarda ise yüzde 27 ile 76 arasında oranlarda aktarıldığını göstermiştir. Kısa süre önce beyinin anatomisi üzerine yapılan bazı araştırmalar, aslında eşcinsel ve heteroseksüel erkeklerde beynin üç bölümünün yapısında da farklılıklar bulunduğunu ortaya koymuştur. Simon LeVay'a göre farklılıklar özellikle hipotalamusta görülmektedir.[59] X kromozomundaki belirli bir noktayla eşcinsellik arasında gerçek bir genetik bağ, NIH araştırmacısı Dean Hamer tarafından ileri sürülmüştü.[60] Eşcinsel olduğunu kabul eden bir grup erkeğin soyağacını, standart genetik teknikler kullanarak inceleyen Hamer ve çalışma arkadaşları, cinsel yönelim ve Xq28 kromozom bölgesi üzerindeki genetik belirteçler arasında istatistiksel olarak anlamlı bir bağlantı olduğunu buldular.

Eleştirenlerden bazıları, bu araştırmaya da tıpkı zeka ve suç konulu araştırmalardakilere benzer itirazlar yönelttiler.[61] Bu kuramlarla ilgili son karar ne olursa olsun, eşcinsellik tıpkı erkeğin cinsel seçiciliği gibi, bilinen tüm toplumlarda var olmuştur ve bunun doğal bir nedeninin olması da akla yakındır. Asıl ilginç olan, işin politik yanıdır. Sol'un kalıtsallık düşüncesine bütünüyle saldırdığı zeka ve suç konusunun aksine, birçok eşcinsel eylemci, "eşcinsel geni" düşüncesini hemen benimsediler; çünkü genetik nedensellik kavramı, eşcinselleri durumları konusunda ahlaki sorumluluktan kurtarır. Durum böyle olunca, eşcinselliğin yaşam tarzıyla ilgili bir seçim olduğunu savunacak olan Sağ kanat oldu. Eşcinsellik geninin var olması, eşcinselliğin tıpkı yüzdeki çiller gibi, kimsenin değiştiremeyeceği bir şey olduğunu "kanıtlamış" olacaktı.

Bu sav çevrenin zekayı veya suça eğilimi etkilemediği şeklindeki iddialardan daha anlamlı değildir. Huntington hastalığı gibi az sayıda tek gen bozuklukları bir yana, genler bir bireyin nihai durumunu asla yüzde yüz oranında belirlemezler[62] ve bir eşcinsellik geninin varlığının, kültür, normlar, olanaklar ve başka etmenlerin cinsel eğilimde rolü olmadığı anlamına geldiğini düşünmenin gereği yoktur. Birçok kişinin biseksüel olduğu şeklindeki yalın gerçek, cinsel eğilim söz konusu olduğunda oldukça fazla esnekliğin bulunduğunu göstermektedir. Anne babalar eşcinsel bir izcibaşı yönetiminde gidilen bir kamp gezisinin, oğullarının eşcinsel bir deneyim geçirmesine yol açmasından kaygılanıyorlarsa, oğullarında eşcinsellik geni bulunmaması endişelerinden kurtulmalarını sağlamayacaktır.

Diğer yandan, eşcinselliğin bireysel ahlaki bir seçimden başka bir şey olmadığına inanan Sağ, Sol'dakilerin zeka veya cinsel kimlik konularıyla ilgili olarak yüzleşmeleri gereken aynı gerçekle karşı karşıya gelmelidir: Doğa sınır koyar. Solaklara sağ elleriyle yazmaları veya yemek yemeleri öğretilebilir; ama bu her zaman bir mücadele olarak kalır ve kendilerini asla "doğal" davranıyormuş gibi hissetmezler. Aslında eşcinsellik, kısmen kalıtsal olarak belirlenen ve kısmen sosyal çevre ve bireysel seçim tarafından koşullanan, insani bir eğilimdir; bu bakımdan zekadan, suça eğilimli olmak ya da cinsel kimlikten pek farklı değildir. İnsan her durum için genetik ve toplumsal nedenlerin göreli ağırlıklarından söz edebilir; ama genetik etmenin varlığı bile, bu özelliklere ilişkin tartışmanın son derece çekişmeli hale gelmesine neden olur; çünkü bu tartışma ahlakın temsiline ve insanın potansiyeline bir sınır getirilmesini öngörür.

Yirminci yüzyılın sosyal biliminin beslediği en güzel umutlardan biri, doğa bilimlerindeki ilerlemenin, biyolojinin insan davranışını belirleyen önemli bir etmen olmasına son vereceğiydi. Bu umut birçok açıdan gerçeğe dönüştü: "Bilimsel ırkçılığın" hiçbir ampirik temeli yoktu; çünkü ırksal veya etnik gruplar ya da erkeklerle kadınlar arasındaki farklılıkların, Charles Darwin'in evrim kuramının ikincil sonuçlarının inandırdığından çok daha küçük olduğu kanıtlandı. İnsanlık gerçekten dikkate değer ölçüde homojen bir tür gibi görünür; bu da tüm insanların evrensel onuruna ilişkin Aydınlanma Çağı-sonrası ahlaki sezgilerimizi destekler. Fakat birtakım grupsal farklılıklar—özellikle cinsiyetler arasındakiler—var olmayı sürdürüyor ve biyoloji toplulukların bireyleri arasındaki farklılıkları açıklamada hâlâ baş rollerden birini oynuyor. Gelecekte insan genetiği üzerine toplanacak bilgi, yalnızca davranışın bu genetik kaynaklari hakkındaki bilgimizi artırmaya yarayacak ve bundan dolayı, bitmek bilmeyen politik anlaşmazlıklara yol açmayı sürdürecektir.

Nedenselliğe ilişkin bilimsel bilgi, kaçınılmaz olarak bu nedenselliği yönlendirmenin yollarının teknolojik açıdan araştırılmasına yönelecektir. Örneğin; ister doğum öncesi androjenler, ayrıksı bir beyin anatomisi, isterse bunların temelini oluşturan bir eşcinsellik geni olsun, eşcinsellikle ilişkili biyolojik bağlantıların varlığı bir gün eşcinsellik için bir "terapinin" olma olasılığını artırır. Bu noktada Sol'un, biyolojiye dayanan açıklamaları kucaklama konusunda anlaşılır bir biçimde midesi bulanır; çünkü bütün açıklamalar insan onurunun eşitliğini bir kez daha tehdit etmeye başlarlar.

Aşağıdaki düşünce deneyini uygulayarak sorunu örnekleyebiliriz. Yirmi yıl sonra eşcinselliğin genetik yönünü gerçekten anlayıp, anne babaların eşcinsel olacak bir çocuğu dünyaya getirme olasılığını çok kesin bir şekilde azaltmalarını sağlayacak bir yöntem geliştirdiğimizi varsayalım. Bu durum genetik mühendisliğinin gerçekleşeceğini varsaymayı gerektirmez; kullanılacak şey belki de yalnızca, rahimde gelişmekte olan ceninin beyninde onu erkeksi hale getirmeye yetecek düzeyde testosteron bulunmasını sağlayacak bir hap olacaktır. Bu işlemin ucuz ve etkili olduğunu, önemli hiçbir yan etkisinin olmadığını ve bir doğum uzmanının muayenehanesinin gizliliğinde önerilebileceğini varsayın. Ayrıca toplumsal normların eşcinselliği tamamen kabul eder hale geldiğini de varsayın. Bebek bekleyen annelerin kaçı bu hapı almaya karar verirdi?

Tahminimce bugün, eşcinsel karşıtı ayrımcılık olarak algıladıkları tavra karşı öfkeli olanlar da dahil olmak üzere, pek çok anne hapı kullanırdı. Eşcinselliğin kellik veya kısa boylu olmaya benzediğini düşünebilirler; ahlaki açıdan ayıplanacak bir şey olmamakla birlikte, yine de diğer her özellikte eşitlik sağlanmışken insanın olanaklıysa çocuğundan uzak tutmak isteyeceği, pek de arzu edilmeyen bir durum olarak görebilirler. (İnsanların çoğunun, soylarını sürdürecek kişilerin doğmasını arzulamaları bun kesinleyen unsurlardan biridir.) Öyleyse bu durum, eşcinsellerin konumunu, özellikle de eşcinselliğin ortadan kaldırıldığı kuşağa ait olanlarının konumunu nasıl etkileyebilir? Bu tür kişisel bir öjenik uygulama, onları diğer insanlardan daha çok ayırıp, geçmişe oranla ayrımcılığa daha fazla hedef olmalarına yol açmayacak mıdır? Daha da önemlisi, eşcinsellik bütünüyle yok edilse, insan ırkının daha iyi bir hale geleceği açık mıdır? Ve eğer bu apaçık değilse, devletin zorlamasıyla değil de anne babaların kararıyla gerçekleştiriliyor diye, bu öjenik seçimlerin yapılmasına kayıtsız mı kalmalıyız?

3

NÖROFARMAKOLOJİ VE DAVRANIŞIN DENETİMİ

"Hasta düşmek ve şüphe beslemek günah sayılır onlarca: İhtiyatla yürümelidir. Ahmağın tekidir, hâlâ takılıp tökezleyen taşlara ya da insanlara! Azıcık zehir ara sıra: Tatlı rüyalar görülür bununla. Ve çokça zehir en sonunda, tatlı bir ölüm için."

Friedrich Nietzsche, *Böyle Buyurdu Zerdüşt* I.5

Yirminci yüzyılda çalışmaları önce göklere çıkarılıp da sonra en çok yere çalınan düşünür büyük olasılıkla psikanalizin babası Sigmund Freud'dur. Yüzyılın ortası geldiğinde Freud, insan motivasyonu ve arzusuyla ilgili en derin gerçekleri açığa çıkaran kişi olarak Batı'da evrensel anlamda saygı görmüştü. Ödipus kompleksi, bilinçdışı, penis kıskançlığı, ölüm isteği —psikoloji alanının ehilleri, ne kadar bilgili olduklarını göstermek için kokteyl partilerde Freud'un kavramlarını kullanıp dururlardı. Fakat tıp mesleğindekilerin çoğu yüzyılın sonunda, Freud'u düşünce tarihinde ilginç bir dipnot, bilim adamından çok bir filozof olarak değerlendiriyordu. Bunun için, bilişsel nörobilimdeki ilerlemelere ve yeni bir alan olan nörofarmakolojiye teşekkür borçluyuz.

Freudçuluk, manik depresif bozukluk ve şizofreni gibi ciddi rahatsızlıklar da dahil olmak üzere, zihinsel hastalıkların, doğası itibarıyla öncelikle psikolojik nitelik taşıdığı ve beynin biyolojik alt katmanlarının üzerinde bir yerde ortaya çıkan zihinsel işlev bozukluklarının sonucu olduğu şeklindeki kabulü üzerine kurulmuştu. Avusturalyalı psikiyatrist John Cade'in beklenmedik bir şekilde lityum maddesini keşfi ve 1949 yılında bunu manik depresif bozukluğa sahip akıl hastaları üzerinde uygulaması sonucunda bu kabül sarsıldı.[1] Bu hastalardan bazıları mucizevi bir şekilde iyileşince, sonraki iki kuşak boyunca ilaç tedavisinin, Freudçu "konuşma" terapisinin yerini neredeyse bütünüyle aldığı bir süreç başlamış oldu. Lityum, nörofarmakoloji alanında yüzyılın sonundaki Prozac ve Ritalin gibi, toplumsal etkilerini henüz yeni anlamaya başladığımız bir dizi yeni kuşak ilacın ortaya çıkmasına yol açan bir araştırma geliştirme döneminin yalnızca başlangıcıydı .

Psikotropik ilaçların yükselişi, nöroiletken devrimi adı verilen ve beynin biyokimyasal doğası ve zihinsel süreçlerine ilişkin bilimsel bilgilerdeki muazzam artış olarak tanımlanabilecek olguyla aynı zamana rastlamıştı.[2] Freudçuluk, işler bir otomobil bulan ve daha kaputu bile açamadıkları halde arabanın iç işleyişini anlatmaya kalkan bir grup ilkel yerli tarafından geliştirilmiş bir kurama benzetilebilirdi. Bu yerliler gaz pedalına basmakla ileri doğru hareket arasında güçlü bir bağlantı olduğunu gözleyecek ve bu iki hareketi birleştiren bir gerecin, büyük olasılıkla kafese konulmuş kocaman bir sincap ya da bir tür homunculus'un, tekerleri harekete geçiren bir sıvıyı dönüştürdüğü şeklindeki kuramı geliştireceklerdir. Fakat enerji dönüşümünü asıl gerçekleştiren hidrokarbonlar, iç yakım, supaplar ve pistonlarla ilgili hiçbir şey anlamayacaklardır.

Modern nörobilimin yaptığı o kaputu kaldırmak ve bizim yüzeysel biçimde bile olsa motora göz atmamıza olanak sağlamak oldu. Serotonin, dopamin ve norepinefrin gibi bir düzine civarında nöroiletken, sinir sinapslarındaki atmaları ve beyindeki sinyallerin nöronlar arasındaki iletimini denetler. Bu nöroiletkenlerin miktarı ve etkileşim biçimleri, kendini iyi hissetme, özsaygı, korku ve benzeri öznel duygularımızı doğrudan etkiler. Asgari düzeyleri, çevrede olup bitenlerden etkilenir ve kişilik olarak algıladığımız şeyle oldukça yakın ilişkilidirler. Genetik mühendisliğinin bir olanak olarak ortaya çıkmasından çok önce, beyin kimyası ve onu yönlendirebilme olanağına ilişkin bilgiler, önemli politik sonuçlara yol açacak şekilde davranış denetimine kaynak oluşturacaktır. Şu anda bu devrimin ortalarındayız ve bunun nasıl sonuçlanacağını görmek için bilim kurgu senaryoları uydurmamıza gerek yok.

Eli Lilly tarafından üretilen Prozac adlı antidepresanı ve Pfizer'in Zoloft ve SmithKline Beecham'ın Paxil adlı ilaçlarını ele alalım. Prozac ya da fluoksetin, seçici serotonin gerialım baskılayıcıdır (SSRI); adından da anlaşıldığı gibi sinir sinapslarının, serotonini geri emmelerini engeller ve beyindeki serotonin düzeyinin yükselmesini sağlar. Serotonin kilit bir nöroiletkendir: Düzeyi düştüğünde, hem insanlarda hem de diğer primatlarda zayıf tepi denetimine ve elverişsiz hedeflere karşı denetimsiz saldırganlığa yol açtığı; ayrıca, insanlarda depresyon, saldırganlık ve intiharla bağlantılı olduğu görülmüştür.[3]

Öyleyse Prozac ve benzeri ilaçların yirminci yüzyılın sonlarında temel bir kültürel olgu olarak ortaya çıkmasına şaşırmamak gerekir. Peter D. Kramer'ın *Prozac'ı Dinlemek* ve Elizabeth Wurzel'ın *Prozac Ulusu* adlı yapıtları Prozac'ı kişilikte mucizevi değişimler yaratan olağanüstü bir ilaç olarak yüceltir.[4] Kramer, kronik depresyon geçiren, evli erkeklerle acı verici ilişkilere saplanıp kalan ve işinde umutsuz bir noktaya gelip çatan Tess adlı bir hastasını anlatır. Prozac almaya başladıktan yalnızca birkaç hafta sonra, kişiliği bütünüyle değişmiştir: Zarar verme üzerine kurulu ilişkisini silkip atmış ve başka erkeklerle çıkmaya başlamış, arkadaş çevresini olduğu gibi değiştirmiş, daha kendine güvenli ve işte eskisi kadar boyun eğmeyen bir yönetim biçimi geliştirmiştir.[5] Kramer'ın kitabı çok satanlar listesine girdi ve ilacın kullanımıyla benimsenmesine büyük katkısı oldu. Bugün ortalama 28 milyon Amerikalı, ya da nüfusun yüzde 10'u, Prozac ve benzeri ilaçları kullanmıştır.[6] Kadınlar erkeklere oranla depresyon ve özsaygı eksikliği çekmeye daha açık olduklarından, bu biraz da feminist bir sembole dönüşmüştür: Tess'in kendini alçaltıcı bir ilişkiden özgür kılmadaki başarısı, açıktır ki, kendilerine ilaç olarak serotonin gerialım baskılayıcı yazılan kadınların çoğu tarafından yinelenmiştir.

Bu tür etkileri olduğu sanılan ilaçların büyük ölçüde tartışmaya neden olması hiç de şaşırtıcı sayılmaz. Bazı araştırmalar Prozac'ın iddia edildiği kadar etkili olmadığını[7] göstermiş ve Kramer ilacın etkisini çok fazla abartmakla suçlanmıştır. Prozac karşıtı literatürün büyük bölümü daha çok, Prozac'ın üreticisinin gizlemeye çalıştığı birçok yan etkisi olduğunu ileri süren Peter Breggin ve Ginger Ross Breggin'in *Prozac'a Sert Bir Karşılık*[8] ve Joseph Glenmullen'ın *Prozac'a Ters Tepki*[9] adlı kitaplarından oluşur. Bu kişiler Prozac'ın alınan kilolar, insanı çirkinleştiren tikler, bellek kaybı, cinsel işlev bozukluğu, intihar, şiddet ve beyin hasarından sorumlu olduğunu iddia ediyorlardı.

İlk çıktığında gerektiği gibi anlaşılmayan uzun vadeli yan etkilerinden dolayı, antipsikotik Thorazine durumunda olduğu gibi, Prozac'ın da mucize ilaç olarak değerlendirilmesine bir son vermek gerekebilir. Bununla birlikte, Prozac'ın tamamen güvenli olduğu ortaya çıkarsa veya o ya da ileride keşfedilecek başka ilaçlar tam da reklamlarındaki gibi işlerse, çok daha zor politik ve ahlaki sorunlar ortaya çıkacak demektir. Çünkü Prozac'ın, politik duyguların en başta gelenlerini, yani kişinin kendine biçtiği değer ya da özsaygı duygularını etkilediği söylenir.

Özsaygı, elbette bu aralar pek revaçta olan ve Amerikalılara sürekli daha fazlasına gereksinimleri olduğu söylenen psikolojik bir kavram. Fakat bu kavram insan psikolojisinin kritik bir yönüyle, bütün insanların duyduğu takdir ve onay arzusuyla ilgilidir. Sokrates, Platon'un *Devlet*'inde arzulayan bölüm, ussal bölüm ve genellikle "tin sahibi olmak" biçiminde çevrilen Grekçe *thymos* sözcüğüyle nitelediği bölüm olmak üzere ruhun birbirinden ayrı üç bölümü bulunduğunu öne sürmüştü. Thymos insan kişiliğinin gurur dolu tarafıdır, başka insanların kişinin değerini veya saygınlığını tanımasını bekleyen yönüdür. Arzu edilen, bir gereksinimi karşılamaya yönelik maddi bir mal ya da nesne değildir - yani ekonomistlerin genellikle insan güdülenmesinin kaynağı olarak algıladıkları "yarar" değildir; daha çok, kişinin sahip olduğu statüyü başka bazı insanların kabul etmesi yönündeki öznelerarası istektir. Gerçekten de, ekonomist Robert Frank ekonomik çıkar olarak gördüğümüz şeylerin çoğunun, aslında statünün tanınması beklentisi ya da konumsal yararlar olarak adlandırdığı şey olduğuna işaret eder.[10] Yani, Jaguar istememizin nedeni güzel arabalara bayılmamız değil, komşumuzun BMW'sini gölgede bırakmak isteyişimizdir. Tanınma beklentisinin kişisel olması gerekmez; kişi, başka insanların kendi inandığı tanrıları veya kutsal saydığı şeyleri ya da ulusu, hatta bir davayı kabul etmelerini bekleyebilir.[11]

Çoğu politik kuramcı, tanınmanın merkezi konumunun ve özellikle politika açısından taşıdıkları yaşamsal önemin farkına varmıştır. Başka bir prensle savaşan bir prensin ihtiyaç duyduğu şey toprak ya da para değildir; genellikle gereksinim duyduğundan fazlasına zaten sahiptir. Asıl elde etmek istediği, özerkliğinin veya egemenliğinin tanınması, kralların kralı olduğu gerçeğinin kabul edilmesidir. Tanınma isteğinin ekonomik çıkarları sıklıkla geride bıraktığı da olur: Ukrayna ve Slovakya gibi yeni devletler daha büyük ülkelerin parçası olarak kalsalardı belki de kendileri için çok daha iyi olurdu ama elde etmeye uğraştıkları şey ekonomik refah değil, kendi bayrakları ve Birleşmiş Milletler'deki koltuklarıydı. Filozof Hegel işte bu nedenle, iki yarışmacıdan hangisinin efendi ve hangisinin köle olacağının belirlendiği ilk "kanlı savaşla" başlayıp, tüm vatandaşların özgür ve eşit derecede tanınmayı hak ettiğini kabul eden modern demokrasinin doğuşuna dek, tarih sürecinin temel olarak tanınma savaşımından kaynaklandığına inanıyordu.

Hegel, tanınma için yapılan savaşımın tam anlamıyla insana özgü bir olgu olduğuna, bunun gerçekten de insan olmanın anlamının merkezini oluşturduğuna inanıyordu. Fakat bunda yanılmıştı: Tanınmaya duyulan insansı arzunun, diğer bazı türlerde de biyolojik bir alt katmanı vardır. Birçok değişik türün üyeleri, egemenlik hiyerarşilerine göre kendilerini sıralarlar (*gagalama düzeni* terimi de elbette tavuklardan gelir). İnsanoğlunun goriller, özellikle de şampanzeler gibi primat akrabalarına baktığımızda, bir egemenlik hiyerarşisi içindeki statü savaşımının gerçekten de insanlarınkine çok benzediğini görürüz. Primatolog Frans de Waal, tam isabetle Şempanze Politikası adını verdiği kitabında, Hollanda'da gözlem altındaki bir şempanze kolonisinde yaşanan statü savaşımını bütün ayrıntılarıyla anlatır.[12] Erkek şempanzeler koalisyon kurar, planlar yapıp birbirlerine ihanet ederler. Koloni içindeki mevkileri diğerleri tarafından kabul edildiğinde veya edilmediğinde, gurur ve öfkeyi andıran duygular hissettikleri bellidir.

İnsanın kabul ve onay elde etme mücadelesi, elbette ki hayvanlar arasındaki savaşımdan sonsuz oranda daha karmaşıktır. İnsanların bellekleri, öğrenme yetenekleri ve inanılmaz soyut uslamlama kapasiteleri yardımıyla tanınma için yürüttükleri savaşımlarını, ideolojilere, dini inançlara, üniversitelerde sürekli makam alma hakkına, Nobel ödüllerine ve sayısız birçok başka onura yönlendirmeleri olanaklıdır. Bununla birlikte, asıl önemli olan tanınma arzusunun biyolojik bir temelinin olduğu ve bu temelin beyindeki serotonin düzeyiyle ilişkili içinde olduğudur. Egemenlik hiyerarşisinin daha alt bölümlerindeki maymunların düşük serotonin düzeylerine sahip oldukları; buna karşılık, alfa-erkek statüsünü elde eden maymunların adeta "serotonin sarhoşu" oldukları gösterilmiştir.[13]

İşte bundan dolayı, Prozac gibi bir ilaç pek çok politik sonuç barındırır görünmektedir. Hegel biraz haklı olarak, insanın tüm tarihsel sürecinin tanınmak için verilen bir dizi savaşımla ilerlediğini öne sürer. Öyle görünüyor ki, insanlığın bütün gelişimi, insanların elde ettikleri tanınmadan asla tatmin olmadıkları şeklindeki gerçeğin bir yan ürününden başka bir şey değildir; insanlar bunu yalnızca savaşım ve çalışma ile elde etmişlerdir. Diğer bir deyişle, ister bir kral, ister bir prens, isterse çalıştığı dükkanın ustabaşılığına terfi etmeye uğraşan kuzeniniz Mel olsun, statü kazanılmalıdır. Yetersiz özsaygının üstesinden gelmenin normal ve ahlaki olarak kabul edilir yolu, kişinin kendisiyle ve başkalarıyla mücadele etmesi, çok çalışması, bazen üzücü fedakarlıklar yapması ve son olarak, ayağa kalkıp bütün bunları yaptığını herkesin görmesini sağlamasıydı. Amerikan popüler psikolojisinde anlaşıldığı şekliyle, özsaygı konusundaki sorun, hak etsin ya da etmesin bunun herkesin sahip olmaya gereksinim duyduğu doğal bir kazanıma dönüşmüş olmasıdır. Durum böyle olunca, özsaygının değeri azalır ve özsaygı arayışı kişinin kendi kendisini yenilgiye uğratır hale gelir.

Fakat artık Amerikan ilaç endüstrisi, Zoloft ve Prozac gibi ilaçlar sayesinde beyindeki serotonin düzeyini yükselterek özsaygı duygusunu şişe içinde sunabiliyor. Kişiliği Peter Kramer'in betimlediği biçimde yönlendirme becerisi birtakım ilginç soruları akla getiriyor. Eğer insanların beyinlerinde biraz daha fazla serotonin bulunmuş olsaydı, acaba insanlık tarihindeki bütün o savaşımlardan kaçınılmış mı olacaktı? Sezar ya da Napolyon arasıra bir Prozac tableti alsalardı Avrupa'nın çoğunu fethetme gereksinimini acaba yine de duyarlar mıydı? O zaman tarih nasıl gelişirdi?

Açıkça görülüyor ki, dünya üzerinde klinik düzeyde depresyon geçiren ve kendilerine biçtikleri değer olması gerekenden çok daha az olduğunu duyumsayan milyonlarca insan var. Bu kişiler için Prozac ve benzeri ilaçlar adeta tanrının bir lütfudur. Bununla birlikte, düşük serotonin düzeyleri kesin olarak patolojik bir durumun sınırlarını belirlemez ve Prozac'ın varlığı, Kramer'ın ünlü kozmetik farmakoloji tanımıyla işaret ettiği şeye, yani bir ilacın sağaltım değeri nedeniyle değil, yalnızca kişinin kendisini "iyiden daha iyi" hissetmesini sağladığı için alınması anlamına gelen durumu hazırlar. Eğer özsaygı duygusu insanın mutluluğu açısından bu denli önemliyse, kim daha fazlasını arzu etmez ki? İşte böylece, bazı yönleriyle Aldous Huxley'nin *Cesur Yeni Dünya*'sındaki soma'ya rahatsız edici biçimde benzeyen bir ilacın önü açılmış oldu.

Eğer Prozac bir tür mutluluk hapı gibi görülüyorsa, Ritalin de açıktan açığa bir toplumsal denetim aracı rolünü üstlenmiştir. Ritalin,[14] 1960'lı yıllarda *hız* olarak bilinen ve sokaklarda satılan bir uyuşturucu olan metamfetamin'le yakından bağlantılı olan metilfenidat'ın ticari adıdır. Günümüzde dikkat eksikliği hiperaktivite rahatsızlığı ya da ADHD olararak bilinen ve çoğunlukla sınıfta kıpırdamadan duramayan küçük oğlan çocuklarında görülen bir "hastalığın" sendromlarının tedavisinde kullanılır.

Dikkat eksikliği rahatsızlığı (ADD) ilk defe 1980'de, resmi tanımı yapılan zihinsel hastalıkların kutsal kitabı sayılan Amerikan Psikiyatri Birliği'nin *Zihinsel Bozukluklar Tanı ve İstatistik Elkitabı* (DSM) adlı yayınında belirtildi. *DSM*'in sonraki başka bir basımında *hiperaktivite* sözcüğünün eklenmesiyle hastalığın adı dikkat eksikliği-hiperaktivite olarak değiştirildi. ADD'nin ve daha sonra ADHD'nin *DSM*'ye eklenmesi başlı başına ilginç bir gelişmeydi. Yıllardır süren araştırmalara rağmen, şu ana dek hiç kimse ADD/ADHD'nin nedeninin belirleyebilmiş değil. Bu, yalnızca bulguları yoluyla fark edilebilen bir hastalıktır. *DSM* hastalıkla ilişkili olarak, konsantrasyonda güçlük ve motor işlevlerde aşırı hareketlilik gibi tanıya yönelik bazı kıstasları listelemiştir. Hasta, listedekilerden yeterli sayıda bulguyu gösterdiği takdirde, ki bunların çoğu zaten çok net değildir, doktorlar genellikle son derece öznel bir tanı koyarlar.[15]

Edward Hallowell ve John Ratey adlı psikiyatristler Dikkati Dağıtılmış adlı kitaplarında, "Bu sendromun tam olarak ne olduğunu bir kez anladınız mı, onunla her yerde görürsünüz"[16] derler. Bu iki psikiyatriste göre, on beş milyon Amerikalı ADHD'nin bir türü ile boğuşmakta olabilir. Eğer bu doğruysa, o zaman Birleşik Devletler insanı gerçekten hayrete düşürecek boyutta bir salgınla yüz yüze demektir.

Bunun elbette daha basit bir açıklaması var: ADHD aslında bir hastalık değil, yalnızca tam anlamıyla normal davranışın dağılımını açıklayan çan eğirsinin kuyruk kısmıdır.[17] Evrim genç insanları, özellikle de genç oğlanları okul sıralarında saatlerce oturup öğretmeni dikkatle izleyecek biçimde değil, daha çok koşup oynayacak ve fiziksel etkinlik içeren diğer şeyleri yapacak biçimde tasarlamıştır. Sınıflarında kıpırdamadan oturmaları gitgide daha çok istemeye başlamamız veya anne babaların ve öğretmenlerin bu çocuklarla birlikte ilginç şeyler yapmaya daha az zaman ayırıyor olmaları, gittikçe artan bir hastalıkla karşı karşıya olduğumuz izlenimini yaratmıştır. Ritalin'e bir eleştiri kaleme almış olan doktor Lawrence Diller'ın sözleriyle:

> Elimizdeki tek olasılık, ADD'nin çocuklarda görülen, gerek biyolojik olarak önceden belirlenmiş, gerekse çeşitli psikososyal nedenleri olan değişik davranış problemlerini olduğu gibi içine alan geniş kapsamlı bir durum olduğudur. Ve Ritalin'in çok sayıda problemde işe yarıyor olması, ADD teşhisine ilişkin sınırların daha da genişlemesini teşvik edebilir.[18]

Ritalin, metamfetamin ve kokain gibi denetime bağlı maddelerle kimysal olarak ilişkili bir merkezi sinir sistemi uyarıcısıdır. Yukarıda sayılan ilaçlarınkilere benzeyen farmakolojik etkileri dikkat süresini uzatmak, öfori duygusu yaratmak, enerji düzeyini kısa süreli olarak yükseltmek ve odaklanmayı artırmaktır. Gerçekten de Ritalin ve kokain arasında seçim yapma hakkı tanınan laboratuvar hayvanlarının, bu iki maddeyi eşit oranda tercih ettikleri gözlenmiştir. Bu ilaçlar normal insanlarda da odaklanmayı, konsantrasyonu ve enerji düzeyini güçlendirecektir. Aşırı miktarda kullanıldığında Ritalin'in tıpkı metamfetamin ve kokaininkini andıran yan etkileri ortaya çıkabilir. Uykusuzluk ve kilo kaybı bunlardan bazılarıdır. Bu yüzden, çocuklara Ritalin veren doktorlar periyodik "ilaç tatilleri" önerirler. Genellikle çocuklara verilen düşük dozlar söz konusu olduğunda, Ritalin'in kokain gibi yoğun biçimde bağımlılık yapıyor gibi görünmemektedir ama yüksek doz kullanımında kokaine benzer etkileri olabilir. Buna bağlı olarak, ABD Uyuşturucuyla Mücadele İdaresi (DEA) Ritalin'i II. derece uyuşturucu olarak sınıflandırmış ve üç ayrı doktorun ortak reçetesiyle alınmasına izin vermiştir; ayrıca üretilen toplam ilaç miktarını denetlemektedir.[19]

Ritalin'in yararlı psikolojik etkileri, ADHD tanısı konulmayan gitgide daha fazla sayıda insanın bu ilacı neden kullandığını—ya da DEA'ya göre neden kötüye kullandığını—açıklar. Diller'a göre, "Çocuk veya yetişkin, ADD tanısı konmuş ya da konmamış, ilacı kullanan kim olursa olsun, performansını arttırma potansiyelindedir."[20] Ritalin 1990'lı yıllarda lise ve üniversite kampüslerinde kullanımı en hızlı artan ilaçlardan biriydi; çünkü öğrenciler, ilacın sınava çalışırken ve sınıfta dikkatlerini toplamada kendilerine yardımcı olduğunu keşfettiler. Wisconsin Üniversitesi'ndeki bir doktor, "Ders salonları en az, bu civardaki bazı eczaneler kadar iyi."[21] demişti. Prozac konusunda ün kazanan Elizabeth Wurzel, günde kırk adet Prozac hapını ezip burnuna çekmekten, acil servise gidip zehirlenme tedavisi görmeyi anlatır. Orada çocuklarının haplarını çalıp kullanan annelerle karşılaştığını söyler.[22]

Ritalin konusundaki politikalar, karakter ve davranış kavramlarını ele alırken kullandığımız düşünce kategorilerinin ne denli tükenmiş ve yetersiz olduğunu gözler önüne serer ve davranışları çok daha güçlü hale getirme potansiyeline sahip olan genetik mühendisliği, olur da mümkün hale gelirse neler olabileceğini bize önceden hissettirir. ADHD hastası olduğuna inananlar, konsantrasyon yetersizliklerini veya yaşamın herhangi bir alanında iyi performans sağlayamamalarının, hep kendilerine söylendiği gibi zayıf karakter ya da iradelerinden değil de nörolojik bir durumdan kaynaklandığına genellikle ümitsiz bir şekilde inanma isteğiyle dolu kişilerdir. Tıpkı davranışlarının nedeni olarak "eşcinsel genini" öne süren eşcinseller gibi, onlar da hareketlerinin sorumluluğundan kurtulmak isterler. Son günlerde çok popüler olan Ritalin yanlısı bir kitabın başlığı gibi, "bu hiç kimsenin suçu değil."[23]

Davranışlarının temel nedeninin kendi biyolojileri olduğunu düşündürtecek derecede hiperaktif olan veya konsantrasyon yetersizliği çeken birçok kişinin olduğu tabii ki doğru. Peki ama, örneğin, dikkat düzeyi dağılımının on beşinci yüzde diliminde yer alan insanlar ne olacak? Durumlarının biyolojik bir temeli olmakla birlikte, nihai dikkatlilik ve hiperaktivite derecelerini etkileyecek şeyleri kesinlikle yapabilirler. Yetiştirme tarzı, karakter, kararlılık ve genel anlamıyla çevre önemli roller oynayacak. Böyle bir durumda insanları hastalıklı olarak sınıflandırmak, aslında terapi ile güçlendirme arasındaki çizgiyi belirsizleştirmek olur. Yine de bu, ADHD'nin tıbbileştirilmesini savunanların kesinlikle talep ettikleri şeydir.

Burada bazı çok önemli çıkar noktaları savlarını destekler.[24] İlki ve en önemlisi, zor çocukları eski moda yöntemlerle disipline sokmak, oyalamak, eğlendirmek veya eğitmek için gerekli zaman ve enerjiyi harcamak istemeyen anne babalar ve öğretmenlerin basit kişisel çıkarlarıdır. Elbette ki kaygılı anne babaların ve aşırı çalışan öğretmenlerin tıbbı bir kestirmeye saparak yaşamlarını daha kolay hale getirmek istemeleri anlaşılabilir; ancak bir şeyin anlaşılır olması, onun doğru olması demek değildir. Birleşik Devlerler'de bu çıkarları en iyi temsil eden lobi, 1987'de kurulan, kâr amacı gütmeyen ve çoğunlukla ADHD tanısı koyulan çocukların anne babalarından oluşan bir kendi kendine yardım grubu olan CHADD, yani Dikkat Eksikliği/Hiperaktivite Bozukluğu Olan Çocuk ve Yetişkinler Grubudur. CHADD kendisini ADHD ve tedavisi üzerine en güncel bilgileri bir araya getirmeyi amaçlayan bir destek grubu ve aydınlatma merkezi olarak görür. ADHD'nin bir engel olarak sınıflandırılmasını sağlamak ve ADHD tanısı konan çocukların Engelli Bireyler İçin Eğitim Kanunu (IDEA) uyarınca özel eğitim alma hakkını elde edebilmeleri için yoğun lobi etkinlikleri yürütmüştür.[25] CHADD özellikle ADHD kurbanlarının durumları nedeniyle damgalanmamaları için uğraş vermiştir. 1995'te Ritalin'in yeniden III. derece uyuşturucu ilaç olarak sınıflandırılması için çok büyük bir kampanya başlattı.[26] Böylelikle DEA'nın ilacın üretimi üzerindeki denetiminin kalkacak ve daha rahat yazılıp alınabilecekti.

ADHD'nin tıbbileştirilmesi için ikinci destek kaynağı ilaç endüstrisi, özellikle Ritalin ve benzeri ilaçları üreten Novartis (eski adıyla Ciba-Geigy) gibi firmalardı. Prozac'ın üreticisi Eli Lilly, en büyük gelir kaynağının yan etkileriyle ilgili olumsuz hikayelerin önünü kesmek için adeta bir servet harcamıştı. Aynı şey Novartis için de geçerliydi. Novartis, Ritalin'in yeniden III. derece uyuşturucu ilaç olarak sınıflandırılması için güçlü bir lobi çalışması yaptı ve 1990'lı yılların başlarında, bir üretim kısıntısının yaklaştığı şeklinde söylenti yayarak üretim kotalarının yükseltilmesi için baskı yarattı. Ancak 1995'te, Novartis'in CHADD'e yaklaşık dokuz yüz bin dolarlık bağış yapmış olduğu ortaya çıkınca, ilacın yeniden sınıflandırılması yönündeki çabalar boşa çıktı; şirket boyundan büyük bir işe kalkışmıştı.

ADHD gibi bir durumun tıbbileştirilmesinin önemli hukuki ve politik sonuçları vardır. ABD yasalarına göre ADHD şu anda bir engel, bir yetersizlik olarak sınıflandırılmıştır ve bu rahatsızlığın kurbanları bu şekilde, 1973 tarihli Mesleki Rehabilitasyon Kanununun 504. Bölümü ve 1990'da kabul edilen Engelli Bireylerin Eğitimi Kanunu olmak üzere iki ayrı yasa uyarınca yardım alırlar. Bu yasalardan ilki, engelli kişilere karşı ayrımcılığı yasaklar; ikincisi ise, eğitim açısından engelli olduğu resmi olarak tanınan kişilerin özel eğitimi için ek kaynak sağlar. ADHD'nin IDEA tarafından hazırlanan engeller listesine eklenmesi, CHADD ve diğer tıpla ilgili gruplar ve destek gruplarıyla, Ulusal Eğitim Derneği (NEA)—ulusal öğretmenler sendikası—ve Renkli Halkın Geliştirilmesi Ulusal Derneği'ni (NAACP) karşı karşıya getiren uzun politik savaşın sonucunda gerçekleşmişti. NEA uzun bir engeller listesinin bütçe konusunda yol açacağı sonuçlardan hiç hoşlanmamıştı. Diğer yandan, NAACP de öğrenme güçlüğü etiketinin siyah çocuklara beyaz çocuklara oranla çok daha çabuk yapıştırılacağından ve bu çocukların beyaz çocuklardan daha fazla ilaç almak zorunda bırakılacağından endişeleniyordu. En sonunda, CHADD ve başka anne baba gruplarının yürüttüğü yoğun mektuplaşmalar ve lobi etkinliğinin ardından, ADHD 1991'de resmi engeller listesine alındı.[27]

ADHD'nin resmi bir engel olarak sınıflandırılmasının bir sonucu olarak, bu durumdaki çocuklar Birleşik Devletler'in her yerinde özel eğitim hizmetlerinden yararlanma hakkına sahiptir. ADHD'li öğrenciler standart genel sınavlarda fazladan süre talep edebilirler, ki aslında bu, okulların dava edilmemek için razı oldukları bir uygulamadır. *Forbes* dergisine göre, ADD tanısı konmuş bir öğrenciye bir saat süren bir sınav için yalnızca yirmi dakika ek süre tanıdığı için Whittier Hukuk Okulu hakkında dava açılmıştı. Okul mahkemeye çıkmayı göze almayıp uzlaşmayı seçmişti.[28]

Birçok muhafazakar, maliyet göz önüne alındığında IDEA'nın listelediği engel tanımlarının çok geniş olduğundan yakınmıştı. Ancak daha önemli itiraz ahlakiydi: ADHD'nin bir engel olarak sınıflandırılmasıyla, toplum aslında hem biyolojik hem de psikososyal nedenleri olan bir durumu ele almış ama biyolojinin baskın olduğunu kabul etmiştir. Davranışları üzerinde bir dereceye kadar denetim sağlayabilen bireylere, aslında bu denetime sahip olmadıkları söylenmiştir ve toplumun engelsiz kesimi kaynak ve zamanlarını, aslında en azından kısmen kendi denetimlerinde olan bir şeyi tazmin etmek üzere kendilerine tahsis etmiştir.

NAACP gibi grupların, Ritalin türü psikotropik ilaçların azınlıklar üzerinde orantısız olarak kullanılabileceği yönündeki kaygılarının geçerliliği olabilir. Birleşik Devletler'de davranış sorunlarından dolayı gerçekten çok küçük çocuklara (okul öncesi çağındakilere ve hatta daha da küçüklere) verilmekte olan psikotropik ilaçları (tümü değilse de çoğu Ritalin ve benzerleridir) içeren reçete sayısında dikkate değer bir artış olmuştur. 1998'de yapılan bir araştırma, Michigan Medicaid sigortasından yardım alan 4 yaşın altındaki ADHD tanısı konmuş kişilerin yüzde 57'sinin, bir ya da daha fazla psikotropik ilaç tedavisi gördüğünü ortaya koymuştu.[29] Yayınlandığında küçük çaplı politik bir kızgınlığa neden olan bir araştırma da, 1995 yılında geniş kapsamlı bir Ortabatı Medicaid programı dahilinde, 2 ile 4 yaş arasındaki çocukların yüzde 12'sinden fazlasına uyarıcı madde, yüzde dörde yakın bölümüne de antidepresan verildiğini göstermişti. Bu çalışmanın satır araları okunduğunda daha iyi durumdaki kişileri içeren HMO programına oranla, yoğun olarak azınlık gruplarının katıldığı Medicaid programlarında doktorların bu ilaçları hastalarına çok daha yüksek miktarlarda yazdıkları net olarak görülmektedir.[30]

Prozac ile Ritalin arasında şaşırtıcı bir simetri bulunur. Prozac, ağırlıklı olarak depresyon geçiren ve özsaygı eksikliği çeken kadınlara verilir ve yüksek serotonin düzeyleriyle birlikte oluşan bir alfa-erkek duygusu edinmelerini sağlar. Diğer yandan, Ritalin çoğunlukla doğa onları öyle tasarlamadığı için sınıfta hiç kıpırdamadan oturmak istemeyen oğlan çocuklarına verilir.

Böylelikle her iki cins de, günümüz Amerikan toplumunda politik açıdan doğru sonuç sayılan, kendinden hoşnut ve sosyal olarak uyumlu bir tür ortalama androjen kişiliğe doğru usulca itilir.

Biyoteknoloji devriminin ikinci nörofarmakolojik dalgası çoktan geldi ve üstümüze çarpıp gürledi. Daha şimdiden soma'ya benzeyen bir hap ve çocukları sosyal denetim altında tutan başka bir hap üretti. Bunlar öyle haplar ki, yirminci yüzyılda erken çocukluk sosyalleşmesinden ve Freudçu konuşma terapilerinden çok daha büyük etkiye sahipler. Beden sağlığıyla ilgili olarak uzun dönemde ortaya çıkabilecek sorunlar konusunda farklı görüşler olmasına rağmen, dünya üzerindeki milyonlarca, evet milyonlarca insan bunları kullanıyor; buna karşılık kimliğin ve ahlaka uygun davranışın ne olduğuna ilişkin geleneksel anlayışa ilişkin ne gibi etkiler içerdikleri hiç tartışılmıyor.

Prozac ve Ritalin psikotropik ilaçların yalnızca ilk kuşaktan olanları. Gelecekte popüler hayal gücünün genetik mühendisliğinin başaracağını hayal ettiği hemen hemen her şeyin, nörofarmakoloji sayesinde, beklenenden çok daha önce gerçekleşmesi olası görünüyor.[31] Benzodiazepin olarak bilinen bir ilaç türü, kaygıyı azaltmak, etkin ama huzurlu uyanıklık sağlamak ve yatıştırıcılığın yan etkileri olmaksızın kısa sürede yeterli uyku sağlamak amacıyla gamaaminobütrik asit (GABA) sistemini etkilemek için kullanılabilir. Yeni bilgileri öğrenme yeteneğini artırmak, bilgiyi bellekte daha uzun süre tutabilmek ve gerçekleri daha iyi anımsayabilmek için asetilkolin sistemini güçlendirici maddeler kullanılabilir. Fiziksel dayanıklılık ve motivasyonu artırmaya yönelik olarak, dopamin sistemini güçlendiren ilaçlar kullanılabilir. Seçici serotonin gerialım baskılayıcıları ile dopamin ve norepinefrin sistemlerini etkileyen ilaçlarının birlikte kullanılması, farklı nöroiletken sistemlerinin etkileşimde bulunduğu alanlarda davranış değişiklikleri yaratabilir. Son olarak, endojen uyku getirici sistemi yönlendirerek, acıya olan duyarlılığı azaltmak ve zevk eşiğini yükseltmek olanaklı olabilir.

Yeni tıbbi teknolojileri harekete geçirecek çeşitli politik güçlerin ne olacağını öngörmek için genetik mühendisliğini veya tasarımcıların ürettiği bebeklerin gelmesini beklememize gerek yok. Bütün bunların nörofarmakoloji dünyasında işler halde olduğunu görebiliriz. Psikotropik ilaçların Birleşik Devletler'de yayılması, genetik mühendisliğiyle birlikte yeniden sahneye çıkacak, üç güçlü politik eğilime işaret ediyor. Bunların ilki, sıradan insanların, kendi davranışlarının olabildiğince çoğunu tıpla ilişkilendirme, böylece kendi hareketlerinin sorumluluğunu azaltma arzularıdır. İkincisiyse, güçlü ekonomik çıkarların bu sürece yardımcı olmak için uyguladıkları baskıdır. Bu çıkarlar, öğretmenler ve doktorlar gibi toplumsal hizmet sağlayan ve karmaşık davranışsal müdahaleler yerine her zaman için biyolojik kestirmeleri tercih edecek olan kişilerin yanı sıra, ilaçları üreten ilaç şirketlerini kapsar. Her şeyi tıpla ilişkilendirme girişiminden kaynaklanan üçüncü eğilim, tedaviye yönelik alanı daha da fazla durumu içine alacak biçimde genişletme eğilimidir. Birisinin tatsız ya da üzücü durumunun hastalık oluşturduğu konusunda hemfikir olacak bir doktoru her zaman her yerde bulmak olanaklı olacaktır ve toplumun geniş kesiminin bu tür bir durumu, telafi amaçlı kamu müdahalesine açık yasal bir engel olarak değerlendirmesi yalnızca bir zaman sorunudur.

Prozac ve Ritalin gibi ilaçlar konusunda bu kadar çok zaman harcamamın nedeni, bunların özsel olarak kötü ya da zararlı olduğuna inanmam değil, gelecekte yaşanacakların habercisi olduklarına inanıyor olmam. Bu ilaçların, beklenmedik yan etkileri nedeniyle birkaç yıl içinde gözden düşebilirler. Öyle olsa bile, zaman içinde yerlerini daha da güçlü ve hedefe yönelik etkilere sahip çok daha gelişmiş psikotropik ilaçlar alacaktır.

Sosyal denetim terimi elbette hükümetlerin, uysal vatandaşlar yaratmak için zihni değiştiren ilaçlar kullanma şeklindeki sağ kanat fantezilerini akla getirir. Bu somut korku öngörülebilir gelecek açısından yersiz görünebilir. Ancak sosyal denetim devletten başka taraflarca da yani anne babalar, öğretmenler, okul sistemleri ve insanların nasıl davrandıklarıyla yakından ilgili toplumsal rolü olan kişi ve kurumlar tarafından da uygulanabilir. Alexis de Tocqueville'in de belirttiği gibi demokrasiler, popüler görüşlerin, gerçek çeşitlilik ve farklılıkları boğduğu "çoğunluğun zorbalığına" maruz kalırlar. Günümüzde bu politik doğruluk olarak bilinir ve modern biyoteknolojinin pek yakında politik açıdan doğru sayılacak sonuçlara giden güçlü, yeni biyolojik kestirme yollar sağlama işine girişip girişmeyeceği hakkındaki endişeler kayda değerdir.

Nörofarmakoloji olası politik tepkilere de işaret eder. Prozac ve Ritalin gibi ilaçların, başka yöntemlerle yardım edilemeyen muazzam sayıda kişiye yardım etmiş olduğu su götürmez bir gerçektir. Bunun nedeni, gerçekte ciddi derecede depresif veya aşırı biçimde hiperaktif çok sayıda kişinin biyolojik durumunun, insanların çoğunun normal gördüğü bir yaşam sürmelerini engellemesidir. Herhalde Scientologistler dışında, bu tür ilaçların tümden yasaklanmasını isteyen ya da kullanımını açıkça tedavi gerektiren durumlarla kısıtlamak isteyen çok az kişi vardır. Bizi asıl tedirgin eden ve etmesi gereken, bu tür ilaçların ya aslında normal sayılabilecek davranışları güçlendirmek amacıyla "kozmetik farmakoloji" olarak, ya da normal bir davranışı birilerinin toplum için tercih edilmesi gerektiğini düşündüğü başka bir normal davranışla değiştirmesi amacıyla kullanılmalarıdır.

Diğer çoğu toplum gibi, Amerikan toplumu da bu çekinceleri ilaçlara ilişkin yasalar yoluyla dışa vurmuştur. Fakat bizim yasalarımız sıklıkla tutarsızlık gösterirler ve yeterince düşünülmemişlerdir, yetersiz dayatıldıklarına değinmeye bile gerek yok. Örneğin sokaklarda kullanılan adı ile Ecstasy'yi düşünün, yani 1990'larda kullanımı en hızla yayılan yasadışı uyuşturucu olan MDMA ya da metilendioksimetamfetamin. Metamfetamine çok benzer bir uyarıcı olan Ecstasy, dans kulüplerinde inanılmaz bir modaya dönüştü. ABD Uyuşturucu Kullanımı Ulusal Enstitüsü'nün belirttiğine göre, on ikinci sınıf öğrencilerinin yüzde sekizi, yani

3-4 milyon Amerikalı, yaşamları boyunca en az bir kere MDMA kullanmıştır.[32]

Kimyasal olarak Ritalin'e benzemekle birlikte, Ecstasy etkileri bakımından Prozac'ı daha çok andırır: Beyinde serotonin salgılamasını arttırır. Ecstasy tıpkı Prozac gibi ruh hali ve kişiliği güçlü bir şekilde değiştiren etkiler yapar. Bir Ecstasy kullanıcısının öyküsünü ele alın:

> Kullanıcılar değişmez bir şekilde, uyuşturucunun o ilk etkisinin yaşamlarındaki en müthiş deneyim olduğunu anlatırlar. Yirmi yaşındaki Jenny, New York'un dış bölgelerinden birinde yaşayan bir üniversite öğrencisi. Onunla, Washington'a Aralık'ta yaptığı ziyaretlerden biri sırasında tanıştık. Ancak bir halk masalındaki bir prenseste olabilecek kadar narin yüz hatları ve açık renkli bir teni vardı. Bana anlattığına göre ilk kez yaklaşık bir yıl önce Ecstasy kullanmıştı. Derin düşüncelere dalmasına yol açmıştı. "Bir gün çocuklarımın olacağına karar verdim." demişti insanı hayrete düşüren bir dürüstlükle. "Daha önce çocuklarım olacağını düşünmezdim. Benden çok iyi bir anne olacağını sanmazdım; çünkü babamın fiziksel ve zihinsel tacizine uğramıştım. Ama sonra 'Çocuklarımı seveceğimi ve onlara bakacağımı' fark ettim ve verdiğim bu karar sonradan değişmedi." Jenny ayrıca ilk Ecstasy uçuşunda "kötü insan diye bir şey olmadığının" farkına vararak babasını bağışlamaya başladığını anlatır.[33]

Ecstasy hakkındaki diğer betimlemeler, onun toplumsal duyarlılığı artıran, insanlar arasındaki ilişkileri geliştiren ve odaklanmayı artıran bir ilaçmış gibi görünmesine neden olur—bu etkilerin hepsi de genellikle toplumun beğenisini kazanır ve Prozac'a atfedilen etkilerle tuhaf bir benzerlik taşır. Buna rağmen Ecstasy, Birleşik Devletler'de satışı ve kullanımı her durumda yasadışı sayılan, denetim altındaki bir madde iken, Ritalin ve Prozac bir doktorun yasal olarak önerebileceği ilaçlardır. Aralarındaki farkın nedeni nedir?

Buna verilecek çok açık bir yanıt, Ecstasy'nin bedene, tartışmalı olmakla birlikte Ritalin ve Prozac'ın yol açmadığı türde zararlar vermesidir. Uyuşturucu Kullanımı Ulusal Enstitüsü'nün Ecstasy üzerine hazırlanan Web sayfasında, bu ilacın "kafa karışıklığı, depresyon, uyku sorunları, uyuşturucu açlığı çekme, ciddi derecede kaygı ve paranoya" gibi psikolojik sorunlara; "kas gerginliği, istemsiz diş gıcırdatma, mide bulantısı, bulanık görme, hızlanmış göz hareketleri, bayılma ve üşüme veya ter basması" gibi fiziksel bulgulara yol açtığı ve maymunlarda kalıcı beyin hasarına neden olduğunun saptandığı belirtilmektedir.

Ritalin ve Prozac'la ilgili literatür, aslında (maymunlardaki kalıcı beyin hasarı dışında) bu yasal uyuşturucuların bunlara çok benzeyen türde yan etkileri olduğuna ilişkin sözde kanıtlarla doludur. Bazıları aradaki farkın büyük ölçüde dozajla ilgili olduğunu iddia etmişlerdi: Kötü kullanıldığı takdirde, Ritalin de çok ciddi yan etkiler doğurabilir; bu yüzden yalnızca doktor gözetiminde kullanılabilir. Ancak bu, savı kanıtlanmış saymaktır: Ecstasy neden II. derece uyuşturucu kapsamına alınarak yasallaştırılmasın ki? Ya da başka bir seçenek sunmak gerekirse, Ecstasy'nin yan etkilerini en aza indiren, farmakolojik olarak benzer bir ilaç bulmak için neden çalışma yapılmasın?

Bu soruya verilecek yanıt, ilaçların suçla ilgili hale gelmeleri konusunda yaşadığımız karışıklığın can damarına dokunacaktır. Açık bir tedavi amacı olmayan ve tek etkisi insanların kendilerini iyi hissetmelerini sağlayan maddeler söz konusu olduğunda birbiriyle zıt hislerle dolarız. Eroin ve kokain kullanımında olduğu gibi, ilacın neden olduğu uyuşturucu etki, kullanan kişinin normal işlevlerini yerine getirme yeteneğini ciddi biçimde zayıflattığında, özellikle karışık duygularla dolarız. Fakat aynı zamanda, kararsızlığımızı gerekçelendirmek bize zor gelir; çünkü bunu yapabilmek, bir insanın "normal işlev görmesinin" tam olarak ne olduğu konusunda çeştili yargılara varmayı gerektirir. Kendimizi iyi hissetmemizi sağlayan diğer iki uyuşturucu, yani alkol ve nikotin yasalken, marihuanayı yasaklamayı nasıl gerekçelendirebiliriz?* Bu güçlüklerin ışığında, uyuşturucuları

---

* Psikolojik etkileri açısından alkol ve nikotin maddeleri ile marihuana gibi bir uyuşturucuyu birbirinden ayırt etmenin olanaklı olduğuna inanıyorum. Kişinin genel toplumsal

bedene verdikleri açıkça belli olan zararlarını, göz önüne alarak yasaklamak çok daha kolaydır: Bağımlılık yaparlar, fiziksel güçsüzlüğe yol açarlar, uzun erimli istenmeyen yan etkileri vardır ya da benzerleri.

Diğer bir deyişle, yalnızca ruhsal olarak zararlı olduklarına dayanarak—ya da günümüzün tıbbi deyişle, yalnızca psikolojik etkileri temel alarak—uyuşturucular hakkında belirli bir görüşü benimsemeye istekli değiliz. Yarın öbür gün bir ilaç firması, hiçbir zararlı yan etki olmaksızın insanı mutlu ve topluma bağlı hale getiren, bir *Tanrı'ya-karşı-dürüst* Huxley tarzı soma hapı icat etse, herhangi birinin insanların bunu kullanmalarına izin verilmemesi gerektiğine ilişkin nasıl bir gerekçe ortaya koyacağı belirsizdir. Gerek Sağ gerekse Sol kanatta, başka insanların ruhları ya da içsel durumları hakkında endişelenmeye bir son vermemiz ve başkalarına zarar vermedikleri sürece herkesin istediği hapı kullanmasına izin vermemiz gerektiğini savunan birçok özgürlükçü bulunuyor. Huysuz bir gelenekçi çıkıp da bu soma hapının tedavi amacı taşımadığını söyleyerek itiraz edecek olsa, psikiyatri uzmanlığı büyük olasılıkla, mutsuzluğun hastalık olduğunu ve DSM listesinde ADHD'nin yanına eklenmesi gerektiğini söyleyebilir.

Öyle görünüyor ki, zeka, bellek, duygusal duyarlılık ve cinselliğin güçlendirilmesi, ayrıca saldırganlığın azaltılması ve davranışın çok çeşitli başka yollarla yönlendirilmesi için insan genetik mühendisliğinin ortaya çıkışını beklememiz gerekmiyor. Bu sorun, psikotropik ilaçların günümüzdeki nesliyle çoktan sonuca bağlandı ve kısa süre içinde onları izleyecek olanlarla çok daha kesin bir çözüme kavuşacak.

---

işleyişine zarar vermeyecek şekilde aşırıya kaçmadan içki ve sigara içmesi olanaklıdır. Üstelik birçok kişi makul miktarda içki içmenin, kişinin sosyalleşmesini kolaylaştırdığına inanır. Buna karşın diğer uyuşturucular, normal toplumsal işlevlerin hiçbir çeşidiyle bağdaşmayan bir uyuşma etkisi yaratırlar.

4

YAŞAMIN UZATILMASI

"Çokları pek geç ölür, çok azı da pek erken. Tuhaf geliyor şu öğreti: Vaktinde öl!"

Vaktinde öl—işte bunu öğretir Zerdüşt. Elbette, hiçbir zaman vaktinde yaşamayan, nasıl ölebilir ki vaktinde? Keşke hiç doğmasaydı! Bunu salık veririm gereksiz kişilere. Ama gereksiz kişiler bile telaşa düşüyor, önemsiyorlar ölümlerini ve en kof ceviz bile kırılmak istiyor.

Friedrich Nietzsche, *Böyle Buyurdu Zerdüşt* I.21

Çağdaş biyoteknolojinin politikayı etkileme biçimlerinin üçüncüsü, yaşam süresinin uzatılması ve bunun sonucunda ortaya çıkacak demografik ve toplumsal değişikliklerdir. Yirminci yüzyıl tıbbının Birleşik Devletler'de kazandığı en büyük başarılardan biri, 1900'de erkekler için 48,3 kadınlar için 46,3 olan yaşam süresi beklentisini, 2000 yılında erkekler için 74,2 ve kadınlar için 79,9'a çıkarmış olmasıdır.[1] Bu değişim, gelişmiş dünyanın büyük bölümündeki doğum oranlarının dramatik bir biçimde düşmesiyle bir araya geldiğinde, çokları için dünya politikası açısından etkileri şimdiden hissedilmeye başlayan ve eskisinden çok farklı küresel bir demografik görünüm sergilemeye başladı bile. Şu anda geçerli olan doğum ve ölüm düzenleri göz önünde tutulduğunda, biyotıp aradaki dönem boyunca yaşam süresi beklentilerini bir tek yıl daha uzatamasa bile, dünya 2050 yılında bugünkünden önemli ölçüde farklı bir görünüm alacak. Bu dönemde yaşam süresinin uzatılmasında önemli bir ilerleme kaydedilmeme olasılığı azdır ve biyoteknolojinin çok dramatik değişikliklere yola açma olasılığı da var.

Moleküler biyolojideki gelişmelerden en fazla etkilenen alanlardan biri, gerontoloji yani yaşlanmanın araştırılmasıdır. Günümüzde insanların yaşlanmalarının ve en sonunda ölmelerinin nedenine ilişkin, birbiriyle yarışan çok sayıda kuram olmakla birlikte, bu olguların asıl nedenleri ve sürecin işleyişi konusunda yerleşmiş bir görüş birliği yoktur.[2] Bir grup kuram evrimsel biyolojiye dayanır ve özet olarak, üreme yaşlarını geride bırakmış olan bireylerin hayatta kalmalarına kolaylık sağlayan çok az doğal ayıklama gücü bulunması nedeniyle organizmaların yaşlanıp öldüğünü söyler.[3] Bazı genler bir bireyin üreme yeteneğini kolaylaştırıyor ama yaşamın ileriki dönemlerinde işlevlerini kaybediyor olabilir. Evrimsel biyologlara göre önümüzdeki en büyük bilmece bireylerin neden öldüğü değil, örneğin dişi insanların neden uzun bir menapoz sonrası yaşam sürdürdükleridir. Bunun açıklaması ne olursa olsun, yaşlanmanın cok miktarda genin etkileşiminin sonucu olduğuna ve bundan dolayı, ölümün ertelenmesine giden genetik kestirme yolların var olmadığına inanma eğilimindedirler.[4]

Yaşlanma kuramlarının başka bir türü moleküler biyolojiyi temel alır ve bedenin işlevselliğini yitirip ölmesinde etkin olan belirli hücresel mekanizmalarla ilgilienir. İki tür insan hücresi vardır: Dişi yumurtasında ve erkek sperminde bulunan tohum hücreleri ve bedenin diğer bölümlerini oluşturan ve yüzlerce trilyondan fazla sayısı olan vücut hücreleri (somatik hücreler). Bütün hücreler hücre bölünmesi yoluyla eşlenir. Leonard Hayflick 1961 yılında, vücut hücrelerinin geçireceği toplam bölünme sayısının bir üst sınırının bulunduğunu keşfetti. Olası hücre bölünmelerin sayısı, hücrenin yaşıyla orantılı olarak azalıyordu.

Hayflick limiti olarak adlandırılan sınırın neden var olduğuna ilişkin çeşitli kuramlar vardır. Bunların en başta geleni, hücreler kendilerini eşledikçe gelişigüzel oluşan genetik hasarın birikmesiyle ilgilidir.[5] Her hücre bölünmesiyle birlikte, duman ve radyasyon gibi çevresel faktörlerin yanı sıra serbest hidroksil radikaller ve hücresel atık maddeler gibi kimyasallar, DNA'nın bir hücre kuşağından diğerine kendini doğru eşlemesini önleyebilir. Vücutta eşleme sürecini denetleyen ve ortaya çıkan yazılma (transkripsiyon) sorunlarını çözen belirli sayıda DNA onarım enzimi bulunur; ancak bu enzimler her zaman her hatayı saptayamazlar. Hücre eşlemesi sürdükçe, DNA'daki hasar da hücrelerde birikerek hatalı protein sentezi ile bozuk işlevlere yol açar. Bu bozukluklar, arteriyoskleroz (damar sertliği), kalp hastalığı ve kanser gibi yaşlanmaya özgü hastalıkların temelini oluşturur.

Hayflick limitini açıklamayı amaçlayan bir diğer kuram da telomerlerle, yani DNA'da her bir kromozomun sonuna eklenmiş olan ama kodlama yapmayan parçalarla ilgilidir.[6] Telomerler bir film şeridindeki kılavuzlar gibi hareket ederek DNA'nın kendini doğru eşlemesini sağlarlar. Hücre bölünmesi, DNA molekülünün iki şeridinin birbirinden ayrılmasını ve yeni kuşak hücrelerde molekülün yeni tam kopyaları olarak bir kez daha oluşmalarını içerir. Fakat her yeni hücre bölünmesiyle birlikte, telomerler biraz daha kısalır ve en sonunda DNA şeridinin uçlarını koruyamaz hale gelirler. Kısalmış telomerleri, hatalı DNA olarak algılayan hücre büyüyemez. Yetişkin bir hayvanın vücut hücrelerinden kopyalanan Dolly adlı koyun, yeni doğmuş bir kuzunun uzun telomerleri yerine yetişkin bir koyunun kısalmış telomerlerini almıştı ve bundan dolayı büyük olasılıkla doğal yoldan doğmuş bir hayvan kadar uzun yaşamayacaktır.*

---

* Genetik kopyalama yöntemiyle üretilen ilk kopya memeli olan koyun Dolly'nin hayatına, çektiği akciğer yetmezliği nedeniyle 14 Şubat 2003 tarihinde son verildi. Dolly öldüğünde altı yaşındaydı (Ç.N.).

Hayflick limitinden etkilenmeyen üç temel hücre çeşidi vardır: Bunlar tohum hücreleri, kanser hücreleri ve kök hücrelerin bazı türleridir. Bu hücrelerin sonsuz sayıda üreyebilmelerinin nedeni, ilk defa 1989'da yalıtılan ve telomerlerin kısalmalarını engelleyen telomeraz adlı bir enzimin varlığıyla ilişkilidir. Hem germ hattının kuşaklar boyunca yok olmadan sürmesine izin veren, hem de kanser tümörlerinin şiddetle büyümesinin ardındaki neden budur.

Massachusetts Teknoloji Enstitüsü'nden (MIT) Leonard Guarente, SIR2 (sessiz bilgi düzenleyicisi No.2) olarak bilinen tek bir genin etkinliği sonucunda, kalori kısıtlamasının maya hücrelerinin ömrünü uzattığına ilişkin bulgular olduğunu bildirmişti. SIR2 geni, maya hücrelerinde biriken ve sonunda ölmelerine yol açan ribozom atıklarını üreten genleri bastırır; düşük kalorili beslenme, üremeyi kısıtlamakla birlikte SIR2 geninin işleyişine yardımcı olurlar. Bu da düşük kalori esasına göre beslenen laboratuvar farelerinin diğer farelerden hemen hemen yüzde kırk daha uzun ömürlü olmalarını moleküler anlamda açıklayabilir.[7]

Guarente gibi biyologlar bir gün insanların yaşam süresinin uzamasını sağlayacak oldukça basit genetik bir yolun bulunabileceğini ileri sürmüşlerdir. İnsanların o kadar kısıtlı şekilde beslenmek pratik olmasada, SIR genlerinin işleyişini güçlendirmenin başka yolları da bulunabilir. Tom Kirkwood gibi başka gerontologlar, yaşlanmanın hücre, organ ve bir bütün olarak tüm beden düzeyindeki karmaşık bir dizi işlemin sonucu olduğunu ve bu nedenle, yaşlanma ile ölümü denetleyen tek ve basit bir mekanizmanın bulunamayacağını açıkça iddia ediyorlar.[8]

Eğer ölümsüzlüğe giden bir genetik kestirme varsa, biyoteknoloji endüstrisinde onu bulma yarışı çoktan başladı. Geron Şirketi telomerazla bağlantılı insan genini çoktan kopyaladı ve bu işlemin patentini aldı. Advance Cell Technology şirketi ise embriyonik kök hücreler konusunda etkin bir araştırma programı yürütmekte. Sözü edilen bu hücreler, en erken gelişim evresinde, farklı doku ve organ tiplerine dönüşüm gerçekleşmeden önce embriyonu oluşturan hücrelerdir. Kök hücreler vücuttaki herhangi bir hücre ya da dokuya dönüşebilme yeteneğine sahiptir; dolayısıyla gelecekte, yaşlanma süreci nedeniyle eskiyen parçaların yerine bütünüyle yenilerini üretebilme olanağı taşırlar. Vericilerden nakledilen organların aksine, bu şekilde kopyalanan vücut parçaları, yerleştirildikleri vücudun hücreleriyle genetik açıdan neredeyse özdeş olacak ve büyük olasılıkla nakil işlemi sonrasında organın reddine yol açan bağışıklık sistemi tepkilerine neden olmayacaktır.

Kök hücre araştırmaları günümüzün biyomedikal araştırmalarının en ileri noktadaki aşamalarından birini temsil eder. Aynı zamanda, embriyoları kök hücre kaynağı olarak kullanmak, bu süreçte embriyoların yok edilmeleri nedeniyle büyük tartışmalara yol açmaktadır.[9] Embriyolar genellikle yapay dölleme kliniklerinde "biriktirilen" fazla embriyolar arasından alınır. (Kök hücre "dizilimleri" bir kez yaratıldı mı, neredeyse sonsuz sayıda eşlenmeleri olanaklıdır.) ABD Kongresi, kök hücresi araştırmalarının kürtajı özendireceği veya insan embriyolarının bilinçli olarak yok edilmelerine neden olacağı kaygısıyla, Ulusal Sağlık Enstitüsü'nün embriyolara zarar verebilecek araştırmalara fon sağlamasını yasakladı.[10] Böylece ABD'deki kök hücre araştırmalarını özel sektöre yönlendirmiş oldu. 2001 yılında Bush yönetiminin bu yasağı kaldırma yönündeki girişimiyle, Amerika Birleşik Devletleri'nde sert bir politik tartışma patlak verdi. En sonunda yönetim, yalnızca daha önceden oluşturulmuş olan altmış civarındaki kök hücre dizilimi için araştırmaların federal fondan yardım almasına izin vermeyi kararlaştırdı.

Biyoteknik endüstrisinin, insan ömrüne on ya da yirmi yıl ekleyecek basit bir hap gibi yöntemlerle yaşam süresinin uzatılmasını sağlayacak kolay bir çözümü bulup bulamayacağını şu anda bilmemiz olanaksız.[11] Bu hiçbir zaman gerçekleşmese bile, günümüzde yapılmakta olan bütün biyomedikal araştırmaların *birikimsel* etkisinin, zaman içinde yaşam sürelerini uzatma ve dolayısıyla geçtiğimiz yüzyılda devam eden eğilimi sürdürme yönünde olacağını söylemek yine de oldukça akla yakın görünüyor. Bu yüzden, şimdiden var olan nüfussal eğilimlerden kaynaklanabilecek politik senaryoları ve toplumsal sonuçları mercek altına almak pek de yersiz bir davranış sayılamaz.

Avrupa'da on sekizinci yüzyılın başında, çocukların yarısı henüz on beşine gelmeden ölürdü. Fransız nüfusbilimci Jean Fourastié, o devirde 52 yaşına ulaşabilmenin gerçek bir başarı sayıldığını, çünkü nüfusun yalnızca çok az bir bölümünün bunu gerçekleştirebildiğini ve böyle bir insanın kendini tam anlamıyla "hayatta kalmayı beceren" bir kişi olarak görebileceğini belirtmiştir.[12] İnsanların çoğu üretken yaşamlarının doruğuna kırklı veya ellili yaşlarda ulaştığı için, çok büyük bir insan potansiyeli harcanmış oluyordu. Buna karşılık 1990'larda, nüfusun yüzde 83'ünden fazlası 65 yaşına gelmeyi umabilir, yüzde 28'inden fazlası ise 85 yaşına dek hayatta kalır.[13]

Yaşam süresi beklentisini arttırmak, yirminci yüzyılın sonlarında dünyanın gelişmiş bölümlerindeki halkların deneyimlediği şeylerin yalnızca bir kısmıdır. Diğer önemli bir gelişme, doğurganlık oranlarında dikkat çekici bir düşüştü. İtalya, İspanya ve Japonya gibi ülkelerdeki toplam doğurganlık oranı (diğer bir deyişle bir kadının ömrü boyunca doğurduğu ortalama çocuk sayısı) 1.1 ile 1.5 arasında olup, ölenlerin yerini yeni doğanların doldurması için gerekli olan 2.2 oranının çok altındadır. Düşen doğum oranlarıyla artan yaşam sürelerinin birleşimi, gelişmiş ülkelerdeki yaş dağılımının yönünü dramatik biçimde değiştirmişti. ABD nüfusunun yaş ortalaması 1850 yılında yaklaşık 19 iken, 1990'lara gelindiğinde bu 34'e çıkmıştı.[14] Yirmi birinci yüzyılın ilk yarısında olacaklarla karşılaştırılırsa, bu birşey değildir. Birleşik Devletler'deki yaş ortalaması 2050 yılı geldiğinde neredeyse 40'a çıkacak, göç ve doğurganlık oranlarının daha düşük olduğu Avrupa ve Japonya'da bu değişim daha da çarpıcı olacaktır. Nüfusbilimci Nicholas Eberstadt'ın Birleşmiş Milletler verilerine dayanan öngörülerine göre, doğurganlıkta beklenmedik bir artış olmazsa yaş ortalaması Almanya'da 54, Japonya'da 56 ve İtalya'da 58 olacaktır.[15] Bu öngörülerin, beklenen yaşam sürelerinde önemli bir artış beklentisini göz önüne *almadığını* belirtmek gerekir. Biyoteknolojinin gerontoloji alanındaki vaatlerinin yalnızca yarısı gerçeğe dönüşse bile, gelişmiş ülkelerin nüfuslarının yarısı emeklilik yaşına varmış ya da daha yaşlı olabilir.

Şimdiye dek, gelişmiş ülke halklarının "saçlarının ağarması", ağırlıklı olarak bunun yaratacağı sosyal güvenlik yükümlülüğü bağlamında ele alınmıştı. Ağır ağır ufukta beliren bu kriz yeterince gerçektir: Örneğin Japonya'daki durum, yirminci yüzyılın sonunda her emekli başına dört çalışan varken, bir iki kuşak sonra bir emekli başına yalnızca iki çalışan kişi olacak şekilde değişecek. Fakat bundan başka politik etkiler de söz konusu olacak.

Uluslararası ilişkileri düşünün.[16] Gelişmekte olan ülkelerin bazıları, tıpkı gelişmiş dünyada olduğu gibi nüfussal geçişleri eksilenin yerinin dolması için gerekli sayının altında kalan bir doğurganlık oranına yaklaşmış, hatta bunu aşmakta başarı göstermiş ve nüfus artışını yavaşlatmışken, Orta Doğu ve Afrika'da Sahra'nın alt kısmı gibi, dünyanın daha yoksul olan çoğu yerinde yüksek büyüme oranları yaşanmaya devam ediyor. Bunun anlamı, iki kuşak sonra Birinci ve Üçüncü Dünya ülkelerini birbirinden ayıran çizginin, yalnızca gelir ve kültüre göre değil aynı zamanda yaşa göre çizilecek olması ve Avrupa, Japonya ve Kuzey Amerika'nın bazı bölümlerinde yaş ortalaması neredeyse 60 iken, bu ülkelerin daha az gelişmiş komşularındaki yaş ortalamasının 20'li yaşların başları olacağıdır.

Ayrıca, gerek ileri yaş grubundan erkeklere oranla daha çok sayıda kadının ulaşacak olması, gerekse uzun dönemde kadınların politikaya daha fazla katılımı yönündeki sosyolojik eğilime bağlı olarak, dünyanın gelişmiş ülkelerindeki oy kullanma yaşındaki nüfusda kadınlar ağırlık kazanacaktır. Gerçekten de ileri yaşlardaki kadınlar, yirmi birinci yüzyıl politikacılarının odaklanacağı en önemli seçmen grubu olarak karşımıza çıkacaktır.

Uluslararası politika yönünden bunun ne anlama geleceği elbette şu anda belli değil ama geçmiş deneyimlerimize dayanarak, dış politika ve ulusal güvenlik konularında kadınlarla erkekler ve yaşlılarla gençler arasında önemli tavır farkları olduğunu biliyoruz. Örneğin Amerikalı kadınlar ABD'nin bir savaşa girmesine, ortalama yüzde yedi ile dokuz puan arasında bir farkla erkeklere oranla her zaman için daha az destek vermiştir. Ayrıca savunma harcamalarını ve yurt dışında askeri güç kullanılmasını da sürekli daha az desteklemişti. Chicago Yabancı İlişkiler Konseyi için 1995'te yapılan bir ankete göre, bir Kuzey Kore saldırısı durumunda, ABD'nin Kore'ye müdahale etmesine erkekler yüzde 49 ile 40 arasındaki bir marjla destek vermiş; buna karşılık kadınlar, yüzde 30 ile 54 arası bir marjla buna karşı çıkmıştır. Erkeklerin yüzde elli dördü dünya çapında üstün askeri güce sahip olmanın önemli olduğuna inanırken, kadınlarda bu oran yalnızca yüzde kırk beşti. Üstelik kadınlar gücü, anlaşmazlıkları çözümlemek için kabul edilir bir araç olarak görmeye erkeklere oranla daha az eğilimlidirler.[17]

Gelişmiş ülkeler gücün kullanımıyla ilgili başka engellerle de karşılaşacaklar. Askeri organizasyonlarda hizmet vermeye ilk çağrılacaklar ileri yaştaki vatandaşlar, özellikle de ileri yaştaki kadınlar olmayacaktır; bu nedenle, kullanılabilir askeri insan gücü azalacaktır. Genç bireylerin savaş sonucunda kaybedilmeleri de bu tür toplumlarda artık o kadar katlanılabilir olmayacaktır.[18] Nicholas Eberstadt doğurganlıkla ilgili varolan eğilimlere bakılarak, 2050 yılı geldiğinde İtalya'daki bütün çocukların yalnızca yüzde beşinin aynı soydan gelen akrabaları (yani erkek ve kız kardeşler, hala, teyze, amca, dayı, kuzenler v.b.) olacağını öngörüyor. İnsanlar öncelikle anne babaları, büyükanne ve büyükbabaları, büyük büyükanne ve büyük büyükbabaları ve kendi çocuklarıyla bağlı olacak. Temelleri bu denli kırılgan olan bir kuşağın savaşma ve savaşta ölme konusundaki isteksizliği de büyük olasılıkla daha fazla olacaktır.

O zaman da dünya, politikası ileri yaştaki kadınlar tarafından belirlenen Kuzey ile Thomas Friedman'ın adlandırdığı şekliyle süper güçlendirilmiş öfkeli genç erkekler tarafından yönlendirilen Güney olmak üzere ikiye bölünebilir. Dünya Ticaret Merkezi'ne 11 Eylül saldırılarını yapanlar da böyle bir grup adamdı. Bu elbette Kuzey'in, Güney'in meydan okumasına karşılık vermeyeceği ya da bu iki bölge arasında anlaşmazlık yaşanmasının kaçınılmaz olduğu anlamına gelmez. Biyoloji kader değildir. Ancak politikacıların temel nüfussal gerçeklerin hazırladığı yapısal düzene göre hareket etmeleri gerekecektir ve sözünü ettiğimiz bu gerçeklerden biri, Kuzey'deki birçok ülkenin hem küçüleceği hem de de yaşlanacağı gerçeği olabilir.

Daha olası gibi görünen ve bu dünyaları doğrudan ilişkilendirecek bir senaryo daha var: Göç. Avrupa ve Japonya nüfuslarının azalacağı konusunda biraz önce değindiğimiz öngörüler, net göç sayısında önemli bir artış varsaymıyorlar. Ancak bu pek akla yakın değil; çünkü açıktır ki gelişmiş ülkeler ekonomik büyüme ve bunu gerçekleştirmek için gerekli nüfusun sağlanmasını isteyeceklerdir. Böylece Kuzey-Güney bölünmesini her ülke kendi içinde bir kez daha, giderek artan yaşlı yerli nüfusun, kültürel açıdan farklı ve önemli ölçüde daha genç bir göçmen nüfusuyla bir arada yaşamasıyla yaratacaktır. Birleşik Devletler ve İngilizce konuşulan diğer ülkeler geleneksel olarak hep kültür yönünden farklı göçmen topluluklarını asimile etmekte başarılı oldular; ancak Almanya ve Japonya gibi başka ülkeler bunu yapamadılar. Fransa'da Ulusal Cephe, Belçika'da Vlaams Bloğu,

İtalya'da Lega Lombarda ve Avusturya'da Jörg Heider'in Özgürlük Partisi gibi, göçmen karşıtı güçlü bir tepkiyi dile getiren hareketler, Avrupa'da şimdiden tırmanışa geçmiş durumda. Yaşam süresinin uzamasına bağlı olarak nüfuslarının yaş dağılımında ortaya çıkan değişimler, bu ülkelerde gitgide artan sosyal bir çelişkiye zemin oluşturacak gibi görünmekte.

Biyoteknoloji sayesinde insan ömrünün uzatılmasının toplumların iç yapıları üzerinde de kayda değer etkileri olacak. Bunların en önemlisi toplumsal hiyerarşilerin yönetilmesiyle ilgili.

İnsanlar, tıpkı primat kuzenleri gibi erken yaştan başlayarak şaşırtıcı bir çeşitliliğe sahip egemenlik hiyerarşilerine göre gruplaşma eğilimi gösteren, doğaları itibarıyla statü bilinci olan hayvanlardır.[19] Bu hiyerarşik davranış biçimi doğuştandır ve evsensel eşitliği temel alma savı taşıdığını söyleyen demokrasi ve sosyalizm gibi modern ideolojilerin gelişine rağmen kolayca varlığını sürdürmüştür. (Eski Sovyetler Birliği ve Çin'de üst düzey liderliğin egemenlik rütbesine göre dikkatle düzenlendiği politbürolara bakmak yeterlidir.) Kültürel evrim sonucunda bu hiyerarşilerin doğası, fiziksel beceriler ya da kuşaktan kuşağa aktarılan sosyal statüyü temel alan geleneksel hiyerarşilerden, bilişsel yetenek veya eğitimi temel alan modern hiyeraşilere dönüşmüştür. Fakat hiyerarşik doğaları korunmuştur.

Bir toplumu gözden geçirdiğinizde hemen bu hiyerarşilerin çoğunun yaşa göre düzenlenmiş olduğunu görürüz. Altıncı sınıftakiler kendilerini beşinci sınıftakilerden daha üstün görürler ve iki grup aynı anda teneffüse çıkıyorsa oyun alanını egemenliklerine alırlar. Kadrolu profesörler kadrosuz profesörlere karşı amirane bir tavır takınırlar ve pek muhterem çevrelerine kimin gireceğini sıkı sıkı denetlerler. Birçok toplumda yaş fiziksel güç, öğrenme, deneyim, muhakeme, başarı ve benzeri kavramlarla bağlantılı olduğundan, yaşa göre düzenlenmiş hiyerarşiler işlevsel açıdan anlamlıdır. Ancak belirli bir yaş geride bırakıldıktan sonra, yaş ile yetenek arasındaki bağıntı ters yönde ilerlemeye başlar. İnsanlık tarihinin büyük bölümünde olduğu gibi yaşam beklentisinin kırk veya elli yaş olduğu durumda, toplumlar kuşakların normal bir şekilde birbirinin yerini almasının bu sorunu ortadan kaldıracağına güvenebilirlerdi. Zorunlu emeklilik yaşı ilk defa, gitgide daha fazla sayıda insanın ileri yaşa dek yaşamını sürdürmeyi başardığı on dokuzuncu yüzyıl sonlarında gündeme geldi.*

Yaşam süresinin uzaması, günümüzde yaşa göre düzenlenmiş hiyerarşilerin çoğunu altüst edecek. Bu tür hiyerarşilerin geleneksel olarak piramit biçimli bir yapıları vardır; çünkü ölüm, herkesin altmış beşinde emekliye ayrılma "hakkına" sahip olduğu şeklindeki yaygın inanç gibi yapay sınırların kışkırttığı üst mevkilere ulaşmaya çalışan yarışçılardan oluşan grubu eler. Bununla birlikte, insanlar düzenli olarak altmış, yetmiş, seksen, hatta doksanlarına kadar yaşayıp çalıştıkça, böyle piramitler daha sık olarak basık ikizkenar yamukları ya da hatta dikdörtgenleri andırmaya başlayacaktır. Bir kuşağın, ona yetişip gelen yeni bir kuşağın doğal olarak yolundan çekilmesinin yerine, aynı anda üç, dört, hatta beş kuşak var olacaktır.

Makamda kalma süresine sınır getiren yasal düzenlemelerin bulunmadığı otoriter rejimlerde bir kuşağın çok uzun süre boyunca görevde kalmasının yol açtığı yıkıcı sonuçları gördük bile. Örneğin, Francisco Franco, Kim Il Sung ve Fidel Castro gibi diktatörler fiziksel varlıklarını sürdürdükçe, toplumlarının bu kişileri değiştirmesi olanaksızdır ve bu kişiler ölünceye dek tüm politik ve toplumsal değişimler askıya alınmıştır.[20] Gelecekte yaşam süreleri teknolojik olarak uzatıldığında, bu tür toplumlar yalnızca birkaç yıl değil onlarca yıl boyunca idam mahkumunu bekleyen gardiyan gibi gülünç bir bekleme sürecinin tutsağı haline gelebilirler.

---

* Avrupa'nın ilk sosyal güvenlik sistemini oluşturan Bismarck emeklilik yaşını, aslında o dönemde kimsenin pek ulaşmayı başaramadığı altmış beş yaş olarak belirlemişti.

Daha demokratik ve/veya meritokratik toplumlarda, görev süresi dolan liderleri, patronları veya yönetici genel müdürleri görevden almaya yönelik kurumsal mekanizmalar bulunur. Fakat hayal gücümüzü zorlasak bile sorun ortadan kalkmaz.

Temel sorun elbette ki, toplumsal hiyerarşilerin tepesindeki kişilerin statülerini veya güçlerini kaybetmek istememelerinde ve konumlarını koruyabilmek için olanaklarını elverdiğince kullanmaya hazır olmalarından kaynaklanır. Bir lider, patron, sporcu, profesör ya da yönetim kurulu üyesini görevinden alma çabasına girişilmeden önce, yaşa bağlı kapasite azalmasının açıkça tanımlanması gerekir. Zorunlu emeklilik yaşı gibi kişisel olmayan kurallar işe yarar; çünkü özellikle kurumların, ileri yaştaki herhangi bir bireyin yeterliği konusunda ince farklar içeren kişisel yargılarda bulunmasını gerektirmezler. Ancak kişisel olmayan kurallar sıklıkla, işine tam olarak devam edebilecek durumdaki yaşlı insanlara karşı ayrımcılık uygular ve bu nedenle Amerika'daki birçok işyerinde uygulamadan kaldırılmışlardır.

Şu anda yaş konusunda inanılmaz ölçüde doğru bir politik tavır bulunuyor: Yaş ayrımcılığı, ırkçılık, cinsiyetçilik ve homofobiye ek olarak yasaklanan önyargılar panteonunda yerini aldı. Özellikle Birleşik Devletler gibi gençlik takıntısı olan bir toplumlarda daha yaşlı insanlara karşı ayrımcılık elbette yapılıyor. Fakat kuşakların birbirinin yerini alması da bazı nedenlerden dolayı iyi bir şey sayılabilir. Bunların en başta geleni, kuşaklar arası devir tesliminin, gelişme ve değişimin en önemli uyarıcısı olmasıdır.

Birçok gözlemci, politik değişikliğin İlerlemeci Dönemden Yeni Mukavele Dönemine, Kennedy yıllarından Reaganizm'e geçiş gibi, genellikle kuşakların değiştiği ara dönemlerde yer aldığını kaydetmiştir.[21] Bunda gizemli bir yan yok: Aynı yaş grubunda doğan insanlar yaşamlarındaki belli başlı olayları birlikte yaşarlar; örneğin Büyük Buhran, II. Dünya Savaşı veya cinsel devrim. İnsanların yaşama bakışları ve yaptıkları seçimler bu deneyimler sonucunda bir kez biçimlendi mi, yeni durumlara kısmen uyum sağlayabilirler ama görüş açılarını önemli ölçüde değiştirmelerini sağlamak çok zor olur. Geçmişte Güney'de yaşamış siyah bir kişinin beyaz bir polisi ırk ayrımcılığına dayanan baskıcı bir sistemin asla güven duyulamayacak bir temsilcisinden başka bir şey olarak görmesi, Kuzeydeki bir şehrin gerçekliği göz önünde tutulduğunda ne kadar anlamsız gibi görünse de, çok zordur. Büyük Buhran sırasında yaşamış kişiler, torunlarının savurganca para harcama alışkanlıklarından rahatsız olmaktan kendilerini alamazlar.

Bu yalnızca politik değil entelektüel yaşam açısından da böyledir. Ekonomi disiplininin her cenazede biraz ilerlediğini şeklinde bir söz vardır ve bu söz ne yazık ki birçok kişinin söylediğinden de daha doğrudur. Bilim adamlarının ve entelektüellerin belirli bir dönemde düşünce tarzlarını biçimlendiren temel bir "paradigmanın" (örneğin Keynesçilik veya Friedmancılık) varlığını sürdürmesi yalnızca hemen akla geleceği gibi ampirik kanıtlara değil, o paradigmayı yaratan kişilerin fiziksel olarak hayatta oluşlarına bağlıdır. Bu kişiler, kendilerine benzer kişilerin oluşturduğu inceleme kurulları, makam komiteleri ve mütevelli heyetler gibi yaşa göre düzenlenmiş hiyerarşilerin en tepesinde oturdukları sürece, söz konusu paradigma genellikle hemen hemen sarsılmaz bir şekilde devam eder.

Öyleyse politik, toplumsal ve entelektüel değişimin, ortalama yaşam süresinin oldukça uzun olduğu toplumlarda çok daha yavaş oluşacağı açık olmalı. Etkin ve aynı anda çalışan üç ya da daha fazla kuşak bulunduğunda, daha genç yaş grupları seslerini duyurabilmek için vargücüyle çabalayan küçük bir azınlık grubundan öte bir şey olamayacak ve kuşakların değişmesi hiçbir zaman tam anlamıyla belirleyici olamayacaktır. Bu tür toplumların, daha hızlı bir uyum süreci sağlamak için yaşamın ileri aşamalarında sürekli yeniden eğitimi ve aşağıya doğru sosyal devingenliği zorunlu kılan kurallar koymaları gerekecektir. Kişinin yirmili yaşlarda çeşitli beceriler kazanıp eğitim görebileceği ve kırk yıl boyunca bu eğitimden yararlanabileceği düşüncesi, teknolojik değişimin hızı düşünülürse bugün bile pek akla yakın değil. Bu becerilerin elli, altmış veya yetmiş yıl süren iş yaşamları boyunca güncelliğini koruyacağı ise daha da saçma bir düşünce. Yaşlı insanların yalnızca yeniden eğitim için değil, aynı zamanda alttan yukarı çıkmakta olan yeni kişilere yer açmak için de aşağıya kaymaları gerekecektir. Bunu yapmadıkları takdirde kuşaklar arasındaki savaş, sınıf ve etnik çatışmayla birlikte toplumu bölen ana çizgilerden biri haline getirecektir. Yaşam süresi beklentilerinin uzadığı geleceğin dünyasında, yaşlıların gençlerin önünden çekilmesini sağlamak zorlu bir savaşım olacak ve toplumlar kişisel özellik taşımayan, kurumsallaştırılmış bir yaş ayrımcılığından medet ummak zorunda kalacaklardır.

Yaşam sürelerinin artmasının yol açacağı diğer toplumsal etkiler, öncelikle geriatri devriminin tam olarak nasıl bir rol oynayacağına, yani insanların yaşamlarının uzayan bölümlerinde fiziksel ve zihinsel olarak enerjik ve kuvvetli kalıp kalmayacaklarına veya toplumun gitgide dev bir yaşlı bakımevine dönüşüp dönüşmeyeceğine bağlı olacaktır.

Tıp mesleği, hastalığı yenebilen ve yaşamı uzatabilen bir şeyin tartışmasız olarak iyi olduğu önermesine adanmıştır. Ölüm korkusu insanın tutkuları arasında en derin ve değişmez olanlarından biridir. Bu yüzden tıbbi teknolojide ölümü erteleyecek herhangi bir ilerlemeyi bayram havasıyla karşılamamız anlaşılır olsa gerek. Fakat insanlar için yaşamlarının yalnızca niceliği değil niteliği de önem taşır. İnsan ideal olarak ister ki, yalnızca daha uzun yaşamakla kalmasın, aynı zamanda ölüm en sonunda gelip çatana kadar sahip olduğu tüm yetenek ve özelliklerini de olabildiğince az yitirsin; böylece yaşamının son döneminde bir güçsüzlük dönemini yaşamak zorunda kalmasın.

Tıp alanındaki birçok gelişme yaşlı insanların yaşam kalitesini artırmakla birlikte, birçok başka ilerlemenin bir yandan yaşamın tek bir yönünü uzatırken diğer yandan bağımlılığı artırma etkisi olmuştur. Beynin bazı bölümlerinin gitgide zayıflamasına ve en sonunda bellek kaybı ve ileri derecede bunamaya yol açan Alzheimer hastalığı buna iyi bir örnektir; çünkü bu hastalığa yakalanma olasılığı yaş ilerledikçe artar. Altmış beş yaşındaki yüz insandan yalnızca birinin Alzheimer'e yakalanma olasılığı varken, yaş seksen beş olduğunda bu olasılık altıda birdir.[22] Bundan dolayı, gelişmiş ülkelerde Alzheimer hastalığını çeken kişilerin sayısının hızla artması, bu korkunç nörolojik hastalığa direnci artırmadan vücudun sağlığını yükseltmeyi içerecek şekilde yaşam sürelerini uzatılmasının dolaysız sonucudur.

Aslında, en azından gelişmiş dünya insanları için, tıbbi teknolojinin açığa serdiği iki ayrı ileri yaş dönemi vardır.[23] I. Kategori, kişinin yararlanacak yeterli miktarda kaynağa sahip olarak sağlıklı ve etkin bir yaşam sürdürmeyi bekleyebileceği altmış beşten seksenli yaşların ortasına kadar olan dönemi kapsar. Daha uzun bir yaşam konusundaki mutlu sözlerin çoğu bu dönemle ilgilidir ve gerçekten de bu yeni dönemin çoğu insan için gerçekçi bir beklenti olarak ortaya çıkışı, modern tıbbın gurur duyması gereken bir başarıdır. Bu kategorideki insanların en başta gelen sorunu, kendi alanlarına çalışma yaşamının girişi olacaktır. Çok basit ekonomik nedenlerden dolayı emeklilik yaşını yükseltme ve altmış beş yaş üstündeki iş gücünü olabildiğince elde tutma yönünde güçlü baskılar olacaktır. Bu herhangi bir toplumsal felaketi beraberinde getirmez: Daha yaşlı çalışanların belirli oranda bir sosyal alanda aşağıya kaymayı kabul etmeleri gerekecek ama bu kişilerin birçoğu, emekleriyle topluma katkıda bulunma fırsatını sevinçle karşılayacaktır.

İleri yaş döneminin ikinci evresi, yani II. Kategori, çok daha sorunlu bir dönemdir. Bugün insanların çoğunun seksenli yaşlarında, kapasitelerinin inişe geçtiği ve gitgide çocukluğu andıran bir tür bağımlık durumuna geri döndükleri bir dönem yaşıyorlar. Bu birçok insanın değer verdiği kişisel özerklik idealinin hiçe sayıldığı ve toplumun bırakın deneyimlemeyi, üzerinde düşünmeyi bile istemediği bir dönemdir. Gerek I. Kategori gerekse II. Kategorideki insanların sayısındaki artış, bugün emeklilik yaşına yaklaşmakta olan bireylerin, hâlâ hayatta ve kendilerine muhtaç olan yaşlı bir anne veya babaları olmaları nedeniyle kendi seçimlerinin sınırlandığını fark ettikleri yeni bir duruma yol açmıştır.

Gittikçe artan beklenen yaşam sürelerinin sosyal etkisi, bu iki grubun göreli büyüklüklerine bağlı olacak, grupların büyüklüğü ise gelecekteki yaşam-uzatıcı ilerlemelerin "orantılı" oluşuna bağlı olacaktır. En iyi senaryo, teknolojinin eşzamanlı olarak—örneğin, bütün vücut hücrelerinde yaşlanmanın ortak moleküler kaynağının keşfi ve bu sürecin tüm vücutta geciktirilmesi sonucunda—paralel yaşlanma süreçlerini geriye itmesi olacaktır. Farklı bölümlerin iflası aynı anda gerçekleşecektir; hemen sonra, I. Kategorideki insanların sayısı daha fazla II. Kategoridekiler ise daha az olacaktır. Olabilecek en kötü senaryo ise, son derece orantısız bir ilerlemedir. Örneğin vücut sağlığını korumanın yollarını bulup, yaşla ilişkili zihinsel bozulmanın önüne geçmeyi başaramamızdır. Kök hücre araştırmaları, 2. Bölümün başında William Haseltine'dan yapılan alıntıda belirtildiği gibi, yeni vücut bölümleri yaratmak için yollar bulunmasını belki de sağlayabilir. Fakat Alzheimer hastalığına koşut bir çare bulunmazsa, bu harika teknoloji daha fazla insanın şu anda gerçekleşebileceğinden çok daha uzun yıllar boyunca bitkisel yaşam sürdürmesinden başka bir işe yaramayacaktır.

II. kategorideki insan sayısında yaşanacak bir patlama, insanların rutin bir şekilde yüz elli yaşına dek yaşadığı ama yaşamlarının son elli yılını bakımlarını yapan kişilere bağımlı olarak, tıpkı bir çocuğa benzer bir durumda geçirdikleri, ulusal yaşlı bakımevi senaryosu olarak da adlandırılabilir. Bunun mu, yoksa I. Kategorinin daha sevimli bir uzantısının mı gerçeğe dönüşeceğini bilmemiz elbette olanaksız. Yaşlanmanın, çok geniş bir alana yayılmış farklı biyolojik sistemlerde ağır ağır ortaya çıkan bir hasar birikiminin sonucu olması nedeniyle, ölümü ertelemeye giden kestirme moleküler bir yol yoksa, o zaman gelecekteki tıbbi ilerlemelerin geçmişte olduğundan daha düzgün bir eşzamanlılık sağlayacağını düşünmek de akla yakın olmayacaktır. Var olan tıbbi teknolojinin, ancak insanların bedenlerini çok daha düşük kaliteli bir yaşam düzeyinde canlı tutabiliyor olması, yardım eşliğinde intihar ve ötenazinin yanı sıra Jack Kevorkian gibi figürlerin son yıllarda Birleşik Devletler'de ve başka yerlerde kamunun ilgisini çeken konular olarak ortaya çıkmalarının nedenidir.

Gelecekte biyoteknoloji büyük olasılıkla yaşam kalitesi karşılığında uzun ömür sunan tekliflerle karşımıza çıkacak. Bu teklifleri kabul ettiğimiz takdirde, dramatik toplumsal sonuçlar ortaya çıkabilir. Ancak bunları değerlendirmek çok zor olacaktır: Zihinsel yeteneklerde, kısa süreli belleğin yitimi veya kişinin inançlarının zaman içinde daha katı hale gelmesi gibi küçük değişikliklerin ölçülerek değerlendirilmesinin güç olduğu açıktır. Daha önce belirtildiği gibi yaşlanma konusundaki ayrımcı olmayan bir politik yaklaşım, gerçek anlamıyla açık yürekli bir değerlendirmeyi, gerek yaşlı akrabalarıyla ilgilenen bireyler gerekse kamuya yönelik politikalar oluşturmaya uğraşan toplumlar açısından neredeyse olanaksız kılacaktır. Yaşlı insanlara karşı en ufak bir ayrımcılıktan ya da bu kişilerin yaşamlarının gençlerinkinden biraz daha az değerli olduğu fikrini öne sürmekten kaçınmak için, yaşlanmanın geleceği üzerine yazan her birey, tıbbi ilerlemelerin yaşamın hem niceliğini hem de niteliğini artıracağına ilişkin sonu gelmez bir ümitle dolu bir öngörüde bulunmaya kendini zorunlu hissedecektir.

Bu en çok cinsellik söz konusu olduğunda bellidir. Yaşlanma konusunu ele alan bir yazara göre, "Yaşlanmayla birlikte cinselliğin önüne set çeken unsurlardan biri hiç kuşkusuz her birimizin deneyimlediği gibi beynimizin, yaşlı bir insanın cinsel olarak daha az çekici olduğu yönünde yıkanmış olmasıdır."[24] Keşke cinsellik yalnızca bir beyin yıkama işleminden ibaret olsa! Ne yazık ki, cinsel çekiciliğin özellikle kadınlar söz konusu olduğunda gençlikle ilişkili olmasının sağlam Darwinci nedenleri vardır. Evrim cinsel arzuyu, üremeyi sağlamak amacıyla yaratmıştır ve insanların üreme açısından en uygun yaşlarını geride bırakmış eşlere karşı cinsel çekicilik duymaları konusunda daha az sayıda seçmeci baskı söz konusudur.[25] Bunun sonucunda, bir elli yıl daha sonra gelişmiş toplumların çoğu "cinsellik ötesi" bir konuma geçmiş olacak, diğer bir deyişle üyelerinin büyük çoğunluğu cinsel ilişkiyi artık "yapılacaklar" listelerinin başına almayacaktır.

İnsanlık tarihinde bugüne dek ortalama yaş düzeyi altmış, yetmiş ya da daha ileri bir yaş olan toplumlar hiç varolmadığından, bu tür bir gelecekte yaşamın neye benzeyeceği konusunda yanıtlanması olanaksız birçok soru var. Bu tür bir toplumun kendisiyle ilgili görüşü ne olacaktır? Havaalanındaki tipik bir gazete standına gidip de dergi kapaklarındaki insanlara baktığınızda, bu kişilerin ortalama yaş düzeylerinin yirmili yaşların başı olduğunu ve çoğunun çok güzel ve sağlıklı kişiler olduğunu görürsünüz. Bu dergi kapakları tarihteki insan topluluklarının çoğu açısından toplum bir bütün olarak ele alındığında, her ne kadar görünüş veya sağlık için aynı şey söylenemeyecek olsa da, gerçekten de ortalama yaşı yansıtırdı. Birkaç kuşak sonra, yirmili yaşların başındaki insanlar halkın yalnızca çok küçük bir grubunu oluşturduğunda, acaba dergi kapakları nasıl olacak? Yansıtılan görüntü insanların çevrelerinde tanık oldukları gerçeklikten bugünkünden çok daha yabancı olduğunda bile, toplum kendisini hâlâ genç, dinamik, seksi ve sağlıklı olarak görmek isteyecek mi? Ya da gençlik kültürü nihai inişe geçtiğinde beğeniler ve alışkanlıklar değişecek mi?

Nüfussal dengede, insanların çoğunluğunu I. ve II. Kategorideki insanların oluşturduğu toplumlara dönüşme yönündeki bir değişimin, yaşamın ve ölümün anlamı açısından da etkileri olacaktır. İnsanlık tarihinin bugüne dek olan kısmının neredeyse tamamı boyunca, insanların yaşamları ve kimlikleri ya üremeyle—yani aile sahibi olup çocuk yetiştirmekle—ya da kendilerine ve ailelerine bakabilmek için gerekli kaynakları elde etmekle sınırlıydı. Hem aile hem de iş ortamı bireyleri genellikle çok az denetleyebildikleri, savaşım ve kaygının yanı sıra, aynı zamanda doyum kaynağı olan toplumsal yükümlülüklerle sarıp sarmalar. Bu toplumsal yükümlülükleri yerine getirmeyi öğrenmek hem ahlak hem de kişiliğin kaynağıdır. Bunun aksine, I. ve II. Kategorideki insanlar gerek aile gerekse iş konusunda çok daha hafiflemiş bir ilişki sürdüreceklerdir. Üretken yıllarını geride bırakmış olacak, ataları ve soylarını sürdüren bireylerle öncelikli bağları bulunacaktır. I. Kategorideki bazı kişiler çalışmayı seçebilir ama çalışma yükümlülüğü ve çalışmaktan doğan zorunlu sosyal bağlar büyük oranda isteğe bağlı çok sayıda uğraşla yer değiştirecektir. II. Kategoridekiler artık üremeyecek, çalışmayacak ve gerçekten de kaynakların ve yükümlülüklerin tek bir yöne, yani kendilerine doğru aktığını göreceklerdir.

Bunun anlamı, bu iki kategorideki insanların birdenbire sorumsuz veya başıboş hale geleceği değildir. Fakat şu da bir gerçektir ki, sözü edilen zorunlu bağlar birçok insan için yaşamı yaşanmaya değer kılan şeyler olduğundan, bu kişiler yaşamlarını daha boş ve kendilerini daha yalnız hissedebilirler. Emeklilik yoğun bir çalışma ve savaşım dönemini izleyen kısa süreli boş bir zaman dilimi olarak düşünüldüğünde, gerçekten de hak edilmiş bir ödül olarak görülebilir. Ama eğer sonu belli olmadan yirmi hatta otuz yıla yayıldığında anlamsız bir hal alabilir. Ayrıca II. Kategorideki insanlar açısından süresi uzamış bir bağımlılık ya da zayıflık döneminin, nasıl olup da neşe dolu veya doyum verici olarak algılanabileceğini anlamak oldukça zor.

İnsanların ölümle olan ilişkileri de değişecektir. Ölüm yaşamın doğal ve kaçınılmaz bir yönü olarak değil de, çocuk felci veya kızamık gibi önlenmesi olası bir kötülük olarak algılanmaya başlayabilir. Öyle olursa, o zaman ölüm ağırbaşlılık ve asaletle karşılanacak bir şey değil, kabullenilmesi aptalca bir seçim olarak görülecektir. Yaşamları önlerinde potansiyel olarak sonsuza dek uzandığında insanlar onu başkaları için feda etmeye ya da başkalarının yaşamlarını feda etmelerini beklemeye devam edebilecekler mi? Yoksa biyoteknolojinin sunduğu yaşama ümitsizce yapışıp kalacaklar mı? Ya da sonsuza dek bomboş bir yaşam olasılığı tam anlamıyla katlanılmaz mı görünecek?

5

GENETİK MÜHENDİSLİĞİ

"Tüm varlıklar şimdiye dek kendilerinden üstününü yarattılar; sizler de bu büyük meddin cezri olmak ve insanı aşmaktansa hayvanlığa geri dönmek mi istiyorsunuz? İnsana göre maymun nedir? Bir maskara ya da acı verici bir utanç. İnsan da Üstün İnsana göre tıpkı öyle olacaktır: Bir maskara ya da acı verici bir utanç. Solucanlıktan insanlığa varan yolu aştınız ama içinizde hâlâ solucan olan bir yan var. Bir zamanlar maymundunuz ve insan bugün bile, herhangi bir maymundan çok daha maymun."

Friedrich Nietzsche, *Böyle Buyurdu Zerdüşt* I.3

Bundan önceki üç bölümde betimlenmiş olan olası sonuçların tamamı, biyoteknolojinin en devrimci türü olan genetik mühendisliğinde herhangi başka bir ilerleme olmadan da gerçekleşebilir. Genetik mühendisliği günümüzde genellikle tarımsal biyoteknolojide, tüm dünyada karşı çıkılan ve itirazların odak noktası haline gelen ürünlerden olan (kendi haşere ilacını üreten) Bt mısırı veya (yabani ot kontrolüne yönelik bazı ot ilaçlarına karşı direnci olan) Roundup Ready soya fasulyesi gibi genetik olarak değiştirilmiş organizmaların üretiminde kullanılıyor. Bu alandaki ilerlemenin bir sonraki aşaması hiç kuşkusuz bu teknolojinin insanlar üzerinde uygulanması olacak. İnsan genetik mühendisliği, sözcüğün içerdiği bütün ahlaki anlamlarıyla birlikte yeni bir tür öjeni olasılığını ve insan doğasını değiştirme olanağını dolaysız olarak ortaya çıkarıyor.

Bununla birlikte, İnsan Genomu Projesinin tamamlanmasına rağmen çağdaş biyoteknoloji günümüzde insan DNA'sını, mısır veya sığır DNA'sını değiştirebildiği gibi değiştirebilmekten çok uzak. Bazı kişiler aslında bu tür bir yeterliliğe asla ulaşamayacağımızı ve hırslı bilimciler ile çabuk kâr elde etmek isteyen biyoteknoloji şirketlerinin, genetik teknolojisinin olanaklarını çok fazla abarttığını söyleyeceklerdir. Kimilerine göre, insan doğasını değiştirmek ne olanaklıdır ne de çağdaş biyoteknolojinin gündemindedir. Öyleyse bu teknolojinin neyi başarabileceğine ve sonuç itibarıyla ne gibi sınırlarla karşı karşıya geleceğine ilişkin dengeli bir değerlendirmeye gereksinimimiz var.

Birleşik Devletler ve diğer hükümetlerin finanse ettiği İnsan Genomu Projesi, tıpkı nematodlar ve maya gibi daha az gelişmiş canlılarda yapıldığı gibi, insanın tüm DNA dizisini çözme yönünde harcanan çok büyük bir çabaydı.[1] DNA molekülleri, vücuttaki bütün hücrelerin çekirdeğinde bulunan kırk altı kromozomun her birini oluşturan dört baza ait çift şeritli, ünlü sarmal dizidir. Bu diziler daha sonra vücudun yapı taşları olan proteinleri oluşturmak üzere birleşen amino asitleri sentezlemek için kullanılan dijital bir kod oluştururlar. İnsan genomu üç milyar çift bazdan oluşur ve bunun büyük bölümü kodlama yapmayan, "sessiz" DNA'dır. Geri kalanı ise insan yaşamının asıl özünü içeren genleri oluşturur.*

İnsan genomu dizilerinin tamamının belirlenmesi 2000 yılının Haziran ayında, öngörülen programdan önce tamamlandı. Bunun nedenlerinden biri, devlet destekli resmi İnsan Genomu

---

* Ham kodların tam olarak neye benzediğini ve her kromozomun genlere ve kodlama yapmayan alanlara nasıl bölündüğünü merak edenler Ulusal Sağlık Enstitüsü'nün Ulusal Biyoteknoloji Enformasyonu Merkezi'nin http://www.ncbi.nlm.nih.gov/Genbank/GenbankOverview.html adresindeki Web sayfasına bakabilirler.

Projesi ile benzer bir çaba içinde bulunan Celera Genomics adlı özel bir biyoteknoloji şirketi arasındaki rekabetti. Bu konuya büyük ilgi gösteren kamuoyunda bilimcilerin yaşamın genetik temellerinin şifresini çözdüklerine ilişkin haberler çıktı ama yapılan bütün çözümleme aslında yalnızca kısmen anlaşılmış bir dilde yazılmış bir kitabın dökümünün sunulmasıydı. İnsan DNA'sında kaç tane gen bulunduğu gibi temel konular hâlâ büyük bir belirsizlik içinde. Dizilim analizinin tamamlanmasından birkaç ay sonra, Celera ve Uluslararası Genom Dizilimi Konsorsiyumu, bu sayının daha önce tahmin edildiği gibi 100.000 değil, 30.000 ile 40.000 arasında olduğunu belirten bir araştırmayı duyurdu. Genomik biliminin ötesinde, henüz tomurcuklanma aşamasında olan ve genlerin protein üretmek için nasıl kodlama yaptıklarını ve proteinlerin, kendilerini hücreler tarafından gerek duyulan son derece inanılmaz karmaşık biçimlere nasıl katladıklarını anlamayı amaçlayan proteomik bilimi vardır.[2] Proteomik biliminin ötesinde ise bütün bu moleküllerin nasıl olup da dokulara, organlara ve tam bir insana dönüştüğü anlamayı içeren inanılmaz derecede karmaşık bir görev bulunmaktadır.

İnsan DNA'sını oluşturan milyarlarca bazı kaydetmek, kataloglarını oluşturmak, araştımak ve analiz etmek için gerekli olan bilgi teknolojisinde paralel gelişmeler yaşanmasaydı, İnsan Genomu Projesi yürütülemezdi. Biyoloji ile bilgi teknolojisinin kaynaşmaları biyoenformatik olarak adlandırılan yeni bir alanın ortaya çıkmasına yol açmıştı.[3] Gelecekte neyin gerçekleşebileceği ağırlıklı olarak genomik ve proteomik dalları tarafından elde edilecek ve insanın içinden çıkamayacağı kadar büyük miktarlarda veriyi bilgisayarların yorumlama güçlerine ve protein katlanması gibi olguların güvenilir modellerini oluşturabilmelerine bağlı olacaktır.

Genomdaki genlerin yalnızca tanımlanması, genlerin ne yaptığının bilindiği anlamına gelmez. Geçtiğimiz son yirmi yılda cystic fibroz, orak hücre anemisi, Huntington hastalığı, Tay-Sachs hastalığı ve benzeri hastalıklarla ilişkili genlerin bulunmasında oldukça büyük bir ilerleme kaydedilmiştir. Fakat bunların tümü, patolojinin tek bir gen içindeki yanlış bir alele ya da kodlama dizisine bağlanabileceği görece basit bozukluklardı. Diğer hastalıklara karmaşık şekillerde etkileşen birden fazla gen neden olur: Bazı genler başka genlerin dışavurumunu (yani harekete geçme biçimini) denetler, bazıları çevreyle karmaşık biçimlerde etkileşime girer, bazı genler iki ya da daha çok etkiye yol açar, bazılarıysa organizmanın yaşam döngüsünün çok ileri aşamalarına dek gözlemlenemeyecek etkiler yapabilirler.

Bugün davranış genetiği alanından yapılan çalışmalar zeka, saldırganlık, cinsellik ve bunlar gibi üst düzey koşul ve davranışlar söz konusu olduğunda, belirli ölçüde bir genetik nedensellik bulunduğundan başka bir şey söylemez. Genlerin tam olarak hangi sorumluluğu taşıdığı konusunda hiçbir fikrimiz olmamakla birlikte, nedensel ilişkilerin olağanüstü bir karmaşıklığa sahip olduğundan kuşkulanıyoruz. BiosGroup'un kurucusu ve baş bilimsel uzmanı olan Stuart Kauffman'ın sözleriyle bu genler "içinde genlerin son derecede karmaşık bir etkileşim ağı dahilinde birbirlerini hiç durmadan açıp kapattıkları, bir tür paralel-işlem yapan kimyasal bilgisayardır. Hücre sinyal yollarıyla genetik düzenleyici yollar, bizim yeni çözmeye başladığımız biçimlerde birbirleriyle bağlantılıdır."[4]

Anne babalara çocuklarının genetik yapısı üzerinde daha fazla denetim hakkı vermeye giden ilk adım genetik mühendisliğiyle değil, önimplantasyon genetik tanılama ve tarama işlemiyle atılacaktır. Gelecekte anne babaların embriyolarını çok çeşitli bozukluklarla ilgili olarak otomatik olarak taraması ve "doğru" genlere sahip embriyoların ana rahmine yerleştirilmesi rutin bir işlem haline gelebilir. Amniyosentez ve sonogramlar gibi günümüzün tıbbi teknolojisi anne babalara zaten belirli ölçüde seçme olanağı tanıyor; öyle ki, Down sendromu olan bir cenin kürtajla alınabiliyor veya Asya'da kız bebek ceninleri aldırılıyor. Cystic fibroz gibi kusurları taşıyan embriyonlar doğumdan önce başarıyla saptanabiliyor.[5] Genetikçi Lee Silver, kadınların yüz civarında embriyon üretip, bunların "genetik profillerini" otomatik olarak analiz ettirip, sonra da cystic fibroz gibi tek gen bozukluklarının alellerini taşımamanın yanı sıra, boy, saç rengi ve zeka gibi özellikleri de güçlü olan embriyoları, bilgisayar faresiyle yapılan birkaç tıklamayla seçecekleri bir gelecek senaryosu yazmıştır.[6] Şu anda bunun gerçekleşmesini sağlayacak teknoloji yok ama yolda. Örneğin Affymetrix adlı bir firma, bir DNA örneğini kanser ve başka bozukluklara ilişkin çeşitli belirteçleri saptamak amacıyla otomatik olarak tarayan bir DNA çipi geliştirdi.[7] Önimplantasyon tanı ve görüntüleme embriyonun DNA'sı üzerinde yönlendirme yapma yeteneği gerektirmez; fakat anne babanın seçeneklerini, cinsel üreme yoluyla normal olarak gerçekleşen türde bir farklılaşmayla sınırlı tutar.

İnsan genetik mühendisliğinden çok daha önce olgunlaşacak olan diğer teknoloji, insan kopyalama olacaktır. Ian Wilmut'ın 1997'de Dolly adlı kopyalanan ilk koyun ile elde ettiği başarı, büyük bir tartışmaya ve yetişkin insan hücrelerinden bir insan kopyalanması olasığına ilişkin spekülasyonlara neden oldu.[8] Başkan Clinton'ın Ulusal Biyoetik Danışma Komisyonu'ndan bu konuda öneri istemesiyle yapılan çalışma sonucunda, insan kopyalama araştırmalarına federal fon sağlama yasağı getirilmesi önerisi sunulmuş, özel şirket ve kuruluşlar bu tür etkinlikler için moratoryum oluşturmuş ve Kongre yasal bir yasak kararını değerlendirmeye almıştır.[9] Kongre'nin yasak kararına karşın, federal fonlardan yararlanmayan bir organizasyonun insan kopyalama yönünde girişimde bulunması yasallığını sürdürüyor. Rael adlı bir tarikatın bunu gerçekleştirmeye çalıştığı söylenmekte[10] ve Severino Antinori ve Panos Zavos'un benzer çabaları kamuoyunda bilinmekte. İnsan kopyalamanın önündeki teknik engeller, önimplantasyon tanılama ya da genetik mühendisliğinden çok daha küçüktür ve ağırlıklı olarak insanlar üzerinde deney yapmanın güvenliği ve ahlaki boyutuyla ilgilidir.

TASARIM HARİKASI BEBEKLERE GİDEN YOL

Modern genetik teknolojinin elde edeceği en büyük ödül "tasarım harikası bebekler" olacak.[11] Diğer bir deyişle genetikçiler; zeka, boy, saç rengi, saldırganlık veya özsaygı gibi bir özelliği "taşıyan bir geni" saptadıktan sonra, doğacak çocuğun "daha iyi" bir sürümünü yaratmak amacıyla bu bilgileri kullanacaklar. Söz konusu genin insandan gelmesi bile gerekmez. Sonuçta bu, tarımsal biyoteknolojide olanın aynısıdır. İlk kez 1996'da Ciba Seeds (bugünkü adıyla Novartis Seeds) ve Mycogen Seeds tarafından geliştirilen Bt mısırının, DNA'sının içine eklenmiş, *Bacillus thuringiensis* bakterisine ait bir proteini üretmesini sağlayan egzotik bir geni bulunur (bu nedenle Bt mısırı olarak adlandırılır); bu protein Avrupa mısır delicisi gibi zararlı haşereleri zehirleyici özelliktedir. Ortaya çıkan bitki sonuç itibarıyla kendi haşere ilacını üretecek biçimde genetik olarak değişime uğramıştır ve bu özelliğini kendisinden sonraki ürünlere de aktarır.

Aynı şeyi insanlar üzerinde gerçekleştirmek, bu bölümde ele alınan teknolojilerle karşılaştırıldığında en uzak olasılık. Genetik mühendisliğinin gerçekleştirilmesinin iki yolu bulunuyor: Vücut geni terapisi ve germ-hattı mühendisliği. Bunların ilki genellikle yeni ve değiştirilmiş genetik malzemeyi bir virüs veya "vektör" aracılığıyla içeri sokarak, DNA'yı çok sayıda hedef hücre içinden değiştirmeyi dener. Geçtiğimiz yıllarda, bazı vücut hücresi terapisi denemeleri yapılmış ancak görece düşük başarı sağlanmıştır. Bu yaklaşımdan kaynaklanan sorun, vücudun trilyonlarca hücreden meydana gelmesidir. Terapinin etkili olabilmesi için, sayısı milyonlarca hücreye varacak kadar çok genetik malzemenin değiştirilmesi gerekir. Bu arada tedavi gören bireyin işlemdeki vücut hücreleri ölür. Ayrıca terapinin sonraki kuşağa aktarılan hiçbir kalıcı etkisi yoktur.

Buna karşılık germ-hattı mühendisliği, tarımsal biyoteknolojide rutin bir uygulama haline gelmiş ve çeşitli hayvanlar üzerinde başarıyla uygulanmıştır. Germ-hattının değiştirilmesi en azından kuramsal olarak, yalnızca bir adet DNA kümesinin moleküllerinin, yani en sonunda bölünme işlemlerinden geçip tam bir insana dönüşecek olan döllenmiş yumurtadaki kümenin değiştirilmesini gerektirir. Vücut geni terapisi yalnızca vücut hücrelerinin DNA'larını değiştirmekle ve yalnızca terapi uygulanan bireyi etkilerken, germ-hattı değişiklikleri terapi uygulanan bireyin çocuklarına da aktarılır. Bunun diyabet gibi kalıtsal hastalıkların tedavisi yönünden çok çekici olduğu açıktır.[12]

Şu anda inceleme aşamasında bulunan başka yeni teknolojiler arasında, kırk altı doğal kromozoma fazladan bir kromozom ekleyecek olan yapay kromozomlar bulunuyor. Eklenen fazla kromozom alıcı kişi bilinçli onay verebilecek yaşa geldiğinde etkinleştirilebilecek ve soyunu sürdürecek kişilere kalıtım yoluyla geçmeyecek.[13] Bu teknik, varolan kromozomlardaki genleri değiştirme veya yerlerine başkalarını geçirme gereksinimini ortadan kaldırmış olacaktır. Yapay kromozomlar böylelikle önimplantasyon tarama ile germ-hattının kalıcı biçimde değiştirilmesi arasında bir köprü oluşturmaktadır.

İnsanların genetik olarak bu şekilde değiştirilebilmelerinden önce bazı zorlu engellerin aşılması gerekmektedir. Bunların ilki, bazılarınca üst düzey davranışlara ilişkin anlamlı bir genetik mühendisliğinin kesinlikle olanaksız olduğunu gösteren, sorunun çapraşıklığıyla ilgilidir. Daha önce birçok hastalığın çok sayıda genin etkileşiminden kaynaklandığını belirtmiştik. Aynı zamanda tek bir genin çok sayıda etkisi vardır. Bir zamanlar her genin, tek bir ulak-RNA ürettiğine ve bunun da bir tek protein ürettiğine inanılırdı. Fakat eğer insan genomu gerçekten de 100.000'e değil de 30.000'e daha yakın bir sayıda gene sahipse, bu model doğru olamaz; çünkü insan vücudunu oluşturan protein sayısı 30.000'den çok daha fazladır. Bu da tek bir genin çok sayıda proteinin üretiminde rol oynadığını, dolayısıyla çoklu işleve sahip olduklarını gösterir. Örnek olarak, orak hücre anemisinden sorumlu alel aynı zamanda sıtmaya karşı direnç sağlar; bu yüzden, ataları sıtmanın en başta gelen hastalıklardan biri olduğu Afrika'dan gelmiş olan siyahlarda bu gene sıklıkla rastlanır. Bundan dolayı, orak hücre anemisinin genini düzeltmek, sıtmaya karşı direncin azalmasına yol açabilir. Bu Kuzey Amerika'daki insanlar için çok önemli sayılmayabilir ama yeni genin Afrika'daki taşıyıcılarına zarar verecektir. Genler, her parçası diğer bir parçasını etkileyen bir ekosisteme benzetilmiştir: Edward O. Wilson'ın sözleriyle "Çevrede olduğu gibi kalıtımda da tek bir şey yapmak olanaksızdır. Bir gen mutasyonla değişir veya yerine başka bir gen geçirilirse, büyük olasılıkla beklenmedik ve belki de sevimsiz yan etkiler de bu değişimin peşinden gelecektir."[14]

İnsan genetik mühendisliğinin önündeki ikinci büyük engel, insanlar üzerinde deney yapmanın ahlaki boyutuyla ilgilidir. Ulusal Biyoetik Danışma Komisyonu, insan kopyalamanın kısa dönem için yasaklanmasının en başta gelen nedeninin, insanlar üzerinde deney yapılmasının oluşturduğu tehlike olduğunu ortaya koymuştu. Dolly başarıyla kopyalanana kadar, başarısız olan iki yüz yetmiş girişimde bulunulmuştu.[15] Bu başarısızlıkların birçoğu implantasyon aşamasında gerçekleşsede, o günden bu yana kopyalanan hayvanların neredeyse yüzde otuzu çok ciddi anormallikler taşıyarak doğmuştu. Daha önce de değinildiği gibi, Dolly doğduğunda kısa telomerlere sahipti ve büyük olasılıkla normal olarak doğan bir koyun kadar uzun yaşamayacak. Daha büyük bir başarı şansı elde edilmeden, bir insan bebeğinin yaratılması istenmeyecektir. Fakat başarı şansı yüksek olduğunda bile kopyalama işlemi ileri yaşlara dek ortaya çıkmayacak bozukluklara yol açabilir.

Genler arasındaki çok yönlü nedensel bağlantılar ve fenotip olarak nihai dışavurumları göz önüne alınırsa, kopyalamaya ilişkin tehlikeler genetik mühendisliği durumunda olduğu gibi çok daha büyük hale gelecektir.[16] Kasıtsız Sonuçlar Yasası burada açık olarak geçerlidir: Belirli bir hastalığa karşı direnci etkileyen bir genin, genin yeniden düzenlendiği sırada fark edilmemekle birlikte ilerleyen yıllarda veya bir kuşak sonra ortaya çıkabilecek ikinci veya üçüncü dereceden sonuçları olabilir.

Gelecekte insan doğasını değiştirme yönündeki herhangi bir olanağı kısıtlayan son şey, nüfusla ilgilidir. İnsan genetik mühendisliği ilk iki engelin (yani karmaşık nedensellik ve insan üzerinde deney yapmanın tehlikelerinin) üstesinden gelmeyi başarsa ve tasarım harikası bir bebeği başarıyla yaratsa bile, bu tür değişiklikler nüfusun bütünü açısından istatistiksel olarak anlamlı bir şekilde gerçekleşmediği sürece "insan doğası" değişmeyecektir. Avrupa Konseyi "insanoğlunun atalarından gelen genetik mirasını" etkileyecek olması nedeniyle, germ-hattı mühendisliğinin yasaklanmasını önermiştir. Bazı eleştirmenlerin de altını çizdiği gibi, bu özel kaygı biraz aptalca: "İnsanoğlunun atalarından gelen genetik miras" birçok farklı aleli içeren çok geniş bir gene havuzdur. Küçük bir ölçekte bu alelleri değiştirmek, ortadan kaldırmak veya yenilerini eklemek bir bireyin genetik mirasını değiştirecektir ama insan ırkınınkini değiştiremez. Bir avuç zenginin, boyları daha uzun veya zekaları daha fazla olsun diye çocuklarını genetik olarak değiştirmelerinin, türe özgü ortalama boy ya da IQ üzerinde hiçbir etkisi olmayacaktır. Fred Iklé gelecekte insan ırkını öjenik olarak geliştirme yönündeki her girişimin, doğal nüfus artışı sayesinde çok hızlı bir şekilde etkisiz kalacağını iddia eder.[17]

Bu durumda, genetik mühendisliği üzerindeki bu sınırlamalar, insan doğasındaki herhangi anlamlı bir değişimin yakın gelecekte söz konusu olamayacağı anlamına mı geliyor? Böyle bir karara zamanından önce varmamak için dikkatli olmayı gerektiren birçok neden bulunuyor.

İlk neden, yaşam bilimlerindeki bilimsel ve teknolojik gelişmelerin dikkat çekici ve büyük oranda beklenmedik hızıyla ilintili. 1980'lerin sonlarında genetikçiler arasında, yetişkinin vücut hücrelerinden bir memeli kopyalamanın olanak dışı olduğu konusunda kesin bir görüş birliği vardı; ancak bu görüş 1997'de Dolly ile birlikte son buldu.[18] Daha 1990'lı yılların ortalarında, genetikçiler İnsan Genomu Projesinin 2010 ile 2020 arasında bir tarihte tamamlanacağını öngörüyorlardı; oysa son derece otomatik işleyişe sahip yeni dizilim analizi makineleri bu çalışmayı 2000 yılının Temmuz ayında tamamladılar. Gelecek yıllarda yapılacak işin karmaşıklığını azaltacak ne gibi kestirme yolların ortaya çıkacağını öngörmenin bir yolu yok. Örneğin beyin, karmaşık uyum sağlayabilen sistem olarak bilinen bir sistemin arketipidir. Bu tür sistemler, sistem düzeyinde son derece karmaşık bir davranış göstermekle birlikte, son derece basit bir kurala göre hareket eden sayısız unsurdan (örneğimizde, nöronlar ve diğer beyin hücrelerinden) oluşur. Kaba güç hesaplama yöntemleri kullanarak, diğer bir deyişle milyarlarca nöron bağlantısının tamamının kopyasını yaparak, bir beyin modeli tasarlama yönündeki herhangi bir girişimin başarısızlığa mahkum olduğu neredeyse kesindir. Diğer yandan sistem düzeyinde karmaşığı, sonradan ortaya çıkan bir özellik olarak gösteren karmaşık bir uyum sağlama modelinin başarı olasılığı daha yüksektir. Aynı şey genlerin etkileşimi için de geçerli olabilir.

Genlerin ve gen etkileşimlerinin çoklu işlevlerinin son derece karmaşık oluşu, biz bunları tam olarak anlayıncaya dek insan genetik mühendisliğinin bütünüyle askıya alınacağı anlamına gelmez. Hiçbir teknoloji bu şekilde gelişmez. Yeni ilaçlar icat edilir, test edilir ve üreticiler daha nasıl etki ettiklerini tam olarak bilmeden kullanımları onaylanır. Farmakolojide yan etkilerin bazen yıllar boyunca fark edilmemesi ya da bir ilacın başka ilaçlarla önceden kesinlikle öngörülmediği biçimlerde etkileşime geçmesi olağan sayılır. Genetik mühendisleri ilk başta basit sorunlarla başa çıkacak, onun ardından karmaşıklık merdivenini yavaş yavaş tırmanacaklar. Üst düzey davranışların, birçok farklı genin karmaşık etkileşiminin sonucu olması olasılığı yüksek olsa da, bunun tümü için böyle olup olmadığını bilmiyoruz. Davranışta kayda değer değişikliklere neden olan, bir ölçüde daha basit genetik müdahaleler bizi şaşırtabilir.

İnsanlar üzerinde deney yapma sorunu genetik mühendisliğinin hızlı gelişiminin önündeki ciddi bir engel konumunda olmasına rağmen hiç de başa çıkılamayacak gibi değil. İlaçların test edilmesinde olduğu gibi, en büyük riski yine hayvanlar göğüslemek zorunda kalacaklar. İnsanlar üzerinde yapılan deneylerde katlanılabilir risklerin ne olduğu beklenen yararlara bağlı olacaktır. Örneğin her iki kişide bir bunamaya ve ölüme yol açan Huntington hastalığı gibi bir rahatsızlık ve onların yanlış aleli taşıyan çocukları, kas güçlendirme veya göğüs ölçüsü değiştirme gibi durumlardan daha farklı değerlendirilecektir. Beklenmedik veya uzun dönemde ortaya çıkabilecek yan etkilerin varlığı tıbbi ilerlemelerin ilk aşamalarında olduğu gibi, insanları genetik çareler peşinde koşmaktan vaz geçirmeyecek.

Genetik mühendisliğinin öjenik veya disjenik etkilerinin bir gün insanın doğasını etkilemeye yetecek kadar yaygınlaşıp yaygınlaşmayacağı da aynı şekilde belirsiz. Açıktır ki, genetik mühendisliğinin halklar üzerinde önemli etki yapabilecek herhangi bir türünün arzu edilir, güvenli ve görece ucuz olduğunun gösterilmesi gerekir. Tasarım harikası bebekler ilk başta pahalı olacak ve yalnızca parasal açıdan iyi durumda olanların gücü buna yetecek. Tasarım harikası bir bebek sahibi olmanın gün gelip de az masraflı ve görece popüler olup olmayacağı, önimplantasyon tanılaması gibi teknolojilerin maliyet eğrisinin aşağı bölümlerine ne kadar hızlı ineceğine bağlı olacak.

Bununla birlikte, milyonlarca bireysel seçimlerin sonucunda kitlesel düzeyde etkileri olan yeni tıbbi teknolojilerin bazı öncülleri bulunuyor. Ucuz sonogram çektirmenin olanaklı ve kürtajın kolay olması nedeniyle cinsiyet oranlarında dramatik bir kaymanın yaşandığı günümüz Asya'sına bakmak yeterli. Örneğin Kore'de, normal oran 100'e 105 iken 1990'ların başlarında her 100 kıza karşılık 122 oğlan çocuk doğdu. Çin Halk Cumhuriyeti'ndeki oran ise biraz daha düşük olarak her 100 kıza karşılık 117 oğlandı. Kuzey Hindistan'da ise bu oranların çok daha çarpık olduğu bölümler vardır.[19] Bu olgu, ekonomist Amartya Sen'in yüz milyon olduğunu tahmin ettiği bir oranda kız çocuk eksikliğine yol açmıştır.[20] Bu toplumların her birinde cinsiyeti seçme amacıyla kürtaj yapılması yasaktır; ama hükümet baskısına rağmen, anne babaların erkek vâris bırakma arzuları cinsiyet oranlarının orantısız hâle gelmesine neden olmuştur.

Dengeli olmayan cinsiyet oranları önemli toplumsal sonuçlar doğurabilir. Yirmi birinci yüzyılın ikinci on yılı geldiğinde Çin'de, evlenme çağına gelen erkek nüfusun beşte biri evlenecek bir gelin bulamaz hâle gelmiş olacak. Sevgi bağı kuramamış genç erkeklerin riske atılma, isyan ve suça yönelme eğilimi taşıyacağı düşünülürse, bundan daha etkili bir bela formülü tasarlamak zordur.[21] Sıkıntıyı telafi edecek bazı yararlar da bulunacaktır. Örneğin kadın nüfusun azlığı, kadınların çiftleşme sürecini daha iyi denetlemelerini ve evlenmeyi başaranların da daha dengeli bir aile hayatı sürmelerini sağlayacak.*

Kimse genetik mühendisliğinin bir gün sonogram çektirmek ve kürtaj kadar ucuz ve kolay erişilir hâle gelip gelmeyeceğini bilmiyor. Aslında her şey, umulan yararlara bağlı. Günümüz biyoetikçilerinin dile getirdiği en büyük ortak korku, bu tür bir genetik teknolojisine yalnızca zenginlerin erişebilecek olmasıdır.

---

* Marcia Guttentag ile Paul Secord, Birleşik Devletler'deki cinsel devrim ve geleneksel ailenin parçalanmasının 1960'lı ve 70'li yıllarda cinsiyet oranlarının erkeklerin lehine olmasının sonucunda gerçekleştiğini öne sürmüşlerdir. Bakınız Marcia Guttentag ve Paul F. Secord, *Too Many Women? The Sex Ratio Question* (Newbury Park, Calif.: Sage Publications, 1983)

Fakat geleceğin biyoteknolojisi, genetik mühendisliği sayesinde örneğin daha zeki çocuklara sahip olmanın ucuz ve etkili bir yöntemini bulabilirse, o zaman işler derhal değişecektir. Böyle bir durumda, ileri, demoktarik bir refah devletinin öjeni alanına yeniden adım atması ve bu kez düşük IQ'lu insanların üremelerini önlemek amacıyla değil, genetik olarak dezavantajlı kişilerin IO'ları ile bunların çocuklarının IQ'larını yükseltmelerine yardım etmek amacıyla işe karışacak olması oldukça akla yakın bir olasılık.[22] Bu tür koşullarda, teknolojinin herkes için ucuz ve kolay erişilir hâle gelmesini sağlayan devlet olacaktır. Ve tam o noktada, nüfus düzeyinde bir etki çok büyük olasılıkla ortaya çıkacaktır.

İnsan genetik mühendisliğinin önceden planlanmayan sonuçlara yol açması ve bazılarının ümit ettiği türde etkilerinin belki de hiç olmayacak olması, kimsenin bu yönde girişimde bulunmayacağı anlamına gelmez. Teknolojik gelişim tarihi uzun dönemde yol açtığı sonuçlar nedeniyle üzerinde değişiklik yapılan hatta tamamen bırakılan yeni teknolojilerle doludur. Örneğin, geçtiğimiz birkaç kuşak boyunca periyodik enerji krizlerinin ve güce duyulan gereksinimin hızla artmasına rağmen, dünyanın gelişmiş bölümündeki hiçbir yerde geniş kapsamlı hidroelektrik projelerine yönelinmemiştir.* Bunun nedeni Hetch Hetchy Barajı'nı oluşturan baraj inşaatının 1923 yılında, Tennessee Valley Authority'ninkininse 1930'larda yıkılmasından bu yana, hidroelektrik gücün çevre açısından uzun vadeli maliyetini değerlendirmeye başlayan bir çevre bilincidir. Hoover Barajı'nın destansı bir şekilde inşa edilmesini kutlamak amacıyla yapılan yarı Stalinist filmler, bugün yeniden ele alındığında insanın doğayı fethini yüceltmeleri ve ekolojik sonuçları tasasız

* Çin'deki Üç Boğaz Barajı ve Türkiye'deki Ilısu Barajı gibi, her ikisi de çevre ve sel suları altında kalacak yerlerdeki halk üzerindeki olası olumsuz etkileri nedeniyle ve Türkiye'deki barajın antik bölgeleri sel suları altında bırakacak olmasından dolayı, gelişmiş ülkelerde şiddetli itirazlara yol açmış olan bazı önemli yeni hidroelektrik projeler olmuştur.

bir tavırla göz ardı etmelerinden dolayı bize oldukça tuhaf görünürler.

İnsan genetik mühendisliği geleceğe giden yalnızca dördüncü yol ve biyoteknolojinin gelişimindeki en uzak aşamadır. Bugün insan doğasını dikkate değer ölçüde değiştirme yeteneğine sahip değiliz ve insan ırkı belki de hiçbir zaman bu yeteneği elde edemeyecek. Fakat iki noktanın altını çizmemiz gerekiyor.

Birincisi, genetik mühendisliği hiçbir zaman gerçeğe dönüşmese bile, biyoteknoloji alanındaki gelişimin ilk üç aşamasının —genetik nedenselliğe ilişkin bilgi birikimi, nörofarmakoloji ve yaşam süresinin uzatılması—her birinin yirmibirinci yüzyılın politikaları açısından önemli sonuçları olacak. Bu gelişmeler, insanlar arası eşitlik ve ahlaki seçim yetisi gibi sıkı sarıldığımız kavramlara meydan okuyacağından, çok tartışmalı olacak; toplumlara vatandaşlarının davranışlarını denetlemek için yeni teknikler sağlayacaklar; insan kişiliği ve kimliği konusundaki anlayışımızı değiştirecekler; varolan toplumsal hiyerarşileri alaşağı edip enetelektüel, maddi ve politik ilerleme üzerinde etki yapacaklar ve küresel politikaların doğasını etkileyeceklerdir.

İkinci nokta ise, türü bir bütün olarak etkileyecek nitelikte genetik mühendisliği bundan ancak yirmi beş, elli hatta yüz yıl sonra gerçekleşecek olsa bile, gelecekte biyoteknolojide yaşanacak bütün gelişmelerin en önemlisi olacaktır. Bunun nedeni insan doğasının; adalet, ahlak ve iyi bir yaşam anlayışımız için temel olmasıdır ve bu teknoloji yaygınlaşırsa bütün bu kavramlar da değişime uğrayacaktır. Bunun ardındaki neden III. Kısım'da ele alınacak.

6

NEDEN KAYGILANMALIYIZ?

"Harici doğum'u ele alın. Pfitzner ve Kawaguchi, bu tekniği bir bütün olarak mükemmelen getirmişlerdi. Ama Devletler dikkate alır mıydı? Hayır. Hristiyanlık denen bir şey vardı. Kadınlar doğurganlığa devam etmeye zorlandılar."

Aldous Huxley, *Cesur Yeni Dünya*

Önceki bölümlerde anlatılan, geleceğe yönelik olası yolların ışığında şu soruyu sormamız gereklidir: Biyoteknoloji konusunda neden kaygı duyalım ki? Jeremy Rifkin[1] adlı eylemci ve birçok Avrupa'lı çevreci gibi bazı eleştirmenler, biyoteknolojideki yeniliklere tümden karşı çıkmaktadırlar. İnsan biyoteknolojisinde beklenen ilerlemelerden kaynaklanacak somut tıbbi yararların yanı sıra, tarımsal biyoteknoloji sayesinde daha fazla verimlilik ve daha az haşere ilacının kullanıacağı göz önüne alındığında, bu tür ilkesel bir karşı çıkışı gerekçelendirmek oldukça zor olacaktır. Biyoteknoloji önümüze özel bir ahlaki ikilem çıkartır; çünkü ilerlemeye ilişkin tüm kuşkular, biyoteknolojinin tartışılmaz vaatlerini de kabul ederek değerlendirilmelidir.

Genetik biliminin alanının tümü üzerinde öjeni biliminin hayaleti dolaşır; öjeni seçilmiş bir kalıtımsal niteliği geliştirmek için insanların bilinçli biçimde istenen türde nesiller üretmek üzere yetiştirilmesidir. Öjeni terimini Charles Darwin'in kuzeni Francis Galton türetmişti. On dokuzuncu yüzyılın sonları ile yirminci yüzyılın başlarında, devlet destekli öjeni programları şaşırtıcı derecede yaygın bir destek bulmuştu; yalnızca sağ kanattan ırkçılar ve sosyal Darwinistler değil, Fabian Sosyalistleri Beatrice ve Sidney Webb ve George Bernard Shaw, komünist J.B.S. Haldane ve J.D. Bernal ile doğum kontrolünün savunucusu feminist Margaret Sanger gibi kişiler de desteklemişti.[2] Birleşik Devletler ve diğer Batılı ülkeler, öjeni ile ilgili yasaları kabul ederek, devlerin "aptal" olarak görülen kişileri kendi istekleri aranmaksızın kısırlaştırmasına izin vermiş ve beğenilen özellikleri taşıyan kişilerin olabildiğince çok çocuğa sahip olmalarını teşvik etmiş oldular. Justice Oliver Wendell Holmes şöyle demişti: "Sağlıklı, iyi huylu, duygusal açıdan tutarlı, sempatik ve akıllı insanlar istiyoruz. Budalalar, aptallar, dilenciler ve suçlular istemiyoruz."[3]

Halkların bir bütün olarak ortadan kaldırılmasını[4] ve genetik açıdan aşağı olduğu düşünülen insanlar üzerinde tıbbi deneyler yapılmasını[5] içeren Nazilerin öjeni politikalarının ortaya çıkışı, Birleşik Devletler'deki öjeni hareketini etkili bir şekilde sonlandırdı. O zamandan beri kıta Avrupası öjeninin herhangi bir türünün yeniden canlanmasına karşı etkili şekilde aşılanmış durumdadır ve aslında genetik araştırmaların çok çeşitli türleri açısından hiç de sıcak ve hoşgörülü olmayan bir yere dönüşmüştür. Öjeni karşıtı tepkiler evrensel olmadı: Öjeni yasaları, ilerici sosyal demokrat İskandinavya'da 1960'lı yıllara dek yürürlükte kaldı.[6] Japonların Pasifik Savaşı sırasında (ünlü 731. Birim aracılığıyla) rıza göstermeyen denekler üzerinde tıbbi "deneyler" yapmış olmalarına rağmen, gerek Japonya'da gerekse diğer Asya toplumlarında öjeni karşıtı tepkiler çok daha az olmuştur. Çin, nüfus denetimine yönelik tek çocuk politikası aracılığıyla ve 1995'te benimsenip düşük IQ'lu insanların üreme haklarını kısıtlamayı amaçlayan ve yirminci yüzyılın başında Batı'da uygulanan yasaları akıllara getiren çok katı bir yasa aracılığıyla öjeni bilimini etkin olarak uygulamıştır.[7]

Öjeni konusunda geçmişte yer alan bu politikalara karşı olmakla birlikte, büyük olasılıkla en azından Batı'da geleceğin öjeni bilimi açısından geçerlilik taşımayacak iki önemli itiraz nedeni bulunuyordu.[8] Bunların ilki, o sırada eldeki teknoloji göz önüne alındığında, öjeni programlarının hedefledikleri sonuçları elde etmelerinin olanaksızlığıydı. Öjenicilerin zorunlu kısırlaştırma yoluyla ayıkladıklarını sandıkları birçok kusur ve anormallik çekinik genlerin, yani kendini gösterebilmek için hem anne hem de babadan alınması gereken genlerin sonucuydu. Görünürde normal olan birçok insan bu genlerin taşıyıcısı olacak ve bir biçimde belirlenip kısırlaştırılmadıkları sürece, söz konusu özellikleri gen havuzunda çoğaltmayı sürdüreceklerdir. Diğer birçok "kusur" da, ya gerçekte kusur değildi (örneğin düşük zekanın bazı biçimleri) ya da halk sağlığının daha iyileştirilmesi sayesinde çare bulunabilecek genetik olmayan etkenlerin sonucuydu. Örneğin, Çin'deki bazı köylerde kötü kalıtım değil, çocukların beslenmesindeki iyot eksikliği nedeniyle çok sayıda düşük IQ'lu çocuk bulunmaktadır.[9]

Öjeninin geçmişte aldığı biçimlere yöneltilmiş olan itirazların ikincisi, bu uygulamaların devletin desteğiyle yapılmaları ve zorlayıcı olmalarıydı. Naziler tabii ki "daha az arzu edilen" insanları öldürerek veya üzerlerinde deney yaparak bunu korkunç düzeylere taşımışlardı. Fakat Birleşik Devletler'de bile bir mahkemenin belirli bir bireyin (zihinsel koşullara ilişkin birçok terimde olduğu gibi, çok geniş ve esnek olan terimler kullanılarak) aptal veya geri zekalı olduğuna karar vermesi ve bu bireyin kendi rızası olmadan kısırlaştırılmasını hukuk yoluyla zorunlu kılması olanaklıydı. O dönemde egemen olan görüş açısına göre, alkolizm ve suçluluk gibi çeşitli davranışlar da kalıtımla aktarılıyordu. Bu da devlete, halkının büyük bir bölümünün üremeye yönelik seçimleri üzerinde potansiyel olarak egemenlik olanağı tanıyordu. Bilimsel yazar Matt Ridley gibi gözlemcilere göre, geçmişteki öjeni yasalarıyla ilgili en önemli sorun devleti destekli olmalarıydı; bireylerin kendi özgür iradeleriyle peşinden gittikleri öjeni ise buna benzer bir etkiye yol açmaz.[10]

Genetik mühendisliği, öjeniyi dürüstçe yeniden masaya yatırır ama gelecekte öjeniyle ilgili herhangi bir yaklaşımın, en azından gelişmiş Batı'da geçmişteki çok çeşitli örneklerinden oldukça farklı olacağı açıktır. Bunun nedeni, her iki itirazın da geçerli olmayacak gibi görünmesidir; böylece alışıldığı gibi dehşet duygularını uyandırmayan daha yumuşak, daha sevecen bir öjeniye doğru gidişin başlamış olmasıdır.

Öjeninin teknik açıdan olanaksız olduğu yönündeki ilk itiraz yalnızca yirminci yüzyıl başlarındaki zorunlu kısırlaştırma gibi teknolojiler açısından geçerliydi. Genetik tarama alanındaki ilerlemeler günümüzde doktorların, çekinik genleri taşıyan kişileri bu kişiler çocuk sahibi olmaya karar vermeden önce saptayabilmelerini sağlamaktadır. Gelecekte belki de kalıtımla iki çekinik gen edinmiş oldukları için çok yüksek bir anormallik riski taşıyan embriyoları saptamayı bile başarabilecekler. Bu tür bir bilgilere şimdiden sahibiz. Çekinik Tay-Sachs genini taşıma olasılığı normalden fazla olan Eskenazi Musevileri örnek olarak gösterilebilir; bu tür iki taşıyıcı evlenmemeye veya çocuk sahibi olmamaya karar verebilirler. Gelecekte germ-hattı mühendisliği bu tür çekinik genlerin belirli bir taşıyıcının soyundan gelecek bütün bireylerde ortadan kaldırılması olanağını sağlayabilecektir. Eğer tedavi yeterince ucuz ve kolay olursa, belirli bir genin tüm toplumdan büyük ölçüde silinebileceğini düşünebiliriz.

Öjeniye yöneltilen ve devletin parasal desteğiyle yürümesi konusundaki ikinci itiraz büyük olasılıkla gelecekte pek önem taşımayacaktır çünkü modern toplumların pek azı öjeni oyununa yeniden dönmeye istekli olacaktır. Öyle görünüyor ki, II.

Dünya Savaşından bu yana bütün Batılı ülkeler bireysel hakların daha güçlü bir şekilde korunmasına gitgide daha fazla önem vermeye başladılar. Üremeyle ilgili kararlarda kişinin özerkliğini koruma hakkı, bu hakların en başta gelenlerinden biridir. Devletlerin ulusal gen havuzlarının sağlığı gibi kollektif varlıklar konusunda haklı bir endişe beslemeleri gerektiği düşüncesi artık ciddiye alınmıyor, tam tersine modası geçmiş ırkçı ve seçkinci tavırlarla ilişkilendiriliyor.

Öyleyse, ufukta görünen daha yumuşak, daha sevecen bir öjeni, baskıcı bir devletin vatandaşlarına zorla yaptırdığı bir şey değil, anne babaların tamamen kişisel seçimlerinden kaynaklanacaktır. Bu konudaki yorumculardan birinin dediği gibi, "Eski öjeni, uygun olanların yetiştirilmesi ve uygun görülmeyenlerin yok edilmesi amacıyla sürekli seçme işlemi gerektirirdi. Yeni öjeni ise uygun olmayanların her birinin olası en yüksek genetik düzeye çıkartılmalarına ilkece olanak verecektir."[11]

Günümüzde anne babalar amniyosentez yoluyla, doğacak çocuklarının Down sendromuna sahip olma olasılığının yüksek olduğunu öğrendiklerinde zaten bu tür seçimler yapıp kürtaj yaptırmaya karar veriyorlar. Yakın gelecekte yeni öjeni, muhtemelen daha fazla kürtaja ve alınan embriyo sayısının artmasına yol açacaktır ve kürtaja karşı olanlar da bu nedenle bu teknolojiye de şiddetle karşı çıkacaklardır. Fakat uygulamalar yetişkinlere baskı yapmayı veya üreme haklarını kısıtlamayı içermeyecektir. Tam tersine insanlar artık kısırlık, doğum kusurları ve birçok başka sorunlar konusunda endişelenmeyi bir kenara bırakacakları için, üreme seçenekleri de büyük miktarda artmış olacaktır. Üstelik üreme teknolojisinin artık hiçbir embriyonun düşürülmesine veya zarar görmesine gerek kalmayacak kadar güvenli ve etkili bir niteliğe kavuşacağı bir zaman da gelebilir.

Bence geleceğin genetik mühendisliğinden söz etmek istediğimizde, gereğinden fazla çağrışımı olan öjeni terimini bir yana bırakıp yerine—Almancası *Züchtung* olan ve Darwin'in *seçilim* teriminin karşılığı olarak kullanılan—*yetiştirme* terimini kullanmalıyız. Gelecekte herhalde insanları tıpkı hayvan yetiştirir gibi yetiştirebileceğiz, yalnızca çocuklarımıza hangi genlerimizi geçireceğimizi seçerek bunu çok daha bilimsel ve etkili biçimde yapacağız. *Yetiştirme* terimi devlet desteğinde ilişkin bir anlam içermek zorunda değildir; fakat genetik mühendisliğinin insani özellikleri ortadan kaldırma potansiyelini en iyi şekilde yansıtır.

Bundan dolayı insan genetik mühendisliği, devlet sponsorluğunun çekiciliğine kapılmamalı veya devlet zorlaması olasılığına açık olmamalıdır. Çin gibi otoriter ülkelerde modası geçmiş öjeni sorun olmayı sürdürmektedir ve bu durum Çin'le ilişkide olan Batılı ülkeler açısından bir sorun oluşturabilir.[12] Fakat yeni insanların yetiştirilmesine karşı çıkanların da, anne babaların çocuklarının genetik yapıları konusunda özgür bireyler olarak karar vermelerinin ne gibi zararlara yol açacağını açıklamaları gerekecektir.

Olası karşı çıkış nedenleri temel olarak üç kategoriye ayrılabilir: (1) dinle ilgili nedenler; (2) yararcı düşüncelere bağlı nedenler; ve (3) daha iyi bir terim bulunmadığı için felsefi ilkelere dayalı diye adlandıracağımız nedenler. Bu bölümün kalanı, ilk iki kategoriye giren çekinceleri değerlendirilecek; II. Kısım'da ise felsefi konular ele alınacak.

DİNLE İLGİLİ NEDENLER

Din, insan genetik mühendisliğine en açık karşı çıkış zeminini oluşturur. Bu nedenle çeşitli yeni üreme teknolojilerine itiraz edenlerin çoğunun, dini inancı güçlü kişiler olmaları şaşırtıcı değildir.

Yahudiler, Hıristiyanlar ve Müslümanların ortak geleneğine göre, insan Tanrı'nın suretinde yaratılmıştır. Bu özellikle

Hıristiyanlar için insanlık onuru açısından çok önemli gerekleri barındırır. İnsanın ve insan olmayanların yaratılışları arasında çok belirgin bir ayrım bulunur; yalnızca insanlar ahlaki seçim, özgür irade ve inanç yetilerine sahiptir; bu yetiler onlara geri kalan hayvan yaratılışından daha yüksek bir ahlaki konum sağlar. Tanrı bu sonuçları elde etmek için doğa aracılığıyla hareket eder; dolayısıyla cinsel ilişki sonucunda çocuk sahibi olmak ve aile gibi doğal normların aksine davranış biçimleri, Tanrı iradesine karşı gelmek sayılır. Tarihsel Hıristiyanlık kurumları her zaman bu ilkeye göre hareket etmediği halde, Hıristiyan doktrini, toplumsal konumları ne olursa olsun bütün insanların eşit onura sahip olduklarını ve buna bağlı olarak eşit saygı görmeyi hak ettiklerini ısrarla vurgular.

Bu öncüller göz önüne alındığında, Katolik Kilisesi'nin ve muhafazakar Protestan gruplarının doğum kontrolü, yapay dölleme, kürtaj, kök hücre araştırmaları, kopyalama ve genetik mühendisliğinin olası biçimleri de dahil olmak üzere biyomedikal teknolojiye bir bütün olarak güçlü bir karşı tavır almaları şaşırtıcı değildir. Bu üreme teknolojileri, anne babaların çocuklarına karşı duydukları sevgiyle özgürce olsalar da, bu açıdan bakıldığında yanlıştır; çünkü insan yaşamını yaratarak (ya da kürtaj durumunda yok ederek) insanları Tanrı'nın yerine koyarlar. Üremenin doğal cinsel ilişki ve aile süreçlerinin dışında gerçekleşmesine olanak tanırlar. Ayrıca genetik mühendisliği, insanoğlunu tanrısal yaratımın mucizevi bir yapıtı olarak değil, insanların anlayıp yönlendirmesi mümkün olan bir dizi maddi nedenin toplamı olarak görür. Bütün bunlar insan onuruna saygısızlıktır ve dolayısıyla Tanrı iradesine karşı gelinmiş olur.

Üreme teknolojisinin birçok türünün karşısındaki en belirgin ve en ateşli lobinin Muhafazakar Hıristiyan grupları olduğu düşünülürse, biyoteknolojiye karşı olmanın ve kürtajın ana sorun olarak görülmesinin *biricik* temelinin din olduğu sanılmaktadır. 1993'ten beri İnsan Genomu Projesi'nin başında olan tanınmış moleküler biyolog Frances Collins gibi bazı bilim adamları sadık Hıristiyanlar olsalar da, çoğunluk böyle değildir ve dini inancın, bilimsel ilerlemenin önünü tıkayan mantıksız bir önyargıyla eşdeğer olduğu görüşü bu kalabalık grupta oldukça egemendir. Bazıları dini inanç ile bilimsel sorgulamanın birbiriyle bağdaşmayacağını düşünürken, diğerleri daha fazla eğitim ve bilimle tanışıklığın artması sayesinde biyomedikal araştırmalara dine dayalı karşı çıkışların son bulacağını ümit ederler.

Bu görüşler birçok nedenden ötürü sorunludur. Öncelikle, kitabın II. Kısmında ortaya konulacağı gibi, biyoteknolojinin gerek pratik gerekse etik yararları konusunda şüphe beslemek için dinle hiç ilgisi olmayan birçok neden vardır. Din, birtakım yeni teknolojilere karşı çıkmak için yalnızca en açık ve dolaysız itkidir.

İkincisi, dindar olmayan ve etik konular üzerine kendi laik görüşlerinin en az dindar kişilerinkiler kadar bir inanç olduğunu anlamayan insanların da paylaştığı ahlaki gerçekleri, din sıklıkla sezdirir. Örneğin birçok dik başlı temel bilimci dünyayı akılcı maddi bir yaklaşımla kavrar; buna rağmen politik ve etik görüşleri, Hıristiyanlığın insanoğlunun evrensel onuruna bakışından çok da farklı olmayan bir tür liberal eşitliğe sıkıca bağlıdırlar. Aşağıda görüleceği gibi, liberal egalitaryanizmin bütün insanlara eşit saygı gösterilmesi talebinin, bir inanç olmayıp, dünyanın bilimsel olarak kavranışının mantıksal bir sonucu olduğu açık değildir.

Üçüncü olarak, eğitim ve modernleşmenin ilerlemesiyle birlikte dinin yerini bilimsel akılcılığa bırakmak zorunda kalacağı, genel anlamıyla son derece saf ve ampirik gerçeklikten uzak bir görüştür. Birçok sosyal bilimci bundan birkaç kuşak önce modernizasyonun laikliği de kesinlikle beraberinde getireceğine inanmışlardı. Fakat bu model yalnızca Batı Avrupa'da gerçekleşmiştir; Kuzey Amerika ve Asya'da eğitim düzeyinin veya bilimsel farkındalığın yükselmesi dindarlıkta kaçınılmaz bir gerileme getirmemiştir. Bazı durumlarda geleneksel dine duyulan inancın yerini gerçekte dinden daha akılcı olmayan "bilimsel" sosyalizm gibi laik ideolojiler almıştır. Bazen de geleneksel din çok güçlü bir şekilde yeniden canlanmıştır. Modern toplumların kendilerini kim oldukları ve nereye gittikleriyle ilgili otoriter açıklamalardan "kurtarma" yetenekleri çoğu bilim adamının sandığından çok daha zordur. Ayrıca bu toplumların bu tür açıklamalar olmaksızın daha iyi durumda olacaklarına da kesin gözüyle bakılamaz. Güçlü dini görüşleri olan insanların modern demokrasilerde kısa süre içinde politik arenadan çekilmelerinin pek de olası olmadığı düşünülürse, dindar olmayan kişilerin demokratik çoğulculuğun dikte ettiklerini kabul etmeleri ve dinsel görüşlere daha büyük hoşgörüyle bakmaları gerekecektir.

Diğer yandan, din konusunda muhafazakar olan birçok kişi, kürtaj konusunun biyomedikal araştırmayla ilgili diğer bütün noktaları gölgede bırakmasına yol açarak kendi davalarına zarar vermektedirler. Embriyoların gövde hücreleri üzerindeki araştırmalara federal fon sağlanmasına ilişkin kısıtlamaları, 1995'de Kongre'deki, embriyolara zarar verilmesini engellemek isteyen kürtaj karşıtları getirmişti. Fakat kürtaj karşıtlarının bugüne dek varlıklarına hiç ses çıkarmadığı yapay dölleme kliniklerinde atılan embriyolar nedeniyle aslında embriyolar sürekli olarak zarar görmektedir. Ulusal Sağlık Enstitüsü, geleceği oldukça parlak görünen bu alanda, Birleşik Devletler'de yapılan kürtaj sayısını arttırma riski olmaksızın araştırma yapmak için temel ilkeleri hazırlamıştı. Bu temel ilkeler embriyonik gövde hücrelerinin kürtajla alınan ya da araştırma amacıyla üretilen ceninlerden değil, yapay döllemenin yan ürünü olup, zaten atılacak ya da belirsiz süreler için depolanacak olan ek embriyolardan alınmasını zorunlu hale getiriyordu.[13] Başkan George W. Bush 2001 yılında federal fon aktarımını o tarihe dek üretimi tamamlanmış (ve daha sonra sonsuz defa kopyalanabilecek şekilde yalıtılmış) olan altmış civarında kök hücre "hatları" ile sınırlayarak bu temel ilkelerde değişiklik yaptı. Charles Krauthammer'ın da işaret ettiği gibi, muhafazakar dindarlar gövde hücreler konusunda yanlış noktaya odaklanmışlardı. Onları endişelendirmesi gereken bu hücrelerin kaynağı değil akibetleri olmalıdır: "İlkel hücrelerin olağanüstü güçlerini kullanarak tam organlara, hatta organizmalara dönüşmelerini sağlayan araştırmalara ara vermemize neden olması gereken, kısa süre sonra ne gibi canavarlar yaratmayı başarabileceğimiz olmalıdır."[14]

Din, biyoteknolojinin bazı türlerine karşı çıkmak için en net ve kesin gerekçeleri sağlamakla birlikte dine dayalı savlar, dinin öncüllerini kabul etmeyen kişileri ikna edici olmayacaktır. Bundan dolayı, daha laik nitelikteki başka savları gözden geçirmemiz gerekir.

YARARCI KAYGILAR

Yararcı sözcüğüyle, öncelikle ekonomik nedenlerle ilgili düşünceleri kastediyorum; yani, biyoteknolojide gelecekte kaydedilecek ilerlemeler, öngörülen yararlardan daha ağır basacak olan beklenmedik maliyetlere veya olumsuz sonuçlara yol açabilir. Dini perspektiften bakıldığında biyoteknolojinin neden olacağı "zararlar" (örneğin genetik yönlendirmenin insan onuruna yönelttiği tehdit) genellikle somut değildir. Buna karşılık, yararcı zararlar genelde daha geniş kesimlerce anlaşılmıştır ve ekonomik maliyetlerle ya da fiziksel durumla ilgili iyi tanımlı maliyetlerle ilişkilidirler.

Modern ekonomi bilimi, yeni bir teknolojinin yararcı bakış açısına göre iyi mi yoksa kötü mü olacağını incelemek için bize açık bir çerçeve çizer. Bir pazar ekonomisindeki bütün bireylerin, bireysel çıkarlarını ekonomistlerin yargılamaya yeltenmedikleri bir dizi bireysel seçime dayanarak akılcı bir şekilde gözeteceklerini varsayarız. Bireyler seçimlerini gerçekleştirmeye çalışırken diğer bireylerin de kendi seçimlerini gerçekleştirmelerini engellemedikleri sürece bunu yapmakta özgürdürler; hükümet, yasalarla belirtilen tarafsız prosedürler aracılığıyla sözü edilen bireysel çıkarlar arasında uzlaşma sağlama amacıyla vardır. Anne babaların çocuklarına bilerek zarar vermeyeceklerini, tam tersine onların mutluluklarını olabildiğince artırmaya çabalayacaklarını da varsayabiliriz. Özgürlükçü yazar Virginia Postrel'ın sözleriyle, "İnsanlar genetik teknolojisinin gelişmesini istiyorlar çünkü bunu *kendileri* için kullanmayı, kendilerine ve kendi çocuklarına yardım etmek, kendi insanlıklarının sürekliliğini sağlamak için ondan faydalanmayı umuyorlar... Bireysel seçme hakkı ve sorumluluğa dayanan dinamik ve merkeziyetçilikten uzak bir sistemde, insanlar kendi yetkelerinden başka hiçbir yetkeye güven duymak zorunda değildir."[15]

Genetik mühendisliği gibi teknolojiler de dahil olmak üzere yeni biyoteknolojilerin kullanımının, devlet tarafından zorla dayatılmaktan çok anne babaların bireysel seçimlerine bağlı olacağını varsayarsak, bireylerin veya toplumun bir bütün olarak zarar görebilmesi yine de olanaklı mıdır?

Varlığı en açık olan zararlar geleneksel tıp dünyasında görmeye alışık olduklarımızdır: Örneğin, tedavi gören olan bireyin yaşadığı yan etkiler ve uzun dönemli olumsuz sonuçlar. Gıda ve İlaç İdaresinin ve diğer düzenleyici kurumların varlık nedeni, ilaçların ve tıbbi işlemlerin piyasaya sunulmadan önce geniş kapsamlı testlerden geçirilmesini sağlayarak bu tür zararları önlemektir.

Geleceğin genetik tedavilerinin özellikle de germ-hattını etkileyen terapilerin, geleneksel ilaçlarla ilgili olarak bugüne dek karşılaşılan sorunlardan çok daha büyük zorluklar yaratacağını düşünmek için bazı nedenlerimiz vardır. Görece basit sayılan tek gen bozukluklarını geride bırakıp çoklu genlerden etkilenen davranışa bir kez geçtik mi, gen etkileşimi son derece karmaşık ve öngörülmesi zor bir hal alacaktır (bakınız 5. Bölüm, s. 94). Nörobiyolog Joe Tsien tarafından zekası genetik olarak artırılan ama bunun sonucunda bir yandan da daha fazla acı çektiği gözlenen fareyi anımsayın Birçok genin kendilerini yaşamın farklı evrelerinde dışa vurdukları düşünülürse, belirli bir genetik manipülasyonun sonuçlarının tam olarak ortaya çıkması yıllar alacaktır.

Ekonomi kuramına göre, toplumun bütünsel olarak zarar görmesi, ancak bireysel seçimlerin olumsuz dışsallıklara yani görünürdeki süreçte rolü olmayan üçüncü şahıslara yönelik maliyetlere yol açmasıyla olanaklıdır. Örneğin bir şirket belirli bir bölgedeki nehre zehirli atık boşaltmak yoluyla yarar sağlayabilir fakat orada yaşayan toplumun diğer fertlerine zarar verecektir. Buna benzer bir iddia Bt mısırı için de öne sürülmüştü: Söz konusu mısır Avrupa mısır delicisi adlı haşereyi öldüren bir zehir üretir ama bu zehir aynı zamanda kral kelebeklerinin ölmesine de yol açabilir. (Bu iddianın doğru olmadığı görülmüştür.)[16] Sorun şu ki, biyoteknolojiyle ilgili bireysel seçimlerin olumsuz dışsallıklara yol açacağı ve dolayısıyla toplumu bir bütün olarak daha kötü duruma düşüreceği koşullar var mı?[17]

Genetik değişikliğe elbette ki kendi onayları olmaksızın maruz kalan çocuklar, potansiyel olarak en fazla zarar görecek olan üçüncü kişilerdir. Çağdaş aile hukuku, anne babalarla çocukların, aralarında ortak çıkar ilişkisi olan bir topluluk olduğunu varsayar ve bundan dolayı anne babalara çocuklarının yetiştirme ve eğitmede hatırı sayılır bir özgürlük verir. Özgürlükçüler, anne babaların çok büyük bir bölümünün çocukları için en iyi olan şeyleri arzu etmeleri nedeniyle, daha yüksek zeka, hoş bir fizik veya arzu edilebilecek başka genetik özelliklerin vârisleri olacak olan çocuklar açısından dolaylı bir onayı içerdiğini savunurlar. Bununla birlikte, üreme konusunda anne babalar açısından avantajlı gibi görünen birtakım seçimlerin çocukların zarar görmelerine neden olabileceği bazı durumların da olabileceği düşünülebilir.

Politik Doğruluk

Bir anne ya da babanın çocuğuna vermek isteyebileceği birçok değişik özelliğin, yararları dış görünüş veya zeka durumundaki kadar açık olmayan daha hassas kişilik nitelikleriyle ilgisi vardır. Anne babalar geçici bir moda ya da hevesin, kültürel önyargıların veya yalnızca politik doğruluğun etkisi altında hareket ediyor olabilirler: Bir kuşak aşırı derecede zayıf kızları, uysal oğlanları ya da kızıl saçlı çocukları tercih edebilir—bir sonraki kuşakta bu tercihler gözden düşebilir. Anne babaların çocukları adına zaten bu tür hataları yapma serbestliğine sahip oldukları ve çocuklarını yanlış eğiterek ya da kendi tuhaf değerlerini çocuklarına dayatarak bunu hep yaptıkları ileri sürülebilir. Fakat anne babası tarafından belirli bir tarzda yetiştirilen bir çocuk daha sonra başkaldırabilir. Genetik değiştirme daha çok, çocuğunuza bir daha asla çıkartamayacağı ve yalnızca kendi çocuklarına değil, kendisinden sonra gelecek bütün kuşaklara da aktaracağı bir dövme yaptırmaya benzer.*

3. Bölümde belirtildiği gibi, günümüzde zaten çocuklarımızı androjen hale getirmek için psikotropik ilaçları kullanıyor, depresif kızlara Prozac, hiperaktif oğlanlara Ritalin veriyoruz. Bir sonraki kuşak ise herhangi bir nedenden dolayı süpererkeksi oğlanlarla, hiperkadınsı kızları tercih edebilir. Fakat yine de etkilerinden hoşlanmadığınızda çocuklara ilaç vermeyi durdurabilirsiniz. Diğer taraftan genetik mühendisliği bir kuşağın toplumsal seçimlerini sonraki kuşağın içine işletecektir.

Kendi plan ve programlarını uygulayan bilimcilerle doktorların önerilerine uyan anne babalar, çocuklarının çıkarlarını gözetmede kolayca hata yapabilirler. Yalnızca basit bir hırs ya da

---

* Çocuğun normal genetik mirasına eklenebilen ama ancak çocuk kişisel onayını verecek yaşa geldiğinde etkin hale getirilebilecek yapay kromozomların kullanımı yoluyla, genetik mühendisliğinde bireysel onay sorununun aşılabileceği ileri sürülmüştür. Bakınız Gregory Stock and John Campbell, eds., *Engineering the Human Germline* (New York: Oxford University Press, 2000), s. 11.

insanların nasıl olmaları gerektiğine ilişkin ideolojik varsayımlara dayanarak insan doğası üzerinde egemenlik kurma isteği gereğinden fazla yaygın durumdadır.

Gazeteci John Colapinto *Doğanın Yarattığı Gibi* adlı kitabında, bebekken yapılan hatalı bir sünnet sonucunda penisi dağlanan, ardından Johns Hopkins Üniversitesi'nden tanınmış cinsiyet uzmanı John Money'nin gözetimi altına girerek çifte şanssızlığa uğrayan David Reimer adındaki bir oğlan çocuğunun, yürekler acısı öyküsünü anlatır. John Money mesleki yaşamı boyunca cinsel kimliklerin doğuştan değil doğumdan sonra kazanıldığı iddiasını savunmuş ve doğa mı yetiştirilme tarzı mı şeklindeki tartışmanın aşırı uçlarından birinde yer almıştı. Tek yumurta ikizlerinden biri olarak dünyaya gelmiş olan David Reamer, Money'ye kuramını sınama fırsatını sağladı; çünkü böylece genetik açıdan özdeş olan ikiz erkek kardeşiyle karşılaştırılması olanaklıydı. Sünnet kazasının ardından, Money oğlanın hadım edilmesini sağladı ve David'in, Brenda adı verilen bir kız çocuğu olarak yetiştirilmesini gözlemledi.

Brenda'nın hayatı tam anlamıyla bir cehenneme dönmüştü; çünkü anne babasıyla Money ona ne söylerse söylesin, o bir kız değil oğlan olduğunu biliyordu. Küçük yaştan itibaren oturark değil ayakta çiş yapmakta ısrarlıydı. Sonrası şöyle:

> İzci Kızlar grubuna yazdırılan Brenda perişan haldeydi. David, "Papatyalardan kolye yaptığımı ve eğer kız izcilerin yaptığı en heyecanlı şey buysa, boşver gitsin diye düşündüğümü anımsıyorum" diyor. "Erkek kardeşimin Yavrukurt Grubunda yaptığı müthiş şeyleri düşünüp duruyordum." Brenda'ya Noel ve doğum günlerinde oyuncak bebek armağan edildiğinde bunlara oynamayı kesinlikle reddediyordu. David bugün hatırladığı hayal kırıklığıyla acılaşan bir sesle, "İnsan oyuncak bir bebeği ne yapsın ki?" diyor. "Bebeğe bakarsın. Giydirirsin. Giydirdiklerini çıkartırsın. Saçını tararsın. Çok sıkıcı! Ama bir araban varsa onu kullanıp bir yere gidebilirsin. Benim istediğim arabaydı."[18]

Yeni bir cinsel kimlik yaratma çabası o kadar yoğun bir duygusal yıkıma neden olmuştu ki, ergenliğe eriştiğinde Brenda,

Money'yle çalışmayı bıraktı ve penis rekonstrüksiyonu yaptırarak cinsiyetini yeniden eski haline getirtti. Bugün David Reimer'ın mutlu bir evlilik sürdüren bir adam olduğu bildirilmekte.

Bugünlerde cinsel farklılaşmanın doğumdan önce başladığı ve insanlarda erkeklerin beyinlerinin (tıpkı diğer hayvanlarda olduğu gibi) henüz rahimdeyken, doğum öncesi testesteron banyosu sayesinde "erkeksileşme" sürecinden geçtiği çok daha iyi kavranmış durumda. Fakat bu öykünün en önemli noktası Money'nin, aslında tam tersi doğru olduğu halde Brenda'nın cinsel kimliğini dişiye dönüştürmedeki başarısını tam on beş yıl boyunca bilimsel yayınlarda öne sürmüş olmasıdır. Money araştırmasıyla oldukça övgü toplamıştı. Elde ettiği hileli sonuçlar feminist Kate Millet'ın *Cinsel Politika* adlı kitabı, *Time* dergisi ve *The New York Times* gazetesi tarafından göklere çıkarıldı. Sonuçlar, "çocukların kolaylıkla karşı cinsin bir üyesi olarak yetiştirilebileceklerini" kanıtladıkları ve insanlarda doğuştan gelen az sayıdaki cinsiyet farklarının da "net olmadığını ve kültürel öğrenme yoluyla bastırılıp ortadan kaldırılabileceğini" ifade eden bir kitap da dahil olmak olmak üzere çeşitli ders kitaplarına konu olarak eklendi.[19]

David Reimer'in öyküsü, biyoteknolojinin gelecekteki kullanım biçimleri konusunda yararlı bir uyarıdır. David'in anne babası çocuklarına karşı duydukları sevgi ve yaşamak zorunda kaldığı talihsizlik karşısındaki umutsuzluk duyguları sonucunda hareket etmiş, ileriki yıllarda vicdan azabı çekmelerine yol açan korkunç bir tedavi sürecine izin vermişlerdi. John Money ise aksi yöndeki kanıtları yok saymasına ve hastasının çıkarlarının tamamen aleyhinde hareket etmesine yol açan bilimsel kibir, hırs ve ideolojik bir sonuç çıkarma tutkusunun birleşimiyle hareket etmişti.

Kültürel normlar da anne babaları çocuklarının zararına olacak seçimler yapmaya yönlendirebilir. Bununla ilgili bir örnek olarak Asya'da sonogram kullanımı ve çocuğun cinsiyetini seçmeyi amaçlayan kürtaj uygulamasına daha önce değinilmişti. Birçok Asya kültüründe, oğlan çocuk sahibi olmak anne babalara toplumsal prestij ve yaşlılığa yönelik güvence kazanma yönünden kesin avantajlar sağlar. Fakat şu da kesindir ki bu, doğması engellenen kız çocuklarına zarar verir. Bir yana ağır basan dengesiz cinsiyet oranları, uygun eşleri bulmalarını zorlaştırdığı ve evlilik piyasalarında kadınların karşısındaki pazarlık güçlerini azalttığı için erkeklerin de zararına olur. Eş bulamayan erkekler şiddet ve suç oranının artırmasına neden oluyorsa, toplum da bir bütün olarak sıkıntı çekecektir.

Üreme teknolojilerini bırakıp biyoteknolojinin diğer yönlerine doğru ilerlersek, akılcı bireysel kararlardan kaynaklanabilecek başka olumsuz dışsallıklar da görülür. Bunlardan biri, yaşlanma ve gelecekte insan ömrünün uzatılmasıyla ilgilidir. Ölmek ile yaşamlarını iyileştirici müdahale ile uzatma arasında seçim yapmak zorunda kalan çoğu birey, tedavinin sonucunda yaşamdan aldıkları zevk farklı düzeylerde zayıflayacak olsa bile yaşamı seçecektir. Örneğin çok fazla sayıda insan, işlevsellikte yüzde otuz oranında bir düşüş pahasına yaşamlarını on yıl daha uzatma kararını verirse, o zaman toplumun bir bütün olarak bu kişileri hayatta tutma görevini omuzlaması gerekecektir. Aslında Japonya, İtalya ve Almanya gibi nüfusları hızla yaşlanmakta olan ülkelerde bu süreç yaşanmaya başladı bile. Bağımlılık orantılarının daha da aşırılaştığı ve buna bağlı olarak ortalama yaşam standartlarında ciddi düşmelere yol açan daha dehşetli senaryolar da tasarlanabilir.

4. Bölümde ele alınan insan ömrünün uzatılmasına ilişkin tartışmalarda basitçe ekonomik olanların dışında da olumsuz dışsallıklar olacağı öne sürülmüştü. Yaşlı insanların yolu tıkamayı bırakıp kenara çekilmemeleri, yaşa göre düzenlenmiş hiyerarşilerde basamakları tırmanmayı hedefleyen daha genç insanlara zarar verecektir. Herhangi bir birey ölümünü ola-

bildiğince ertelemeyi isteyecek olsa da insanların çoğu, ortalama yaşın 80 veya 90 olduğu, cinsellik ve üremenin nüfusun çok az bir kısmının ilgilendiği etkinlikler olduğu ya da doğum, büyüme, olgunluk ve ölüm şeklindeki doğal döngünün bozulduğu bir toplumda yaşamaktan hoşlanmayabilir. Ölümün sonsuza dek ertelenmesi gibi aşırı bir senaryoda toplumlar, izin verilen doğum sayısına ciddi sınırlamalar getirmeye zorlanacaktır. İleri yaştaki anne babalara bakmak bugün bile insanların başlıca görevleri arasında çocuk bakımının yerini almaya başlamış durumda. Gelecekte insanlar kendilerine bağımlı olan iki, üç, hatta daha fazla kuşağa ait aile büyüğünün esiri haline geldiklerini düşünebilirler.

Olumsuz dışsallıkların çok önemli başka bir türü de, insanların yürüttüğü birçok etkinliğin ve insan karakterinin rekabetçi ve sıfır toplamlı doğasıyla ilgilidir. Uzun bir boy, boyu ortalamanın üzerinde olan insanlar için cinsel çekicilik, toplumsal statü, atletik olanaklar gibi konularda birçok avantaj sağlar. Fakat bu avantajlar görecelidir: Eğer birçok anne baba NBA'de oynayabilecek kadar uzun boylu çocuklara sahip olmak isterse, sonuçta adeta bir silahlanma yarışı başlar ve tarafların hiçbiri belirgin bir yarar elde etmemiş olur.

Geleceğin genetiğinin güçlendirmeye yöneldiği ilk ve en açık hedeflerinden biri olduğu sıklıkla vurgulanan zeka gibi bir özellik söz konusu olduğunda bile bu geçerlidir. Zeka ortalaması daha yüksek olan bir toplum, üretkenlik zekayla koşut olduğu sürece daha zengin olabilir. Fakat birçok anne babanın çocukları için elde etmek istediği kazançların, diğer açılardan bakıldığında yanıltıcı olduğu kanıtlanabilir; çünkü daha yüksek zekanın avantajları mutlak değil görecelidir.[20] Örneğin insanlar Harvard'a girsinler diye çocuklarının daha akıllı olmalarını isteyebilir ama Harvard'dın kontenjanı açısından bu sıfır toplamlı bir durumudur. Yani eğer benim çocuğum gen terapisi nedeniyle daha akıllı olur ve okula girerse, sizin çocuğunuzun giriş hakkını elinden almış olur. Tasarım harikası bir bebeğe sahip olma kararım size (daha doğrusu çocuğunuza) pahalıya mal olur ve toplama bakıldığında, kimsenin daha iyi durumda olduğu söylenemeyecektir. Bu tür bir genetik silahlanma yarışı, dini veya başka nedenlerden dolayı çocuklarının genetik olarak değişitirilmesini istemeyen insanların sırtına bir yük binmesine yol açacaktır. Eğer çevrelerindeki herkes bunu yapıyorsa, kendi çocuklarını geride bırakma korkusu yüzünden bundan kaçınmaları çok daha zor hale gelecektir.

Doğaya İtaat

Şeylerin doğal düzenlerine uymanın ve insanların nedensel müdahalede bulunarak bu düzeni kolaylıkla geliştiremeyeceğini düşünmenin haklı ve sağduyuya dayanan nedenleri vardır. Çevre konusunda bunun gerçek olduğu kanıtlanmıştır: Ekosistemler, karmaşıklığını sıklıkla anlamadığımız, birbiriyle içe içe bağlantılı tümlerdir. Bir baraj inşa etmek veya tek bir bitki kültürünü belirli bir bölgeye getirmek, görünmeyen ilişkileri altüst eder ve sistemin dengesini bütünüyle öngörülemeyecek biçimde yok eder.

İnsan doğası için de böyledir. İnsan doğasının, kesinlikle çok iyi anladığımızı sandığımız veya elimizde olsa değiştirmek isteyeceğimiz birçok yönü vardır. Fakat doğayı olduğundan biraz daha iyi hale getirmek her zaman o kadar kolay değildir; evrim kör bir süreç olabilir ama organizmaların çevrelerine uygun olmasını sağlayan şaşmaz bir uyum mantığını izler.

Örneğin, insanın şiddet ve saldırganlığa eğiliminden üzüntü duymak ve tarihin geçmiş dönemlerinde fetih, düello ve benzeri etkinliklere yol açmış olan kana susamışlığı lanetlemek bugün politik açıdan doğru bir davranış sayılır. Fakat bu tür eğilimlerin var olmalarının bazı iyi evrimsel nedenleri vardır. İnsan doğasındaki iyiyi ve kötüyü anlamak düşünebileceğinden çok daha karmaşıktır; çünkü iyi ve kötü içe içe geçmiş durumdadır.

Biyolog Richard Alexander'ın ifadesiyle evrimsel tarihte insanlar, rekabet edebilmek için işbirliği yapmayı öğrendiler.[21] Bu demektir ki, insanın bilişsel ve duygusal özelliklerden oluşan ve bu denli incelikli bir toplumsal organizasyon düzeyine olanak veren muazzam zırh, doğal ortama karşı verilen savaşım sonucunda değil, insan topluluklarının birbirlerine karşı verdikleri savaşım sayesinde yaratılmıştı. Evrimsel süreçte bu durum bir topluluğun gerçekleştirdiği ve gitgide artan sosyal işbirliğinin, diğer toplulukları da benzer bir işbirliği yapmaya zorladığı sonu gelmez bir silahlanma yarışına yol açmış oldu. İnsanın rekabetçiliği ve işbirliği yapma özelliği yalnızca evrimsel süreç zarfında değil, günümüzdeki insan toplumları ve bireyler açısından da ortakyaşayışlı bir ilişkinin dengesini korumaktadır. Bugün bunun gerçekleşmediği durumlarda da, insanların barış içinde yaşamalarını elbette dileriz ama eğer denge saldırgan ve şiddetli davranışlardan çok uzağa kayarsa, işbirliğini destekleyen seçici baskılar da zayıflar. Rekabet veya saldırganlığın hiçbir şekilde bulunmadığı toplumlar durgunlaşır ve atılım yapamazlar; fazla güven duyan ve işbirliği yapan bireyler kendilerini daha gözü dönmüş olan başka bireylerin verebileceği zararlara açık hale getirirler.

Aynı şey aile için de geçerlidir. Platon'un yaşadığı çağdan beri, filozoflar ailenin toplumsal adaletin önündeki en büyük engel olduğunu kavramışlardır. Akraba seçimi kuramının öne sürdüğü üzere, insanlar ailelerini ve akrabalarını, bu kişilerin nesnel değerleriyle orantısız olarak sevme eğilimi gösterirler. Ailenin bir üyesine karşı bir sorumlulukla, şahıs niteliği olmayan bir kamu yetkesine karşı olan sorumluluk arasında bir çelişki doğduğunda, aile önce gelir. *Devlet*'in 5. Kitabında, Sokrates'in bu yüzden adil bir şehirde kadınlarla çocukların komün tarzında yaşamaları gerektiğini, böylelikle anna babaların kendi biyolojik çocuklarının kim olduğunu bilmeyeceklerini ve dolayısıyla onları kayırmayacaklarını savunur.[22] Bütün çağdaş hukuk toplumlarının, kamu hizmetinde akrabalara iltimas yapılmasını ve genel olarak kayırıcılık yapılmasını yasaklayan sayısız kural ve yasayı içermesi de bundan kaynaklanır.

Yine de kişinin kendi çocuğunu mantıksızlığa varacak kadar çok sevmesine yol açan doğal eğilimin, uyum sağlamaya yönelik güçlü bir mantığı vardır: Eğer bir anne çocuklarını bu şekilde sevmezse, o zaman kim bu çocuğun olgun bir yetişkin olarak yetişmesi için gerekli maddi ve duygusal kaynaklarını bu işe harcardı ki? Komünler ya da bakım evleri gibi başka kurumsal düzenlemeler, doğal duygusal temellere dayanmadıklarından belirgin biçimde daha başarısız olurlar. Bundan başka bu doğal süreç, derin bir adaleti de yansıtır; çünkü sevimli veya yetenekli olmayan çocukların bile, yetersizliklerine karşın onları sevecek bir anne babaya sahip olmalarını sağlar.

Bazıları, insanın kişiliğini temelden değiştirmek için gerekli teknolojik olanaklarımız olsa bile, bunu yapmayı asla istemeyeceğimizi çünkü insan doğasının bir anlamda kendi soyunun sürekliliğini garanti ettiğini savunmuşlardır. Bu sav, kanımca, insanın hırsını bir hayli azımsar ve geçmişte insanların kendi doğalarının üstesinden gelmek için gösterdikleri radikal çabaları kavramayı başaramaz. Tam olarak aile hayatının mantık dışılığı nedeniyle, gerçek dünyadaki bütün komünist rejimler, aileyi devletin potansiyel düşmanı olarak görürler. Sovyetler Birliği, 1930'larda kendi anne babasını Stalin'in polislerine ihbar eden Pavel Morozov adlı küçük bir canavarı ayakta alkışladı. Bunun amacı, özellikle ailenin insanların sadakati üzerindeki doğal etkisini kırmaktı. Maocu Çin, en büyük erdemin aile büyüklerine ve atalara karşı içten bağlılık ve onur duymak olduğu Konfüçyüsçülüğe karşı uzun bir mücadeleye girişti ve 1960'lardaki Kültürel Devrim sırasında çocukları, anne babalarının aleyhine çevirdi.

Bu noktada, biyoteknolojideki bazı gelişmeler karşısındaki bütün bu yararcı savların ne kadar belirleyici olduğunu söylemek olanaksız. Çoğu şey özellikle bu teknolojilerin nasıl gerçekleşeceğine bağlı olacak: Örneğin, yüksek nitelikli bir yaşam sağlayamayan ama uzatılmış hayatlarımız mı olacak? Ya da uygulanmasından ancak yirmi yıl sonra ortaya çıkan, beklenmedik korkunç etkileri olan genetik terapiler mi geliştirilecek?

Önemli olan nokta şu: Öjenik seçimleri devletler değil bireyler yaptığı sürece kötü sonuçlar konusunda kaygılanmanın gereksiz olduğunun ileri süren özgürlükçü savlar konusunda kuşku duymalıyız. Serbest piyasalar genellikle iyi işler fakat bazen de piyasada düzeltilmesi için hükümetin müdahalesini gerektiren başarısızlıklar ortaya çıkar. Olumsuz dışsallıklar kendi kendilerini ortadan kaldırmazlar. Bulunduğumuz noktada, bu dışsallıkların büyük mü yoksa küçük mü olacağını bilmiyoruz ama piyasalara ve bireysel seçime duyulan sağlam bir inanç nedeniyle onları yok sayamayız.

Yararcılığın Sınırları

Yararcı temellere dayanarak bir şeyin lehinde veya aleyhinde olmak uygun olmakla birlikte, sonuçta bütün yararcı savların genellikle yıkıcı bir sorun olduğu ortaya çıkan bir sınırlılığı vardır. Yararcıların maliyet-yarar hesaplarına dahil ettikleri iyiler ve kötülerin tamamı nispeten elle tutulur ve dolaysızdır. Bunlar genellikle paraya ya da vücudun maruz kalacağı açıkça tanımlanabilen fiziksel bir zarara indirgenebilirler. Yararcılar, kolayca ölçülmesi olanaklı olmayan ya da vücuttan çok ruhu ilgilendiren daha ince, hemen göze çarpmayan yarar ve zararları nadiren dikkate alırlar. Uzun dönemde kanser veya anfizem gibi sağlık sorunlarına yol açtığı çok belirgin bir biçimde saptanabilen nikotin gibi bir uyuşturucuya karşı tavır almak kolaydır. Oysa insanın kişiliğini veya karakterini etkileyebilen Prozac ya da Ritalin'e karşı çıkmak daha zordur.

Yararcı bir yapı özellikle, yalnızca farklı bir seçim olarak görülen ahlaki zorunlulukları içine katmakta güçlük çeker.

Örneğin Chicago Üniversitesi'nden ekonomist Gary Becker, suçun mantıklı yararcı bir hesaplamanın sonucu olduğunu ileri sürer: Belirli bir suçu işlemenin yararları getireceği maliyetten fazlaysa, kişi o suçu işleyecektir.[23] Birçok suçluyu motive eden şey bu matematiksel hesaplama olsa bile aşırıya götürüldüğünde, insanların bedeli uygun olduğu ve yakayı kurtarmaları sağlanabildiğinde kendi çocuklarını bile öldürebilecekleri sonucunu doğurur. İnsanların büyük çoğunluğunun bu tür bir öneriyi bir an bile dikkate almayacak olması, bu kişilerin çocuklarına aslında sonsuz bir değer biçtiklerine ya da kendilerini doğru olanı yapmaya zorunlu hissetmelerinin, herhangi başka bir ekonomik değerle karşılanamayacağına işaret eder. Diğer bir deyişle, elde edilecek yararcı kazanımlar ne olursa olsun, insanların ahlaki açıdan yanlış olduğuna inandıkları şeyler vardır.

Aynı şey biyoteknoloji için de geçerlidir. İstenmeyen sonuçlar veya öngörülemeyen maliyetler konusunda kaygı duymak kabul edilir olmakla birlikte, insanların teknolojiyle ilgili hissettikleri en derin korku, yararcılığa dayanan bir korku değildir. Daha çok, biyoteknolojinin sonuçta insanlığımızı, yani insanlık tarihindeki bilinen pek çok değişime karşın korunan kim olduğumuz ve nereye gittiğimizle ilgili duygularımızın her zaman temelini oluşturmuş olan özsel bir niteliği bir şekilde yitirmemize yol açacağı korkusudur. Daha da kötüsü, bu değişikliği çok değerli bir şeyi kaybettiğimizin farkına bile varmadan gerçekleştirebilecek olmamızdır. Böylelikle insanlık tarihiyle, insan ötesi tarihi birbirinden ayıran devasa setin karşı tarafında kendimizi buluverir, hatta o özü unuttuğumuz için iki havza arasındaki bu setin açılmış olduğunu bile görmeyiz.

Peki yitirme tehlikesiyle karşı karşıya olduğumuz o insani öz nedir? Bu dindar bir insan için, doğumdan itibaren sahip olunan tanrısal lütuf ya da tanrısal kıvılcım olabilir. Laik bir bakış açısına göre ise söz konusu olan insan doğası yani tüm insanların insan sıfatıyla paylaştığı türe özgü tipik özelliklerdir. Biyoteknoloji devriminin uğraştığı şey de budur.

İnsan doğasıyla haklar, adalet ve ahlak gibi insana özgü kavramlar arasında çok yakın bir ilişki vardır. Diğer birçok kişinin yanı sıra, Bağımsızlık Bildirgesi'ne imza atanların da görüşleri bunu yansıtıyordu. Doğal hakların, yani insani doğamızın bize bahşetmiş olduğu hakların varlığına inanıyorlardı.

Bununla birlikte, insan haklarıyla insan doğası arasındaki ilişki hiç de açık değildir ve insan doğası diye bir şeyin var olmadığını, olsaydı bile doğruyu ve yanlışı belirten kurallarla hiçbir ilgisi bulunamayacağını ileri süren birçok modern filozof, böyle bir ilişkiyi hararetle yadsımıştır. Bağımsızlık Bildirgesi'nin imzalanmasından bu yana, *doğal haklar* terimi gözden düşmüş, yerini daha türe özel olan ve kökeni doğayla ilgili bir kurama dayanmayan *insan hakları* terimi almıştır.

Haklara ilişkin insan doğasına dayanan genel kavramlara yüz çevirmenin gerek felsefi nedenler, gerekse günlük ahlaki muhakeme açısından son derece hatalı olduğu görüşündeyim. Bize ahlak duygusunu veren, toplum içinde yaşama becerilerini sağlayan ve haklar, adalet ve ahlaka ilişkin daha derin felsefi tartışmalara temel oluşturan, insanın doğasıdır. Biyoteknolojinin er geç riske atacağı şey, yalnızca geleceğin tıbbi teknolojileriyle ilgili yararcı kâr-zarar hesapları değil, insanoğlu var olduğundan beri sabit bir değer olarak kalan insana özgü ahlak duygusudur. Nietzsche'nin de öngördüğü gibi, yazgımız bu ahlaki duygunun ötesine geçmek. Durum böyleyse, doğru ve yanlış konusundaki doğal standartlarımızı bir kenara bırakmanın sonuçlarını içtenlikle kabul etmemiz ve Nietzsche'nin de yaptığı gibi, bunun bizi çoğumuzun adım atmak istemeyeceği bölgelere götürebileceğini fark etmemiz gerekiyor.

Bununla birlikte, henüz el deymemiş bu topraklara göz atabilmek için, haklara ilişkin modern kuramları ve insan doğasının politik düzenimizde oynadığı rolü anlamaya ihtiyacımız var.

II. KISIM

İNSAN OLMAK

7

İNSAN HAKLARI

Kutsallık gibi terimler hayvan haklarını aklıma getirir. Kim bir köpeğe bir hak verdi ki? Bu hak sözcüğü tehlikeli olmaya başlıyor. Kadın hakları var, çocuk hakları var; liste sonsuza dek sürüp gidiyor. Bir de semenderin hakkı var ve bir kurbağanın hakkı var. İş iyice saçmalığa vardırıldı.

Haklar veya kutsallık demeyi bırakmak istiyorum. Onların yerine, insanların gereksinimleri olduğunu ve sosyal bir canlı türü olarak insanların yiyecek, eğitim ya da sağlık gibi gereksinimlerini karşılamaya çalışmamız gerektiğini söyleyelim bizim asıl yapmamız gereken bu. Yarı mistik bir tavırla buna gerektiğinden daha fazla anlam katmaya çalışmak Steven Spielberg ya da onun gibi birinin işi. Bu, basit bir auradan başka bir şey değil—demek istediğim, pislik bunlar.

James Watson[1]

DNA'nın yapısını keşfeden ve yirminci yüzyıl biliminin en önemli kişilerinden biri olan Nobel ödüllü James Watson, özellikle kendi alanı olan genetik ve moleküler biyoloji alanının terimleri arasına *haklar* sözcüğü girince biraz huzursuzlanıyorsa kendisini bağışlayabiliriz. Watson hem çabuk öfkelenmesiyle hem de genellikle tedbirsiz ve çam deviren sözleriyle ünlüdür.

Kendisi sonuçta politik ve toplumsal konularda çiziktiren birisi değil, dik kafalı bir bilim adamı. Dahası, günümüzde haklarla ilgili tartışmaya ilişkin uygunsuz gözleminde haklıdır. Sözleri, İnsanın ve Vatandaşın Haklarına İlişkin Fransız Bildirgesi'nin, hakların verilmediği doğuştan geldiği şeklindeki iddiasını "saçmalığın dik âlâsı" olarak yorumlamasıyla tanınan yararcı felsefeci Jeremy Bentham'ı anımsatır.

Bununla birlikte, sorun burada bitmiyor; çünkü sonuçta haklarla ilgili olarak ciddi bir tartışmayı kenara itip yalnızca gereksinimler ve çıkarlardan söz edemeyiz. Haklar liberal demokratik politik düzenimizin temelini oluştururlar ve ahlaki ve etik konulara ilişkin çağdaş düşüncenin anahtarıdırlar. Ayrıca insan hakları konusundaki her tartşmanın, insanın niyet ve amaçlarının kavranması üzerine inşa edilmiş olması, söz konusu niyet ve amaçların ise hemen her zaman insan doğası kavramına dayanması gerekir. İşte tam bu noktada Watson'ın alanı olan biyoloji de işe dahil edilebilir; çünkü canlıları inceleyen bilim dalları son yıllarda insan doğasıyla ilgili önemli keşifler yapmaktalar. Fen bilimciler her ne kadar inceledikleri doğal "olan" ile haklar konusundaki tartışma sırasında ortaya çıkan ahlaki ve politik "olması gereken" arasına bir Çin Seddi çekmek isteseler de, sonuçta bu kaçamak bir yol sayılır. Bilim bize insan doğasıyla ilgili ne kadar çok bilgi verirse, insan haklarına ve dolayısıyla bunları koruyan kurumlar ve kamuya ilişkin politikalarla da o denli çok ilişkilenecektir. Bu bulgular birçok başka şeye ek olarak, çağdaş kapitalist liberal demokratik kurumların, insan doğası üzerine rakiplerinden çok daha gerçekçi varsayımları temel almaları nedeniyle başarılı olduklarını ileri sürmektedir.

HAKLAR TARTIŞMASI

Geçtiğimiz kuşakta hakları konu edinen endüstri, İnternet'in 1990'ların sonlarındaki halkın kullanımına sunulmasından çok daha hızlı ilerledi. Yukarıda değinilen hayvan, kadın ve çocuk haklarına ek olarak, artık eşcinsel hakları, engelli ve özürlülerin hakları, yerli halkın hakları, yaşama hakkı, ölme hakkı, sanık hakları ve kurbanların haklarının yanı sıra, bir de İnsan Hakları Evrensel Beyannamesi'nde belirtilen ünlü periyodik tatil yapma hakkı var. ABD İnsan Hakları Beyannamesi, oldukça net bir şekilde tüm Amerikan vatandaşlarının yararlanacağı bir dizi temel hakkı birer birer sayar; fakat 1971 yılında *Roe/Wade* davasında Yüksek Mahkeme, Yargıç Douglas'ın, kürtaj hakkı konusunda, daha önceki *Griswold/Connecticut* davasında verilen kararda yer alan ve aynı şekilde belirsiz olan mahremiyet hakkının "yarı karanlığından çekip çıkarttığı" bir bulguya dayanarak, yepyeni bir hak çıkarıp ortaya koydu. Anayasa konusunda bilimsel bir uzman olan Ronald Dworkin *Yaşamın Egemenliği* adlı kitabında, bundan daha da özgün bir iddiayı ortaya atar: Kürtaj olmak, insanın yaşamında en az dinsel bir yükümlülüğe girmek kadar önemli bir karar olduğu için, kürtaj olmak hakkı aslında en başından beri Bir Numaralı Anayasa Değişikliği'nin verdiği dinsel özgürlük garantisinin koruması altındaydı.[2]

Haklarla ilgili tartışma genetik teknoloji gibi geleceğe yönelik konulara gelip dayandığında durum daha da karışık bir hal alır. Örneğin biyoetikçi John Robertson bireylerin, kendisinin "prokreatif" yani yaratıcılık yanlısı özgürlük olarak adlandırdığı ve üreme hakkının yanı sıra, ürememe hakkını (dolayısıyla kürtaj hakkını) da kapsayan temel bir hakkı olduğunu savunur. Fakat üreme hakkı cinsel ilişki (yani seks) ile kısıtlı değildir; aynı zamanda yapay döllenme gibi cinsel ilişki dışındaki yöntemlerle gerçekleşen üremeyi de içine alır. Öyle görünüyor ki, kalite kontrol ve tabii "genetik tarama ve seçici kürtaj, ayrıca eş seçme ya da bağışlanan yumurta, sperm veya embriyoların kaynağını seçme hakkı da prokreatif özgürlük uyarınca korunmalıdır."[3]

Teknolojik açıdan henüz tam anlamıyla olanaklı olmayan bir şeyi yapmaya ilişkin temel bir hakka sahip olduklarını öğrenmek, belki bazı kişiler için sürpriz olabilir ama günümüzde haklar konusundaki tartışmaların fazlasıyla esnek doğası işte böyle.

Ronald Dworkin ise anne babaların değil, bilim adamlarının insanları genetik olarak tasarlama hakkı anlamına gelen bir öneride bulunur. Dworkin, liberal bir toplumun temelinde iki "etik bireysellik" ilkesi bulunduğunu varsayar. Bunların ilki, her bireyin yaşamının boşa harcanmak yerine başarılı olması; ikincisi ise, her yaşam eşit derecede önemli olmakla birlikte, o yaşamın ait olduğu kişinin, yaşamının sonucunun sorumluluğunu taşıdığıdır. Dworkin bunu temel alarak, "Eğer Tanrı rolüne sayunmak, Tanrı'nın çağlar boyunca kasıtlı olarak ya da doğanın amaçsızca evrimleştirdiği şeyleri daha da iyi hale getirmek için mücadele etmek anlamına geliyorsa, o zaman etik bireyciliğin birinci ilkesi, o mücadelenin yapılmasını gerektirir; ikinci ilkesi ise, tehlikeye ilişkin somut kanıtlar yoksa, bu mücadeleyi vermeye gönüllü olan bilim adamlarını ve doktorları kösteklemeyi yasaklar."[4]

Hakkı oluşturanın ne olduğu ve hakların nereden geldiğiyle ilgili bu muazzam karmaşayı göz önüne alırsak, acaba neden James Watson'ın öğüdünü dinleyip hakları tartışmaktan vazgeçmiyor ve yalnızca insanın "gereksinimlerinden" ya da "çıkarlarından" söz etmiyoruz? Birçok halk arasında, hak ve çıkarları birleştirme eğilimini en çok sergileyen Amerikalılar olmuştur. Bireysel istek ve arzuların her birini, toplumun çıkarları tarafından sınırlandırılmayan bir hakka dönüştürmek yoluyla, politik söylemin esnekliği azaltılır. Eğer pornografiyle uğraşanların Bir Numaralı Anayasa Değişikliği kapsamındaki konuşma özgürlükleri yerine kendi çıkarlarından, ya da saldırı amaçlı silah sahiplerinin İki Numaralı Anayasa Değişikliği kapsamındaki silah bulundurma hakkı yerine bu yöndeki gereksinimlerinden söz ettiğimiz takdirde, Birleşik Devletler'de pornografi ve silahların denetimi konularında sürüp giden tartışmalar daha az Manichean* bir hale gelmiş olacaktır.

HAKLARIN GEREKLİLİĞİ

Öyleyse yasal kuramcı Mary Ann Glendon'ın "haklar tartışması" olarak adlandırdığı şeyi neden tümüyle terk etmeyelim? Bunu ne kuramsal ne de pratik olarak yapamayacak olmamızın nedeni, haklar konusunda kullanılan dilin modern dünyada, insanın nihai yararları ya da amaçları, özellikle de politkanın konusunu oluşturan kolektif yarar ve amaçlar hakkında konuşmamıza yarayan ve yaygın olarak anlaşılabilen tek ortak sözcük dağarcığımız haline gelmiş olmasıdır. Plato ve Aristoteles gibi klasik politik filozoflar hakların dilini kullanmıyorlardı. Onlar insanın iyiliği ve mutluluğu ile bunları elde etmek için gerekli olan erdemler ve görevlerden söz ediyorlardı. *Haklar* teriminin çağdaş kullanımı anlam açısından daha yoksullaşmıştır çünkü klasik çağ filozoflarının tasavvur ettikleri daha yüksek insani erekler yelpazesini kapsamaz. Fakat aynı zamanda daha demokratik, evrensel ve kolayl kavranabilirdir. Amerikan ve Fransız devrimlerinden bu yana haklar konusunda verilen büyük savaşımlar, bu kavramın politik çarpıcılığına tanıklık ederler. *Hak* sözcüğü ahlaki yargıyı akla getirir** ("Yapılması doğru olan nedir?" tümcesindeki gibi) ve adaletin doğası ile insanlığımız için zaruri olarak gördüğümüz bu ereklere ilişkin bir tartışmaya girerken ilk geçiş noktamızdır.

Watson aslında haklara değinmeksizin, yalnızca insani gereksinimleri ve çıkarları karşılamayı önermekle, yararcı bir yaklaşımı savunmaktadır. Fakat bu, yararcılığın tipik bir sorununa

---

* Manichean: M.S. 3. ve 5. yüzyıllar arasında Pers ülkesinde rağbet gören ve Zerdüştlük mezhebinden esinlenip, dinsel ve felsefi bir ikiliğe inanan, benliğin katı reddi yoluyla suhun maddeden kurtulmasını amaçlayan bir mezhep ve bu mezhebe mensup kişi (Ç.N.).

** İngilizce'de right sözcüğü hem "hak" hem de "doğru" anlamına gelir (Ç.N.).

yani gereksinimlerle çıkarlar çatıştığında ortaya çıkan öncelikler ve adalet sorununa gelip çatar. Toplumdaki güçlü ve önemli bir liderin alkol sorununa bağlı olarak yeni bir karaciğere gereksinimi vardır. Ben de ölümcül bir hastalıktan dolayı devlet hastanesinde yaşam destek ünitesine bağlı olarak yatan ama karaciğeri sağlıklı olan çok yoksul bir hastayım. Yararcı yaklaşıma göre yapılan ve insani gereksinimlerin olabildiğince yüksek düzeyde karşılanmasını öngören her hesaplama, benim kendi isteğim dışında yaşam destek ünitesinden çekilmemi, böylelikle karaciğerimin önemli lider ve ona gereksinimi olan insanların iyiliği için alınmasını gerektirecektir. Hiçbir liberal toplumun böyle bir şeye izin vermemesi, sonuçta ne kadar çok önemli gereksinimler karşılanabilecek olsa da, masum insanların kendi istekleri dışında yaşamdan mahrum bırakılmama *hakkına* sahip oldukları şeklindeki bir görüşü yansıtır.

Şimdi de yararcılığın sınırlarını göstermek amacıyla bundan çok daha tatsız başka bir örnek üzerinde düşünelim. Çağdaş besin zincirinin pek de iştah açıcı olmayan ve genellikle gıda tüketicilerinden gizlenen yönlerinden biri, dönüştürme işlemidir. Yediğimiz bütün sığır, tavuk, domuz, kuzu ve başka hayvanlar tabii ki önce kesilir, sonra da hamburger, rosto, tavuklu sandviç gibi yiyeceklere dönüştürülür. Fakat insanların yiyebileceği bölümler işlemden geçirildikten sonra, her yıl milyonlarca ton organik maddeye eşdeğer miktarda hayvan ölüsü artakalır ve bunların imha edilmesi gerekir. Dolayısıyla modern dönüşüm endüstrisi bu hayvan artıklarını satın alıp parçalar, kıyar ya da yağ, kemik unu gibi kullanılabilir ürünlere veya son olarak yeniden hayvanlara verilen hayvan yemine dönüştürür. Diğer bir deyişle, böylece inekleri ve diğer hayvanları yamyam olmaya zorlamış oluruz.*

---

* Bovin spongiform ensefalopatinin (BSE veya deli dana hastalığı) bu yolla geçtiğine inanılmaktadır: Hastalıklı hayvanların beyinlerinde bu hastalığa neden olan protein benzeri priyonlar, dönüştürme işlemi sırasında ortadan kalkmadı ve hayvan yemi içindeki varlığını sürdürdü. Sonra da bu yemler sağlıklı hayvanlara verildi.

Neden yararcı gerekçelere dayanarak, ölen kişinin onayı olduğunu varsayarsak, ölen insanların bedenlerini de aynı şekilde öğütüp hayvan yemine ya da yararlı başka bir ürüne dönüştürmüyoruz? İnsanlara neden yalnızca bilimsel araştırmalar için değil, besine dönüştürülmek üzere bedenlerini bağışlama izni verilmiyor? Yararcı nedenleri temel alarak, ileri yaştaki ortalama bir ölünün bedeninin ekonomik değerinin fazla yüksek olmadığı ileri sürülebilir, fakat elbette onu toprağın içine sonsuza dek yararsız bir şekilde depolamaktan daha ucuza ortadan kaldırmanın yolları bulunmaktadır. Ölen bir ağabeyin ya da sokak çatışmasında öldürülen bir babanın vücudunun parçalarını satarak kazanılabilecek birkaç dolardan çok fayda sağlayabilecek birçok yoksul aile olmalı. Yine benzer bir mantık yürütürsek, askerler savaş sırasında yaşamını kaybeden bir arkadaşlarının ölü bedenini ele geçirebilmek için kendi yaşamlarını neden riske atsınlar ki? Aileler kaybolan çocuklarının ya da belki bir kardeşin cesedini bulabilmek için neden çok değerli kaynaklarını boşa harcarlar?

İnsan bedenlerini dönüştürmek gibi alternatifler üzerinde düşünmeye girişmeyişimizin nedeni—bu tür bir olasılığı hayal etmenin bile insanın tiksintiyle dolmasına yol açmasının nedeni—James Watson'ın kullanmaktan nefret ettiği *kutsallık* ve *saygınlık* sözcükleriyle ilgilidir. Demek istediğim, ölülerin bedenlerine ekonomiyle ilgisi olmayan olağandışı bir değer yükler ve onlara insan bedenleri oldukları için, bir inek leşine gösterilmeyen türde bir saygıyla yaklaşmak gerektiğini hissederiz. Buna karşılık yararcı bakış açısına sahip bir kişi, tiksinme ya da saygı gibi duyguların basitçe yararcılığın hesaba kattığı acı ve zevklerin bölümleri olduğunu öne sürebilir. Fakat böyle bir iddia, insanların neden türe özgü biçimde birbirlerine, akrabaların ve sevilen kişilerin cansız bedenlerine kadar uzanan özel duygular besledikleri sorusunu yanıtlanmış sayar.

Haklar daha yüksek ahlaki önem taşıdıkları için çıkarlardan üstündürler. Çıkarlar değişkendir ve pazarda birbirleriyle değiş tokuş edilebilirler; haklar ise nadiren mutlak olmakla birlikte, onlara ekonomik değer yüklemek güç olduğu için daha az esnekliğe sahiptirler. İki haftalık çok keyifli bir tatile ilgi duyabilirim ama bu başka bir insanın başka birisinin tarlalarında köle olarak zorla çalıştırılmama hakkıyla boy ölçüşemez. Kölenin özgürlük hakkı, onun yalnızca güçlü bir çıkarı değildir; tarafsız üçüncü bir kişi, kölenin bir insan olarak onurunu küçük düşürmesinden dolayı kölelik durumunun adaletsiz olduğunu söyleyebilir. Ben kendi çıkarımı köleye oranla çok daha tutkuyla savunsam bile, kölenin özgürlüğü benim hoş bir tatil yapmaya duyduğum ilgiyle karşılaştırıldığında, bir insan olarak statüsü açısından her nasılsa daha yalın ve daha temeldir.

Politik sistemler belirli türdeki hakları diğerlerinden daha saygın bir konuma yerleştirir ve böylelikle parçası oldukları toplumların ahlaki temellerini yansıtırlar. Birleşik Devletler, Bağımsızlık Bildirgesi'nde belirtilen "bütün insanların eşit yaratılmıştır ve her birine Yaratıcıları tarafından belirli devredilemez haklar verilmiştir" şeklindeki ilkesi üzerine kurulmuştu. Abraham Lincoln'ın da açıkladığı gibi, bu ilke kölelik kurumu tarafından ihlal edilmiş ve kanlı bir iç savaşı zorunlu kılmıştı. Bu da daha sonra Kurtuluş Bildirisi'ne ve bu ciddi tutarsızlığı düzelten ve onu izleyen Amerikan demokrasinin temelini atan On Dört Numaralı Anayasa Değişikliğinin kabulüne giden yolu hazırladı.

Madem haklar insanın amaç ve ereklerini öncelik sırasına sokup, bazı hakları adaletin temeli olarak diğerlerinin önüne yerleştiriyorlar, öyleyse nereden kaynaklanıyorlar? Hakların kapsamının sürekli şişip genişlemesinin ardındaki neden, tam olarak herkesin kendilerine göre öncelikli olan bazı çıkarları başka çıkarların önüne geçirmek istemesidir. Haklar tartışmasındaki kakofoni sürerken, neyin gerçekten bir hak olduğuna neyin olmadığına nasıl karar vereceğiz?

İlkesel olarak haklar üç olası kaynaktan elde edilir: Tanrısal haklar, doğal haklar ve çağdaş pozitivist haklar diye adlandırabileceğimiz, hukuk ve toplumsal gelenek içindeki haklar. Diğer bir deyişle haklar, Tanrı'dan, Doğa'dan ve İnsanın kendisinden çıkabilir.

Vahiy yoluyla bildirilen din kaynaklı haklar, bugün hiçbir liberal demokraside politik hakların temeli olarak kabul edilmez. John Locke *Devlet Yönetimi Üzerine İkinci Risale* adlı yapıtına, Robert Filmer'e ve onun tanrısal hak doktrinine saldırarak başlar; modern liberalizmin özü dini politik düzenin açık temeli olmaktan çıkarmaktır. Bunun dayandığı gözlem, dini temel alan hükümet biçimlerinin birbirleriyle sürekli savaş halinde bulunmalarıydı; çünkü dinsel ilk ilkeler üzerinde yeterli uzlaşımı sağlayamıyorlardı. Hobbes'un doğanın durumunu "her insanın diğer her insana karşı olduğu" bir savaş biçiminde betimlemesinin arka planında, yaşadığı döneme hakim olan mezhepler arası çatışma ve şiddet bulunuyordu. Elbette bunların hiçbiri, liberal toplumlarda yaşayan bireyleri, insanın Tanrı'nın suretinden yaratılmış bir varlık olduğuna ve temel insan haklarının bu nedenle Tanrı'dan geldiğine inanmaktan alıkoyamaz. Bu tür görüşler, kürtaj tartışmasında olduğu gibi, ancak politik haklar olarak ileri sürüldüklerinde sorun yaratırlar. Çünkü o zaman, Locke'un de ayırdına varmış olduğu sorunla karşılaşırlar: Dinle ilgili konularda politik fikir birliği sağlamak son derece zordur.

Hakların olası ikinci kaynağı doğadır ya da tam olarak ifade etmek gerekirse, insan doğasıdır. Bildirge'de yaratıcının adını anmasına rağmen Jefferson, tıpkı Locke ve Hobbes gibi, hakların bir insan doğası kuramında temellenmesi gerektiğine inanıyordu. Eşitlik gibi politik bir ilke, insanların "doğaları itibarıyla" neye benzediklerine ilişkin yapılacak ampirik gözleme dayanmalıydı. Kölelik uygulaması ilkece doğaya aykırı, dolayısıyla adaletsizdi.

İnsan haklarının insan doğasını temel alabileceği düşüncesi, on sekizinci yüzyıldan günümüze dek şiddetle saldırıya uğramıştır. Bu saldırı, doğalcılık yanılgısı adı altında David Hume'dan yirminci yüzyılın G.E. Moore ve R.M. Hare gibi analitik felsefecilerine dek uzanan bir gelenekte sürer.[5] Özellikle Anglo-Sakson dünyasında güçlü olan doğalcılık yanılgısı tezi, doğanın haklar, ahlak ya da etik için felsefi olarak gerekçelendirilebilecek bir temel sağlayamayacağını savunur.[6]

Çağdaş akademisyenler arasında egemen olan felsefe okulu, hakları, doğa üzerinde temellendirme yönündeki herhangi bir girişimin yanlışlığının çoktan açığa vurulmuş olduğuna inandığından, fen bilimcilerin kendi çalışmalarını 2. Bölüm'de değinilen türde tatsız politik yakıştırmalardan korumak amacıyla doğalcılık yanılgısına kalkan olarak başvurmaları anlaşılabilir. Fen bilimcilerin çoğu ya apolitik ya da *bien-pensant* liberaller olduklarından, doğalcılık yanılgısına başvurup, tıpkı Paul Ehrlich'in *İnsanın Doğaları*[7] adlı kitabında yaptığı gibi, insan doğasının insani değerlerin neler olmaları gerektiği konusunda hiçbir şekilde rehberlik yapmadığını öne sürmeleri kolaydır.

Bence doğalcılık yanılgısı anlayışının kendisi zaten yanlıştır ve felsefenin yeniden, hakların ve ahlakın temeli olarak doğayı kabul eden Kant öncesi geleneğe dönmesi kaçınılmaz bir gerekliliktir. Fakat bu savı tam olarak ortaya koyup doğal hakların reddinin niçin yanlış yola yönelmiş bir tavır olduğunu açıklamadan önce, hakların pozitivist olarak nitelenebilecek üçüncü kaynağına bakmamız gerekir. Doğal haklar kavramını yeniden diriltme çabasını gerektiren şey gerçekten de üçüncü sıradaki, haklara pozitivist yaklaşımın zayıflıklarıdır.

Hakların kaynağının yerini belirlemenin en basit yolu, çevremize bakıp toplumun temel yasaları ve bildirimleriyle neyi hak olarak ilan ettiğini görmektir. Uluslararası Af Örgütü'nün idari başkanı William F. Schultz, insan haklarının çağdaş savunucularının insan haklarının doğayı veya doğal yasayı temel aldığına ilişkin bütün düşünceleri çoktandır terk etmiş olduklarını ileri sürer.[8] Onun yerine, kendi görüşüne göre, "'insan hakları' 'insanların hakları', yani insanların sahip olabileceği ya da hak iddia edebileceği ama iddia sahibinin zorunlu olarak doğasından türemesi gerekli olmayan şey" demektir. Diğer bir deyişle, insan hakları insanlar onların ne olduklarını söylüyorsa odur.

İnsan Hakları Evrensel Beyannamesi gibi belgeler konusudaki görüşmelerde politik bir strateji olarak ele alındığında, Schultz'un hakların insanların ne üzerinde anlaşmaya varmalarını sağlarsanız onlar olduğunu ve bir dizi doğal hak üzerinde asla fikir birliğine varılamayacağı savı, hiç kuşkusuz haklıdır. Olumlu bir hakkın, onu bildiren toplumun istencini gerçekten yansıtmasını garanti edecek bildirgelerin salt çoğunlukla kabul edilmesini gerektirecek kurallar gibi yöntemsel iyileştirmeler yapılabilir (ABD Anayasası örneğinde olduğu gibi). Bir Numaralı Anayasa Değişikliği'nde yer alan konuşma ve din özgürlüğü yaradılıştan zorunlu olabilir ya da olmayabilir; ama anayasal sürecin bir parçası olarak onaylanmıştır. Fakat bu yaklaşım, hakların esas itibarıyla yöntemsel olduğu anlamına gelir: Tüm insanların toplum içinde iç çamaşırlarıyla dolaşma hakkına sahip oldukları konusunda salt çoğunlukla (ya da her nasılsa) karar almayı başardığınızda bu, toplantı yapma özgürlüğü ile konuşma özgürlüğüne ek olarak temel bir insan hakkı haline gelir.

O halde haklarla ilgili olarak bütünüyle pozitivist olan bir yaklaşımdaki sorun nedir? İnsan haklarını savunan herkesin bileceği gibi, ilkece olanaksız değilse bile uygulamada hem olumlu hem de evrensel olan hak yoktur. Batılı insan hakları grupları, Çin hükümetinin politik muhalifleri hapise atmasını eleştirdiğinde, Çin hükümeti kendi toplumlarında sosyal hakların bireysel haklardan önce geldiğini söyleyerek yanıt vermektedir. Batılı örgütlerin bireysel politik haklar üzerinde durmaları, evrensel yüce bir amacın ifadesi değil, daha çok insan hakları gruplarının kendilerinin Batılı (veya belki de Hıristiyan) kültürel önyargılarının yansımasıdır. İnsan haklarının Batılı savunucusu, Çin hükümetinin kendi halkına demokratik bir biçimde danışmadığından, doğru yöntemi izlemediğini söyleyebilir. Ama eğer politik davranışa ilişkin hiçbir evrensel standart yoksa, o zaman doğru yöntemin ne olması gerektiğini kim söyleyebilir? Ayrıca haklar konusunda kampanyalar düzenleyen William Schultz gibi pozitivist yaklaşımı savunan bir kişi uygun yöntemleri izlemekle birlikte, sutte, kölelik ya da kadın sünneti gibi nefret uyandırıcı uygulamaları destekleyen kültürel açıdan farklı başka bir topluma karşılık ne söyleyebilir? Bir şey söyleyemez; çünkü baştan toplumun doğru olduğunu söylediğinin ötesinde hiçbir aşkın standart olamayacağını kabul etmiştir.

DOĞALCILIK YANILGISI NEDEN YANLIŞTIR

Dünyadaki bütün insanların paylaştığı tek bir insan doğasının varlığının evrensel insan hakları için en azından kuramsal olarak ortak bir temel oluşturabilecek olmasından dolayı, kültürel relativizm sorunu, bizi insan haklarına ilişkin insan doğasına dayanan bir yaklaşımı kaldırıp atmada belki de biraz fazla aceleci davranmış olup olmadığımızı yeniden değerlendirmeye yöneltir. Ne var ki, doğalcılık yanılgısına duyulan inanç, çağdaş Batı düşüncesinde öyle derine işlemiştir ki, doğal haklar savının yeniden diriltilmesi hanüz başa çıkılması güç bir iş olmayı sürdürmektedir.

Hakların doğaya dayandırılmasının olanaklı olmadığı şeklindeki düşünce, birbirinden bağımsız olmakla birlikte sıklıkla ilişkili olan iki sava dayanır. Bunların ilki, İngiliz ampirizminin kurucularından biri olan ve "olan"dan "olmalı"yı çıkarmanın olanaksız olduğunu kesin olarak kanıtlamış olduğuna yaygın biçimde inanılan David Hume'a atfedilir. *İnsan Doğasına İlişkin Tez* adlı yapıtının ünlü bir pasajında Hume şöyle der:

> Şimdiye kadar karşılaştığım bütün ahlak sistemlerinde daima gördüm ki, yazar belirli bir süre sıradan bir akıl yürütmeyi sürdürüyor ve Tanrı'nın varlığını saptıyor ya da insan ilişkilerine dair gözlemlerde bulunuyor. Sonra şaşkınlıkla fark ediyorum ki, olağan önerme bağları "öyledir" ve "öyle değildir" yerine, bir "olmalı" veya "olmamalı" ile bağlantısı olmayan hiçbir önermeyle karşılaşmamışım. Bu belli belirsiz bir değişim olmakla birlikte yine de nihai öneme sahiptir. Bu "olmalı" ya da "olmamalı" yeni bir ilişki veya olumlamayı ifade ettiği için, gözlemlenmesi ve açıklanması gerekir; aynı zamanda bütünüyle kavranılmaz gibi görünen bu yeni ilişkinin kendisinden bütünüyle farklı olan diğer ilişkilerden çıkarımının nasıl yapılabildiğinin gerekçelendirilmesi gerekir.[9]

Hume genellikle, doğa ya da doğal dünya üzerine yapılan ampirik gözlem yoluyla, ahlaki yükümlülüğe ilişkin bir ifadede bulunmanın olanaksızlığını ileri sürmesiyle tanınır. Fen bilimciler çalışmalarının politik sonuçları olmadığını savlarken, akıllarında Hume'cu olanolması gereken ikiliği vardır: İnsanların genetik olarak türe özgü belirli şekillerde davranmaya eğilim gösteriyor olmaları, onların o tarzda davranmaları *gerektiğini* göstermez. Ahlaki yükümlülük, doğal dünyadan apayrı olan pek de iyi tanımlanmamış, gölgeler içindeki bambaşka bir alemden gelir.

Doğalcılık yanılgısının ikinci kolu, "olan"dan "olmalı"yı çıkartmayı başarsak bile, "olan"ın genellikle çirkin, ahlakdışı ya da tam anlamıyla ahlaka aykırı olacağını iddia edecektir. Antropolog Robin Fox biyologların son yıllarda insan doğası hakkında çok fazla şey öğrendiklerini ama bunların, gözlemlenmesi pek de hoş olmayan şeyler olduklarını ve politik haklar için kötü bir temel oluşturacaklarını ileri sürer.[10] Örnek vermek gerekirse, evrimsel biyoloji akraba seçiciliğini veya insanların ortak genlerle orantılı olacak şekilde genetik akrabalarını kayırmak yoluyla üremeye yönelik uygunluklarını en üst düzeye çıkarmaya çabaladıklarını öne süren kapsayıcı uygunluk kuramını önümüze sürmüştür. Bu da, Fox'un görüşüne göre, aşağıdaki anlamları içerir:

> Basit akraba seçiciliği kuramını kullanarak, doğal ve insani bir intikam alma hakkının var olduğunu yönünde güçlü bir sav ileri sürülebilir. Eğer birisi benim erkek yeğenimi veya torunumu öldürürse, benim kapsayıcı uygunluğumun bir bölümünü, yani kişisel gen havuzumun gücünü elimden almış sayılır. Bu dengesizliği telafi etmek için, onun da benzer bir kayba uğramasını sağlama hakkına sahip olacağımi iddia edebilirim... Bu tür bir intikam sistemi, suçlunun dişilerinden birini hamile bırakmakla, dolayısıyla benim genlerimi taşıyan bir kişinin varlığını sürdürecek şekilde yetiştirmeye zorlamakla elde edeceğim bir dengeleme sisteminden daha az etkilidir.[11]

Doğal hakkın lehinde yeniden bir sav oluşturmak için yukarıdaki savların her birini, olan-olmalı ayrımıyla başlayarak ele almamız gereklidir. Kırk yıldan daha uzun bir zaman önce felsefeci Alasdair MacIntyre, Hume'un kendisinin de kişinin "olan"dan bir "olmalı"ya varılamayacağı şeklindeki sıklıkla kendisine atfedilen kurala ne inandığına ne de uyduğuna işaret etmişti.[12] *Treatise*'deki ünlü bölümün söylediği, olsa olsa kişinin mantıksal olarak önsel biçimde ampirik gerçeklerden ahlaki kurallara varamayacağıydı. Fakat Plato ve Aristoteles'ten bu yana *Batı geleneğindeki hemen hemen bütün ciddi filozoflar gibi*[13], Hume da "isteme, gereksinme, arzulama, zevk, mutluluk, sağlık" gibi kavramlarla, insanların kendileri için saptadıkları amaç ve hedeflerin "olmalı" ile "olan" arasında bir köprü oluşturduklarına inanıyordu. Bunlardan birinin diğerinden nasıl elde edildiğine ilişkin olarak MacIntyre şu örneği verir: "Eğer Smith'e bir bıçak saplarsam beni hapse atarlar; ama hapse girmek istemiyorum; bu yüzden (en iyisi) bıçağı ona saplamayayım."

Elbette, eşit oranda bir "olmalılar" çeşitliliği yaratabilecek çok çeşitli insan istekleri, gereksinimleri ve arzuları vardır. Öyleyse neden kendimizi, insanın gereksinimlerini karşılamayı amaçlayarak ahlaki "olmalılar" yaratan yararcılıkla yeniden başbaşa bulmuyoruz? Farklı biçimler alabilen yararcılığın ortaya çıkardığı sorun, "olan" ile "olmalı" arasında bir köprü kurma yönetminde değildir: Birçok yararcı, etik ilkelerini insan doğasına ilişkin açıkça anlaşılır kuramlar üzerine inşa ederler. Sorun daha çok, yararcılığın kökten indirgeyiciliğinde, diğer bir deyişle yararcıların insan doğası konusundaki aşırı derecede basitleştirilmiş görüşlerinde yatar.[14] Jeremy Bentham insanın tüm motivasyonunu zevk arayışı ile acıdan kaçmaya indirgemeye çabalamıştır;[15] olumlu ve olumsuz kuvvetlendirmeden söz eden B.F. Skinner gibi daha çağdaş yararcıların ve davranışçıların da akıllarında benzer bir kavram vardı. Modern neoklasik ekonomistler, insanların akılcı yarar ençoklaştırıcıları olduğunu öne süren bir insan doğası modelinden yola çıkarlar. Ekonomistler bireysel yararları ayırt etme ya da öncelikli hale getirme yönündeki herhangi bir çabayı açık bir şekilde inkar ederler; gerçekte yaptıkları, Wall Street'teki bir yatırım bankerinden yoksullara yardım eden Rahibe Teresa'ya kadar bütün insanların etkinliklerini, tüketici tercihinin yararlı sayılan, ayırt edilmesi olanaksız birimlerine indirgemektir.*

Yararcı etiğin temelinde yer alan ve bunun birçok kişiye neden bu kadar çekici geldiğini açıklayan indirgemeci strateji, zarif bir yalınlığa sahiptir. Etiğin, optimizasyona yönelik kesin kuralları olan bir tür bilime dönüştürülebileceğini vaat eder. Sorun, insan doğasının "acı" ve "zevk" gibi basit kategorilere indirgenemeyecek ölçüde karmaşık olmasıdır. Adi uyduruk bir romandan aldığımız zevkle, yaşama ilişkin derin deneyimleri içeren *Savaş ve Barış* veya *Madame Bovary* gibi yapıtları okurken duyduğumuz zevk farklıdır. Bazı zevkler bizi aykırı yönlere götürür: Bir uyuşturucu bağımlısı aynı anda hem rehabilitasyon görüp uyuşturucudan uzak bir yaşam sürdürmeye can atabilir, hem de bir sonraki uyuşturucu dozunu almayı arzulayabilir.

Aslında insani değerlerle insanın duygu ve duygulanımları arasında ne kadar sıkı bağlar bulunduğunu fark ettiğimizde,

---

* Rahibe Teresa durumunda bu birim, yararlı olan, bir tür psikolojik tatmin olacaktır.

insanların "olan" ile "olmalı" arasında gerçekte nasıl köprü kurduklarını daha net bir biçimde görebiliriz. Bu şekilde elde edilen "olmalılar", en az insanın duygusal sistemi kadar karmaşık olacaktır. Bu demektir ki, bir insan tarafından verilen "iyi" veya "kötü" şeklindeki bir hükme, arzu, özlem, hoşnutsuzluk, tiksinti, öfke, suçluluk ya da neşe gibi güçlü duyguların eşlik etmemesine nadiren rastlanır. Bu duyguların bazıları yararcıların basit acı ve zevklerini de içerirler; ama diğerleri, statü veya tanınma arzusu, kişinin yeteneği ya da adilliğinden kaynaklanan gurur veya toplumsal bir kural ya da yasağı çiğnemekten duyulan utanç gibi çok daha karmaşık sosyal duyguları yansıtırlar. Otoriter bir diktatörlükteki politik bir tutuklunun işkence görmüş bedenini toprağın derinliklerinden çıkarttığımızda *kötü* ve *canavarca* sözcüklerini kullanırız; çünkü çok çeşitli duygulardan oluşan bir karmaşa bizi harekete geçirir: Çürümüş beden karşısında dehşet, kurbana ve ailesine arkadaşlarına çektiklari acılardan dolayı acıma ve öldürmenin haksızlığına karşı öfke hissederiz. Bu hükümleri, hafifletici nedenleri akılcı bir tavırla göz önüne alarak daha yumuşak hale getirebiliriz: Örneğin kurban belki de silahlı bir terörist grubun üyesiydi; ya da belki kontrgerilla konusu, hükümetin masum kurbanlara da zararı dokunabilecek baskıcı önlemler almasını zorunlu kılmıştı. Fakat değer türetme süreci esasında akılcı bir süreç değildir; çünkü kaynakları duyguların "olan"ıdır.

Bütün duygular tanımları itibarıyla öznel olarak deneyimlenirler; peki öyleyse, duygular birbirleriyle çatıştığında daha nesnel bir değerler kuramına doğru nasıl yol alacağız? İşte tam bu noktada, insan doğasına ilişkin geleneksel felsefi açıklamalar sahneye çıkar. Neredeyse bütün Kant-öncesi filozofların, bazı duyguları diğerlerine oranla insanlığımız için daha temel bir konuma yerleştiren dolaylı ya da dolaysız bir kuramları vardı. Ben iki haftalık tatilimi isteyebilirim ama sizin kölelikten kurtulma arzunuz daha evrensel ve daha derinden hissedilen bir özgürlük özlemine dayanır ve bu nedenle benim isteğimin önüne geçer. Hobbes'un (Bağımsızlık Bildirgesi'nde saygın bir yeri olan yaşama hakkının habercisi olan) temel yaşama hakkını ileri sürmesi, şiddet sonucunda ölme korkusunun insanın duygularının en güçlüsü olduğunu, dolayısıyla başka bir haktan, örneğin dini geleneğin kabulünden çok daha temel bir hak oluşturduğunu ileri süren dolaysız bir insan doğası kuramını temel alır. Cinayete iliştirilen ahlaki ayıp, büyük ölçüde ölüm korkusunun insan doğasının bir parçası olmasından ve bir insan topluluğundan diğerine kayda değer bir farklılık göstermemesinden kaynaklanır.

İnsan doğasının ilk felsefi anlayışlarından biri, Platon'un *Devlet*'inde Sokrates'in sunduğudur. Sokrates ruhun arzulayan bölüm (eros), tinsel ya da gururlu bölüm (thymos) ve ussal bir bölümden (nous) oluştuğunu ileri sürer. Bu üç bölümün hiçbiri diğerine indirgenemez ve birçok açıdan kıyaslanamazlar: Benim *eros*'um ya da arzum bana ordudan firar edip, savaş alanını terk ederek ailemin yanına gitmemi söyleyebilir; oysa *thymos*'um, yani gururum, beni utanç korkusuyla pes etmemeye yöneltir. Adaletle ilgili farklı kavrayışlar ruhun farklı bölümlerine ayrıcalık tanır (örneğin demokrasi, arzulayan bölümüne ayrıcalık tanırken, aristokrasi tinsel bölümü kayırır) ve en iyi şehir her üç bölümü de tatmin eder. Bu üç bölümlü karmaşıklık nedeniyle, en adil şehirde bile ruhun bazı bölümleri tam anlamıyla tatmin edilemez (örneğin, aile kurumunu etkili bir şekilde fesheden ünlü kadınlar ve çocuklar komünizmi gibi) ve gerçek dünyadaki hiçbir politik sistem yaklaşık bir adaletten fazlasını sağlamayı ümit edemez. Yine de, akla yakınlığı türetildiği ve temelini oluşturan üç bölümlü psikolojinin akla yakınlığıyla orantılı olarak artan veya azalın adalet, anlamlı bir kavram olmayı sürdürmektedir. (Düşüncesiz birçok çağdaş yorumcu, Platon'un ruhu üçe bölen "yalıncı" psikolojisine dudak büküyorlar. Oysa Freudçuluk, davranışçılık ve yararcılık da dahil olmak üzere, yirminci yüzyıldaki birçok düşünce ekolünün çok daha basit olduğunu ve usu enstrümantal bir rolde bıraktıklarını ve *thymos*'u sahneden tamamen çıkarttıklarını ve ruhu, yalnızca arzulayan unsurdan ibaretmiş gibi ele aldıklarını fark etmiyorlar.)

Batı geleneğindeki kökten kopuş Hume ile değil, Rousseau, özellikle de Kant ile gerçekleşir.[16] Rousseau, tıpkı Hobbes ve Locke gibi insanı doğa içinde karakterize etmeye çalıştı ama aynı zamanda *İkinci Söylev* adlı yapıtında insanların "kusursuzlaştırılabilir" olduklarını, yani zaman içinde doğalarını değiştirme yeteneğine sahip olduklarını iddia etti. Kusursuzlaştırılabilirlik, Kant'ın, ahlakı herhangi bir doğa kavramının bütünüyle dışında tutan kategorik zorunluluğun temelini oluşturan ve doğal neden sonuç ilişkilerinden bağımsız olan numenal gerçeklik düşüncesinin tohumlarını atmış oldu. Kant gerçek ahlaki seçimin ve irade özgürlüğünün olasılığının var olduğunu varsaymamız gerektiğini savunmuştur. Ahlaki eylem, tanımı gereği doğal bir arzu ya da içgüdünün ürünü olamazdı; tek başına mantığın doğru olarak dayattığını temel alarak, doğal duyguya *rağmen* davranmalıydı. *Ahlak Metafiziğinin Temellendirilmesi* adlı yapıtının başındaki ünlü sözüne göre, "dünyada, dünyanın dışında bile, *iyi* bir *istemeden* başka kayıtsız şartsız iyi sayılabilecek hiçbir şey düşünülemez."[17] Zeka ve cesaretten, zenginlik ve güce kadar insanların arzuladığı bütün diğer özellikler veya sonuçlar, yalnızca onları taşıyan istemenin iyiliğine göreli olarak iyiydiler; kendinde arzulanabilir olan tek şey iyi bir istemeydi. Kant insanların ahlaki etkinlikleri bakımından numenler, diğer bir deyişle kendinde şeyler olduklarını ve bundan dolayı onlara daima araçlar olarak değil sonuçlar olarak yaklaşılması gerektiğini öne sürmüştü.

Bazı gözlemciler Kantçı etik ile Protestanlığın insan doğası anlayışları arasındaki benzerliklere işaret etmişlerdir; Protestanlığa göre insan ıslah olunamayacak kadar büyük bir günahkârdır, ve ahlaklı davranış doğal arzularımızı aşmayı ya da tamamen bastırmayı gerektirir.[18] Aristoteles ve ortaçağın Thomasçı geleneği, erdemin doğanın bize sağladıkları üzerine kurulduğunu ve doğal olarak zevk verici olanla doğru olan arasında zorunlu bir çelişki bulunmadığını savunmuştu. Kantçı etikte iyinin, iradenin doğaya *üstün gelmesi* olduğu şeklindeki görüşün başlangıcını görürüz.

Sonraki Batı felsefesinin büyük bölümü, deontolojik denen hak kuramlarını, yani insan doğası veya insani amaçlara ilişkin hiçbir güçlü sava bağımlı olmayan bir ahlak sistemi elde etmeye çalışan Kantçı yaklaşımı izlemiştir. Kant'ın kendisi de kendi ahlak kurallarının, insan olmasalar bile bütün akılcı unsurlara uygulanabileceğini söylemişti; toplum "rasyonel eytanlardan" bile oluşabilir. Kant'ı izleyen daha sonraki deontolojik kuramlar, ister insan doğasından isterse başka bir kaynaktan elde edilmiş olsun, insanın amaçlarına ilişkin hiçbir güçlü kuramın var olamayacağı önermesinden yola çıkarlar.

Örneğin John Rawls'a göre, liberal bir devlette "amaca yönelik sistemler değerlerine göre sıraya konulmamıştır";[19] bireysel "yaşam tasarıları" daha çok ya da daha az akılcı oluşlarına göre ayırt edilebilirler, belirledikleri amaç ya da akıbetin doğasına göre değil.[20] Günümüz ABD anayasasına ilişkin ele alınan pek çok düşüncenin içine sinmiş olan görüş budur. Ronald Dworkin ve Bruce Ackerman gibi Rawls-sonrası yasal kuramcılar, liberal bir toplumun kurallarını tanımlamaya çalışırken, insani amaçlar ya da daha çağdaş bir dil kullanmak gerekirse, olası yaşam tarzları arasında hangisinin daha öncelikli olacağına ilişkin herhangi bir değinmeden kaçınırlar.[21] Dworkin, liberal devletin "iyi bir yaşam konusunda... tarafsız olması gerektiğini... politik kararların, iyi yaşama veya yaşama neyin değer kattığına ilişkin herhangi bir kavrayışından olabildiğince bağımsız alınması gerektiğini" savunmuştur. Ackerman ise kendi adına "güç sahibinin (a) iyiye ilişkin kendi kavramının herhangi başka bir kişininkinden daha üstün olduğunu ya da (b) iyiye ilişkin kavramı ne olursa olsun, bir veya daha fazla sayıda vatandaşından yaradılış itibarıyla daha üstün olduğunu iddia etmesini gerektiren" hiçbir sosyal düzenlemenin gerekçelendirilemeyeceğini ileri sürer.[22]

İnsan doğasına dayanan hak kuramlardan bu kadar keskin bir kopuşun, birtakım nedenlerden dolayı hatalı olduğuna inanıyorum. Deontolojik hak kuramlarının belki de en belirgin zayıflığı, bu tür bir düzen tasarlamaya girişen hemen hemen bütün filozofların, sonuçta insan doğasına ilişkin çeşitli varsayımları kuramlarına eklemek durumunda kalmış olmalarıdır. Tek fark, Platon'dan Hume'a kadar uzanan eski geleneğin yaptığı gibi bunu açık açık yapmak yerine, gizlice ve dürüstlükten uzak bir tavırla yapmalarıdır. William Galston, Kant'ın kendisinin *Adaletin Metafizik Unsurları*'nda bir toplumun, bazı dinsel dogmaları değişmez olarak bulunduran kiliseyle bağlantılı yasal toplumsal bir yapıyı kendine dayatamayacağını; çünkü bu tür bir düzenlemenin "insanoğluna bahşedilmiş olan gaye ve amaçla çatışacağını" öne sürdüğüne işaret etmektedir. Peki insanoğlunun amacı nedir? Gerici karanlık önyargılardan özgür akılcı bireyler olarak gelişmek. Kant'ın bu savı zaten insan doğasına ilişkin pek çok güçlü varsayım içerir: Örneğin, insanlar akılcı yaratıklardır, akılcılık özelliklerini kullanmaktan yarar sağlarlar ve akılcılık yönlerini zaman içinde geliştirebilirler. Sonuncu varsayım, eğitimin ve vatandaşlarının dogmatik cehaleti mi yoksa eğitimi mi seçecekleri konusunda tarafsız olmayan bir devletin varlığının gerekli olduğunu gösterir.

Aynı şey John Rawls gibi çağdaş Kantçılar için de geçerlidir. Rawls'ın adalet kuramı, insanın doğası konusundaki her tartışmadan açıkça kaçar ve orijinal konuma dayanarak, herhangi bir akılcı unsurlar grubuna uygulanabilecek olan bir asgari ahlaki kurallar dizisini oluşturmayı amaçlar. Öyle ki, toplum içindeki gerçek konumumuzu bilmemizi önleyen bir "cehalet perdesinin" ardından bakarak adil dağılım kurallarını seçmemiz istenir. Rawls'u eleştirenlerin de işaret ettiği gibi, orijinal konumun kendisi ile Rawls'un bu konumdan çıkarttığı politik anlamlar, insan doğasına ilişkin çok sayıda iddiayı, özellikle de insanların riskkarşıtı oldukları şeklindeki varsayımı içerirler.[23] Rawls'a göre insanlar, toplumsal merdivenin en alt basamağına düşme korkusuyla, kaynakların kesin bir eşitlikle dağıtılmasını seçeceklerdir. Fakat gerçekte birçok birey yüksek statü elde etme şansı uğruna düşük statü sahibi olma riskini alarak, daha hiyerarşik bir toplumu seçebilir. Rawls bundan başka, Adalete İlişkin Bir Kuram adlı yapıtının önemli bir bölümünü insanların en uygun planlar yapabilecekleri koşulları ayrıntılı olarak belirler. Bu da en azından onların amaçları olan, uzun vadeli hedefler geliştirebilen akılcı hayvanlar olduklarını varsayar. Ve sıklıkla, aşağıdaki paragrafta olduğu gibi, insan doğasına ilişkin gözlemler sayılabilecek şeylere gönderme yapar:

> Temel düşünce karşılıklılık ilkesiyle, türle bağlantılı bir yanıt verme eğilimiyle ilgilidir. Bu eğilim derin bir psikolojik gerçektir. Bu olmadan, doğamız çok daha farklı olurdu ve verimli toplumsal işbirliği imkansız olmasa bile kırılgan olurdu... Farklı bir psikolojiye sahip varlıklar ya hiç var olmadılar ya da evrim sürecinde hemen yok olmuş olmalılar.[24]

Karşılıklılığın, hem insan psikolojisinin bir parçası olacak biçimde genetik olarak programlanmış hem de insanların bir tür olarak varlıklarını sürdürebilmeleri için gerekli olduğu şeklindeki iddia, karşılıklılık ilkesinin ahlaki konumu için etik bir davranış biçimi olarak önemli anlamlar içermelidir.

Ronald Dworkin de benzer bir tavırla şöyle der: "insan yaşamı bir kez başladı mı artık başarısız değil başarılı olması—o yaşamın potansiyelinin harcanmayıp mutlaka gerçeğe dönüştürülmesi—nesnel olarak önemlidir".[25] Bu tek cümle içinde, insan doğası hakkındaki birçok varsayım bulunur: Her insanın yaşamının ayrı, doğal bir potansiyeli vardır; bu potansiyel zaman içinde gelişen bir şeydir; bu potansiyel her ne ise, geliştirmek için biraz çaba ve öngörü gerektirir; ve bir bireyin o potansiyele göre sahip olabileceği veya yapabileceği ve gerek birey gerekse toplum açısından pek arzu edilmeyen tercih veya seçimler bulunur. Gerçek anlamda deontolojik olan bir kuram, bir toplumda çok fazla sayıda birey yaşamlarının ilk yarısını, ikinci yarıyı eroin sarhoşluğu içinde yaşamak için harcamayı umdukları parayı kazanmakla geçirdiği ve bu süreç zarfında hiçbir yöntemsel kural ihlal etmezse bunun hiçbir mahsuru olmayacağını iddia edecektir: İnsan doğasına ya da eğitim ve topluma katkı yoluyla kendisini sürekli geliştirmeye çalışan bir insanla, bir uyuşturucu bağımlısı arasında ayrım yapmamızı sağlayacak türde bir iyiye ilişkin bir hiçbir somut kuram yoktur. Ne Rawls ne de Dworkin'in buna inanmadığı elbette çok açık; öyleyse her ikisinin de, insanlar için doğal olarak en iyi olan şeyler konusunda bazı hükümlere varmaktan kaçınması olanaksız.

Örtülü veya gizli insan doğası kuramlaştırmalarına en iyi örnek, daha önce de değinildiği gibi, kişinin kendi çocuğunun genetik değişimi üzerinde karar verme hakkına sahip olduğunu söyleyen "prokreatif özgürlük" hakkını tanımlayan biyoetikçi John Robertson'ın yazılarıdır. Prokreatif özgürlük hakkı, Haklar Beyannamesi'nde yer almadığına göre, o zaman nereden gelir? Robertson'ın bu hak konusunda, *Grisvald/Connecticut* ile *Roe/Wade* davalarına ilişkin kararlarda, Yüksek Mahkeme tarafından onaylanmış olan mahremiyet hakkı ve kürtaj hakkı gibi olumlu hukuku esas almaması çok şaşırtıcıdır. Kendisi bunun yerine, bu hakkı aşağıdaki temellere dayanarak icat etmekle yetinir:

> Uygulamaları hakkında çelişkiler ortaya çıktığında, prokreatif özgürlük muhtemel önceliklerden mümkün olduğunca yararlanmalıdır; çünkü kişinin üreyip üremeyeceği konusu, onurun, kişinin yaşamının anlamının ve kişisel kimliğin merkezinde yer alır. Örneğin, üremekten kaçınma yeteneğinden yoksun kalmak, kişinin kendini tanımlayışını en temel anlamıyla belirler. Kadınların vücutlarını doğrudan ve önemli biçimde etkiler. Aynı zamanda kişinin psikolojik ve sosyal kimliğini ve toplumsal ve ahlaki sorumluluklarını da derinden etkiler. Sonuçta ortaya çıkan yükler özellikle kadınlar açısından külfetli olmakla birlikte, erkekler üzerinde de önemli etkileri olur.

> Diğer yandan, üreme yeteneğinden yoksun kalmak kişiyi bireysel kimliği ile yaşamın anlamının merkezindeki deneyimi edinmesini engeller. Üreme arzusu kısmen toplum tarafından oluşturulmuş olduğu halde, en temelde kişinin genlerinin üreme yoluyla aktarımı, cinsellik güdüsüyle yakından bağlantılı olan, hayvana ya da türe özgü bir dürtüdür. Üreme bizi, doğa ve geleceknesillerle ilişkilendirerek ölüm karşısında bir teselli sunar.[26]

"Kişisel kimliğin merkezi" ve "kişinin kendini tanımlayışının en temel anlamı" gibi ibarelerin, hatta vücudun "doğrudan ve önemli biçimde" etkilendiğine ilişkin göndermelerin hepsi de çok geniş bir yelpazeye yayılmış, insana özgü arzu ve amaçların bazılarının önceliğe sahip olduğu düşüncesini ileri sürer. Üremeyle ilişkili amaçların, ortalama veya sıradan insan bireyi için sahip oldukları önemi temel alarak bunların başka hedeflerden bir anlamda daha önemli olduklarını dolayısıyla temel hakları oluşturduklarını iddia ederler. Herkes üremeyle ilgili kararlar konusunda şiddetli duygular hissetmez—çünkü hiç kuşkusuz üreyip çoğalmak istemeyen veya çocuk sahibi olma kararını çok önemli bir soru olarak görmeyen insanlar da vardır. Fakat *tipik* bir insan bu tür şeylere gerçekten önem verir. Robertson "kişinin genlerinin üreme yoluyla aktarımı... hayvana ya da türe özgü bir dürtüdür" derken, aslında açık bir şekilde doğaya yönelmektedir. Bu noktada insanın içinden Humecu bir tavırla konuşmak geliyor: Şaşkınlıkla görülür ki, deontolojik yazarlar neredeyse hiç göstermeden *olmalı* ve *olmamalı*'dan *olan* ve *olmayan*'a kayıyorlar; çünkü onlar da başka herkes gibi "olmalı"yı bizim türümüz için "olan"a dayandırmaktan kaçınamazlar.

Hakların modern deontolojik kuramların zayıf olan bazı başka yönleri de vardır. İnsan doğasını konu alan bağımsız bir kuramın veya insanın yaşamdaki amacına bir dayanak noktası oluşturan başka yolların yokluğunda deontolojik kuramlar, bireysel ahlaki özerkliği en büyük insani iyi konumuna yükseltirler. Bireylere şu öneride bulunurlar: Ne filozoflar ne de liberal devlet biçimindeki toplum size hayatınızı nasıl sürdürmeniz gerektiğini söylemeyecek ama size *kendi* kararınızı verme olanağını tanırlar. Bunların her ikisinin de yapacağı, seçmiş olduğunuz yaşama ilişkin tasarınızın, diğer vatandaşların tasarıyla çatışmamasını sağlayacak yöntemsel kurallar oluşturmaktır. Bu da, bu yaklaşımın neden bu kadar popüler olduğuna açıklık getirir: Kimse yaşama ilişkin kendi tasarısının eleştirilmesinden ya da karalanmasından hoşlanmaz. Deontolojik kuramların sürekli olarak korudukları tek şey, özsel olarak anlamlı olmayan yaşam tasarılarını seçme hakkıdır. 1992 yılında yapılan *Casey/Planned Parenthood* davasındaki Yüksek Mahkeme kararında çoğunluğun görüşün ortaya koyduğu gibi, "özgürlüğün merkezinde, kişinin varoluş, insan yaşamının anlamı, evreni ve gizemine ilişkin kendi kavramlarını tanımlama hakkı yer alır."[27]

Çağdaş kültür içinde çok fazla şey, ahlaki özerkliğin en önemli insan hakkı olduğu görüşünü destekler. Bu düşüncenin özü, Kant'ın insanların ahlaki özgürlük yetisine sahip numenler ya da kendinde şeyler oldukları görüşünden kaynaklanır. İnsanın, "al yanaklı bir hayvan" yani, iyi ve kötü sözcüklerini kullanmak ve bu sözcükleri içinde bulunduğu dünyaya uygulamak yoluyla değerleri istemesiyle var eden bir değer yaratıcısı olduğu şeklindeki görüş ise Nietzsche'den gelir. Bu noktadan yola çıkıldığında, toplumun geniş kesimi tarafından paylaşılsın veya paylaşılmasın kendi değerlerimi özgürce belirleyebileceğim çağdaş demokratik toplumlardaki değerler söylemi bir adım ötemizde sayılır.[28]

Bununla birlikte, kişinin yaşama ilişkin kendi tasarılarını yapma özgürlüğü kesinlikle iyi bir şey olmakla birlikte, günümüzde anlaşıldığı şekliyle ahlaki özgürlüğün bırakın insan için en önemli ve biricik iyi olmayı, insanlar için o kadar iyi bir şey olup olmadığını sorgulamamıza yol açacak önemli sayıda neden vardır. Ahlaki özerkliğin bize onur ve saygınlık sağladığı geleneksel olarak hep söylendiği biçimi, bizim üstümüzdeki kaynaklardan gelen ahlaki kuralları benimseme ya da reddetme özgürlüğüdür; yoksa onları yaratma özgürlüğü değil. Kant'a göre ahlaki özerklik, kişisel eğiliminizi sizi götürdüğü yere kadar izlemek anlamına gelmiyordu. Tam tersine, bizi sıklıkla doğal bireysel arzu ve eğilimlerimizin amaçlarına karşıt olan şeyleri yapmaya zorlayan, pratik usun önsel kurallarına boyun eğmek anlamını taşıyordu. Buna karşılık, bireysel özerkliğin günümüzdeki anlaşılma şekli, gerçek ahlaki seçimlerle bireysel eğilimler, tercihler, arzu ve hazların toplamından oluşan seçimleri birbirinden ayırt etme yöntemini nadiren sunuyor.

Bireysel seçimin ahlaki özerkliği oluşturduğu yönündeki iddiayı itibari değeriyle kabul etsek bile, sınırsız seçim yapma yeteneğinin başka insan yararlarının önünde gelip gelmeyeceği açık değildir. Bazı insanlar, yetke ve geleneğe karşı koyan ve genel olarak kabul edilen toplumsal kuralları çiğneyen bir yaşam tarzı tasarısını seçebilirler. Fakat yaşamla ilgili başka tasarıların ancak başka insanlarla bağlantı içinde gerçekleştirilmesi olanaklıdır; bu da toplumsal işbirliği ve dayanışma uğruna, bireysel özerkliğin sınırlandırılmasını gerekli hale getirir. Yaşama ilişkin son derece akla yakın bir tasarı, cemaat üyelerinin kişisel özgürlüklerini kısıtlamak isteyen geleneksel dini bir topluluk içinde (örneğin Menonitler ya da Ortodoks Yahudiler) yaşamayı gerektirebilir. Başka bir yaşam tasarısı ise, kendi içinde çok sıkı bağları olan etnik bir topluluk içinde yaşamayı ya da bireyselliğin adeta kışla yaşamını andıran cumhuriyetçi erdemler tarafından kuşatıldığı bir yaşam sürdürmeyi içerebilir. Deontolojik ilkeleri temel alan etik, yaşama ilişkin farklı tasarılar konusunda tam anlamıyla tarafsız değildir; liberal toplumlarda egemen olan daha bireysel tasarılara, kişiyi en az o kadar tatmin edebilecek daha toplumcu tasarılara oranla üstünlük tanır.

Evrim insanlara, kendilerini doğal olarak çok sayıda toplumsal ilişki içine gömmeye uğraşan sosyal varlıklar olmaları yönünde bir donanım sağlamıştır.* Değerler, keyfî oluşumlar olmamakla birlikte, kolektif eylemi olanaklı kılmada önemli bir

* Bu noktanın savunması bir sonraki bölümde daha kapsamlı olarak yapılacak.

amaca hizmet ederler. Bir de insanlar, değer ve normların *paylaşılıyor* olmasından büyük bir doyum sağlarlar. Solipsist değerler, kendi amaçlarına aykırı hale gelerek, insanların ortak amaçlar doğrultusunda birlikte çalışmayı başaramadıkları son derece işlevsiz bir topluma yol açarlar.

Peki doğalcılık yanılgısı iddiasının, hakların doğadan türemesi olanaklı olsaydı bile doğanın şiddet dolu, saldırgan, acımasız veya umursamaz olduğunu iddia eden diğer koluyla ilgili olarak ne söylenebilir? İnsan doğası en azından birbirine aykırı yönlere, yani rekabet ve işbirliğine, bireycilik ve toplumsallığa işaret eder. O halde herhangi bir tek "doğal" davranış, doğal hakların temelini nasıl oluşturabilir?

Kanımca bunun yanıtı, insan doğasının insan haklarına *basitçe* çevrilmesi olanaklı olmadığı halde; insanın amaçlarının akılcı bir şekilde tartışılması diğer bir deyişle felsefe sayesinde, birinden diğerine dengeli bir geçişin sonuçta sağlanacağıdır. Bu tartışma bizi önsel veya matematiksel olarak kanıtlanabilir gerçekliklere götürmez; aslında tartışmanın tarafları arasında yeterli bir fikir birliği bile sağlamayabilir. Bununla birlikte, bir haklar hiyerarşisi oluşturmaya başlamamıza ve daha da önemlisi haklar sorununa, insanlık tarihi boyunca politik bir güç taşımış olan belirli bazı çözümleri dışlamamıza olanak sağlar.

Örneğin, insanın şiddete ve saldırganlığa yönelik potansiyelini ele alın. Çok az kişi, bunun bir şekilde insanın doğasında yer etmiş olduğu düşüncesine karşı çıkacaktır; cinayetin olmadığı ya da silahlı şiddetin herhangi bir türünü deneyimlememiş olduğu bir toplum neredeyse yok gibidir. Fakat derhal şunu farkederiz ki, topluluğun diğer üyelerine karşı yönelen rasgele şiddet, bilinen bütün kültürel insan gruplarında yasaklanmıştır: Cinayet evrensel olsa bile, cinayeti yasaklamaya yönelik yasalar ve/veya toplumsal normlar da aynı şekilde evrenseldir. İnsanın primat kuzenleri arasında da aynı şey geçerlidir: Bir şempanze grubunun da zaman zaman, tıpkı Columbine Lisesinde öğrencilere ateş açanların durumunda olduğu gibi, yalnız, topluluk dışına itilmiş veya kendini ifade etme peşinde olan daha genç bir erkeğin yönelttiği saldırganlık ve şiddet dolu bir davranışa maruz kaldığı olur.[29] Fakat topluluğun daha yaşlı üyeleri, söz konusu bireyi denetim altına almak ve etkisiz duruma getirmek için gerekli önlemleri alacaklardır çünkü toplum düzeni bu tür bir şiddete göz yummaz.

Primatlar arasındaki şiddet, insanlardaki şiddet de dahil olmak üzere, özellikle daha yüksek sosyal katmanlarda—gözde olmayan gruplarla rekabet eden gözde gruplar tarafından—yasal hale getirilir. Okulda ateş edenlere verilen tepkinin aksine, savaşçılara saygı gösterilir ve onur verilir. Hobbes'un "her insanın her insana karşı" olduğu savaşı, aslında her topluluğun her topluluğa karşı olduğu bir savaştır. Gözde gruplardaki toplumsal düzen, gerek evrimsel zaman içinde (insanların bilişsel yeteneklerinin gruba odaklı rekabet gereksinimleri tarafından biçimlenmiş olduğu yönünde çok fazla kanıt vardır[30]) gerekse insanlık tarihi boyunca, gözde olmayan gruplarla rekabet etme gereksiniminden kaynaklanır.[31] (Özellikle) erkekleri aynı amaç etrafında toplanan gruplar, egemenlik sağlamak amacıyla birbirleriyle rekabet ettikçe, insan olmayan primatlardan avcı-toplayıcı toplumlara ve günümüzde etnik ve bölücü şiddet etkinliklerine katılan kişilere dek üzücü bir devamlılık kendini göstermiştir.[32]

Bu durum doğalcılık yanılgısının desteklenmesi, dolayısıyla öykünün sonu olarak alınabilir; yalnız şunu da unutmamalı ki, insan doğası, erkek gruplarının neden olduğu şiddetten çok daha fazlasını içerir. Ayrıca Adam Smith'in kazanç, yaşam açısından yararlı olan mal ve mülkün birikimi, olarak adlandırdığı arzunun yanı sıra, muhakeme, öngörü kapasitesi ve uzun vadeli öncelikleri akılcı bir düzene sokma yeteneğini de kapsar. İki insan topluluğu kafa kafaya tosladığı zaman, şiddet dolu ve sıfır toplamlı bir egemenlik savaşımına girişmekle, olumlu sonuçlar veren barışçı bir ticaret ve değiş tokuş ilişkisine girmek arasında seçim yapmak zorunda kalırlar. Zaman içinde, ikinci seçimin mantığı (Robert Wright'ın sıfır toplamlı olmamalık olarak adlandırdığı şey[33]), gözde insan gruplarına ait sınırların, gittikçe genişleyen güven ve himaye topluluklarına dönüşecek kadar genişlemesine yol açmıştır: küçük akraba gruplarından kabile veya soylara, devletlere, uluslara, geniş etnikdilli topluluklara ve Samuel Huntington'ın kültürler olarak nitelediklerine, birçok ulus-devleti ve milyarlarca olmasa bile yüzlerce milyon insanı sarmalayan ortak değer toplumlarına.

Gittikçe genişleyen bu grupları çevreleyen sınırlarda hâlâ, askeri teknolojinin de eşzamanlı ilerlemesi sonucunda çok daha ölümcül bir nitelik kazanmış olan, önemli oranda şiddet vardır. Fakat insana özgü doğal arzu, eğilim ve davranışlar arasındaki önceliklerin yönlendirdiği insanlık tarihinde belirli bir mantık vardır. Geçtiğimiz yüz bin yıl süresince, insan eliyle uygulanan şiddet gitgide daha fazla denetim altına alınmış ve sürekli büyüyen grupların dış sınırlarına itilmiştir. Küreselleşme—insanoğlunun en büyük gözde gruplarının artık egemenliği ele geçirmek amacıyla, birbirleriyle şiddete dayalı bir rekabet içinde bulunmadıkları ve birbirleriyle barış içinde alış verişi sürdürdükleri bir dünya düzeni—olumlu sonuç veren rekabet lehine, bir dizi uzun vadeli kararın mantıksal sonucu olarak görülebilir.

Diğer bir deyişle, şiddet insanlar için doğal olabilir ama şiddeti denetleme ve yönlendirme eğilimi de bir o kadar doğaldır. Bu çelişkili doğal eğilimler eşit konuma veya önceliğe sahip değildir; kendi durumları üzerinde mantık yürüten insanlar, daha temel niteliği olan mülk ve kazanç gibi başka doğal amaçlar uğruna, şiddeti kısıtlayacak kural ve kurumlar oluşturma gereksinimini kavrayabilirler.

İnsan doğası aynı zamanda hangi politik düzenlerin işlemeyeceğini anlamak için de rehberlik eder. Örnek vermek gerekirse, akraba seçimine veya kapsayıcı uygunluğa ilişkin çağdaş evrim kuramının doğru kavranışı, yakınları kayırmaya ve özel mülke yönelik doğal insani eğilime saygı göstermede başarısız olan komünizmin, sonuçta iflas edeceğini ya da başarısız olacağını öngörmemizi sağlardı.

Karl Marx insanın bir türselvarlık olduğunu, yani insanların, bir bütün olarak insan türüne karşı fedakarlık duygularıyla dolu olduklarını savunmuştu. Gerçek dünyadaki komünist devletlerin politikaları ve kurumları, örneğin özel mülkün yasaklanması, ailenin parti-devletin emri ve egemenliği altına girmesi ve evrensel işçi dayanışmasına adanmışlık, hepsi de bu inanca dayandırılmıştı.

V.C. Wynne-Edwards gibi evrim kuramcıların, tür-düzeyinde fedakarlığın var olduğunu söyledikleri bir dönem de olmuştu ama modern akraba seçimi kuramı, grup seçimi konusunda güçlü baskıların varlığını reddetmektedir.[34] Bu kuram tam tersine, fedakarlığın öncelikle *bireylerin* genlerini sonraki kuşaklara aktarma gereksiniminden kaynaklandığını ileri sürer. Buna göre insanlar, özellikle aile üyelerine ve diğer akrabalarına karşı fedakar davranışlar içinde bulunurlar; insanları Cumartesi günlerini ailelerinden uzakta, "kahraman Vietnam halkı" için çalışarak geçirmeye zorlayacak politik bir sistem, oldukça derin bir direnişle karşılaşacaktır.

Yukarıdaki örnek, insan doğasının ve politikanın nasıl iç içe geçmiş olduğunu gösterir: Akraba seçimi, insanların kendi bireysel ilgi ve çıkarlarının peşinden gitme ve dünyanın diğer ucundaki yabancılar yerine, aileleri ve yakın arkadaşlarıyle birlikte olma haklarına saygı gösteren politik bir sistemin, karşıtı bir sisteme oranla çok daha kararlı, uygulanabilir ve doyum verici olacağını belirtir. İnsan doğası, tek ve kesin bir haklar listesi sunmaz; çok çeşitli doğal ve teknolojik ortamlarla etkileşime geçmesinden dolayı hem karmaşık hem de esnektir. Fakat sonsuz derecede yumuşak başlı olduğu da söylenemez; içimizdeki ortak insanlık, despotluk gibi bazı politik düzen biçimlerini adaletsiz olarak saptar ve üzerlerine kara bir çizgi çekmemize olanak verir. İnsana özgü en derinden hissedilen, evrensel dürtülere, büyük tutku ve davranışlara hitap eden insan hakları, bunu yapmayı başaramayanlara oranla politik düzen için çok daha güçlü bir temel oluşturacaktır. Bu da, yirmi birinci yüzyılın başında dünyada neden çok sayıda liberal demokrasi ama çok az sayıda sosyalist diktatörlük bulunduğunu açıklar.

Bu yüzden, insanların bir tür olarak gerçekten neye benzediklerine ilişkin bir fikir olmaksızın, insan hakları—dolayısıyla adalet, politika ve genel anlamıyla ahlak—hakkında konuşmak olanaksızdır. Bunu söylemek, Hegelci-Marksist anlamda Tarih'in var olduğunu reddetmek değildir.[35] İnsanlar kendi kendilerini değiştirme yeteneğine sahip kültürel hayvanlar oldukları için, kendi davranışlarını biçimlendirmede özgürdürler. Tarih insanın algılarıyla davranışında muazzam değişikliklere yol açmıştır; öyle ki, avcı-toplayıcı toplumun bir üyesi ile çağdaş bilgi toplumunda yaşayan bir kişi, birçok açıdan adeta farklı türlere aitmiş gibi görünürler. İnsanın evrimleşen kurumları ve kültürel düzenlemeleri, zaman içinde birbirinden çok değişik ahlaki tavırlar doğurdu. Fakat doğa, şimdiye kadar olanaklı olan kendini değiştirme türlerine bir sınır koymaktadır. Latin şairi Horace'ın sözleriyle, "Doğa'yı yabayla kaldırıp atabilirsin/Ama o hep koşarak geri gelecektir." Kabile üyesiyle İnternet kuşu karşılaştıklarında, bir an için bile olsa birbirlerini hâlâ tanıdıklarını belirten bir parıltı gözlerinde yanıp sönecektir.

Peki eğer insan hakları bağımsız bir doğa kavramına sırtını dayamışsa, söz konusu bu kavram nedir? Bu kavram, insanın davranışı konusunda bilimsel olarak bilinen her şeyi yeterince yansıtan bir şekilde tanımlanabilir mi? Bu noktaya kadar insan doğasıyla ilgili herhangi bir kuram ileri sürmedim, hatta insan doğasının ne olduğunu tanımlamadım bile. Genellikle sosyal bilimler alanında olmakla birlikte fen bilimciler arasında da, insan doğasının anlamlı bir biçimde var olduğunu yadsıyacak birçok kişi vardır. Bundan dolayı, bir sonraki bölümde türe özgü davranışın ne olduğunu ve bizim türümüz için bunun ne olduğunu inceleyeceğiz.

8

İNSAN DOĞASI

> **"Doğaya göre" yaşamak istiyorsunuz? Ey yüce Stoacılar, ne aldatıcı sözler bunlar! Doğaya benzeyen bir varlık hayal edin; son derece ziyankâr, son derece umursamaz, amaçsız ve düşüncesiz, acımasız ve adaletsiz, aynı anda hem bereketli hem ıssız hem de belirsiz; umursamazlığın kendi başına bir güç olduğunu hayal edin—böyle bir umursamazlığa göre nasıl yaşabilirsiniz ki?**
>
> **Friedrich Nietzsche,**
> ***İyinin ve Kötünün Ötesinde,* 9. Bölüm**

Şu ana dek, insan haklarının olması gerektiği gibi insan doğasını temel aldığı yönündeki savı ileri sürdüm; fakat insan doğası terimiyle neyi kastettiğimi tanımlamadım. İnsan doğası, değerler ve politika arasındaki yakın ilişki nedeniyle, geçtiğimiz birkaç yüzyıl boyunca insan doğasının oldukça tartışmalı bir kavram olması pek de şaşırtıcı sayılmamalı. Geleneksel tartışmaların çoğu doğa ile yetiştirme tarzı arasındaki sınırın nereye çizilmesi gerektiği şeklindeki çok eski sorunun çevresinde dolanıp durmuşlardır. Yirminci yüzyılın sonlarında bu tartışmanın yerini, terazinin yetiştirme tarzı kefesinin ağır bastığı başka bir polemik aldı; birçok kişi insan davranışının, insan doğasını anlamsız bir kavrama haline getirecek kadar esnek olduğunu kuvvetle savunuyordu. Canlıları inceleyen bilim dallarında son yıllarda gerçekleşen ilerleme, ikinci görüşün gitgide daha az savunulabilir hale gelmesine yol açmışsa da, insan doğası-karşıtı görüş varlığını sürdürmeye devam etmektedir: Çevreci Paul Ehrlich kısa süre önce insanların insan doğası üzerine konuşmayı tümüyle bırakmalarını ümit ettiğini çünkü bunun anlamsız bir kavram olduğunu belirtmişti.[1]

Burada kullanacağım *insan doğası* teriminin tanımı şöyle: İnsan doğası, insan türüne özgü niteliği bulunan ve çevresel faktörlerden çok genetik kaynaklı olan davranış ve özelliklerin toplamıdır.

Özgü sözcüğü bir parça açıklama gerektirir. Bu terimi, etologların "türe özgü davranış" (örneğin çiftler arası bağ, kızılgerdanlara ve kedikuşlarına özgüdür ama goril ve orangutanlara özgü değildir) derken kullandığı şekilde kullanıyorum. Hayvan "doğası" konusundaki yaygın yanlış anlamalardan biri bu sözcüğün katı genetik bir belirleyiciliği anlattığı düşüncesidir. Gerçekte bütün doğal özellikler, aynı tür içinde önemli ölçüde değişkenlik gösterir; eğer öyle olmasaydı doğal ayıklama ve evrimsel adaptasyon gerçekleşemezdi. Bu özellikle insan gibi kültürel hayvanlar söz konusu olduğunda geçerlidir. Davranışlar öğrenilebildiği ve değiştirilebildiği için, davranışın değişkenliği kaçınılmaz olarak daha büyük olacak ve bireyin içinde yaşadığı çevreyi kültürel öğrenme yeteneği olmayan hayvanlara oranla daha fazla yansıtacaktır. Bu demektir ki, türe özgü olmak istatistiksel bir saptamadır—davranış veya özelliklerin dağılımının medyanına yakın bir şeye işaret eder.

İnsanın boyunu düşünün. İnsanların boylarında dikkati çekecek oranda bir değişikliğin söz konusu olduğu açıktır; herhangi bir nüfus grubu içinde boy, istatistikçilerin normal (çan eğrisi biçimli) dağılım olarak sınıflandıracakları bir durum sergileyecektir.

Bugün Birleşik Devletler'de erkek ve kadınların boy haritalarını çıkaracak olsaydık, ortaya Şekil 1'dekine benzer bir şey çıkardı (çizgiler yalnızca örnekleme amaçlıdır).

2000 Yılındaki Boy Dağılımı

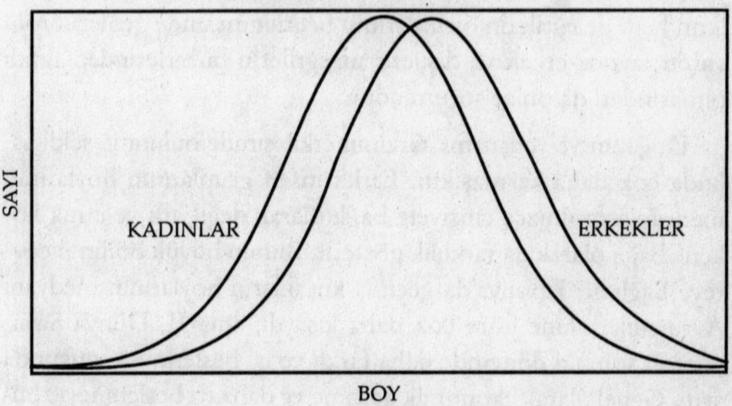

ŞEKİL 1

Bu eğriler bize birkaç şeyi birden anlatır. İlk olarak, "normal" boy diye bir şey yoktur. Bununla birlikte, boy uzunluğunun belirli bir nüfus içindeki dağılımının bir medyanı ve bir ortalaması vardır.* Kesin olarak ifade etmek gerekirse, "türe özgü" boy diye bir şey yoktur; yalnızca boy uzunluğunun türe özgü dağılımı vardır. Hepimizin bildiği gibi cüceler ve devler vardır. Ancak kesin bir cüce ve dev tanımı da yoktur. Bir istatistikçi kendi görüşüne dayanarak, cüceliğin ortalamanın iki ya da daha fazla standart sapma altında, devliğin ise aynı sayının üstünde başladığını söyleyebilir. Ne cüceler ne de devler bu şekilde nitelendirilmekten hoşlanmazlar; çünkü bu sözcükler anormallik ve utanç verici bir lekeyi ima ederler ve ahlaki yönden bakıldığında, bu kişileri damgalamanın gereği yoktur. Fakat bunların hiçbiri,

---

* Nüfusun yarısının daha uzun ve yarısının daha kısa olduğu yüksekliğe medyan; nüfusun tamamının ortalama yüksekliğine ise ortalama denir.

belirli bir nüfus grubu açısından türe özgü boy uzunluklarından söz etmenin anlamsız olduğunu göstermez: İnsanların dağılımına ilişkin medyan, şempanzelerin ve fillerin dağılımlarına ilişkin medyanlardan farklı olacaktır. Ayrıca çan eğirisinin biçimi yanideğişkenliği derecesi de farklılık gösterebilir. Hem medyanların hem de eğrilerin biçimlerinin belirlenmesinde genlerin rolü vardır; ayrıca erkek ve dişilere ait eğrilerin birbirlerinden farklı olmasından da onlar sorumludur.

Doğanın ve yetiştirme tarzının etkileşimde bulunma şekli aslında çok daha karmaşıktır. Farklı insan gruplarının boylarının medyanları yalnızca cinsiyete bağlı olarak değil, ırk ve etnik kökene bağlı olarak da farklılık gösterir. Bunun büyük bölümü çevreye bağlıdır: Japonya'da geçmiş kuşakların boylarının medyanı Avrupalılarınkine göre çok daha kısaydı, ama II. Dünya Savaşı'ndan sonraki dönemde daha farklı ve iyi beslenme sonucunda arttı. Genel olarak ekonomik gelişme ve daha iyi beslenmeyle bütün dünyada boyların medyanı arttı. Tipik bir Avrupa ülkesinde 1500 ile 2000 yılları arasında yer alan boyların dağılımlarını karşılaştırdığımızda, Şekil 2'dekine benzer bir dizi eğri elde ederiz.

Zaman İçindeki Boy Dağılımı

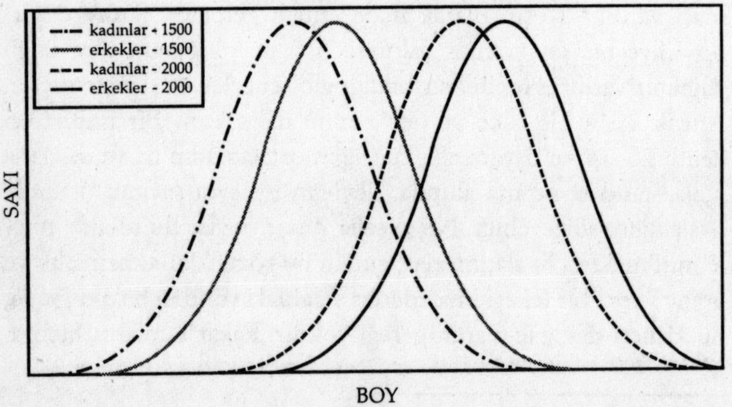

ŞEKİL 2

Öyleyse doğa, insan boyu için tek bir medyan belirlemez. Beslenme, sağlık ve diğer çevresel faktörlere bağlı olarak boy medyanlarının kendileri normal bir dağılım gösterir. Ortaçağ şövalyelerinin giydikleri zırhları inceleyen herhangi bir müze ziyaretçisinin bile kolaylıkla göreceği gibi, Ortaçağ'dan bu yana ortalama boy uzunluklarında çok büyük artışlar olmuştur. Diğer yandan, olası değişkenliğin derecesinin de genetik olarak belirlenen bir sınırı vardır: Bir nüfus kitlesi genel olarak yeterli miktarda kaloriden yoksun bırakıldığında, boyları kısalmaz ama açlıktan ölürler; bununla birlikte, kalori alımının belli bir noktanın üzerine çıkarılması onların daha uzun değil daha şişman olmalarına yol açar. (Söylemeye bile gerek yok, günümüzde dünyanın gelişmiş bölgelerindeki durum budur.) 2000 yılında Avrupa'lı ortalama bir kadın, 1500'de yaşamış olan ortalama bir adamdan önemli miktarda daha uzundur; fakat yine de bütüne bakıldığında erkekler kadınlardan daha uzundur. Belirli herhangi bir nüfus grubu veya tarihsel döneme ait gerçek medyanlar büyük ölçüde çevre tarafından belirlenir; fakat bütün olarak olası değişkenliğin derecesi ve ortalama erkek-kadın farklılıkları kalıtım ve dolayısıyla doğanın ürünüdür.

İnsan doğasının bu tür istatistiksel bir tanımının, insan doğası teriminin yaygın anlaşılma şekliyle ve Aristoteles ya da başka filozoflar tarafından benimsenmiş olan insan doğası kavramıyla ayrılığı bazılarına şaşırtıcı gelebilir. Bu aslında terimin daha tam ve kesin bir kullanımından başka bir şey değildir. Birisinin rüşvet aldığını gördüğümüzde, başımızı iki yana sallar ve "İnsanların güvenine ihanet etmek insanın doğasında var" dediğimizde ya da Aristoteles *Nicomachean Ethics* adlı yapıtında insanın "doğası itibarıyla politik bir hayvan olduğunu" ileri sürerken kastedilen şey, kesinlikle *bütün* insanların rüşvet aldığı veya *bütün* insanların politik olduğu değildir. Dürüst olan veya münzevi hayatı süren bazı kişileri hepimiz tanırız; insan doğası hakkındaki iddia ya olasılıklara dayalı bir sav (yani insanların çoğunun çoğu kez ne yapacağına ilişkin bir iddia) ya da insanların çevreleriyle nasıl etkileşime geçme eğilimine sahip oldukları konusunda koşullu bir ifadedir ("Çoğu insan baştan çıkarıcı bir fırsatla yüz yüze gelirse rüşvet alacaktır.").

DOĞAYA KARŞI

Eleştirmenlerin, geleneksel insan doğası kavramının yanıltıcı olduğunu ya da var olmayan bir şeyden söz ettiğini kanıtlayabilmek için yıllar içinde ortaya sürmüş oldukları üç geniş sav kategorisi bulunmaktadır. Bunların ilki, ortak bir doğaya ulaşabileceğimiz gerçek insan evrensellerinin olmadığı ve var olanların da önemsiz olduğu (örneğin bütün kültürlerin sağlığı hastalığa tercih etmesi gibi) iddiasıyla ilgilidir.

Etikçi David Hull insanlar açısından evrensel ve türümüz için tipik olduğu söylenen birçok özelliğin aslında hiç de öyle olmadıklarını savunur. Dil bile bunların arasındadır:

> İnsan dili, insanlar arasında evrensel olarak yayılmamıştır. Bazı insanlar dil olarak adlandırılabilecek hiçbir şeyi ne konuşur ne de anlarlar. Bir anlamda bu insanlar 'gerçekten' insan olmamalıdır, buna rağmen geri kalanlarımızla aynı biyolojik türe aittirler... Farklı bir genetik yapıları olmuş olsaydı ve uygun ortamlarla sırasıyla karşılaşmış olsalardı, o zaman bizlerin sahip olduğu dilsel becerilerin benzerlerini elde etmelerinin olanaklı olacağı düşünüldüğünde, potansiyel dil-kullanıcıları oldukları söylenebilir. Fakat bu gerçeğe aykırı olan koşulun aynısı diğer türlere de uygulanabilir. Bu anlamda şempanzeler dil edinme kapasitesine sahiptirler.[2]

Hull daha sonra, bir türün normal dağılım göstermeyen, dolayısıyla tek bir medyan ve standart sapma ile tanımlanamayacak çok sayıda özelliğinin bulunduğuna dikkati çeker. Buna bir örnek de kan gruplarıdır: Bir kişinin kan grubu O, A, B, AB ve benzerleri olabilir, ama asla O ile A arasındaki ara bir kan grubuna sahip olamaz. Kan grupları, tıpkı elektrik anahtarlarının açılıp kapatılmasını andıracak şekilde ifade edilen veya edilmeyen, insan DNA'sı içindeki ayrık alellere karşılık gelirler. Bazı kan grupları belirli nüfus gruplarında daha yaygın olabilir; fakat (boy farklarındaki gibi) bir süreklilikleri olmadığı için, türe özgü kan gruplarından söz etmek anlamsızdır. Diğer özellikler süreklilik gösteren bir dağılıma sahiptir: Örneğin ten rengi, açıktan koyuya değişkenlik göstermekle birlikte, bir dizi uç ya da mod çevresinde kümelenerek ırksal grupları belirler.

İnsan evrensellerinin aleyhindeki bu sav aldatıcıdır; çünkü kullandığı *evrensellik* tanımı son derece dardır. Kan grupları istatistikçilere göre kategorik değişkenlerdir, diğer bir deyişle, belirli sayıdaki düzenlenmemiş ayrık kategoriye dahil olan özelliklerdir; bu nedenle "evrensel" veya medyan kan grubundan söz edilemeyecği doğrudur. "Tipik" bir ten renginden söz etmek de anlamsızdır. Fakat boy ve güç gibi birçok başka özelliğin yanı sıra, zeka, saldırganlık ve özsaygı gibi psikolojik özellikler de bir süreklilik gösterir ve belirli bir nüfus grubu içinde tek bir medyan noktasının etrafında normal olarak dağılırlar. Bir nüfusun bu medyanın etrafında değişkenlik gösterme derecesi (yani standart sapması), bir anlamda medyanın ne oranda tipik olduğunun ölçümüdür; standart sapma ne kadar küçük olursa, medyan noktası da o kadar tipik olur.

"İnsan evrenselleri" gibi bir kavramın işte bu bağlamda anlaşılması gereklidir. Bir özelliğin evrensel olarak değerlendirilmesi için sıfır oranında bir değişkenlik (standart sapma) göstermesi zorunlu değildir; çünkü böyle bir şey zaten hemen hemen hiç olmaz.[3] Mutasyona uğradığı için kesesi olmayan bazı dişi kangurular ve kafalarında üç boynuzla doğan boğalar hiç kuşkusuz vardır. Bunlara benzer gerçekler, keselerin "kanguruluğun" gereği olduğu ve boğaların tipik olarak kafalarında iki boynuzu bulunan canlılar olduğu savını anlamsız hale getirmez.[4] Bir özelliğin evrensel olarak adlandırılabilmesi için, tek ve belirli bir medyanının veya modal noktasının olması ve görece küçük bir standart sapma göstermesi gerekir: Şekil 3'teki I. eğri gibi.

IQ Dağılımları

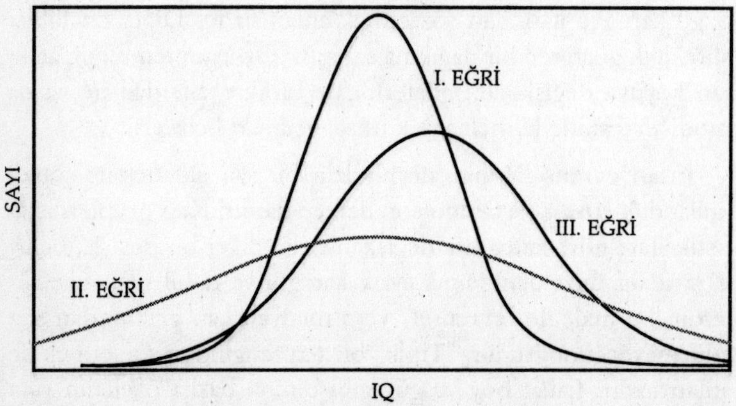

ŞEKİL 1

İnsan doğası kavramına yöneltilen ikinci eleştiri, genetikçi Richard Lewontin'in yıllar boyunca hiç durmadan tekrarladığı[5] ve bir organizmanın genotipinin (DNA'sının), organizmanın fenotipini (DNA'dan gelişen asıl canlıyı) bütünüyle belirlemediği yönündeki görüşüdür. Bu demektir ki, fiziksel görünüm ve özelliklerimiz bile, ve elbette zihinsel durumumuz ve davranışlarımız da kalıtımdan çok içinde bulunduğumuz çevre tarafından şekillenir. Genler bir organizmanın gelişiminin hemen hemen tüm aşamalarında çevreyle etkileşim içinde olurlar; bundan dolayı insan doğası kavramının savunucularının iddia ettiklerinden çok daha az belirleyiciliğe sahiptirler.

Bunun bir örneğini, kısmen doğa kısmen de beslenme ve besinlerle ilgili diğer faktörler tarafından belirlenen medyan boylar durumunda görmüştük. Lewontin ileri sürdüğü bu savı birkaç başka örnekle destekler. Genetik olarak birbirinin aynı olacak şekilde yetiştirilen farelerin bile, ortamdaki zehire farklı tepkiler vereceklerini ve özdeş ikizlerin parmak izlerinin asla birbirinin aynısı olmadığını belirtir.[6] Dağlarda yetişen ve görünüşü yetiştiği yüksekliğe göre tamemen değişen bir bitki türü vardır. Doğuştan aynı genetik özelliklere sahip olan iki bebeğin, rahimde bulundukları sırada annelerinin sergiledikleri davranışlara göre (annenin alkol, uyuşturucu kullanıp kullanmaması, yeterli beslenmesi ve benzeri) fiziksel ve zihinsel açıdan oldukça farklı hale gelecekleri bilinir. Bir bireyin çevresiyle olan etkileşimi bu nedenle doğumdan önce başlar. Doğaya atfetme eğilimi gösterdiğimiz özellikler, bu sava göre karmaşık doğa-çevre etkileşiminin ürünüdür.

Doğaya karşı yetiştirme tarzı şeklindeki anlaşmazlıkla ilgili sürüp giden bu nakarat, farklı biçimlere sahip dağılım eğrileriyle gösterilebilir. Örneğin, Şekil 3'teki uzun I eğrisi, bireylerin herbirinin IQ'yu etkileyen beslenme, eğitim ve benzeri faktörler açısından özdeş çevrelerde yaşadığı şeklindeki (gerçekçi olmayan) varsayıma dayanmak suretiyle, bir nüfus grubundaki IQ düzeylerinin varsayımsal dağılımıdır. Bu da doğal veya genetik değişkenliği temsil eder. IQ'ların herhangi bir nüfustaki gerçek dağılımı kaçınılmaz olarak, toplumun zekayı etkileyecek şekillerde bazı bireylere zarar verip bazılarına yarar sağladığını yansıtan II eğrisine daha çok benzeyecektir. Eğri daha kısa ve kalın olup, daha çok birey medyandan uzaklaşmış durumdadır. İki eğrinin biçimleri arasındaki fark ne kadar büyük olursa, kalıtıma oranla çevrenin etkisi o kadar çok olmuş demektir.

Lewontin'in savı aslında geçerli olmakla birlikte, insan doğası kavramını pek de geçersiz kılmaz. Boy konusundaki tartışmada değinildiği gibi, çevre medyan boyları değiştirebilir ama ne insan boyunu belirli sınırların altına ya da üzerine çekebilir ne de kadınlardaki boy ortalamasını erkeklerinkinden daha yükseğe çıkartabilir. Bu parametreleri belirleyen yine doğa olacaktır. Ayrıca çevre, genotip ve fenotip arasında genellikle doğrusal bir ilişki vardır ve bu ilişki genetik değişkenliğin normal bir dağılım göstermesi durumunda fenotipik değişkenliğinin de normal bir dağılım göstermesini sağlar. Diğer bir deyişle, ne kadar iyi beslenirsek boyumuz da o kadar uzun olabilir (türümüze özgü sınırlar dahilinde); boy dağılımını temsil eden eğrilerin çevreden etkilenmelerine rağmen, hâlâ tek bir medyan noktaları vardır. İnsani özelliklerin çoğu, yetiştiği yüksekliğe bağlı olarak tamamen farklı görünümlere bürünen dağ bitkisinin özelliklerine *benzemez*. Soğuk bir iklimde büyütülen bebeklerin kürkü çıkmaz ya da deniz kenarındaki bebeklerin solungaçları olmaz.

Bu yüzden önemli olan, çevrenin insan türüne özgü davranış ve özellikleri etkileyip etkilemediği değil, bunları ne derecede etkilediğidir. 2. Bölüm'de Murray ve Herrnstein'ın *Çan Eğrisi*'nde dile getirdikleri, IQ düzeylerindeki değişkenliğin yüzde 70 kadarının çevreden çok kalıtıma bağlı olduğu yönündeki iddiaları ele alınmıştı. Lewontin ve meslektaşları, gerçek rakamın aslında bundan çok daha aşağıda olduğunu, hatta kendi görüşlerine göre, kalıtsal faktörlerin IQ'yu belirlemede çok önemsiz bir rol oynadığını iddia etmişlerdi.[7] Bu ampirik bir sorundur ve Lewontin bu konuda yanılmışa benzer: Psikoloji dalında, ikizler üzerinde yapılan araştırmalara dayanan fikir birliği, rakamın Murray ve Herrnstein'ın öngörüsünden düşük olmakla birlikte, yine de yüzde 40 ile 50 arasında olduğunu ortaya koymaktadır.

Bir özellik ya da davranışın kalıtsallık derecesi oldukça fazla değişkenlik sergileyebilir; müziğe ilişkin seçimler neredeyse tümüyle çevre tarafından biçimlendirilir, ama Huntington hastalığı gibi bir hastalık üzerinde hemen hiç etkisi yoktur. Belirli bir özelliğin kalıtsallık derecesini bilmek, söz konusu olan IQ gibi önemli bir özellikse çok önemlidir: I eğrisinin üzerindeki ama II eğrisinin altındaki alana dahil olan bireylerin bulundukları yerde olmalarının nedeni büyük olasılıkla doğa değil, içinde yaşadıkları çevredir. Bu alan genişse, beslenme, eğitim ve toplumsal politikaların bir bileşimiyle eğrinin medyanının III eğrisininkine benzeyecek biçimde değişmesini sağlamak için daha çok ümit var demektir.

Lewontin'in, genotiplerin fenotipleri belirleme gücü olmadığı yönündeki iddiaları bütün türler için geçerli olmakla birlikte, türe özgü doğa kavramına yöneltilen üçüncü eleştiri kategorisi neredeyse yalnızca insanlar için geçerlidir.[8] Madem ki insanlar, öğrenme yoluyla kendi davranışlarını değiştirebilen ve öğrendiklerini sonraki kuşaklara genetik olmayan yollarla aktaran kültürel hayvanlardır.[9] Bu, insan davranışındaki değişkenliğin başka herhangi bir türdeki değişkenlik oranından çok daha yüksek olduğu anlamına gelir: İnsanlar arası akrabalık sistemlerinin kapsamı, girift klanlar ve soylardan, tek ebeveynli ailelere kadar uzanır; oysa gorillerin ve kızılgerdanların akrabalık sistemleri buna hiç benzemez. Paul Ehrlich gibi bir insan doğası karşıtı polemikçiye göre, doğamız aslında tek bir doğaya sahip olmamaktır. Böylelikle "uzun süre ayakta kalan demokrasilerdeki vatandaşların, diktatörlük altında yaşamaya alışık olanlardan farklı bir doğaya sahip olduklarını" iddia etmekte başka bir yerde de "birçok Japon insanının doğalarının, yenilgi ve Japon savaş suçlarının açığa çıkması sonucunda, büyük oranda değiştiği" gözleminde bulunur.[10] Bu insanın aklına Virginia Woolf'un romanlarından birindeki "1910 yılı Aralık ayında ya da o sıralarda insan karakteri değişti" sözünü anımsatıyor.

Aslında Ehrlich'in yaptığı, elli yıl önce geniş kabul gören fakat geçtiğimiz birkaç on yıl boyunca yapılan yeni araştırmalar sonucunda gittikçe gözden düşen, insan davranışına ilişkin sosyal oluşturmacı görüşün aşırı bir biçimini yeniden ifade etmekten başka bir şey değildir. Meme kanserinden saldırganlığa kadar her şeyin "geni" popüler basın tarafından ele alınış biçimiyle insanların yanlış bir biyolojik belirlenimcilik duygusuna kapılmalarına yol açmıştır ve kültür ile sosyal oluşturmanın yaşamlarımızda önemli roller oynamayı sürdürdüklerinin bize hatırlatılması yararlıdır. Fakat IQ'nun yüzde 40 ile 50 oranında kalıtımla aktarılabildiği şeklindeki bulgu kendi içinde, kültürün IQ üzerindeki etkisine ilişkin bir öngörüyü de içerir ve ayrıca kültür hesaba katılsa bile, IQ'nun önemli bir bölümünün genetik olarak belirlendiğine işaret eder.

İnsanların, öğrenme yeteneğine sahip kültürel hayvanlar olmaları nedeniyle insan doğasının var olmadığı yönündeki iddia temelden yanlış yöne gitmiştir çünkü saldırdığı, hayali bir düşmandır. İnsan doğasını konu alan ciddi kuramcıların hiçbiri, insanların kültürel yaratıklar olduklarını ya da yaşama tarzlarını biçimlendirmede öğrenme, eğitim ve kurumlardan yararlanma yeteneğine sahip olduklarını yadsımamıştır. Aristoteles insan doğasının, bir meşe palamudunun yavaş yavaş büyüyüp bir meşe ağacına dönüşmesi gibi otomatik bir şekilde bizi kendi formlarımıza yöneltmediğini ileri sürmüştü. İnsanın gelişip büyümesi, insanların bilerek ve isteyerek benimseyecekleri erdemlerle bağlıdır: "Bundan dolayı, erdemler ne doğa ne de doğanın ihlali sonucunda oluşurlar; doğa bize değerleri elde etme kapasitesini verir ve [bu da] alışkanlık sayesinde kusursuz hâle gelir."[11] Bireysel gelişimin bu değişkenliği, adalet kurallarındaki değişkenlikte yansır: Doğal adalet diye bir şey olmasına rağmen "adalet kurallarının tamamı değişkendir."[12] Adaletin kusursuzluğu, birilerinin şehirler kurmasını ve o şehirlerin mevcut koşullarına uygun yasalar hazırlamasını gerektiriyordu.[13] Aristoteles "sağ el sol elden doğal olarak daha güçlü olduğu halde, herhangi bir insanın kendisini iki elini de aynı şekilde kullanmak üzere eğitebileceğini" söyler. Başka bir deyişle, kültürel eklemeler doğayı alt edebilir. O halde Aristoteles'in sisteminde, bugün kültürel değişkenlik ve tarihsel evrim adını verdiğimiz şeylere de epey yer vardır.

Hem Platon hem de Aristoteles, usun basitçe doğduğumuz anda bize bahşedilen bir dizi bilişsel yetenekten ibaret olmadığı görüşündeydiler. Us daha çok, gençlikte eğitim yoluyla, yaşlılıkta ise deneyimlerin birikimiyle işlenmesi gereken bilgiye ve bilgeliğe duyulan bir tür sonsuz açlığı temsil ediyordu. İnsan usu, tek bir kurumlar kümesi ya da Kant'ın daha sonra a priori bir tarz (yani, matematiksel bir kanıt yoluyla) olarak niteleyeceği en iyi yaşama şeklini dayatmıyordu. Bununla birlikte, *hem* kendi değişmeyen doğaları *hem de* değişen çevrelerine bağlı olarak insanların adaletin doğasına ve en iyi şekilde yaşamaya ilişkin felsefi düşünceler içinde olmalarına izin veriyordu. İnsanın bilgiye duyduğu açlığın yoruma açık yapısı, insan doğası kavramıyla tam bir uyum içindeydi. Bu, aslında klasik politik filozofların insanın doğası olarak algıladıkları şeyin önemli bir bölümünü oluşturmaktaydı.

PEKİ ÖYLEYSE İNSAN DOĞASI NEDİR?

Canlıları inceleyen bilimler, insan davranışı ve insan doğası hakkındaki ampirik bilgilerimize büyük katkıda bulunmuştur ve insan doğasına ilişkin klasik anlayışların üzerinden geçmek zahmete değer bir çaba olacaktır. Bunu bitirdikten sonra, bu anlayışlardan hangilerinin eldeki yeni kanıtların ışığında ayakta durmaya devam ettiklerini, hangilerinin yanlışlığının kanıtlandığını ve hangilerinin şimdiki bilgilerimiz doğrultusunda değiştirilmesi gerektiğini görebiliriz. Roger Masters[14], Michael Ruse ve Edward O. Wilson[15] ve Larry Arnhart[16] gibi akademisyenler bunu yapmaya çoktan giriştiler. Arnhart'ın *Darwinci Doğal Hak* adlı kitabı, Darwin'in Aristoteles'in etik sistemini çürütmediğini ve çağdaş Darwinci biyolojinin elde ettiği sonuçların, Aristoteles'in doğal ahlak konusundaki birçok iddiasını desteklemede kullanılabileceğini göstermeye girişir.[17] Arnhart, insan doğasını karakterize eden evrenseller olarak yirmi doğal arzu sıralar.[18]

Bu tür listeler tartışma konusu olmaya açıktır; genellikle ya çok kısa ve geneldirler ya da aşırı ayrıntılı olup evrensellikten uzaklaşırlar. Şu andaki amaçlarımız açısından, dikkatimizi türe özgü özelliklere çevirmeye çalışmak, kapsamlı bir tanım yapmaktan daha önemlidir. Çünkü türe özgü özellikler, insan onuru konusundaki nihai sorunun anlaşılması açısından kilit öneme sahiptir. Biz insanların alışılmadık bir gurura kapılmamıza yol açan ve türe özgü bir özellik olan biliş ile başlayabiliriz.

Tabula Rasa'yı Doldurmak

Son yıllarda insan doğası üzerine öğrendiklerimizin çoğu, biraz sonra da göreceğimiz gibi, türe özgü algılama, öğrenme ve entelektüel olarak gelişme tarzlarımızdır. İnsanların maymun ve yunuslarınkinden farklı olan kendi biliş biçimleri bulunur toplayabileceği bilgi miktarı açısından açık uçludur ama sonsuz değildir.

Buna çok belirgin bir örnek dildir. Gerçek insan dilleri uzlaşımsaldır ve bir insan topluluğunu diğerinden ayıran en büyük uçurumlardan biri, farklı dillerin karşılıklı anlaşılmazlığıdır. Diğer taraftan, dil öğrenme yeteneği evrenseldir ve insan beyninin belirli bazı biyolojik özellikleri tarafından idare edilirler. Noam Chomsky 1959'da, bütün dillerin sözdiziminin temelinde "derin yapıların" yattığını öne sürmüştü.[19] Bu derin yapıların, beyin gelişiminin doğuştan gelen, genetik olarak programlanmış yönleri olduğu düşüncesi, günümüzde büyük oranda kabul görmektedir.[20] Dil öğrenme yeteneğini kültürün değil genlerin sağladığı, çocuk gelişiminin ilk yılında ortaya çıkar ancak çocuk ergenliğe ulaştığında ortadan kaybolur.

İnsan bilişinin doğuştan gelen biçimleri olduğu yönündeki düşünce, geride bıraktığımız yıllarda bir hayli ampirik destek elde etmiş ama aynı zamanda büyük dirençle karşılaşmıştı. Özellikle Anglosakson dünyadaki bu direncin nedeni, John Locke ve onun geliştirdiği İngiliz ampirizminin uzun süreli etkileriydi. Locke *İnsanın Anlığı Üzerine Bir Deneme* adlı yapıtına, insan zihninde doğuştan gelen hiçbir düşüncenin, özellikle de hiçbir ahlaki fikrin bulunmadığını iddia etmekle başlar. Locke'a özgü ünlü *tabula rasa* işte budur: Beyin karşılaştığı duyusal verileri içine alıp yönlendirebilen bir tür genel amaçlı bilgisayardır. Fakat bellek bankaları doğum sırasında esasen boştur.

Locke'ın *tabula rasa*'sı yirminci yüzyılın ortalarına, John Watson ve B.F. Skinner'ın davranışçılık okulu tarafından devralınıncaya dek güçlü ve çekici bir düşünce olmayı sürdürdü. Bu okul daha da radikal bir yorum getirdi; öyle ki, türlere özgü hiçbir öğrenme biçiminin olmadığına inanılıyordu. Örneğin güvercinler de tıpkı maymunlar ve insanlar gibi uygun ödüller ve cezalar verildiği takdirde aynada kendilerini tanıyabilirlerdi.[21] Çağdaş kültürel antropoloji de *tabula rasa* varsayımını kabul eder. Antropologlar birçok başka şeye ek olarak, zaman ve renk kavramlarının her kültürde var olmayan sosyal yapılar olduğunu savunmuşlardır.[22] Geride kalan iki kuşak boyunca bu alanda yapılan araştırmaların ve ilgili diğer kültürel incelemelerin sıklıkla vurguladıkları nokta, Locke'ın tek bir istisnanın bile genel bir kuralı geçersiz kılacağı yönündeki kabulüne uygun olarak, insana ait kültürel uygulamaların olağandışı, tuhaf ya da beklenmedik yanlarını bulmaya çalışmak olmuştu.

Bugün *tabula rasa* fikri artık darmadağın olmuş bir haldedir. Bilişsel nörobilim ve psikoloji dallarındaki araştırmalar sonucunda boş levha fikri yerini, beynin çoğu yalnızca insan türüne özgü olan uyum sağlamaya son derece yatkın bilişsel yapılarla dolu, parçalı bir organ olduğunu görüşüne bırakmıştır. İşin aslı, doğuştan gelen düşüncelerle karşılık gelen, ya da daha net belirtmek gerekirse, doğuştan gelen türe özgü biliş biçimleri ve bilişe verilen türe özgü duygusal tepkiler vardır.

Locke'ın doğuştan gelen düşüncelere ilişkin görüşündeki sorun kısmen tanımsaldır. Locke bir nüfus grubu içindeki bireylerin her birinde ortak olmayan hiçbir şeyin ne doğuştan gelebileceğini ne de evrensel olduğunu savunur. Bu bölümün başında kullanılan istatistiksel dille ifade edilirse, aslında doğal veya doğuştan gelen bir özelliğin hiçbir değişkenliği olmaması ya da standart sapmasının sıfır olması gerektiğini iddia etmektedir. Fakat daha önce gördüğümüz gibi, doğadaki hiçbir şey bu özelliği sergilemez: Özdeş genotipleri olan tek yumurta ikizlerinin fenotipleri bile, rahim koşullarındaki küçük farklara bağlı olarak *biraz* değişkenlik gösterecektir.

Locke'ın evrensel ahlaki değerlerin varlığı karşısındaki savının, sıfır değişkenlik beklentisindekine benzer bir zayıflığı vardır.* Locke, bütün insanların Hıristiyanlığın ve diğer dünya dinlerinin ana ilkesi olan Altın Kural'ı (yani karşılıklılık ilkesini) kabul etmediklerini ve bu kuralın uygulamada birçok kişi tarafından ihlal edildiğini iddia eder.[23] Anne babaların ve çocuklarının birbirlerine karşı duydukları sevginin bile, yeni doğan çocukların öldürülmesi ve yaşlı anne babaların bilerek öldürülmeleri gibi korkunç kötülükleri engelleyemediğini belirtir.[24] Mingreller, Grekler, Eski Romalılar ve başka toplumlarda yeni doğan çocukların hiçbir vicdan azabı duymadan öldürülmesine rastlandığını gözlemler.

Fakat Altın Kural'ın açık dilbilimsel formülasyonları insan kültürleri açısından evrensel olmasa da, bir tür karşılıklılığın uygulanmadığı bir kültür yoktur ve bu ilkeyi ahlaki davranışın merkezi unsuru haline getirmeyi başaramayanı da çok azdır. Bunun öğrenilmiş davranışın sonucundan ibaret olmadığına ilişkin güçlü bir sav ortaya sürülebilir. Biyolog Robert Trivers'ın

---

* Locke, başka bir tanımsal sorunla karşılaşır. Öyle ki, "Anne babalar, çocuklarınızı esirgeyin." benzeri sözel bir önermenin doğrudan anlamına özgü doğuştan gelen düşüncelerden söz etmek ister. Görev konusunda içkin ifadenin, yasa va yasa yapıcılar kavramları olmaksızın anlaşılmasının olanaklı olmadığını iddia eder. Bu şekilde evrensel düşüncelerin olmadığı doğrudur; evrensel olan, anne babaları çocuklarını korumaya ve onlar için en iyiyi istemeye sevkeden insani duygulardır. Bu duyguların beraberinde getirdiği değerlerin ortaya konmasını içeren bir sonraki adım ise her defasında atılmaz.

çalışmaları, yalnızca farklı insan kültürlerinde değil çok çeşitli insan-dışı hayvan türlerinin davranışlarında da bazı karşılıklılık biçimlerinin kendini gösterdiğini ortaya koymuş ve olası genetik nedenlere işaret etmiştir.[25] Aynı şekilde temel akraba seçimi kuramı, anne baba sevgisinin evrimsel oluşumunu açıklar.

Geçtiğimiz yıllarda, yeni doğan çocukların öldürülmesini konu alan çeşitli etolojik araştırmalar yapıldı ve bu araştırmalar, bunun hayvanların dünyasında yaygın olarak uygulandığı gibi çeşitli insan kültürlerinde de olduğunu gösterdi.[26] Yine de bunların hiçbiri Locke'ın iddiasını kanıtlamaz; çünkü yeni doğan çocukların öldürülmesi şeklindeki uygulama ne kadar yakından incelenirse, anne baba ilgisinin normalde son derece güçlü olan duygularının nasıl bastırıldığını anlatan olağandışı koşulların buna neden olduğu da o denli açık bir şekilde ortaya çıkar.[27] Bu koşullar arasında, rakibin evladını ortadan kaldırmak amacıyla üvey baba ya da yeni bir eş arzusu; annenin çektiği ümitsizlik, hastalık ya da aşırı yoksulluk; erkeklerin kültürel olarak tercih edilmesi ve hasta ya da deformasyona uğramış bir çocuğun varlığı bulunur. Yeni doğan çocukların öldürülmesinin toplumsal hiyeraşinin özellikle en alt katmanlarında yaşanmadığı bir topluma rastlamak zordur; ailelerin ellerindeki olanaklar çocuklarını yetiştirmeye yettiğinde besleyip büyütme içgüdüleri devreye girer. Ve Locke'un iddiasının tersine, yeni doğan çocuklar öldürüldüğünde bile bu nadiren "pişmanlık duymaksızın" gerçekleştirilir.[28] Yeni doğan çocukların öldürülmesi bu nedenle daha geniş sınırlar içinde ele alınan cinayete benzer: Evrensel olarak gerçekleşen ama evrensel olarak kınanan ve denetlenen bir şeydir.

Diğer bir deyişle, sonradan yoğun bir sosyalliğe sahip bir tür haline gelen hominidlerin gereksinimleri sonucunda zaman içinde gelişmiş olan doğal insani bir duygu vardır. Locke boş levha konusunda, önceden biçimlendirilmiş soyut ahlaki düşüncelere doğuştan sahip olmadığımız anlamında haklıdır. Bununla birlikte, ahlaki düşüncelerin türler içinde görece bir örnek şekle sahip oluşumunu yönlendiren, insana özgü duygusal tepkiler vardır. Bunların herbiri, Kant'ın algının aşkınsal birliği olarak adlandırdığı, gerçekliği algılamanın bu algılara düzen ve anlam kazandırma özelliğine sahip olan insani yöntemlerinin bir parçasıdır. Kant, yalnızca yer ve zamanın, insan bilişinin kaçınılmaz yapıları olduğuna inanıyordu ama biz bu listeye birkaç madde daha ekleyebiliriz. Renkler görürüz, kokulara tepki veririz, yüz ifadelerini fark ederiz, bir hilenin kanıtını bulmak için dili ayrıştırırız, belirli tehlikelerden kaçınırız, karşılıklı davranışlarda bulunuruz, intikam alırız, utanç duyarız, çocuklarımıza, anne ve babalarımıza bakarız, ensest ve yamyamlıktam tiksiniriz, olaylara nedensellik atfederiz ve bunlardan başka bir sürü şey daha yaparız; çünkü evrim insan zihnini, türe özgü bu tür şekillerde davranmak üzere programlamıştır. Dil durumunda olduğu gibi, çevremizle etkileşime geçerek bu yetenekleri uygulamayı öğrenmemiz gerekir ama bunları geliştirme potansiyeli ile nasıl gelişeceğine yönelik yöntemler zaten doğuştan programlanmıştır.

İNSANIN ÖZGÜLLÜĞÜ VE HAYVANLARIN HAKLARI

Hayvan hakları konusunu ele aldığımızda, haklar ile türe özgü davranış arasındaki bağlantı açıkça ortaya çıkar. Günümüzde tüm dünyada katlettiğimiz, üzerinde deney yaptığımız, giydiğimiz, döşemelik malzemeye dönüştürdüğümüz ve kendinde bir amaç olmaktan çok bir araç olarak kullandığımız maymunların, tavukların, minklerin, domuzların, ineklerin ve diğer hayvanların akıbetlerini iyileştirmeye uğraşan çok güçlü bir hayvan hakları hareketi var. Bu hareketin radikal kanadı zaman zaman saldırganlaşarak tıbbi araştırma laboratuvarlarını ve tavuk işleme fabrikalarını bombalamıştı. Biyoetikçi Peter Singer mesleğini, hayvan haklarını yüceltmeye ve kendi türümüzü diğer türlere karşı adaletsiz olarak kayırmamız anlamına gelen insan türcülüğünün eleştirisine adamıştır.[29] Bütün bunlar bizi James Watson'ın 7. Bölüm'ün başında yer alan sorusuyla karşı karşıya bırakır: Bir semendere ne hak verir?

Bu soruya verilebilecek olan en dolaysız ama büyük olasılıkla semenderlere değil de daha gelişmiş sinir sistemleri olan yaratıklar için kesinlikle geçerli olacak yanıt, bunların da acı ve ıstırap çektikleridir.[30] Evinde hayvanı olan herkesin gözlemleyebileceği ahlaki bir gerçektir bu ve hayvan hakları hareketinin gerisindeki ahlaki itkilerin çoğu, anlaşılır biçimde hayvanların çektiği ıstırabı azaltma arzusundan kaynaklanır. Bu konudaki duyarlılığımızın artması kısmen eşitlik ilkesinin dünya genelinde yayılmasından fakat aynı zamanda hayvanlar hakkında daha fazla ampirik bilgi toplanmasından kaynaklanır.

Geçtiğimiz birkaç kuşak boyunca hayvan etolojisi alanında yapılan çalışmaların çoğu, bir zamanlar insanları hayvan dünyasının geri kalanından ayıran parlak çizgiyi aşındırmaya başlamıştır. İnsanın maymun soyundan gelen bir atadan evrimleştiği ve bütün türlerin sürekli bir değişim sürecinden geçtiği şeklindeki nosyonun kuramsal temelini oluşturan, tabii ki Charles Darwin idi. Eskiden yalnızca insanlara özgü olduğu düşünülen, dil, kültür, us, bilinç ve bunlara benzer özelliklerin birçoğu, artık insan dışındaki hayvanların geniş bir kesiminin de özelliği olarak görülmektedir.[31]

Örneğin primatbilimci Frans de Waal kültürün, diğer bir deyişle öğrenilen davranışları genetik olmayan yollardan sonraki kuşaklara aktarma yeteneğinin, yalnızca insanın elde ettiği bir başarı olmadığını belirtir. Japonya'daki küçük bir adada yaşayan ve patatesleri yıkayan makaklara ilişkin iyi bilinen örneği verir.[32] 1950'lerde bir grup Japon primatbilimci, özellikle belirli bir makakın (tabir caizse, maymunların Albert Einstein'ının) bölgeden geçen bir akarsuda patates yıkama alışkanlığını geliştirdiğini gözlemişlerdi. Aynı makak daha sonra arpa tanelerinin suya düşürüldüğünde üzerlerindeki kumun temizlenebildiğini keşfetti. Bunların ikisi de genetik olarak programlanmış davranışlar değildi; ne patatesler ne de arpa taneleri makakların geleneksel besinleri değildir ve daha önce hiç kimse bu tür davranışlarla karşılaşmamıştı. Buna rağmen patates yıkama ve arpaları kumundan ayırma davranışları yıllar sonra, bu teknikleri ilk keşfeden maymun öldükten çok sonra, adadaki değer makaklarda da görülmeye başladı. Bu durum o maymunun arkadaşlarına da bu teknikleri öğrettiğini ve onların da bu bilgiyi genç kuşaklara aktarmış olduklarını gösteriyordu.

Şempanzeler insanlara makaklardan daha çok benzerler. Homurtular ve baykuş ötüşüne benzeyen seslerden oluşan bir dilleri vardır ve kontrollü bir gözlem ortamında kendilerini insan diline ait sınırlı sayıda sözcükle ifade etmek üzere eğitilmişlerdir. de Waal *Şempanze Politikası* adlı kitabında, Hollanda'da kontrollü gözetim altındaki bir kolonide alfa-erkek statüsü elde etmeye çalışan bir grup şempanzenin çevirdiği entrikaları anlatır. Şempanzeler Machiavelli'yi akla getiren yöntemlerle kendi aralarında ittifak kurar, birbirlerine ihanet eder, rica eder, yalvarır ve birbirlerini ikna etmeye çalışırlar. Aynı zamanda de Waal'in *Maymun ve Suşi Ustası* adlı kitabında anlattığı gibi, espri yetenekleri bile vardır:

> Çalışmalarımı sürdürdüğüm Atlanta yakınlarındaki Yerkes Primat Merkezi'nin Saha İstasyonu'na gelen konuklar genellikle şempanzelerimi ziyaret ederler. Ortalığı en fazla karıştıranlar arasındaki gözdemiz Georgia adlı dişi bir şempanze, ziyaretçiler gelmeden önce hemen musluğa koşup ağzını suyla doldurur... Georgia, ziyaretçiler yakına gelene kadar ağzı gerekiyorsa dakikalarca kapalı bekler; sonra da suyu üstlerine püskürttüğünde çığlıklar, kahkahalar, zıplamalar ve hatta bazen yere düşmeler bile olur.
>
> ... Bir defasında kendimi Georgia ile buna benzer bir durumda buldum. Ağzını musluktan akan suyla doldurmuş, yavaş yavaş bana doğru yaklaşıyordu. Gözlerinin tam içine baktım ve parmağımı yüzüne doğru salladım. Sonra Hollandaca olarak "Seni gördüm!" diye onu uyardım. Hemen bir adım geriledi; ağzındaki suyun bir kısmı dudaklarının kenarından aktı. Gerisini de yuttu. Hollandaca anladığını elbette iddia etmiyorum ama ne yapmak üzere olduğunu anladığımı ve kolay bir hedef olmayacağımı sezmiş olmalıydı.[33]

Georgia yalnızca şaka yapmıyordu, aynı zamanda yakalandığında utanç duyabiliyordu.

Bunun gibi örneklere, yalnızca hayvan hakları düşüncesini desteklemek için değil, aynı zamanda insanın eşi benzeri olmadığına ilişkin iddiaları ve özel konumunu karalamak amacıyla sık sık değinilir. Bazı bilimciler insanlık onuru hakkındaki geleneksel iddiaların, özellikle de dine dayalı olanların yanlış taraflarını açığa vurmaktan özel bir zevk alırlar. Bir sonraki bölümde de görüleceği gibi, insanlık onuru düşüncesine ilişkin daha çok şey var; fakat çok değişik türlerden hayvanların insanlarla bazı önemli özellikleri paylaştıkları da bir gerçektir. İnsanlar daima "ortak insanlıklarına" duygusal göndermelerde bulunurlar ancak çoğu zaman bununla kastettikleri, ortak hayvanlıklarıdır. Örneğin fillerin, yavruları öldüğünde yas tuttukları ve ölü bir fil kalıntısıyla karşılaştıklarında son derece sarsıldıkları görülür. Bir insanın, yitirdiği bir yakını için yas tutmasının veya bir ceset gördüğünde dehşete kapılmasının bir fille uzaktan da olsa bir benzerliği olduğunu düşünmek pek de fazla yaratıcılık gerektirmez (zaten herhalde bu yüzden hayvanları koruma topluluklarını paradoksal bir tavırla "insancıl" topluluklar olarak niteleriz.)

Fakat eğer hayvanların haksız yere ıstırap çekmeme "hakkı" varsa, bu hakkın doğası ve sınırları tümüyle, o türler için neyin tipik olduğuna ilişkin ampirik gözlemlere—yani o türlerin doğaları hakkındaki bağımsız yargılara—dayanacaktır. Bildiğim kadarıyla bugüne dek en radikal hayvan hakları eylemcisi bile, insanların her gün milyarlarcasını yok etmek için uğraştığı AIDS virüslerinin ya da E.coli bakterilerinin haklarını savunmaya kalkmamıştır. Bu canlı varlıklara hak ve ayrıcalık tanımayız çünkü sinir sistemleri olmadığı için acı çekemez ya da durumlarının farkında olmaz görünmektedirler. Durum böyle olduğunda, bilinçli yaratıklara genellikle daha geniş haklar veririz; çünkü onlar da tıpkı insanlar gibi acı çekebilir, korku ve umut duygularını deneyimleyebilirler. Bu tür bir farklılık, semenderin haklarıyla, diyelim ki köpeğiniz Rover'ın hakları arasında—dünyanın tüm Watson'larının içine su serpecek—bir ayrım yapmaya olanak sağlar.

Fakat hayvanların haksız yere acı çekmeme hakkına sahip oldukları gerçeğini kabul etsek bile, insan olmamaları nedeniyle onlara verilmesi olanaksız çok çeşitli birçok hak da vardır. Örneğin, insanların dilini konuşmaktan aciz bir canlı topluluğuna oy kullanma hakkı vermek aklımızın ucundan bile geçmez. Şempanzeler kendi türlerine özgü bir dil kullanarak iletişim kurabilir ve sıkı bir eğitimden geçirildikleri takdirde, insan diline ait sözcükleri az da olsa öğrenmeleri olanaklıdır; ancak yine de insanların dilinde ustalaşamaz ve daha genel anlamıyla insana özgü bilişe sahip olamazlar. Bazı insanların da insanların dilinde ustalığa ulaşamıyor olması, dilin politik haklar açısından taşıdığı önemi destekler: Çocuklar oy kullanma hakkına sahip değildir; çünkü grup olarak tipik bir yetişkinin bilişsel yeteneklerine sahip değillerdir. Bu örneklerin hepsinde, insan dışı hayvanlarla insanlar arasındaki türe özgü farklılıklar, bu iki grubun ahlaki konumunun anlaşılması açısından büyük bir ayrıma yol açmaktadır.[34]

Bir zamanlar Birleşik Devletler'de siyahlara ve kadınlara, bu hakkı doğru biçimde kullanmak için gerekli bilişsel yeteneklere sahip olmadıkları gerekçesiyle oy hakkı verilmemişti. Siyahlar ve kadınlar bugün oy kullanabiliyorlar; ancak grup olarak bilişsel ve dilsel yetenekleri hakkında ampirik bilgiye sahip olduğumuz şempanzeler ve çocuklar oy kullanamıyor. Bu gruplardan birinin üyesi olmak, kişinin bireysel özelliklerinin o grubun medyanına yakın olmasını garanti etmez (anne babalarından çok daha bilinçli oy verebilecek birçok çocuk tanıyorum) fakat uygulama açısından yeterli bir yetenek göstergesi sayılırlar.

Bu nedenle Peter Singer gibi bir hayvan hakları savunucusunun türcülük olarak adlandırdığı şey, mutlaka insanlar tarafından güdülen zorunlu olarak cahilce ve kendi çıkarına hizmet eden bir önyargı anlamına gelmez; insanlık onuruyla ilgisi olan ampirik temeller üzerinde yükselen ve insanın özgüllüğü fikrine dayanılarak savunulabilecek bir inançtır. İnsana özgü biliş konusunu tartışırken bu konuya kısaca değinmiştik. Ama eğer bizi diğer hayvanlardan daha yüksek bir noktaya yerleştiren, bir taraftan da insan olma sıfatıyla her birimizi diğeriyle eşit tutan üstün ahlaki konumun kaynağını keşfetmek istiyorsak, insan doğasının kendi türümüzün tipik özelliği olmakla kalmayıp, yalnızca insana özgü olan nitelikleri hakkında daha fazla bilgi edinmemiz gerekir. Ancak bunu yaptıktan sonra, gelecekte biyoteknoloji alanında yer alacak gelişmelere karşı en fazla neyi korumamız gerektiğini anlayabileceğiz.

9

İNSAN ONURU

> **Öyleyse, analiz ve soyutlama yoluyla üretilen "doğal nesnenin" gerçeklik değil, bir görünüş olduğunun sürekli bilincinde olan ve sürekli bu soyutlamayı düzelten yeni bir Doğal Felsefe hayal etmek olanaklı mı? Ne istediğimi tam olarak anlamış değilim... Zihnimde canlandırdığım yeniden oluşan bilim, modern bilimin insanın kendisine yapmaya yeltendiğini madenlere ve bitkilere bile yapmaz. Onu açıkladığında, tüketmez. Parçalardan söz ederken bütünü anımsayacaktır... İnsanın Tao'su ile bir hayvan türünün içgüdüleri arasındaki benzeşme onun için bilincin, İçgüdü kategorisine indirilmesi değil bilinmeyenin, İçgüdünün üzerine, bilincin içten bilinen gerçekliğiyle tutulmuş yeni bir ışıktır. Onun izleyicileri yalnızca ve basitçe sözcükleriyle kurtulamazlar. Kısaca, Doğa tarafından fethedilmeden onu fetheder ve bilgiyi yaşamınkinden daha ucuza satın alır.**
>
> **C. S. Lewis, *İnsanın Feshi*[1]**

İnsan Kopyalanmasına ilişkin Avrupa Konseyi Kararnamesine göre, "İnsanların, genetik olarak özdeş insanların bilinçli bir şekilde yaratılması yoluyla araç haline getirilmesi, insanlık onuruna aykırıdır; bundan dolayı tıp ve biyolojinin kötüye kullanılması anlamına gelir."[2] İnsanlık onuru, politikacıların ve tabii politik yaşam içinde yer alan hemen hemen herkesin aklına estikçe çekinmeden kullandığı ama aslında kimsenin tanımlayamadığı ve açıklayamadığı kavramlardan biridir.

Politikanın büyük bölümü, insanlık onuru ve onunla ilgisi olan tanınma arzusu konuları etrafında döner. Bu demektir ki, insanlar ya birey ya da dini, etnik, ırksal veya başka tür toplulukların üyeleri olarak sahip oldukları onur ve saygınlığın diğer insanlar tarafından tanınmasını sürekli olarak talep ederler. Tanınma savaşımı ekonomik değildir: Arzuladığımız para değil, başka insanların hak ettiğimize inandığımız şekilde bize saygı göstermeleridir. Eski çağlarda hükümdarlar; kral, imparator veya lord olarak sahip oldukları üstün değerin tanınmasını isterlerdi. Bugün ise insanlar, geçmişte saygı görmeyen ya da değersiz görülen grupların—örneğin, kadınlar, eşcinseller, Ukraynalılar, özürlüler, Amerika yerlileri ve benzerleri—üyeleri olarak sahip oldukları eşit konumun tanınmasını bekliyorlar.[3]

Eşit tanınma veya saygı talebi, Tocqueville'in 170 yıl önce *Amerika'da Demokrasi*[4] adlı eserinde belirttiği gibi, modernitenin baskın tutkusudur. Liberal bir demokraside bunun ne anlama geldiği biraz karışıktır. Önemli bütün bakımlardan eşit olduğumuzu düşünmemiz ya da yaşamlarımızın diğer herkesin yaşamının aynısı olmasını istememiz gerekli değildir. Çoğu insan bir Mozart'ın veya Einstein'ın ya da Michael Jordan'ın, kendi sahip olmadıkları bazı yetenek ve becerilere sahip olduğu ve söz konusu yetenekler sayesinde tanındığı, hatta bu becerilerini kullanarak parasal bir kazanca kavuştuğu gerçeğini kabul eder. Kaynakların, James Madison'ın "mal sahibi olmaya yönelik farklı ve eşit olmayan yetiler" olarak adlandırdığı şeye göre eşit olmayan şekilde dağıtılmasından her zaman hoşlanmasak da, bu durumu kabul ederiz. Fakat aynı zamanda, insanların kazandıklarını ellerinde tutmayı hak ettiklerine, çalışmak ve para kazanmak için gerekli yeteneklerin herkes için aynı olmadığına inanırız. Ayrıca farklı göründüğümüzü, farklı ırk ve etnik kökenlerden geldiğimizi, farklı cinsiyetlere ve farklı kültürlere sahip olduğumuzu da kabul ederiz.

X FAKTÖRÜ

Eşit oranda tanınma talebinin işaret ettiği nokta, bir insanın rastlantısal ve olumsal bütün özellikleri ayıklandığında, belirli bir saygıyı hak eden, insani bir öz niteliğin—buna X Faktörü diyelim—kalacağı düşüncesidir. Ten rengi, görünüş, toplumsal sınıf ve refah düzeyi, cinsiyet, kültürel altyapı, hatta kişinin doğal yetenekleri bile doğum rastlantısallıklarıdır ve özsel olmayan nitelikler sınıfına girerler. Bu ikincil özelliklere dayanarak, kiminle arkadaşlık edeceğimiz, kiminle evleneceğimiz veya iş yapacağımız, toplumsal olaylarda kimlerden uzak durmamamız gerektiği konusunda çeşitli kararlar veririz. Fakat politika alanında, insanlara X Faktörüne sahip olmalarından dolayı eşit davranmamız beklenir. X Faktörüne sahip olmayan herhangi bir yaratığı yiyebilir, ona eziyet edebilir, köleleştirebilir ya da iskeletini öğütüp toz haline getirebilirsiniz ama eğer aynı şeyi bir insana yaparsanız, o zaman "insanlığa karşı suç" işlemiş olursunuz. X Faktörü olan varlıklara insan hakları vermekle kalmaz, yetişkin iseler bir de politik haklar, yani konuşma, dini inanç, toplantı ve politik katılım haklarına saygı gösterilen demokratik politik toplumlarda yaşama hakkını veririz.

X Faktörü atfettiğimiz varlıkların neler olacağı, insanlık tarihindeki en büyük çekişmelere neden olmuş sorunlardan biridir. Tarihin daha önceki dönemlerindeki demokratik toplumların çoğu da dahil olmak üzere, X Faktörü birçok toplumda insan ırkının önemli bir alt kümesine aitti ve belirli cinsiyetler, ekonomik sınıflar, ırk ve kabilelere ait kişiler, düşük zekalı, engelli ya da doğum kusurları olan kişiler bu grubun dışında tutulurdu. Bir hayli katmanlaşmış olan bu toplumlarda, X Faktörünü şu ya da bu derecede taşıyan farklı sınıfların yanı sıra, buna hiç sahip olmayan sınıflar da vardı. X Faktörü bugün liberal eşitliğe inananlar için insan ırkının tamamının çevresini parlak kırmızı bir çizgiyle belirlemekte ve çizilen bu çemberin içindekilere eşit oranda saygı göstermeyi gerektirmekte; buna karşılık, bu çemberin dışında kalanlara daha düşük bir onur düzeyini uygun görmektedir. X Faktörü insanın özü, insan olmanın en temel anlamıdır. Eğer bütün insanlar gerçekten de onur açısından eşitse, X onların evrensel olarak sahip olduğu bir özellik olmalıdır. Peki o zaman X Faktörü nedir ve nereden gelir?

Hıristiyanlar bu soruyu oldukça kolay yanıtlarlar: Tanrı'dan gelir. İnsan, Tanrı'nın suretinden yaratılmıştır ve bundan dolayı Tanrı'nın kutsallığının bir bölümünü paylaşır; bu da insanları doğal yaratıların geri kalan bölümünden daha üst bir saygınlık düzeyine yükseltir. Papa II. Jean Paul'ün sözleriyle,"insan bireyi basit bir aracı ya da vasıta olarak ne kendi türünün ne de toplumun emrinde olamaz; o, kendi başına değere sahiptir. O bir kişidir. Zekası ve iradesi sayesinde bir paylaşım, dayanışma ve kardeşlerine hizmet etme ilişkisi kurmaya kadirdir... Tinsel ruhunun erdemiyle, olgun insan bedeninde bile böyle bir onura sahiptir."[5]

Kişinin Hıristiyan olmadığını (ya da herhangi bir dine inanmadığını) ve insanoğlunun Tanrı'nın suretinden yaratıldığı öncülünü kabul etmediğini varsayalım. İnsanların özel bir ahlaki konum ya da onura hak kazanmış olduklarına inanmak için laik bir gerekçe var mıdır? İnsanlık onuruna ilişkin felsefi bir temel oluşturma yönündeki en bilinen çabayı, herhalde X Faktörünün insanın ahlaki seçim yapabilme kapasitesine dayandığını öne süren Kant göstermiştir. Kant'a göre insanlar zeka, zenginlik, ırk ve cinsiyet açısından farklı olabilirdi ama hepsi de ahlaki yasaya göre hareket etme ya da etmeme yeteneğine eşit olarak sahipti. İnsanlar onura sahipti; çünkü yalnızca onlar özgür iradeye sahipti. Bu öznel bir özgür irade yanılsaması değil, doğal belirlenimciliği ve nedenselliğin normal kurallarını aşmaya yarayan gerçek bir yetenekti. Kant'ın, insanlara her zaman araçlar olarak değil amaçlar olarak davranılması gerektiği şeklindeki ünlü çıkarımının nedeni, özgür iradenin varlığıdır.

Evren konusunda materyalist görüşü benimseyen kişilerin ki, bunlara fen bilimcilerin büyük bir çoğunluğu da dahildir insanlık onuruna ilişkin Kantçı görüşü benimsemeleri oldukça zordur. Bunun nedeni, doğal gerçekliğin yanı sıra varolan ve onun tarafından belirlenmeyen bir insan özgürlüğü alanının olduğu biçiminde bir ikiliği dayatmasıdır. Çoğu fen bilimci, özgür irade olduğuna inandığımız şeyin aslında bir yanılsamadan ibaret olduğunu ve insanların verdiği bütün kararların özdeksel nedenlere bağlanabileceğini savunacaklardır. İnsanlar bir şeyi değil de başka bir şeyi yapmaya karar verirler çünkü bir nöron dizisi yerine başka bir nöron dizisi etkinleşir ve bu nöron atmaları beynin daha önceki özdeksel durumlarına bağlanabilir. İnsandaki karar verme süreci diğer hayvanlarınkine oranla daha karmaşık olabilir; fakat insanın yaptığı ahlaki seçimle, diğer hayvanların yaptığı türden seçimleri birbirinden ayıran kesin bir çizgi yoktur. Kant'ın kendisi de özgür iradenin var olduğuna ilişkin bir kanıt sunmamıştır. Bunun yalnızca ahlakın doğası hakkında, pratik usa ilişkin zorunlu bir ilke olduğunu söylerfakat bu, katı ampirik bir bilim adamının kolay kolay kabul edeceği bir sav değildir.

GÜCÜ YAKALA

Modern fen bilimlerinin ortaya koyduğu sorun aslında daha da derinde saklıdır. İnsanın "özü" diye bir şeyin var olduğu anlayışı, geçtiğimiz yüz elli yılın büyük bir bölümünde modern bilimin amansız saldırılarına uğramıştır. Darwinizm'in en temel savlarından biri, türlerin özlerinin olmadığıdır.[6] Aristoteles türlerin ebediyetine (bizim "türe özgü davranış" olarak adlandırdığımız şeyin değişmez olduğuna) inanırken, Darwin'in kuramı bu davranışın organizmanın içinde bulunduğu ortamla olan etkileşimine bağlı olarak değiştiğini öne sürer. Bir tür için tipik olan, aslında o türün evrimsel zaman içindeki belirli bir anının görüntüsünden başka bir şey değildir; daha önceki ve daha sonraki görüntüler farklı olacaktır. Darwinizm'in, evrimsel süreci yönlendiren kozmik bir teleoloji olmadığını ileri sürmesi nedeniyle, türlerin özü gibi görünen şey aslında yalnızca rasgele gelişen evrimsel sürecin rastlantısal bir yan ürünüdür.

Bu görüş açısından bakıldığında insan doğası olarak adlandırdığımız şey, 100.000 yıl kadar önce, evrimsel biyologların "evrimsel adaptasyon çağı" adını verdikleri ve günümüz insanının öncüllerinin Afrika savanlarında yaşayıp çoğaldığı dönemde ortaya çıkmış olan, türe özgü insani özellik ve davranışlardan başka bir şey değildir. Bu görüş birçok kişi için insan doğasının, tarihsel olarak olumsal olmasından dolayı, ahlak ya da değerlere rehber olmak üzere özel bir konuma sahip olmadığı anlamına gelir. Örneğin David Hull şunu savunur:

> İnsani evrensel özelliklerin varlığının neden bu kadar önemli sayıldığını anlamıyorum. Herhalde bütün insanların ve yalnızca insanların işlevsel başparmakları vardır, yalnızca onlar alet kullanırlar, gerçek toplumlar içinde yaşarlar, başka nedir ki. Bence bu tür atıflar ya yanlış ya da boştur; ama bunlar doğru ve önemli olsalardı bile, bu tür belirli niteliklerin dağılımı büyük oranda evrimsel oluşumlardır.[7]

Genetik mühendisliği tarafından sarsılması olası doğal bir düzenin bulunduğu fikrini çürütmeye uğraşan genetik bilimci Lee Silver şunu iddia eder:

> Engellenmemiş evrim asla [bir hedefe doğru] önceden belirlenmez; ayrıca gelişme ile ilişkili olması gerekmez yalnızca öngörülemez çevresel etmenlere gösterilen bir tepkidir. Altmış milyon yıl önce dünyamıza çarpmış olan asteroit yanımızdan geçip gitseydi, insanlar asla var olmazdı. Doğal düzen her ne ise, iyi olması zorunlu değildir. Çiçek hastalığı virüsü de insan müdahalesi sonucunda yok olmaya zorlanıncaya dek, doğal düzenin bir parçasıydı.[8]

Doğal bir özü tanımlama yeteneğinin bu yoksunluğu her iki yazarı da rahatsız etmiyor. Örneğin Hull, "Ben, insan hakları kadar önemli bir şeyi [insan doğası gibi] böylesine geçici olumsallıklar üzerinde temellendirmek konusunda müthiş bir rahatsızlık duyuyorum... Bunun neden önemli olduğunu anlayamıyorum.

Örnek olarak, haklara sahip olabilmek için neden hepimizin özde aynı olmamız gereksin?"[9] diyerek kendi iddiasını savunur. Silver ise, dini inançları olan ya da doğal bir düzenin varlığına inanan insanların genetik mühendisliğiyle ilgili korkularını küçümser. Gelecekte insan, genlerinin kölesi değil efendisi olacaktır:

> Neden bu gücü yakalamayalım? Geçmişte şansa bırakılanları neden kendi denetimimize almayalım? Aslında güçlü sosyal ve çevresel etkiler, hatta bazen Ritalin ve Prozac gibi ilaçlar yoluyla çocuklarımızın yaşamlarını ve kimliklerinin diğer yönlerini zaten denetim altında tutuyoruz. Eğer anne babaların çocuklarına yarar sağlamak amacıyla sahip oldukları hakları kabul ediyorsak, o zaman bir insanın özü üzerindeki olumlu genetik etkileri hangi gerekçeyle reddedebiliriz.[10]

Gerçekten de neden bu gücü yakalamayalım?

Öncelikle bütün insanları birleştiren bir X Faktörünün ya da insanın özünün varolduğu düşüncesini bırakmanın, bu düşünceyi eleştirenlerin bile benimsedikleri evrensel insan eşitliği düşüncesine ilişkin sonuçlarına bakalım. Hull haklara sahip olabilmek için hepimizin aynı olmasının gerekli olmadığını söylerken haklıdır; fakat *eşit* haklara sahip olabilmek için kilit bir yönden hepimizin aynı olması gereklidir. Kendisi özellikle, insan doğasını insan haklarının temeli olarak almanın, cinsel yönelimi heteroseksüel ölçütten farklı olan homoseksüelleri damgalamak anlamına geleceği konusunda endişelidir. Fakat eşcinseller için eşit haklar lehinde herhangi bir savı ortaya atmanın tek yolu, cinsel yönelimleri ne olursa olsun, cinsel eğilimlerinden çok daha temel bir özellik nedeniyle, *onların da birer insan olduğunu* savunmaktır. Bu ortak diğer zemin bulunamadığında, bu kişilere karşı ayrımcılık yapmamak için hiçbir neden olamaz; çünkü onlar gerçekten de geri kalan bütün insanlardan farklı yaratıklardır.

Aynı şekilde, genetik mühendisliğinin gücünü insanları "geliştirmek" için kullanmaya pek hevesli olan Lee Silver da, bunun genetik açıdan üstün bir insan sınıfı yaratmak için kullanılabilecek olması karşısında endişe duyar. GenZengin adını verdiği bir sınıfın kendi çocuklarının bilişsel yeteneklerini sürekli geliştirerek insan ırkından ayrı bir tür oluşturma noktasına geldikleri bir tablo çizer.

İki lezbiyenin genetik çocukları olması ya da doğmamış dişi bir fetüsten alınan yumurtaların döllenmesiyle annesi hiç doğmamış bir çocuğun üretilmesi gibi doğal olmayan üreme yöntemleriyle teknolojinin bize sunabileceği başka çoğu şey konusunda Silver hiç de korkmamaktadır. Hemen hemen tüm dinlerin veya geleneksel ahlak sistemlerinin, geleceğin genetik mühendisliğine ilişkin ahlaki kaygılarını umursamaz, ancak insanın eşitliğine yöneltilen tehditler algıladığı noktaları belirler. Öncüllerine bakılırsa, ne GenZengin sınıfına ne de GenZengin'lerin kendilerine GenYoksul'larınkilerden çok daha üstün haklar tanıyabilecekleri gerçeğine karşı çıkmakta hiçbir zemini kalmadığını anlamamış gibidir. Bütün insanlarda ortak olan bir öz yoksa veya bu öz değişken ve insanın yönlendirmesine açıksa sırtlarında mecazi eğerler taşıyan bir ırk ile, onlara binip sürmeye yarayacak çizmeleri ve mahmuzlarıyla başka bir ırk neden yaratılmasın? Neden o gücü de yakalamayalım.

Bazı koşullar çerçevesinde yeni doğan çocukların öldürülebileceğini ve ötenaziyi savunmasından dolayı Princeton Üniversitesi'ne alınması büyük tepkilerle karşılanan biyoetikçi Peter Singer, insanlık onuru kavramından vazgeçmenin sonuçları konusunda birçok kişiden çok daha tutarlı bir tavra sahiptir. Singer iflah olmaz bir yararcıdır: Ahlak biliminin tek standardının, bütün canlı varlıkların acı ve ıstıraplarını toplamda en aza indirmek olduğuna inanır. İnsanlar yaşamın sürekliliğinin bir parçasıdır ve kendisinin de açıkça benimsediği Darwinci dünya görüşünde özel bir konuma sahip değillerdir. Bu da Singer'ı iki tümüyle mantıksal çıkarıma götürür: hayvanlar da insanlar gibi acı ve ıstırap çekebildiğine göre hayvan haklarının gerekli oluşu ve acıyı sezmelerine yol açacak şekilde kendi varlıklarının bilincinde olma gibi bazı önemli özelliklerinden yoksun bebek ve yaşlıların haklarının azaltılması. Ona göre bazı hayvanların hakları, bazı insanların haklarından daha fazla saygıyı gerektirir.

Bununla birlikte, Singer eşitlikçi olduğu için, önermelerini mantıksal sonuçlarına dek izleyecek kadar açık sözlü değildir. Neden tek ahlaki iyinin acıdan kurtulmak olması gerektiğini açıklamamaktadır. Filozof Friedrich Nietzsche her zaman olduğu gibi, modern fen bilimleri ile insanlık onuru kavramını bir kenara bırakmanın yol açacağı sonuçları anlamada başka herkesten çok daha açık görüşlüdür. Nietzsche şunu görmeye yarayan derin bir anlayışa sahipti: bir yandan, insanlığın tümünün çevresine kırmızı bir hat çekmek olanaksızlaştığında, çok daha hiyerarşik bir toplum düzenine giden yola doğru bir dönüş başlayacaktır. İnsan olanla insan olmayan arasında dereceli bir süreklilik varsa, insan tipinin kendi içinde de dereceli bir süreklilik var demektir. Bu kaçınılmaz olarak güçlü olanların, Tanrı'ının ya da Doğa'nın onlara koymuş olduğu kısıtlamalardan kurtulmaları anlamına gelecektir. Diğer taraftan, insanlığın geri kalanı, artık yalnızca sağlık ve güvenlik umacaktır; çünkü bir zamanlar onlar için belirlenmiş olan daha üstün emeller boşa çıkmıştır. Nietzsche'nin Zerdüşt'ünün sözleriyle, "Kişinin günü için küçük bir zevki ve bir de gecesi için küçük bir zevki vardır: Ama sağlığa karşı duyduğu şey saygıdır. 'Mutluluğu icat ettik' der son insanlar, sonra da göz kırparlar."[11] Geleceğin liderleri, kitlelere istedikleri "küçük zehirlerden" yeterince vermeyi başarabilirlerse, hem hiyerarşinin hem de sağlık, güvenlik ve acıdan kurtulma konularında eşitliği gözeten bir istemin el ele bir dönüşü gerçekleşebilir.

Nietzsche'nin ölümünden yüz yıl sonra bile filozofun, geleceğini öngördüğü hem üstün insandan hem de son insandan hâlâ çok uzakta oluşumuz beni hep çok şaşırtmıştır. Nietzsche bir defasında, Hıristiyanlığın Tanrısına inanç duymayan bir kişinin Hıristiyan ahlakına yakınlık duyabileceğine inanan John Stuart Mill'i "taş kafa" diyerek paylamıştı. Buna rağmen, son iki kuşak sırasında laik bir niteliğe kavuşan bir Avrupa ve bir Amerika'da, artık dinsel köklerinden tamamen kopmuş olan insanlık onuru kavramına inancın sürdüğüne tanık oluyoruz. İş sürüp gitmekle de kalmıyor: Bir insan topluluğunu ırk, cinsiyet, engellilik veya başka bir niteliğe dayanarak insanlık onuru açısından tanınmayı hak edenler parlak çemberinden dışarı itme düşüncesi, böyle bir şeyi önerecek her politikacının baştan aşağı kötülenip kınanmasına yol açacak en önemli şeydir. Felsefeci Charles Taylor'ın sözleriyle "Sınırları, insan ırkını bir bütün olarak çevreleyen çizgiden içeriye doğru daraltmanın tümden yanlış ve temelsiz olduğuna inanıyoruz" ve eğer bunu yapmaya kalkışan biri çıkarsa "ona derhal içeridekileri dışarıda bırakılanlardan ayrı kılanın ne olduğunu sormalıyız."[12] Hıristiyan ya da Kantçı kökenlerinden sökülüp alınmış, insanlık onurunun eşitliği düşüncesi çoğu materyalist olan fen bilimcileri tarafından dinsel bir dogma olarak görülmektedir. Doğmamış çocuğun (ileride daha ayrıntılı işlenecek olan) ahlaki konumuna ilişkin sürüp giden tartışmalar bu genel kuralın tek istisnasıdır.

İnsanlık onurunun eşitliği düşüncesinin sürüp gitmesinin karmaşık nedenleri bulunur. Bu kısmen alışkanlığın gücünün ve Max Weber'in bir keresinde peşimizi bırakmayan "ölü dinsel inançların hayaletleri" dediği şeylerin eseridir. Kısmen de tarihsel bir kaza eseridir: Evrensel insanlık onuru öncülünü açıkça yadsıyan son önemli politik hareket Nazizm idi ve Nazi'lerin ırkçı ve öjenik politikalarının korkunç sonuçları, bunları yaşamış olanlarda birkaç kuşak boyunca bağışıklık yaratmak için yeterliydi.

Fakat insanlık onurunun evresnselliği düşüncesinin sürüp gitmesinin önemli başka bir nedeni, doğanın kendi doğası olarak adlandırabileceğimiz şeyle ilgilidir. Tarihte bazı topluluklara insanlık onurundan paylarına düşenin verilmemesinin gerekçeleri, önyargıdan başka bir şey değildi ya da değiştirilebilir kültürel veya çevresel koşullara dayanmaktaydı. Kadınların politikada yer alamayacak kadar irrasyonel veya duygusal oldukları, güney Avrupalı göçmenlerin kafalarının daha küçük olması nedeniyle kuzey Avrupa'dan gelenlere oranla daha az zeki olduğu gibi anlayışlar sağlıklı ampirik bilim sayesinde alaşağı edildi. Batı'da ahlaki düzenin, geleneksel dinsel değerler hakkındaki fikir birliğinin ortadan kalkmasının ardından bütünüyle yıkılmamış olması da bizi şaşırtmamalı; çünkü ahlaki düzen insan doğasının içinden gelir ve kültür tarafından insan doğasına dayatılan bir şey değildir.[13]

Bütün bunlar geleceğin biyoteknolojisinin etkisiyle değişebilir. Tehlikelerin en belirgini, bireyler arasındaki geniş genetik değişkenliklerin daralarak bazı ayrık sosyal gruplar içine sıkışacak olmasıdır. "Genetik piyango" günümüzde zengin ve başarılı bir ebeveynin oğlu veya kızının, ebeveynin başarısında rol oynayan koşulları yaratan yetenek ve becerileri kalıtım yoluyla zorunlu olarak elde etmesini olanaksızlaştırıyor. Elbette belli bir oranda genetik seçim her zaman olanaklı olmuştur: Sınıflandırmaya dayalı eşleşme, başarılı insanların birbirleriyle evlenme eğilimi göstermeleri, böylece başarılarının genetik temeliyle orantılı olarak, çocuklarına daha iyi yaşam koşullarını aktarmış olmaları anlamına gelir. Fakat gelecekte modern teknolojinin tüm gücü, çocuklara aktarılacak genleri en iyi biçimde geliştirmeye yönelik bir hizmet sunma üzerinde yoğunlaşabilir. Bu demektir ki, toplumsal seçkinler yalnızca sosyal avantajlarını çocuklarına aktarmakla kalmaz, bunları genetik olarak da onların içlerine işleyebilirler. Gün gelir bu yalnızca zeka ve güzellik gibi özellikleri değil, çalışkanlık, rekabetçilik ve bunlara benzer davranış özelliklerini de içerebilir.

Birçok kişi genetik piyangonun, bazı insanları daha az zeki olmaya, güzel görünmeye veya şu ya da bu engele sahip olmaya mahkum ettiği için adaletsiz olduğunu düşünür. Bununla birlikte, sosyal sınıfı, ırkı ya da etnik kökeni ne olursa olsun her birey oynamak zorunda olduğu için, bir yandan da son derece eşitlikçidir. Bir bakarsınız en zengin adamın "beş para etmeyen" bir oğlu olur, ki bu sıklıkla rastlanan bir şeydir; dolayısıyla "çıra dibine karanlık" atasözü doğrudur. Piyango gidip de yerine seçim geldiğinde, insanların yanyana yarışabildiği, sosyal hiyerarşinin en üst bölümüyle en alt bölümü arasındaki eşitsizliğin artması tehlikesini doğuran yepyeni bir yol inşa etmiş oluruz.

Genetik açıdan üstün bir sınıfın ortaya çıkışının evrensel insanlık onuru üzerinde yapacağı etkiler üzerinde düşünmeye değer. Günümüzde parlak ve başarılı birçok genç, başarılarının aslında onları bambaşka yönlere götürmüş olabilecek doğumla ilgili rastlantılara ve yetiştirilme tarzlarına bağlı olduğuna inanıyor. Diğer bir deyişle, kendilerini şanslı hissediyorlar; ayrıca kendileri kadar şanslı olmayan insanları anlayışla karşılıyorlar. Fakat belirli özellikleri taşıyacak şekilde anne babaları tarafından genetik olarak seçilebildikleri ölçüde "seçimin çocukları", başarılarının yalnızca şansa değil, anne babalarının yapmış olduğu iyi seçimlere ve planlamaya da bağlı olduğuna dolayısıyla istenen bir şey olduğuna inanmaya başlayabilirler. Farklı görünecek, farklı düşünüp farklı davranacak ve belki de farklı hissedecekler, hatta zamanla kendilerini benzer biçimde seçilmemiş onlardan ayrı türden yaratıklar olarak düşünmeye başlayacaklar. Kısaca kendilerini aristokratlar olarak görecekler ve eski zamanların aristokratlarından farklı olarak, doğuştan daha üstün olma yönündeki savları uzlaşımdan değil doğadan kaynaklanacak.

Aristoteles'in Politika'sının I. Kitabında yer alan kölelik konulu tartışma bu konuda öğreticidir. Bu bölüm genellikle Eski Yunan'daki köleliğin gerekçelendirilmesi olarak kınanmıştır; ama aslında bu tartışma çok daha derin ve ayrıntılı olup, genetik sınıflar hakkındaki düşüncelerimizle ilgilidir. Aristoteles uzlaşımsal kölelikle doğal kölelik arasında bir ayrım yapar.[14] Doğal olarak köle doğasında insanlar var olsaydı, kölelik kurumunun doğa tarafından gerekçelendirilmiş olacağını ileri sürer.

Konuyu ele alış tarzından bu tür insanların var olduğuna inanıp inanmadığı açık değildir: çoğu gerçek kölelik uzlaşımsaldır; yani savaşla veya güç kullanmak yoluyla elde edilen zaferin sonucudur ya da barbar sınıfının Eski Yunanların kölesi olması gerektiğine ilişkin yanlış görüşe dayanır.[15] Doğuştan soylu olanlar, soyluluklarının kazanılan bir erdemle değil doğadan geldiğini ve bunu kendi çocuklarına geçirebileceklerini düşünürler. Fakat Aristoteles, doğanın "sık sık bunu gerçekleştirmede başarısız olduğunu"[16] kaydeder. Öyleyse neden Lee Siver'ın önerdiği gibi, çocuklara genetik avantajlar sağlamak ve doğanın eşitlik hatasını düzeltmek için "gücü yakalamıyoruz"?

Gelecekle ilgi spekülasyonda bulunanlar, biyoteknolojinin yeni genetik sınıfların ortaya çıkmasına yol açma olasılığına sıklıkla değinmiş ve bunu kınamışlardır.[17] Fakat bunun tam karşıtı olan, genetik olarak daha eşitlikçi bir topluma dönüşme olanağı da tamamen akla yakındır. Çünkü modern demokratik toplumlardaki insanların oturup, seçkinlerin kendi üstünlüklerini çocuklarına genetik olarak yerleştirmelerini sessizce izlemeleri beklenmez.

Gerçekten de bu, geleceğin politikasında insanları büyük kavgalar etmeye kışkırtacakları birkaç noktadan biridir. Bununla yalnızca televizyona çıkıp konuşan kişilerle, Kongre'deki oturumlar anlamında mecazi olarak kavga etmeyi değil, gerçekten silah ve bombaları başka insanlara yönelterek çatışmayı kastediyorum. Günümüzün zengin, kendinden hoşnut liberal demokrasilerinde, insanları aşırı derecede kızdıracak pek az ulusal politikayla ilgili konu vardır; ancak genetik eşitsizliğin hayaletinin yükselişe geçmesi, insanların koltuklarından kalkıp sokaklara dökülmelerine kolaylıkla yol açabilir.

İnsanlar genetik eşitsizlik konusunda yeterince öfkelenirse iki ayrı eylem türü gerçekleşebilir. Bunların ilki ve en anlamlısı, biyoteknolojinin insanların özelliklerini geliştirmede kullanılmasını yasaklamak, böylelikle bu kulvardaki yarışı geriletmek olacaktır. Fakat geliştirme kavramı vazgeçmesi çok zor olacak kadar güçlü bir çekiciliğe sahip olabilir veya insanların kendi çocuklarını bu şekilde geliştirmelerini engelleyecek bir yasayı yürürlüğe koymanın çok zor olduğu görülebilir ya da mahkemeler anne babaların bunu yapmaya haklarının olduğu yönünde bir açıklama yapabilirler. Bu noktada ikinci bir olasılık kendini gösterir. Bu da aynı teknolojinin, en alttakini yükseltmek için kullanılmasıdır.[18]

Geleceğin liberal bir demokrasinin, devlet destekli öjeni işine yeniden başladığını görmemizin akla yakın olduğu tek senaryo budur. Eski ve kötü öjeni, engelliler ve daha az zeki olan insanlara karşı çocuk sahibi olmalarını yasaklayarak ayrımcılık yapmıştı. Gelecekte daha akıllı, daha sağlıklı, daha "normal" çocuklar üretilebilir. Alttakileri yükseltmek, yalnızca devletin müdahalesi sayesinde gerçekleştirilebilir. Genetik güçlendirme teknolojisi büyük olasılıkla pahalı olacak ve bir miktar risk içerecektir ama görece ucuz ve güvenli olsaydı bile, yoksul ve eğitimsiz olan insanlar yine de bundan yararlanmayı başaramayacaktı. Bu yüzden, evrensel insanlık onurunun parlak kırmızı sınır çizgisinin, devletin hiç kimsenin dışarıda kalmamasını gözetmesiyle sağlamlaştırılması gerekir.

Geleceğin insanlarını üretmeye ilişkin politika oldukça karmaşık olacak. Sol bugüne kadar geleneksel hümanizm, çevresel kaygılar, teknolojiye ve teknoloji üreten şirketlere karşı duyulan kuşku ve öjeni korkusuyla, kopyalamaya, genetik mühendisliğine ve benzer biyoteknolojilere topluca karşı çıkmıştır. Sol tarih boyunca, insanın akıbetini açıklamada kalıtımın toplumsal faktörler karşısındaki önemini zayıflatma çabası içinde olmuştur. Sol kanattan kişilerin, dezavantajlı kişilerin yararına genetik mühendisliğini desteklemeleri için, öncelikle genlerin zekayı ve diğer toplumsal sonuçları belirlemede önemli bir rol oynadıklarını kabul etmeleri gerekmektedir.

Sol, biyoteknolojiye karşı Avrupa'da, Kuzey Amerika'da olduğundan çok daha düşmanca davranmıştır. Bu düşmanlığın büyük bölümü, genetik olarak değiştirilmiş gıdalar aleyhinde kampanya yürütenler gibi, bu bölgede yer alan çevreci hareketlerin gücünden kaynaklanır. (Radikal çevrecilik hareketinin bazı biçimlerinin insan biyoteknolojisine karşı düşmanlığa dönüşüp dönüşmeyeceği ileride belli olacak. Bazı çevreciler, doğayı insanlara karşı koruduklarını düşünmekteler ve insanlarınkinden çok insan olmayanların doğasına yöneltilen tehditlerle ilgilenmektedirler.) Özellikle Almanlar öjeniyi çağrıştıran her şeye oldukça duyarlıdır. Felsefeci Peter Sloterdijk 1999 yılında, insanların çok yakında biyoteknolojinin kendilerine sağladığı seçme gücünü reddetmelerinin olanaksız hale geleceğini, Nietzsche ve Platon'un ele almış olduğu insanın "ötesinde" bir şey yetiştirilmesine ilişkin sorunları göz ardı etmenin artık olanaklı olmadığını söyleyerek büyük bir fırtına kopmasına neden olmuştu.[19] Başka bağlamlarda insan kopyalamaya karşı çıkmış olan sosyolog Jürgen Habermas da, başka birçok kişinin yanı sıra, onu kınamıştı.[20]

Diğer taraftan, Sol'da genetik mühendisliğine sıcak bakmaya başlayan birçok kişi de bulunmaktadır.[21] John Rawls *Bir Adalet Kuramı* adlı kitabında, doğal yeteneklerin eşitsiz dağılımının aslında adaletsizlik olduğunu savunmuştu. Bu nedenle, Rawls'un görüşünü kabul eden bir kişi, alt düzeylerdekileri yukarıya çekecek ve elbette güvenlik, maliyet ve bunun gibi ayarlamaların yapılmış olduğunu varsayarak, yaşam olanaklarını eşitlemek isteyecektir. Ronald Dworkin anne babaların çocuklarını genetik olarak planlamalarını, özerkliği korumaya yönelik daha geniş çerçeveli bir amaca dayanarak savunmuş,[22] Laurance Tribe ise kopyalamaya yasak getirmenin yanlış olacağını çünkü bunun yasağa rağmen kopyalanan çocukların ayrımcılığa uğramasına yol açacağını ileri sürmüştü.[23]

Biri genetik eşitsizliğin diğeriyse genetik eşitliğin artacağını ileri süren, bu iki ayrı radikal senaryodan hangisinin gerçeğe dönüşeceğini bilmek olanaksız. Fakat biyomedikal güçlendirme, teknolojik olarak bir kez olanaklı hale geldi mi, artan genetik eşitsizliğin yirmi birinci yüzyıl politikasının başta gelen anlaşmazlıklarından biri olmayacağına inanmak zordur.

İNSANLIK ONURUNUN GERİ DÖNÜŞÜ

İnsanlık onuru kavramının—yani insan ırkının kendine özgü özel bir niteliği olduğu ve bu niteliğin, türün her üyesini doğa aleminin geri kalanından daha yüksek ahlaki bir konuma yerleştirdiği düşüncesinin—yadsınması bizi oldukça tehlikeli bir yola sokar. Bu yol üzerinden geçmeye zorlanmış olabiliriz ama yine de yürürken gözlerimizi açık tutsak iyi olur. O yolun sonunda ne olduğunu bulmada Nıetzsche, bugün bize bu konuda ahlaki öğütler vermeye kalkan biyoetikçiler alayıyla Darwinci dikkatsiz akademisyenlerden çok daha iyi bir rehberdir.

O yolda gitmekten kaçınmak için insanlık onuru kavramını bir kez daha gözden geçirmeliyiz; bu kavramın saygınlığını zedeleyici şeylere karşı onu koruyacak, hem modern fen bilimleriyle bütünüyle uyumlu hem de insanın özgüllüğünün anlamına karşı adil bir yol olup olmadığını sormalıyız. Ben olduğuna inanıyorum.

Yaratılış düşüncesini savunmayı sürdüren çeşitli Protestan mezheplerinin aksine Katolik Kilisesi, yirminci yüzyılın sonu gelip çattığında evrim kuramıyla uzlaşmıştı. Papa II. Jean Paul 1996 yılında Papalık Bilimler Akademisi'ne verdiği mesajda, XII. Pius'un Darwinci evrimin kanıtlanmamış ciddi bir varsayım olduğunu ifade eden *Humani generis* genelgesini düzeltmişti. Papa, "Bugün Genelge'nin yayınlanmasından yaklaşık yarım asır sonra, yeni bilgiler evrim kuramının bir varsayımdan öte olduğunun kabul edilmesine yol açmış bulunmaktadır. Bu kuramın, çeşitli bilgi alanlarındaki bir dizi keşfin ardından, araştırmacılar tarafından sürekli olarak kabul edilmesi gerçekten kayda değer. Ne hedeflendiği ne de hazırlandığı halde, birbirinden bağımsız olarak yürütülmüş olan çalışmaların sonucunda ortaya çıkan bu yakınlaşma, bu kuramı kendi başına destekleyen önemli bir sav konumundadır."[24]

Papa, kilisenin insanın insan olmayan hayvanlardan geldiği şeklindeki görüşü kabul edebileceğini söylemekle birlikte, bu evrimsel sürecin bir yerinde "ontolojik bir sıçrama" olduğunu da sözlerine eklemiştir.[25] İnsan ruhu doğrudan Tanrı tarafından yaratılmıştır. Dolayısıyla "kaynaklandıkları felsefelerle uyumlu olarak evrim kuramları, zihnin yaşayan doğanın güçlerinden ortaya çıktığını veya bu maddenin yan ürününden ibaret olduğunu söyler ve bu, insanla ilgili gerçekle uyuşmaz." Papa sözlerine, "Ne de insanın onuruna bir dayanak sunamazlar." diyerek devam etmişti.

Başka bir deyişle Papa, insanın şempanze benzeri atalarıyla modern insanların ortaya çıkmaları arasında geçen beş milyon yılın belirli bir noktasında insan ruhunun, bugüne dek gizemini koruyan bir biçimde içimize yerleştirilmiş olduğunu söylemekteydi. Çağdaş fen bilimleri bu sürecin zamansal sıralamasını ortaya çıkartıp, bedensel karşılıklarını ayrıntılı bir biçimde açıklamayı başarabilir ama buna rağmen ne ruhun ne olduğunu ne de nasıl oluştuğunu bugüne dek açıklamayı başaramamıştır. Kilise geride bıraktığımız iki yüzyıl boyunca modern fen bilimlerinden hiç kuşkusuz çok fazla şey öğrenmiş ve doktrinlerini de buna bağlı olarak uyarlamıştır. Fakat birçok fen bilimci kiliseden öğrenebilecekleri bir şeyler olduğu fikrine kahkahalarla gülecek olsa bile, Papa evrim kuramının şu andaki durumunun gerçekten çok zayıf bir noktasına işaret etmiştir ve bilimciler de bu konu üzerinde düşünüp taşınsalar hiç de fena olmaz. Modern fen bilimleri, insan olmanın ne anlama geldiği konusunda birçok bilim adamının sandığından çok daha az açıklama yapmıştır.

Parçalar ve Bütünler

Birçok çağdaş Darwinci, modern fen bilimlerinin klasik indirgemeci yöntemlerini kullanarak insanların nasıl insan olduklar sorununa ilişkin gizi ortadan kaldırdıklarına inanmaktadır.

Bu demektir ki, dil veya saldırganlık gibi üst düzey bir davranış ya da özelliğin, nöronların atmaları yoluyla beynin biyokimyasal alt katmanlarına dek izlenmesi olanaklıdır; böylece beyin, içerdiği basit organik bileşimler yoluyla anlaşılabilir. Beyin şu andaki durumuna, rasgele değişikliklerin yol açtığı gitgide artan bir dizi çok küçük evrimsel değişim ve çevreleyen ortamın gereklerinin belirli zihinsel özelliklerin seçilmesine yol açtığı doğal bir ayıklama süreci sonucunda gelmiştir. Bundan dolayı insana özgü bütün özellikler, önceleyen bedensel bir nedene kadar izlenebilir. Örneğin eğer bugün Mozart ya da Beethoven dinlemeyi seviyorsak, bunun nedeni, evrimsel adaptasyon ortamında bizi belki yırtıcı hayvanlara karşı uyarmaya belki de avlanmamızı kolaylaştırmaya yarayan belirli türde sesleri ayırt edebilmek için evrimleşmiş olan bir işitme sistemimizin olmasıdır.[26]

Bu tür bir düşünce tarzının sorunu yanlış olmasında değil, insanın en göze çarpan ve benzeri olmayan özelliklerini açıklamada yetersiz kalmasıdır. Sorun karmaşık sistemleri, özellikle de biyolojik olanları anlamada kullanılan indirgemeci yöntemin kendisindedir.

İndirgemecilik kuşkusuz modern fen bilimlerinin temellerinden biridir ve bu alanda elde edilen büyük zaferlerin çoğunda payı vardır. Kurşun kaleminizdeki grafitle nişan yüzüğünüzdeki elmasa bakar ve önünüzde farklı iki madde bulunduğunu görür ve bunların aslında özde de birbirinden farklı maddeler olduğuna inanacak olursunuz. Oysa indirgemeci kimya, bize bunların aslında karbon denilen aynı basit maddeden oluştuğunu ve görünüşteki farklılığın özden değil yalnızca karbon atomlarının kurdukları bağlardan kaynaklandığını öğretmiştir. İndirgemeci fizik geçtiğimiz yüzyıl boyunca atomları atomaltı parçacıklara kadar izlemiş ve doğanın daha da indirgenmiş temel kuvvetlerini belirlemekle uğraşmıştır.

Fakat fiziğin göksel mekanik ve akışkanlar dinamiği gibi alanlarına uygun olan şey, biyolojik sistemlerin çoğu gibi, karmaşıklık yelpazesinin ters ucunda yer alan nesneler için de uygun olmak zorunda değildir; çünkü karmaşık sistemlerin davranışı, onları oluşturan parçaların davranışlarını bir araya toplamakla veya yükseltmekle öngörülemez*. Örnek olarak, bir kuş sürüsünün ya da arı öbeğinin belirgin ve ayırt edici davranışları, görece basit davranış kurallarını (eşininin yanında uç, engellerden kaçın, v.b.) izleyen tekil kuş ya da arıların davranışlarından oluşur; ama hiç biri tek başına bütün sürünün ya da öbeğin davranışını belirlemez. Grubunun davranışı, daha çok grubu oluşturan bireylerin etkileşimi sonucunda "ortaya çıkar". Parçalarla bütünler arasındaki ilişki çoğu zaman doğrusal değildir: A girdisini artırmak B çıktısının belirli bir düzeye kadar yükseltebilir ama öyle bir nokta gelir ki nitelik açısından farklı olan, hiç beklenmedik C çıktısı ortaya çıkıverir. Bu, su gibi görece basit bazı kimyasallar için bile geçerlidir: H_2O, sıfır derecede sıvı evresinden katı evresine doğru dönüşüm gösterir, ancak bu gerçek suyun kimyasal yapısı konusundaki temel bilgilere dayanarak öngörülemeyebilir.

Fen bilimleri, karmaşık bütünlerin davranışının, parçalarının davranışlarının toplamından oluşmadığını bir süredir anlamış bulunmakta olup[27], bu durum karmaşıklığın ortaya çıkışını modellemeye çalışan doğrusal olmayan ya da "karmaşık uyum sağlayıcı" sistemler adı verilen bir alanın gelişmesine yol açmıştır. Bu yaklaşım bir açıdan indirgemeciliğin tam karşıtıdır: Bütünlerin, kendilerinden önce gelen daha basit parçalarına dek izlenebileceklerini göstermenin yanı sıra, parçalardan yola çıkıp bütünlerde görülen davranışları kolaylıkla öngörmemizi sağlayacak bir modelin bulunmadığını ifade eder. Doğrusal olmadıkları

* Klasik Newton'cu mekaniğin dayandığı belirlenimcilik büyük oranda, tek bir nesneye uygulanan iki kuvvetin etkilerinin her ikisinin de birbirlerinden bağımsız oldukları varsayılarak toplanabileceğini söyleyen paralelkenar kuralına dayanır. Newton bu kuralın, gezegenler veya yıldızlar gibi gök cisimleri için doğru olduğunu gösterir ve hayvanlar gibi başka doğal nesneler için de geçerli olacağı varsayar.

için başlangıç koşullarındaki çok ufak farklılıklara duyarlı olabilir ve bundan dolayı davranışları bütünüyle belirlenebilir olduğunda bile kaotik görünebilirler.

Bu demektir ki, karmaşık sistemlerin davranışını anlamak, indirgemeci bilimin kurucularının bir zamanlar sandığından çok daha zordur. On sekizinci yüzyıl astronomu Laplace bir keresinde, evreni oluşturan parçaların kütle ve hareketlerini bilirse, evrenin geleceğini Newtoncu mekaniğe dayanarak tam olarak öngörebileceğini söylemişti.[28] Bugün artık hiçbir bilimcinin bu iddiada bulunmuyor olması, yalnızca kuantum mekaniğin ortaya koyduğu belirsizlikler yüzünden değil, aynı zamanda karmaşık sistemlerin davranışını öngörmek için güvenilir bir yöntemin bulunmamasındandır.[29] Arthur Peacocke'ın sözleriyle, "Daha karmaşık düzeylere odaklanan bilimlerin içeriğini oluşturan kavram ve kuramların... (her zaman değil ama) çoğu kez, bu karmaşık düzeylerin parçalarına odaklanan bilimlerde kullanılan kavram ve kuramlara mantıksal olarak indirgenmeleri olanaksızdır."[30] Bilimlerde, insanlar ve insan davranışları en üst sıralarda yer almak üzere, bir karmaşıklık düzeyi hiyerarşisi bulunur.

Her düzey bize kendi üzerindeki düzeyler hakkında biraz görüş kazandırır; fakat ondan daha alt düzeyleri anlamak, daha üst düzeylerde ortaya çıkan özellikleri bütünüyle anlayabilmeyi sağlamaz. Karmaşık uyum sağlayıcı sistemler alanındaki araştırmacılar, karmaşık sistemlerin etken tabanlı modellerini oluşturmuş ve bunları hücre biyolojisinden savaşlara hatta doğal gaz dağıtımına kadar çok çeşitli alanlarda uygulamaya koymuşlardır. Bununla birlikte, bu yaklaşımın bütün karmaşık sistemlere uygulanabilecek tek ve bütünlüklü bir metodolojiye olup olmadığı henüz belli değildir.[31] Bu tür modeller bize yalnızca belirli sistemlerin içsel olarak kaotik ve öngörülemez olduğunu ya da öngörünün başlangıç koşulları hakkında bizim elde edemeyeceğimiz kadar kesin bilgiye bağlı olacağını söyleyebilirler. Daha üst bir düzey bu nedenle, kendi karmaşıklık derecesine uygun bir metodolojiyle anlaşılmalıdır.

Parçalarla bütünlerin sorunlu ilişkisini, insan davranışına özgü benzersiz alanlardan biri olan politikaya değinerek örnekleyebiliriz.[32] Aristoteles insanın doğası gereği politik bir hayvan olduğunu söyler. Biri eğer insanlık onuru adına, insanın özgüllüğünü temel alan bir sav geliştirmeye çalışacak olsaydı, politikayla uğraşma yeteneği tabii ki insanın eşsizliğinin önemli bir unsurunu oluşturacaktı. Yine de bu anlamda eşsizliğimiz tartışmaya açılmıştır. 8. Bölümde işaret edildiği gibi, şempanzeler ve diğer primatlar alfa-erkek konumunu elde etmeye çabalarken, insanların politikalarına olağanüstü benzeyen birtakım davranışlar sergilerler. Dahası, gruplarındaki diğer üyelerle etkileşimleri süresince gurur ve utanç gibi politik duyguları hisseder gibi görünmektedirler. Aynı zamanda politik davranışlarının, genetik olmayan yollarla aktarıldığı da görülebilir; böylelikle politik kültürün yalnızca insanların tekelinde olmadığı görülür.[33] Kimi gözlemciler insanların diğer türlere oranla daha önemli olduğu şeklindeki duyguyu biraz söndürmek amacıyla bunun gibi örneklere büyük bir neşeyle değinirler.

Bununla birlikte, insan politikasını herhangi başka bir türün sosyal davranışıyla karıştırmak parçalarla bütünü biribirine karıştırmak anlamına gelir. Yalnızca insanlar adalete ilişkin soyut kurallar ortaya koyabilir, tartışabilir ve üzerinde değişiklik yapabilir. Aristoteles, insanın doğası gereği politik bir hayvan olduğunu ileri sürdüğünde, yalnızca politikanın zaman içinde ortaya çıkan bir potansiyel olduğunu kastetmişti.[34] İnsanın politik etkinliğinin, ilk yasa yapıcı devlet kurulup da kanunları yürürlüğe koyana dek ortaya çıkmadığını ve bunun insanlık açısından büyük yararı olan bir olay olmakla birlikte, tarihsel gelişimde olumsal olduğunu kaydeder. Bu nokta, devletin yaklaşık 10.000 yıl kadar önce dünyanın Mısır ve Babil gibi yerlerinde ve büyük olasılıkla tarımın gelişmesiyle ilişkili olarak gerçekleşmiş olan ortaya çıkışıyla ilgili bilgilerimize uygundur. İnsanlar daha önce on binlerce yıl boyunca en büyük topluluğun, çoğu birbiriyle akraba olan en fazla 50 ile 100 arasında bireyden oluştuğu, devletin bulunmadığı avcı-toplayıcı toplumlar olarak yaşadılar.[35] Yani bir anlamda, insanın sosyalliğinin doğal olduğu çok açık olsa da, insanların doğaları gereği politik hayvanlar oldukları o kadar da açık değildir.

Fakat Aristoteles politika insanlık tarihinin erken dönemlerinde hiçbir şekilde var olmadığı halde, politikanın insan için doğal olduğunda ısrarcıdır. İnsan dilinin, devletin ve politik düzenin yaratılması için gerekli olan yasalarla soyut adalet ilkelerini belirlemeye olanak sağladığını savunur. Etologlar birçok başka türün sesler yoluyla iletişim kurduğunu ve şempanzelerle diğer hayvanların insan dilini sınırlı bir biçimde öğrenebildiğini ortaya koymuşlardır. Fakat başka hiçbir türün insan dili yani, soyut eylem ilkeleri tasarlayıp birbirine iletme yeteneği yoktur. Ancak bu iki doğal özellik, yani insanın sosyalleşebilirliği ve insan dili bir araya geldiğinde insanın politik özelliği ortaya çıkar. Belli ki insan dili sosyalliğin gelişmesi için evrimleşmiştir ama bu dilin politikanın desteği haline gelmesi için evrimsel kuvvetler olması pek akla yakın değildir. Bu daha çok Stephen Jay Gould'un spandrellerine* benzer; bir unsur belirli bir nedenle evrimleşmiş ama insanın bütününün bir parçası haline geldiğinde önemli bambaşka bir amaca hizmet etmeye başlamıştır.[36] İnsanın politik davranışı, ortaya çıkışı yönünden doğal olsa bile, onun öncülleri olan hayvan sosyalliğine de hayvan diline de indirgenemez.

Bilinç

İndirgemeci materyalist bilimin gözlemlenebilir olguları açıklamada yetersiz kaldığı en çarpıcı alan insan bilincidir. Bilinç derken öznel zihinsel durumları anlıyorum, yani yalnızca bu say-

---

* Spandrel, mimar tarafından planlanmamış, bir kubbe ile kubbeyi destekleyen duvarların kesişiminden ortaya çıkan mimari bir unsurdur.

fayı okurken zihninizde ortaya çıkan düşünce ve görüntüleri değil, aynı zamanda günlük yaşantınızın bir parçası olarak deneyimlediğiniz duyum, duygu ve hisleri de kastediyorum.

Geçen iki kuşak boyunca, nörobilimlerden bilgisayar ve yapay zekaya ilişkin araştırmalara dek, bilinç üzerine yoğun araştırmalar yapılmış ve kuramlar geliştirilmiştir. Özellikle yapay zeka alanında, daha güçlü bilgisayarlar ve sinir ağları gibi hesaplama konusundaki yeni yaklaşımlar yoluyla, mekanik bilgisayarların bilinç düzeyine ulaşacağı büyük bir bilimsel kırılmanın eşiğinde olduğumuza gözü kapalı inanan, heyecan dolu çok sayıda kişi bulunmaktadır. Böyle bir buluş olur da bir gün gerçekleşirse, o zaman o makinayı fişten çekmenin ahlaka uygun olup olmayacağına ve bilinçli makinelere çeşitli haklar tanımamızın gerekip gerekmeyeceğine ilişkin konferanslar düzenlenmiş ve ciddi tartışmalar yapılmıştır.

İşin gerçeği şu ki, şu anda böyle bir bilimsel kırılmaya yakın bile değiliz; bilinç her zaman olduğu gibi inatçı biçimde gizemlidir. Günümüzdeki düşünce tarzının sorunu, bilincin ontolojik konumuna ilişkin geleneksel felsefi sorunla başlar. Öznel zihinsel durumlar maddesel biyolojik süreçler sonucunda ortaya çıkmış oldukları halde, diğer olgulardan daha değişik ve maddi olmayan bir düzene sahip gibi görünürler. İkiliğe—maddesel ve zihinsel olmak üzere iki temel varlık türü olduğu şeklindeki doktrine—duyulan korku, bu alandaki araştırmacılar arasında o kadar güçlüdür ki, bariz bir şekilde saçma olan çıkarımlara varmalarına yol açmıştır. Felsefeci John Searle'ün sözleriyle,

> Son elli yılın görüş açısından bakıldığında, zihin felsefesinin yanı sıra bilişsel bilim ve psikolojinin bazı dallarının oldukça ilginç bir görüntü sergilediği görülebilir. En göze çarpıcı özellik, son elli yıldır zihin felsefesindeki ana akımın açıkça yanlış olmasıdır... zihin felsefesinde hepimizin gerçekten de öznel bilinçli zihinsel durumlarımızın olduğu ve yerlerine başka şeyler yerleştirerek atılamayacağı gibi bilinen zihinle ilgili gerçekler, bu alandaki uzman düşünürlerin birçoğu tarafından sürekli yadsınmıştır.[37]

Bilincin açıkça yanlış anlaşıldığı bir örnek, alanın en başta gelen uzmanlarından olan Daniel Dennett'ten gelmektedir; *Açıklanan Bilinç* adlı kitabının sonunda ulaştığı bilinç tanımı şudur: "İnsan bilincinin *kendisi* memlerden (daha kesin olmak gerekirse, beyindeki mem etkilerinden) oluşan büyük bir bileşiktir ve bu tür etkinlikler için tasarlanmamış olan beynin *paralel mimarisinin içine yerleştirilen* sanal bir *'von Neumann'* makinesinin işleyişi olarak düşünüldüğünde en iyi şekilde anlaşılabilir."[38] Donanımsız bir okuyucunun, bunun bilinç konusundaki anlayışımızı bir adım daha ileri götürecek tür bir ifade olmadığını düşünmesi hoş görülebilir. Dennett'in söylediği aslında, insan bilincinin belirli türde bir bilgisayarın işlemlerin yan ürünü olduğudur ve biz eğer bundan daha fazlasının olması gerektiğini düşünüyorsak, o zaman yanlış olarak bilinç konusundaki modası geçmiş görüşü benimsemişiz demektir. Searle'ün de bu yaklaşımla ilgili olarak dediği gibi, bu ancak sizin, benim ve diğer herkesin bilinç olarak algıladığı şeyin (yani öznel duyguların) yadsınması durumunda bir işe yarar.[39]

Aynı şekilde, yapay zeka alanındaki birçok araştırmacı da aslında konuyu değiştirmek yoluyla bilinç sorununa değinmekten kaçmaktadır. Beynin, dış özellikleriyle tanımlanabilen, oldukça karmaşık organik bir bilgisayardan başka bir şey olmadığını varsaymaktadırlar. Ünlü Turing testi, bir makinanın dışarıdan bakıldığında bir insanın yapacağından ayırt edilemeyecek biçimde, sohbet etmek gibi bilişsel bir işlemi gerçekleştirebildiği takdirde içsel olarak da insandan ayırt edilemeyeceğini ileri sürer. Bu testin insan zihnini ölçmek için neden yeterli sayıldığı da ayrı bir bilmecedir; çünkü makinenin yaptığı şeyle ilgili ne öznel farkındalığı de etkinliğiyle ilişkili duyguları bulunmayacaktır.* Bu Hans Moravec[40] ve Ray Kurzweil[41] gibi yazarların, gerekli kar-

* Searle'ün bu yaklaşım tarzına yönelttiği eleştiriyi, bir bilgisayarın Çince'yi, Çince bilmeyen ve tek başına bir odaya kapatılıp Çince semboller dizisini kullanabilmek için belirli komutlar alan bir kişiden daha iyi anlayıp anlamadığı sorusunu inceleyen "Çin odası" bilmecesinde görmek olanaklıdır. Bakınız Searle (1997), s. 11.

maşıklığa erişen makinelerin artık bilinç gibi insana özgü özelliklere de sahip olacakları öngörüsünde bulunmalarını engellemez.[42] Eğer haklılarsa, bu durum insanlık onuruna ilişkin anlayışımız açısından da önemli bazı sonuçlara yol açacaktır çünkü o zaman insanların, aslında karbonlar ve nöronlar yerine silikon ve transistörlerle yapılabilecek karmaşık makinelerden fazla bir şey olmadıkları kanıtlanmış olacaktır.

Bunun gerçekleşmesi çok uzak bir olasılıktır; makineler hiçbir zaman insan zekasını kopyalayamayacağından değil (sanırım bunu yapmaya epey yaklaşacaklar), ama daha çok makinelerin insan duygularını nasıl edineceklerini görmek olanaksızdır. Bir androidin, robotun ya da bilgisayarın birdenbire korku, umut, hatta cinsel arzu gibi duyguları deneyimlemeye başlaması ancak bilim kurgu yapıtlarında görülebilir ama bunun nasıl olup da gerçekleşebileceğini şimdiye dek kimse açıklamaya yaklaşamadı bile. Sorun, bilincin diğer unsurları gibi duyguların da ne olduğunun ontolojik olarak anlaşılamaması değil, kimsenin bunların neden insan biyolojisinde var olduğunu anlayamamasıdır.

Acı ve zevk gibi duyguların elbette işlevsel nedenleri vardır. Eğer seksin zevkli olduğunu düşünmeseydik üremezdik; eğer ateş canımızı yakmasaydı sürekli bir yerimizi yakar dururduk. Fakat bilişsel bilimde şu anda egemen olan düşünce tarzına göre, duyguların büründüğü belirli öznel biçim, işlevleri açısından gerekli değildir. Örneğin, ellerini ateşten çekmeye yarayacak harekete geçirici bir mekanizmaya bağlı olan ısı duyargaları parmaklarına yerleştirilmiş bir robot tasarlamak kesinlikle olanaklıdır. Robot öznel bir acı duygusu hissetmeden kendini yanmaktan koruyabilecek ve farklı elektriksel tepilerin mekanik hesaplanmasına dayanarak, hangi hedeflere erişeceğine ve hangi eylemlerden kaçınması gerektiğine karar verebilecektir. Turing testi, bu robotun davranışları bakımından bir insan olduğunu söyleyecek olsa da, robot aslında insan olmanın en önemli niteliği olan duygulardan yoksun olacaktır. Duyguların öznel biçimleri günümüzün evrimsel biyolojisi ile bilişsel biliminde, temeldeki işlevinin yan bir ürününden ibaret olarak görülüyorlar; evrimsel tarihin akışı içerisinde neden bu biçimin seçildiğini belirleyen açık nedenler yoktur.[43]

Bu durum Robert Wright'ın belirttiği gibi, insanlar olarak bizim için en önemli olan şeyin, insan olmamızı sağlayan şeylerin maddesel düzeni içinde gözle görülür hiçbir amacı bulunmadığı şeklinde tuhaf bir sonuca gider.[44] Bunun nedeni insanın amaçlarını, gayelerini, hedeflerini, isteklerini, gereksinimlerini, arzularını, korkularını, çekincelerini ve benzerlerini oluşturanın, insanın ayırt edici duygular bütünü olmasıdır ve bu bütün, insani değerlerin kaynağıdır. Birçok kişi insanın usu ve ahlaki seçim yapma özelliğini türümüze onur kazandıran en önemli biricik insani özellikler olarak görse de, insana özgü duygular bütününe sahip olmanın da daha fazla değilse bile en az onlar kadar önemli olduğunu iddia ediyorum.

Politik kuramcı Robert McShea, insani duyguların, insan olmanın ne anlama geldiği konusundaki sağduyusal anlayışımız açısından taşıdığı önemi, aşağıdaki düşünce deneyi yoluyla gösterir.[45] Issız bir adada, her ikisi de insan olmaya yetecek rasyonel kapasiteye, dolayısıyla sohbet etme yeteneğine sahip iki yaratıkla karşılaştığınızı varsayın. Bunların biri insan duygularına ve aslan görünümüne sahipken, diğerinde bir aslanın duygusal özellikleriyle, bir insan görünümü var. Hangi yaratığın yanında kendinizi daha rahat hissederdiniz; hangi yaratıkla arkadaşlık eder ya da ahlaki bir ilişki içine girerdiniz? Yanıt, tıpkı konuşan sevimli aslanların yer aldığı sayısız çocuk kitabında olduğu gibi aslandır; çünkü insan türüne ait duygular, gerek usumuzla gerekse fiziksel görüntümüzle karşılaştırıldığında kendi insanlığımıza ilişkin hislerimiz açısından çok daha önemlidir. Uzay Yolu adlı televizyon dizisindeki Mr. Spock adlı soğuk ve analitik karakter, zaman zaman duygusal Mr. Scott'tan daha sevimliymiş gibi gelir ve bunun tek nedeni, aslında o rasyonel dış görünüşünün altında derinlerde bir yerde gömülü insan duygularının gizlendiğini seziyor olmamızdır. Dizide karşılaştığı kadın karakterlerin çoğu tabii ki onun robotlara özgü tepkilerden fazlasını vermesini sağlamayı ümit ederler.

Diğer taraftan, duygulardan tamamen yoksun olan Mr. Spock'ın adeta bir psikopata ve canavara benzediğini düşünebilirdik. Bize yardım önerecek olsa kabul edebilirdik ama bunu iyi niyetle değil, rasyonel bir hesaplama sonucunda yaptığı için ona karşı minnet duymazdık. Onu aldatsaydık, suçluluk duymazdık; çünkü onun öfke ya da aldatılmışlık duygularını tatmadığını bilirdik. Ayrıca eğer koşullar kendi canımızı kurtarmak için bizi onu öldürmeye zorlasaydı veya bir rehin alınma olayında onu kurban olarak vermek zorunda kalsaydık, bir otomobil ya da ışınlayıcı gibi değerli bir malımızı kaybettiğimizde hissedeceğimizden fazla bir pişmanlık hissetmezdik.[46] Mr. Spock'la işbirliği yapmayı isteseydik bile, onu insanların gerektirdiği türde bir saygıyı hak eden ahlaki bir unsur olarak değerlendirmezdik. Yapay zeka laboratuarlarından çıkmayan, kendilerini karmaşık bilgisayar programlarından başka bir şey olarak görmeyip bir bilgisayar ortamında yaşamayı arzu eden bilgisayar kurtlarının endişelenmeleri gerekir; çünkü iyi bir amaç için fişleri çekilse bile arkalarından ağlayan olmayacaktır.

Öyleyse bilinç ana başlığı altında toplanan, insanın özgüllüğünü ve buna bağlı olarak insanlık onuru kavramını modern fen bilimlerinin şu ana dek tam olarak açıklamayı başaramadığı biçimde tanımlamaya yardım eden çok fazla şey vardır. Bazı başka hayvanların da bilinçli olduğunu ya da kültür veya dile sahip olduğunu ileri sürmek yeterli olmaz; çünkü bu hayvanların bilinci insan usunu, insan dilini, insanın ahlaki seçimlerini ve insanın duygularını insana özgü politika, insanın sanatı ya da insanın dinini oluşturmayı sağlayacak biçimde birleştirmez. İnsana ait bu özelliklerin, evrimsel tarihte var olmuş olan insan olmayan öncüllerinin tamamı ve ortaya çıkışlarına yol açan maddesel nedenlerle ön koşulların hepsinin toplamının sonucu, bir bütün olarak insandan çok daha az olur. Jared Diamond *Üçüncü Şempanze* adlı kitabında, şempanze ve insan genomlarının yüzde 98'den fazlasının örtüştüğüne dikkati çektikten sonra, iki tür arasındaki farklılıkların önemsiz olduğunu ifade eder.[47] Bununla birlikte karmaşık bir sistemde küçük farklılıklar devasa nitel değişimlere yol açabilirler. Bir anlamda bu, aralarında yalnızca 1 derecelik fark var diye buz ile sıvı su arasında önemli bir fark bulunmadığını söylemeye benzer.

Dolayısıyla Tanrı'nın insan ruhunu yaratıp evrim tarihinde insanın içine bizzat yerleştirdiği düşüncesiyle Papa ile fikir birliğine varmadan da, bu sürecin belirli bir noktasında ontolojik olmasa bile çok önemli nitel bir sıçramanın yer almış olduğunu kabul etmek olanaklıdır. Parçalardan bütüne doğru olan bu sıçrama, insanlık onurunun temellerini oluşturacaktır ve buna Papa'nın dini öncüllerine başvurmadan da inanılabilir.

Söz konusu bütünün ne olduğu ve varlığını devam ettirmeyi nasıl başardığı, Searle'ün deyişiyle "gizemini" sürdürmektedir. Tüm süreçteki gizemi kaldırdıklarına inanan pek çok bilimcinin varlığına rağmen, modern fen bilimlerinin bu soruya yanıt vermeye çalışan hiçbir dalı şimdiye kadar yüzeyi biraz kurcalamaktan başka bir şey yapamadı. Bugün yapay zeka konusundaki araştırmacıların, bilincin karmaşık bir tür bilgisayardan "ortaya çıkan bir özellik" olduğunu söylemeleri pek de olağandışı sayılmaz. Fakat bu söz, başka karmaşık sistemlerle kurulan bir benzerliğe dayanan kanıtlanmamış bir hipotezden ibarettir. Bugüne dek hiç kimse ne bilincin deney koşulları altında ortaya çıktığına rastlamış, ne de bunun nasıl olabileceğine ilişkin bir kuram ortaya koyabilmiştir. Sözü edilen bu "ortaya çıkma" sürecinin, insanların nasıl insan olduklarını açıklamada önemli bir rol oynamaması gerçekten şaşırtıcı olurdu; fakat hikayenin burada bitip bitmediğini henüz bilmiyoruz.

Burada söylenmek istenen, bilimin asla bu gizemi çözemeyeceği değil. Searle'ün kendisi de bilincin tıpkı nöronların atmaları veya nöroiletkenlerin üretimi gibi beynin biyolojik bir özelliği olduğuna ve biyolojinin bir gün organik dokuların nasıl olup da onu üretebildiğini açıklayabileceğine inanır. Bilinci anlamakla ilgili sorunlarımızın, ontolojik bir ikiliği benimsemeyi ya da materyal nedenselliğin bilimsel çatısını ortadan kaldırmayı gerektirmediğini savunur. Bilincin nasıl ortaya çıktığıyla ilgili sorun, Tanrı'ya doğrudan değinmeyi gerektirmez.

Öte yandan, bu seçeneği dışlamaz da.

UĞRUNA SAVAŞACAK BİR ŞEY

Bize diğer canlı varlıklardan daha yüksek bir ahlaki konum ve saygınlık veren şey eğer bizim basit parçalarımızın toplamı değil karmaşık bütünler olduğumuz gerçeğiyse, o zaman X Faktörü nedir sorusunun basit bir yanıtı olmayacağı açıktır. Diğer bir deyişle, X Faktörünün ahlaki seçimlere, usa, dile, sosyalliğe, sezgiselliğe, duygulara, bilince ya da insanlık onurunun temeli olarak gösterilen herhangi başka bir niteliğe sahip olmaktan ibaret olduğu söylenemez. X Faktörü bütün bu niteliklerin insan denilen bütünü oluşturacak biçimde bir araya gelmesinden oluşur. İnsan türünün her üyesi, tam bir insan olmasını sağlayacak genetik mirasa sahiptir; öyle ki, bu miras insanın özü gereği diğer bütün canlı türlerinden ayırt eder.

Bir anlık bir düşünme bile, insanlık onuruna katkısı olan başlıca niteliklerin hiçbirinin, diğerleri olmadan var olamayacağını gösterecektir. Örneğin insanın usu bilgisayarınkine benzemez; duyguların istilasına uğramıştır ve aslında işleyişi duygularla kolaylaşır.[48] Söylemeye bile gerek yok, us olmadan ahlaki seçim var olamaz ama ahlaki seçim aynı zamanda gurur, öfke, utanç ve anlayış gibi duygulara da dayanır.[49] İnsan bilinci yalnızca bireysel seçimler ve araçsal bir us değildir; başka bilinçler ile onların ahlaki seçimleri tarafından da öznellikler—arası olarak biçimlendirilir. Yalnızca oyun—kuramsal us yürütebildiğimiz için değil, birtakım sosyal duygularımız olması nedeniyle de sosyal ve politik hayvanlarız. İnsanın sezgiselliği bir domuz ya da atın sezgiselliği gibi değildir; çünkü insanın belleği ve usu ile de ilişkilidir.

Gittikçe uzayan bu insanlık onuru tartışmasının şu soruyu yanıtlaması beklenmektedir: Gelecekte biyoteknoloji alanında ortaya çıkacak gelişmelere karşı korumak istediğimiz nedir? Yanıt karmaşık, evrimleşmiş doğalarımızı, insanın kendisini değiştirmeye yönelik girişimlerine karşı bir bütün olarak korumak istiyor oluşumuzdur. İnsan doğasının ne birliğini ne de sürekliliğini, dolayısıyla insan doğasını temel alan insan haklarını da bozmak istemeyiz.

Eğer X Faktörünün kendi karmaşıklığımızla ve ahlaki seçim, us ve geniş bir duygu yelpazesi gibi son derece insana özgü nitelikler arasındaki karmaşık etkileşimlerle ilgisi varsa, biyoteknolojinin bizi nasıl ve neden daha az karmaşık hale getirmeyi amaçladığını sormak mantıklı olacaktır. Bu sorunun yanıtını biyotıbbın sonuçlarını yararcı sonuçlara indirgemek amacıyla var olan sürekli baskıda, yani doğal sonuç ve amaçların karmaşık çeşitliliğini acı, zevk ya da özerklik gibi birkaç basit kategoriye indirgeme çabasında aramak gerekir. Özellikle acı ve ıstıraptan kurtulmayı, insanın diğer bütün amaç ve hedeflerinin üstünde görmeye yönelik sürekli bir eğilim söz konusudur. Çünkü biyoteknolojinin teklif edeceği alış veriş her zaman için bu olacaktır: Deha, hırs ya da yalnızca çeşitlilik gibi insana özgü tarifi olmayan nitelikler pahasına, bu hastalığı iyileştirebilir, şu insanın yaşamını uzatabilir veya bu çocuğu daha uysal hale getirebiliriz.

Karmaşık doğalarımızın en fazla tehdit altındaki tarafı, duygularımızın bütünüyle ilişkilidir. "İyi" ve "kötü" duyguların hangileri olduğunu anladığımızı ve kötüleri bastırarak, örneğin insanları daha az saldırgan, daha sosyal, daha uyumlu, daha az depresif duruma getirerek doğayı da daha iyi bir hale soktuğumuz düşüncesi bizi sıklıkla cezbedecektir. Yararcıların acıyı en aza indirme hedefinin kendisi başlı başına bir sorun teşkil eder. Kimse acı ve ıstırabı savunacak bir açıklamada bulunmayı başaramaz ama işin aslı şu ki, hem kendimiz hem de diğer insanlar açısından en ulu ve en övgüye değer insani nitelikler olduğunu düşündüğümüz şeyler genellikle acı, ıstırap ve ölüme karşı nasıl tepkiler gösterdiğimiz, bunlarla nasıl yüzleştiğimiz, bunları nasıl yendiğimiz ve nasıl bunlara sık sık yenik düştüğümüzle ilgilidir. Bu insani kötülükler olmasaydı, anlayış, şefkat, cesaret, kahramanlık, dayanışma ya da kişilik gücü olmazdı*. Istırap ve ölümle yüzleşmemiş bir insanın derinliği olamaz. Bizi hem canlı hem de ölmüş olan bütün diğer insanlara bağlayan şey, bu duyguları deneyimleme yeteneğine sahip olmamızdır.

Birçok bilimci ve araştırmacı her ne şekilde tanımlanmış olursa olsun, insan doğasını biyoteknolojiden korumak amacıyla etrafına duvar örmemizin gerekmediğini çünkü insan doğasını değiştirmekten çok uzak olduklarını, belki de bunu asla başaramayacaklarını söyleyecektir. Haklı olabilirler: İnsan germ-hattı mühendisliği ve rekombinant DNA teknolojisinin insanlar üzerinde kullanılması büyük olasılıkla birçok insanın öngörülebileceğinden çok daha gerçekleşebilecektir, oysa insan kopyalanması için bu geçerli değildir.

Bununla birlikte insan davranışını yönlendirme yeteneğimiz, genetik mühendisliğinin gelişimine bağlı değildir. Genetik mühendisliği sayesinde yapabileceğimizi umduğumuz hemen her şeyi nörofarmakoloji yoluyla, beklenenden çok daha önce gerçekleştirmemiz büyük olasılıkla olanaklı olacak. Bir de yeni biyomedikal teknolojileri kullanma olanağını elde edecek halklarda,

* Hem anlayış sözcüğünün Grekçe kökü, hem de şefkat sözcüğünün Latince kökü, başka bir insanın çektiği acı ve ıstırabı hissetme yeteneğine gönderme yapar.

yalnızca yaş ve cinsiyet dağılımı değil, önemli nüfus gruplarının yaşam kalitesi açısından da çok büyük nüfussal değişikliklere tanık olacağız.

Ritalin ve Prozac gibi ilaçların yaygın ve gitgide artan kullanımı, kendimizi değiştirebilmek için teknolojiden yararlanmaya ne kadar hevesli olduğumuzu gösteriyor. Eğer doğamızın, onur kavramımızı dayandırdığımız en önemli unsurların biri, insanların paylaştığı çok çeşitli normal duyguların bütünüyle ilgiliyse, o zaman sağlık ve rahatlık gibi yararcı sonuçları elde etmek için bu bütünü zaten daraltıyoruz demektir.

Psikotropik ilaçlar ne germ-hattını değiştirir ne de genetik mühendisliğinin bir gün elde edebileceği türde kalıtsal etkilere yol açabilir. Fakat insanlık onuru hakkında çoktan bazı tartışmalara neden olmaya başladılar ve daha birçok şeyin habercisi durumundadırlar.

Ne Zaman İnsan Oluruz?

Biyoteknolojinin neden olduğu büyük ahlaki tartışmalar yakın gelecekte normal yetişkin insanların onuruna yönelik tehditler olmayacaktır; bu kez insan türünün özgüllüğünü belirleyen yeteneklerin tamamından daha azına sahip insanlara yönelik tehditler olacaktır. Bu kategorideki en kalabalık topluluk henüz doğmamış olan insanlardır; ama bebekler, ölümcül derecede hasta olanlar, kuvvetten düşmüş hasta yaşlılar ve engelliler de bu topluluğa dahil olabilir.

Bu konu, kök hücre araştırmaları ve kopyalamayla ilgili olarak daha önce de gündeme gelmişti. Embriyonik kök hücre araştırması, embriyonların bilinçli şekilde yok edilmesini gerektirirken terapötik kopyalama yalnız bunu değil, araştırma amacıyla embriyoları önce yaratıp sonra yok etmeyi de gerektirir. (Biyoetikçi Leon Kass'ın işaret ettiği gibi, terapötik kopyalama embriyo açısından terapötik değildir.) Her iki etkinlik de, yaşamın gebelik evresinde başladığına ve embriyoların da birer insan olarak tam bir ahlaki konuma sahip olduklarına inanan kişiler tarafından kınanmıştır.

Kürtaj konusunda şiddetli tartışmalara yol açmış, yaşamın hangi noktada başladığıyla ilgili sorunu sil baştan ele almak istemiyorum. Şahsen işe bu konuyla bağlantılı dini inançlarla da başlamıyorum; dine göre doğru ve yanlış olanlar üzerine düşünmeye çalıştığımda kafamın bir hayli karıştığını da itiraf ediyorum. Burada sorulması gereken soru şu: Burada özetlendiği haliyle insanlık onuruna yönelik doğal haklar yaklaşımı, henüz doğmamış olanların, engellilerin, vb. ahlaki konumları konusunda neyi ileri sürüyor? Bu sorunun net bir yanıtı olduğundan emin değilim ama soruyu sormak en azından yanıtın ana hatlarını belirlememize yardımcı olabilir.

İnsanlık onurunu insan türünün kendine özgü belirli özelliklere sahip olduğu gerçeğine dayandıran doğal haklar doktrini, ilk bakışta o türün herhangi bir üyesinin bu özellikleri ne oranda yansıttığına bağlı olarak bir hak derecelendirmesini gerektirecekmiş gibi görünür. Örneğin Alzheimer hastalığına yakalanmış olan bir yaşlı, bir yetişkindeki normal akıl yürütme yeteneğini, dolayısıyla sahip olduğu insanlık onurunun, oy kullanma veya aday olma yoluyla politikaya katılmasına izin verecek olan bölümünü yitirmiştir. Us, ahlaki seçim ve türe özgü duyguların tümüne sahip olmak, neredeyse bütün insanların paylaştığı şeylerdir ve bundan dolayı evrensel eşitlik için zemin sağlarlar; bununla birlikte bu özellikler bireylerde daha az veya daha çok olmak üzere farklı oranlarda bulunur. Bazı insanlar diğerlerine göre daha akılcıdır, daha güçlü sezgileri vardır ya da duyguları diğer insanlarınkinden daha yoğundur. Aşırı bir uca götürüldüğünde, sahip oldukları temel insani özelliklerin oranına göre çok küçük ayrımlar yapılarak, kişilere bulundukları düzeye uygun ayrışmış haklar tanınabilir. Bu uygulama tarihte daha önce yapılmıştır ve adına doğal aristokrasi denir. Yarattığı hiyerarşik sistem, insanların doğal haklar kavramına şüpheyle yaklaşmalarının nedenlerinden biridir.

Bununla birlikte, politik hakların verilmesinde fazla hiyerarşik davranmamanın çok güçlü ve sağgörüye dayanan bir nedeni vardır. İlk olarak, bir bireyi hak kazanmaya uygun kılacak temel özelliklerin tam olarak tanımlanmasına ilişkin bir fikir birliği sağlanmış değildir. Daha da önemlisi, belirli bir bireyin bu özelliklerden biri veya daha fazlasına ne ölçüde sahip olduğunu değerlendirmek çok zor ve genellikle kuşkuludur; çünkü değerlendirmeyi yapan kişi nadiren tarafsızdır. Dünyadaki aristokrasilerin çoğu doğal değil uzlaşımsal olmuş, aristokratlar kendilerine doğal görünen ama aslında güç ya da uzlaşıma dayanan çeşitli haklar tanımışlardır. Bu nedenle kimin hak kazanmış olduğu sorusuna biraz liberal bir tavırla yaklaşmak daha uygun olacaktır.

Her şeye karşın gerçekte her çağdaş liberal demokrasi gerçekte hakları, bireylerin veya birey kategorilerinin türe özgü belirli özellikleri paylaşma oranına bağlı olacak şekilde ayırmıştır. Örneğin çocuklar yetişkinlerin haklarına sahip değillerdir; çünkü akıl yürütme ve ahlaki seçim yapma yetileri tam olarak gelişmemiştir; oy veremezler ve nerede yaşayacaklarına, okula gidip gitmeyeceklerine ve bunun gibi başka şeylere anne babaları gibi karar verme hakları yoktur. Toplumlar suçluların sahip oldukları temel hakları, yasayı çiğnemeleri nedeniyle ellerinden alırlar; hatta temel insani ahlak duygusuna sahip olmadığı belirlenen suçlular konusunda çok daha katı uygulamalar geçerlidir. Birleşik Devletler'de suçlular işledikleri belirli suçlar sonucunda yaşama hakkından bile yoksun bırakılabilirler. Alzheimer hastalarının politik haklarını resmi olarak ellerinden almayız ama araba kullanma, mali kararlar verme gibi olanaklarını kısıtlarız ve uygulamaya bakılırsa politik haklarını kullanmayı da genellikle gerçekleştiremezler.

O halde doğal haklar perspektifinden bakıldığında, doğmamış olanlara bebeklerden ya da çocuklardan daha farklı haklar vermenin uygun olduğu savunulabilir. Bir günlük bir bebek akıl yürütme ve ahlaki seçim yapma yeteneğine sahip olmayabilir ama normal insan duyguları bütününün önemli unsurlarını bulundurur—üzülebilir, annesine bağlılık geliştirebilir, ilgi bekleyebilir; oysa bir günlük bir embriyo bunları yapamaz. Yeni doğan çocukların öldürülmesinin birçok toplumda iğrenç bir suç olarak görülmesinin nedeni, aslında bu cinayetin ebeveyn ile bebek arasındaki doğal ve son derece güçlü bağın kutsallığını yok etmesidir. Bebekler öldükten sonra cenaze töreni yapılması ama aynı şeyin düşüklerden sonra uygulamıyor olması işte bu ayrımın doğallığının ifadesidir. Bütün bunlar, embriyoların bebeklerin sahip olduğu haklara sahip olan bireyler olarak ele alınmalarının anlamsız olduğunu gösterir.

Bu tür bir sava karşı, yine din değil doğal haklar açısından bakarak şu düşünceleri ortaya sürebiliriz. Bir embriyo, bir bebeğin sahip olduğu temel insan özelliklerinin bazılarından yoksun olabilir; öte yandan, *tam* bir insana dönüşme potansiyeli olduğu için yalnızca herhangi bir hücre ya da doku topluluğundan ibaret değildir. Bu açıdan bakıldığında, normal bir yetişkininin önemli bazı özelliklerinden yoksun bir bebekten farklıdır ama bu fark yalnızca doğal potansiyelin gerçekleşme oranı açısındandır. Bu demektir ki, bir embriyonun bir bebeğinkinden daha aşağı bir ahlaki konumu varsa da, bilimcilerin üzerinde çalıştığı başka hücre veya dokulardan daha üst bir ahlaki konuma sahiptir. Bu nedenle dini olmayan gerekçelere bağlı olarak, araştırmacıların istedikleri zaman insan embriyoları yaratma, kopyalama ve onları yok etme özgürlüklerinin olmasının doğruluğunu sorgulamak anlamlıdır.

Ontojeni, filojeniyi özetler*. İnsan öncesi atalardan insanlara kadar uzanan evrim sürecinde dil, us ve duygunun insan öncesi

---

* Ontojeni: Özellikle bireysel nitelikli bir organizmanın gelişimi veya gelişim süreci Filojeni: Genetik olarak birbiriyle ilişkili bir grup organizmanın, bireysel organizmanın gelişiminden ayrılarak evrimleşmesi (Ç.N.).

öncüllerinde olan parçalarının basit bir toplamı olarak açıklanamayacak ve özü itibarıyla gizemli bir aşama olmayı sürdüren insani bir bütüne dönüştüren nitel bir sıçramanın yer almış olduğunu ileri sürmüştük. Her bir embriyonun bir bebeğe, çocuğa ve yetişkin bir insana dönüşecek şekilde gelişmesi sırasında da benzer bir durum gerçekleşir: İlk başta organik moleküllerden oluşan bir küme, yine aynı şekilde gizemini koruyan bir yolla bilince, mantığa, ahlaki seçim yapma yeteneğine ve öznel duygulara kavuşur.

Bu gerçekler—bir embriyonun bir bebek ile başka türdeki hücre ve dokular arasında bir ahlaki konumu olduğu ve bir embriyonun daha yüksek bir konuma sahip bir şeye dönüşmesinin gizemli bir süreç olması—bir araya geldiğinde, embriyoların kök hücrelerini almak gibi şeyler yaptığımızda bu eylemin, işi daha ileri götürecek şekilde farklı nedenlerle kullanılmasına örnek oluşturmaması amacıyla, çeşitli sınır ve kısıtlamalar getirmemizin gerekli olduğu ortaya çıkmaktadır. Yararcı amaçlar doğrultusunda embriyon yaratıp yetiştirme işini hangi noktaya kadar götürmeye istekliyiz? Mucizevi yeni bir tedavi, bir günlük bir embriyonun hücrelerini değil de bir aylık bir ceninin dokularını almayı gerektiriyorsa? Beş aylık dişi bir cenin yumurtalıklarında, bir kadın olduğunda üreteceği bütün yumurtaları taşır; birisi bunları edinmek istiyorsa? Tıbbi amaçlarla embriyo kopyalama düşüncesine gereğinden fazla alışırsak nerede durmamız gerektiğini bilecek miyiz?

Eşitlik sorunu, geleceğin biyoteknoloji dünyasında Sol'u parçalamakla tehdit ediyorsa, Sağ içinde insanlık onuruyla ilgili sorunlar konusunda tam anlamıyla bir dağılma başlayacaktır. Birleşik Devletler'de Sağ (Cumhuriyetçi Parti'nin temsil ettiği biçimiyle), girişimcilik ve teknolojinin en az düzenlenmişinden hoşlanan ekonomik özgürlükçüler ile çoğu dindar olan, kürtaj ve aile gibi konuları da içeren bir dizi konuyla yakından ilgilenen sosyal muhafazakarlar arasında ikiye bölünmüştür. Bu iki grup arasındaki koalisyon, seçim zamanı birbirlerine sıkı sıkı sarılmalarına yol açacak kadar güçlüdür; fakat bunun altında, bazı temel görüşler konusunda farklılıklar bulunmaktadır. Bir yandan sağlık alanında müthiş yararlar ve biyoteknoloji endüstrisi açısından büyük bir kâr fırsatı sunan, diğer yandan derinden bağlı olunan ahlaki normların çiğnenmesini gerektiren yeni teknolojiler ortaya çıktığında, bu ittifakın sürebileceği açık değildir.

Böylece politika ve politik stratejiler sorunuyla bir kez daha yüz yüze gelmiş durumdayız. Çünkü eğer orada bir yerde uygulamaya geçirilebilir bir insanlık onuru kavramı varsa, onun yalnızca felsefe alanında değil politikanın gerçek dünyasında da savunulması ve politik kurumlar tarafından korunması gereklidir. Bu kitabın son bölümünde işte bu sorunu ele alacağız.

III. KISIM

YAPILMASI GEREKENLER

10

BİYOTEKNOLOJİNİN POLİTİK DENETİMİ

Kutsal zulüm. Kucağında yeni doğmuş bir bebeği taşıyan bir adam kutsal bir adama doğru yaklaştı. "Bu çocuğu ne yapacağım ben?" diye sordu; "sefil, sakat ve ölmeye yetecek kadar bile gücü yok." "Öldür onu!" diye bağırdı kutsal adam korkunç bir sesle, "sonra da üç gün üç gece boyunca kollarında tut onu ve anısını yüreğine kazı. Bir daha asla zamanı gelmeden önce böyle bir çocuğa can verme." Adam bu sözleri dinledikten sonra uzaklaştı oradan; hayal kırıklığına uğramıştı. Birçok insan kutsal adama zulmü öğütlediği ve adama çocuğu öldürmesini söylediği için sitem etti. "Peki ama yaşamasına göz yummak daha büyük bir zulüm olmaz mı?" diye sordu kutsal adam.

Friedrich Nietzsche, *Parlak Bilim*, Bölüm 731

Bazı yeni teknolojiler insanı en başından korkutur ve gelişimleri ile kullanımları üzerinde politik denetim olması konusunda görüş birliğine hızla varılır. İlk atom bombası 1945 yazında New Mexico'da Alamogorda'da ilk kez patlatıldığında, buna tanıklık eden kişiler arasında, yeni ve korkunç bir yıkım potansiyelinin yaratılmış olduğunu anlamayan yoktu. Nükleer silahlar bu nedenle işin en başından beri politik denetimle çevrelenmişti.

Bireyler kendi başlarına özgür bir şekilde nükleer teknoloji geliştiremiyor ve atom bombası hazırlamak için gerekli parçaların ticareti özgürce yapılamıyordu. Zaman içinde, 1968 tarihli nükleer çoğalma karşıtı anlaşmaya imza atan ülkeler, nükleer teknolojiyle ilgili uluslararası ticareti denetleme kararı aldılar.

Diğer yeni teknolojiler daha iyi huylu gibi görünüyorlar ve buna bağlı olarak ya çok az ya da hiç düzenleme gerektirmiyorlar. Kişisel bilgisayarlar ve İnternet buna örnek gösterilebilir. Bilgi teknolojisinin (BT) bu yeni türleri, refah yaratma, bilgi erişimini ve dolayısıyla gücü daha demokratik bir şekilde yaygınlaştırma ve kullanıcıları arasında bir topluluk ruhu geliştirme umudu yaratmışlardı. İnsanlar, Bilgi Devrimi'nin olumsuz yönlerini bulmak için bir hayli uğraşmak zorunda kaldılar. Bugüne kadar buldukları, dijital bölünme denen sorun (bilgi teknolojisine erişimde eşitsizlik) ve özel yaşama yönelik tehditler oldu; ama bunların hiçbiri adalet veya ahlak kadar sarsıcı sorunlar değildirler. Dünyanın daha devletçi toplumlarının bilgi teknolojisinin kullanımını denetlemek amacıyla ara sıra sürdürdükleri çabalara rağmen, BT geçen yıllar boyunca ne ulusal ne de uluslararası düzeyde çok düşük düzenlemelerle canlanıp gelişti.

Biyoteknoloji bu aşırı uçların arasında bir yerde bulunmaktadır. Gen-üstü ürünler ve insan genetik mühendisliği, insanları kişisel bilgisayarlar ve İnternet'ten daha fazla rahatsız etmektedir. Bununla birlikte, biyoteknoloji insanın sağlığı ve iyiliğine yönelik çok önemli bazı yararları da vaat ediyor. Cystic fibrosis veya diyabet hastası bir çocuğu iyileştirebilmeyi sağlayan bir ilerleme ile birlikte önlerine sürüldüğünde, insanlar teknolojiden duydukları rahatsızlığın neden yeni gelişim olanaklarından daha önemli sayılması gerektiğine ilişkin gerekçeler bulmakta zorlanıyorlar. Gelişimi sakıncalı bir klinik deneye ya da genetik olarak değiştirilmiş bir besinden kaynaklanan ölümcül bir alerjiye yol açan yeni bir biyoteknoloji türüne karşı çıkmak çok kolaydır. Fakat biyoteknolojinin asıl tehdidi daha gizlidir ve bu nedenle yararcı herhangi bir hesaplama ile ölçülmesi çok daha zordur.

İyi ve kötünün iç içe geçtiği bu tür bir teknolojiyle karşı karşıya kalındığında, bana öyle geliyor ki yapılabilecek tek bir şey vardır; o da ülke yönetimlerinin, insanın gelişmesine yönelik teknolojik ilerlemeler ile insanın onurunu ve iyiliğini tehdit eden teknolojileri birbirinden ayıracak kurumlar oluşturarak teknoloji kullanımını politik olarak düzenlemeleridir. Düzenleyici bu kurumlar, söz konusu ayrımı öncelikle ulusal düzeyde sonra da uluslararası düzeyde dayatabilecek biçimde güçlendirilmelidir.

Biyoteknoloji konusundaki tartışmaların durumu bugün iki grup arasında kutuplaşmış haldedir. İlki özgürlükçülerdir ve toplumun yeni teknolojinin gelişimine kısıtlama getiremeyeceğini ve getirmemesi gerektiğini savunurlar. Bu grupta bilimin sınırlarını genişletmek isteyen araştırmacı ve bilimciler, sınırlanmamış teknolojik ilerlemeden kazancı olan biyoteknoloji endüstrisi, özellikle Birleşik Devletler ile İngiltere'de bulunan ve serbest pazarlar, yeniden düzenleme ve devletin teknolojiye en az karıştığı bir modele ideolojik olarak bağlı geniş bir topluluk da yer alır.

Diğeri ise, biyoteknolojiyle ilgili ahlaki kaygıları olan karışık bir gruptur; dini inanç sahipleri, doğanın kutsallığına inanan çevreciler, yeni teknoloji karşıtları ve öjeninin yeniden sahneye çıkmasından kaygılanan Sol'dakilerden oluşur. Jeremy Rifkin gibi eylemcilerden Katolik Kilisesi'ne kadar uzanan bir yelpazeden oluşan bu grup, yapay döllenme ve kök hücre araştırmalarından, gen-üstü ürünler ve insan kopyalanmasına dek bir dizi yeni teknolojiye yasak getirilmesini önermiştir.

Biyoteknoloji konusundaki tartışma bu kutuplaşmanın ötesine taşmış bulunuyor. Her iki yaklaşım da—biyoteknoloji alanındaki gelişmeye karşı bütünüyle laissez-faire* bir tavır ile geleceğin teknolojisini tek bir darbe ile yasaklama girişimi—

* Laissez-faire: (Fr.) Hükümetin sanayi ve ticaret işlerine müdahale etmemesi ilkesi (Ç.N.).

yanlıştır ve gerçekçi değildir. İnsan kopyalama gibi bazı teknolojiler gerek içsel gerekse taktiksel nedenlerden dolayı derhal yasaklanmayı hak ederler. Bununla birlikte, ortaya çıkışına tanık olduğumuz diğer birçok biyoteknoloji daha incelikli bir yaklaşımla düzenlenmelidir. Herkes çeşitli teknolojilerin lehinde ve aleyhinde ahlaki tutumlarını belirlemekle meşgul olduğu halde, neredeyse hiç kimse toplumların teknolojik gelişimin hızıyla kapsamını denetlemesini sağlayacak ne gibi kurumlar oluşturulması gerektiğine ilişkin somut bir çaba sarf etmemiştir.

Dünyanın biraz daha fazla düzenlemeye gereksinimi olduğunu uzun zamandır kimse dile getirmedi. Düzenleme —özellikle de uluslararası düzeyde—kolayca istenebilecek bir şey değildir. 1980'lerdeki Reagan-Thatcher devrimlerinden önce, Kuzey Amerika, Avrupa ve Japonya ekonomilerinin birçok sektörüne bir aşırı düzenleme hakimdi ve bu uygulamaların birçoğu bugün de geçerliliğini korumaktadır. Düzenlemeler, çok miktarda etkinlik kaybını ve oldukça iyi bilinen bazı patolojileri de beraberinde getirir. Örneğin araştırmalar, devletin düzenleme mekanizmalarının kamu çıkarlarını koruduklarını iddia ettiklerinde bile, nasıl kendi güçleri ile konumlarını öne çıkarma yönündeki kişisel çıkarlarını geliştirmiş olduklarını göstermiştir.[1] Üzerinde iyi düşünülmemiş düzenlemeler ticaret maliyetlerinin şişmesine, atılımların önünün kesilmesine ve şirketlerin külfetli kurallardan kaçmaya çalışması sonucunda kaynakların yanlış tahsisine yol açabilir. Geçtiğimiz kuşak boyunca, devletin resmi düzenlemesine alternatif oluşturacak pek çok yenilikçi çalışma gerçekleştirildi. Ticari kuruluşların özdüzenlemeleri ile kuralların oluşturulup uygulanmasına yönelik daha esnek modeller örnek olarak verilebilir.

Ne şeklide olursa olsun düzenlemenin verimsizleştirdiği yaşamın gerçeklerinden biridir. Düzenleme sürecini elverişli hale getirme çabası içinde olan kurumlar tasarlayarak ve bu süreci, teknolojideki değişiklikler ile toplumsal gereksinimlere daha duyarlı hale getirerek bu verimsizliği en alt düzeye indirmeyi deneyebiliriz; fakat sonuçta, yalnızca devletin resmi denetimiyle ele alınabilecek bazı toplumsal sorunlar da vardır. Özdüzenleme tasarılarının en iyi işledikleri durum, bir endüstrinin çok fazla toplumsal maliyetinin (ekonomistlerin terminolojisiyle, olumsuz dışsallıkların) olmadığı, sorunların teknik ve politika dışı olduğu ve endüstrinin kendi kendisinin güvenliğini sağlamak amacıyla güçlü dürtülere sahip olduğu durumlardır. Uluslararası standartların belirlenmesi, hava trafiği rotalarının koordinasyonu ve ödemeleri, ürün testleri ve banka işlemleri söz konusu olduğunda durum böyledir ve aynı şey bir zamanlar gıda güvenliği ve tıbbi deneyler alanlarında da geçerliydi.

Bununla birlikte, günümüz biyoteknolojisi için ya da gelecekte ortaya çıkması olası bazı biyomedikal teknolojiler açısından bu doğru değildir. Araştırmacı bilimciler toplumu, geçmişte insanlar üzerinde yapılan deneyler ve rekombinant DNA teknolojisinin güvenliği gibi alanlarda takdire değer bir iş çıkarmış olsa da, özdüzenlemenin şu anda işin içinde olan ve daha fazla para peşinde koşan ticari çıkar çevreleri nedeniyle, gelecekte de doğru işlemeye devam edeceği kuşkuludur. Biyoteknoloji firmalarının çoğunun ince ahlaki ayrımları gözleyecek yetileri olmayacaktır. Bu da devletlerin ister istemez işe karışıp, gerekli kuralları belirleyip dayatmasının gerekmesi demektir.

Bugün birçok insan, biyoteknolojinin uygulamasının denetlenmemesi gerektiğine ve zaten uygulamada da denetlenemeyeceğine inanıyor. Bu düşüncelerin her ikisi de birazdan göreceğimiz gibi yanlıştır.

BU KARARI KİM VERECEK?

Yeni biyoteknolojiyi denetleyip denetlemeyeceğimize ve bunu hangi yetkeyle yapacağımıza kim karar verecek?

2001 yılında ABD Kongresi'nde insan kopyalanmasının yasaklanmasına ilişkin yasalarla ilgili görüşmeler sırasında, Ohio'yu temsil eden Kongre üyesi Ted Strickland, eldeki en iyi bilimin bize kesin bir şekilde rehberlik yapması ve "tanrıbilim, felsefe ya da politikanın bu konuda vereceğimiz kararlara karışmaması" gerektiğinde ısrar etmişti.

Bu düşünceyi benimseyen çok kişi bulunmaktadır. Çoğu ülkede görüş toplamak amacıyla yapılan anketler halkın, bilimcileri politikacılardan ve tabii ki tanrıbilimciler ve felsefecilerden daha üstün bir konuma oturttuğunu göstermektedir. Çok iyi bildiğimiz gibi, yasa koyucular tavır almayı, abartmayı, anekdotlar eşliğinde tartışmayı, masa yumruklamayı ve yaltaklanmayı pek severler. Sıkça cahilce sözler eder ve davranırlar, hatta zaman zaman sabit çıkarlar güden lobilerin etkisi altında kalırlar. Peki öyleyse biyoteknoloji gibi son derece karmaşık ve teknik konularda neden çıkar gütmeyen bir grup araştırmacı yerine politikacılar son sözü etme şansına sahip oluyorlar? Politikacıların, bilimcilerin kendi etkinlik alanlarında yürüttükleri çalışmaları sınırlama yönündeki çabaları, dünyanın güneşin çevresinde döndüğünü söylediği için Galileo'yu din düşmanı ilan eden ortaçağ Katolik Kilisesi'ni hatıra getiriyor. Bilimsel araştırma çabası, Francis Bacon'ın yaşadığı çağdan beri, doğrudan insanlığın çıkarlarına bir bütün olarak hizmet eden bir etkinlik olarak kendi meşruiyetini elde etmiştir.

Ancak ne yazık ki bu görüş doğru değildir.

Bilim, hizmet ettiği amaçları kendi başına belirleme yeteneğine sahip değildir. Bilim hastalıklara yönelik aşı ve tedavileri keşfedebilir ama aynı zamanda bulaşıcı maddeler de yaratabilir. Yarıiletkenlerin fiziğini gözler önüne serebilir ama diğer yandan hidrojen bombası fiziğini de açığa çıkarabilir. Bilimin kendisi, verilerin insan deneklerin çıkarlarını özenle gözeten kurallar dahilinde toplanıp toplanmadığıyla ilgilenmez. Sonuçta veri, veridir ve (11. Bölüm'de yer alan insanlar üzerinde yapılan deneyler konusuna geldiğimizde göreceğimiz gibi) kuralları esneterek veya tümden göz ardı ederek daha iyi veriler elde etmek her zaman için olanaklıdır. Toplama kamplarındaki kurbanlara bulaşıcı madde şırınga eden ya da tutukluları ölme noktasına gelinceye kadar dondurarak veya yakarak işkence eden Nazi doktorların çoğu, aslında yararlı amaçlarla kullanılabilecek gerçek verileri toplayan meşru bilimcilerdi.

Yalnızca "tanrıbilim, felsefe ya da politika", bilimin ve bilimin ürettiği teknolojinin amaçlarını belirleyebilir ve iyi ya da kötü olduğunu söyleyebilir. Bilimciler kendi çalışmalarıyla ilgili ahlaki kuralların saptanmasına yardımcı olabilirler ama bu katkıyı bilimci kimliğiyle değil, daha geniş bir politik topluluğun bilimsel açıdan donanımlı üyeleri olarak sağlayabilirler. Biyotıp alanında çalışan araştırmacı bilimci ve doktorlardan oluşan topluluk içinde pırıl pırıl, kendini işine adamış, enerji dolu, ahlaklı ve düşünceli çok sayıda kişi vardır. Fakat bu kişilerin çıkarları ile kamu yararı daima çakışmak zorunda değildir. Bilimciler, hırslarının gücüyle harekete geçerler ve genellikle belirli bir teknoloji veya ilaç üzerinde yoğunlaşan parasal çıkarları vardır. Bundan dolayı, biyoteknoloji konusunda ne yapılması gerektiği sorusu aslında teknokratlar tarafından karar bağlanamayacak politik bir sorundur.

Bilimin meşru ve meşru olmayan kullanımlarının neler olduğuna kimin karar vereceği şeklindeki sorunun aslında çok basit bir yanıtı vardır; yüzyıllardır politik kuram ve uygulamalar tarafından açıklanmış yanıt şudur: Bu kararı demokratik yapılanmaya sahip olan politik toplum, bu konulara hakim olup, teknolojik gelişimin hızını ve kapsamını denetleme yetkisine sahip seçilmiş temsilcileri aracılığıyla verecektir. Günümüzde demokratik kurumlarla ilgili olarak, kendi özel çıkarlarını güden lobilerin faaliyetlerinden popülist tavırlara kadar her tür sorun bulunmakla birlikte, halkın istencini bundan daha iyi ve meşru bir şekilde gerçekleştirecek alternatiflerin olmadığı da açıktır. Politikacıların, kararlarını bilim konusunda daha derin ve bilgili bir anlayışla vermelerini tabii ki isteriz. Tarih, yirminci yüzyılın başlarında Birleşik Devletler ve Avrupa'da öjeni konusundaki yasaların kabul edilerek yürürlüğe girmesi gibi, kanunların kötü bilimi temel almış olduğu durumlarla doludur. Fakat sonuçta bilim kendi başına, insanın amaçlarına ulaşması için bir araçtan başka bir şey değildir; politik toplumun verdiği uygun amaçları belirleyici kararlar sonuçta bilimsel sorular değildir.

İnsan biyoteknolojisi alanını düzenleme sorununa dönersek önümüze oldukça farklı bir sorun çıkar. Sorun, bilimsel araştırmalara ilişkin seçimleri bilimcilerin mi yoksa politikacıların mı yapacağı değil, üremeye ilişkin neyin doğru olduğu kararının anne babaların mı yoksa devletin mi vereceğidir. James Watson bu kararı erkeklerden oluşan bir düzenleme grubunun değil, annelerin bireysel olarak vermeleri gerektiğini savunmuştur:

> Benim burada öne sürdüğüm ilke çok basit: bırakın kararların çoğunu erkekler değil kadınlar versin. Çocukları doğuran kadınlardır ve sizin de bildiğiniz gibi, erkekler genellikle sağlıksız çocuklara pek yanaşmazlar. Bir sonraki kuşağa karşı kendimizi daha sorumlu hissetmeliyiz. Kadınların kararları vermelerine izin verilmesi gerektiğini düşünüyorum; bir de bana kalırsa, erkek doktorlardan oluşan bazı kurullarının işe karışmasını da artık engellemek gerek.[2]

Sevgi dolu annelerin ilgi ve kaygılarına karşılık erkek bürokratların yargılama yeteneklerini öne sürmek, oldukça zekice bir retorik strateji olmakla birlikte, konuyla hiçbir ilgisi yoktur. Erkek yargıçlar, memurlar ve sosyal görevliler (pek çok kadın görevli de elbette vardır) zaten kadınların hayatlarına sürekli karışmaktalar. Onlara çocuklarını ihmal edemeyeceklerini, onlara kötü davranamayacaklarını, onları çalışıp para kazanmaya zorlamak yerine okula göndermeleri gerektiğini ve çocuklarına uyuşturucu ya da silah veremeyeceklerini söylüyorlar. Çoğu kadının yetkesini sorumlu biçimde kullanacağı gerçeği, kurallara duyulan gereksinimi ortadan kaldırmaz; özellikle de teknoloji, çocuklar üzerinde pek de sağlıklı olmayan sonuçlara yol açacak (kopyalama gibi) doğal olmayan üreme olanaklarını gündeme getirmişken.

6. Bölüm'de ele alınmış olduğu gibi, doğal üreme koşulları altında anne baba ile çocuk arasında otomatik olarak kurulan ortak çıkar birliği, yeni koşullarda var olmayabilir. Bazı kişiler henüz doğmamış çocuğun, doğum kusurlarına ve zihinsel geriliğe sahip olmamayı onayladığını varsayabileceğimizi ileri sürmüşlerdir. Fakat acaba bir çocuğun kopya olmayı, iki kadının biyolojik çocuğu olmayı veya doğduğunda insandışı bir gen taşımayı onayladığını varsayabilir miyiz? Özellikle kopyalama, üremeyle ilgili kararın çocuktan çok ebeveynin çıkar ve rahatlığına uygun olma olasılığını ortaya çıkarmaktadır ve böyle bir durumda, devletin çocuğu korumak amacıyla müdahale etme zorunluluğu vardır.[3]

TEKNOLOJİ DENETLENEBİLİR Mİ?

Teknolojinin meşru biçimde denetlenmesi gerektiğine karar versek bile, bunun yapılabilir olup olmadığı sorunuyla karşılaşırız. Gerçekten de insan biyoteknolojisi alanında düzenlemeye yönelik planın önündeki en büyük engel, teknolojik ilerlemenin bir düzene bağlı olamayacağı ve bu tür çabaların başarısız olmaya mahkum olduğu görüşlerine duyulan yaygın inançtır.[4] Belirli teknolojilerin destekçilerinin pek keyifli bir tavırla ortaya sürdükleri iddia da budur. Aynı şekilde, bu teknolojilerden çıkar elde etmeyi umanlar ve büyük bir karamsarlığa kapılarak potansiyel olarak zararlı teknolojilerin yaygınlaşmasını geciktirmek isteyenler de bu iddiayı desteklemektedirler. Sözü edilenlerden özellikle son gruba, politikanın geleceği biçimlendirme yeteneği konusunda bir çeşit umutsuz tavır egemendir.

Küreselleşmenin gelişimi ve bilgi teknolojisi konusundaki deneyimlerimiz sonucunda, özellikle geçtiğimiz birkaç yıl içinde bu inanış güçlendi. Denildiğine göre, bağımsız ulus-devletlerin hiçbiri herhangi bir teknolojik yeniliği düzenleme ya da yasaklama gücüne sahip değildir çünkü öyle bir durumda, araştırma ve geliştirme etkinlikleri derhal başka bir devletin sınırları içinde sürdürülecektir. Örnek olarak Amerika'da veri şifrelemeyi denetlemek için gösterilen çabalar ya da Fransa'da, Fransız Web sitelerinde Fransızca dili politikası, bu ülkelerdeki teknolojik gelişmelerin aksamasına yol açmaktan başka işe yaramadı çünkü teknoloji geliştirenler yasal düzenlemelerin daha uygun olduğu başka bölgelere giderek çalışmalarını orada sürdürdüler. Teknolojinin yayılmasını engellemenin tek yolu, teknolojiyi sınırlamaya yönelik kurallar konusunda uluslararası bir anlaşmaya varmaktan geçer; ancak bu tür kurallar üzerinde fikir birliğine varmak inanılmaz derecede zor olduğu gibi, uygulama aşaması daha da zordur. Bu tür uluslararası anlaşmalar bulunmadığı sürece, kendi düzenlemelerini yapmak isteyen herhangi bir ülke, diğer ülkeler karşısında dezavantajlı konuma düşecektir.

Teknolojik ilerlemenin kaçınılmazlığına ilişkin bu tür kötümser tutumlar yanlıştır ve çok sayıda kişi buna inanmaya başlarsa kolaylıkla gerçekmiş yanılsaması yaratabilir; çünkü teknolojik gelişimin hızı ve kapsamının denetlenemeyeceği doğru değildir. Etkili politik denetim altına alınmış ve aralarında nükleer silahlar, nükleer güç, balistik füzeler, biyolojik ve kimyasal silahlar, organ nakli, nörofarmakolojik ilaçlar gibi tehlikeli ya da ahlaki açıdan tartışmalı birçok teknolojinin özgürce geliştirilmesine ve uluslararası ticaretine izin verilmemektedir. Uluslararası toplum, insanlar üzerinde yapılan deneyleri yıllardır başarılı bir şekilde düzenlemektedir. Kısa süre önce Amerikalı çiftçilerin zaten yeni kabul etmeye başladıkları gen-üstü tarımsal ürünlere yüz çevirmeleri sonucunda, genetik olarak değiştirilmiş organizmaların besin zinciri içinde gitgide daha fazla yer almaları Avrupa'da da birdenbire sekteye uğramıştır. Bilimsellik açısından ne kadar doğru olduğu elbette tartışılabilecek olan bu karar, yine de biyoteknolojinin doludizgin ilerleyişinin önünü kesmenin olanak dışı olmadığını kanıtlamıştır.

Gerçekten de, İnternet üzerinde pornografiyi ya da politik tartışmaları denetlemenin olanaksız olduğu şeklindeki yaygın görüş hatalıdır. Bir hükümetin, şüpheli sayılan her Web sitesini kapatması olanaksızdır ama söz konusu ülke sınırları dahilinde yaşayan sıradan vatandaşların bu sitelere girişinin maliyeti artırabilir. Örneğin Çinli yetkililer politik güçlerini son derece etkili biçimde kullanarak, Yahoo! ve MSN gibi İnternet şirketlerini, Çin'de iş yapma haklarını iptal etmekle tehdit ederek, Çince sayfalarında hoşnut olmadıkları yazıların yayınlanmasını kısıtlamaya zorlamıştır.

Şüpheci kimseler, bütün bu çabaların hiçbirinin sonuçta teknolojiyi denetim altına almayı başaramadığını ileri süreceklerdir. Örneğin Batı'nın, özellikle Birleşik Devletler'in yayılmaya karşı yoğun diplomatik çabasına rağmen, Hindistan ve Pakistan doksanlı yıllarda nükleer silahları açıkça test eden altıncı ve yedinci güç konumundaydı. Üç Mil Adası ve Çernobil olaylarından sonra, enerji üretiminde nükleer güç kullanımı yavaşlamış olmakla birlikte, petrol maliyetlerinin artması ve küresel ısınma tehlikesi nedeniyle bu konu günümüzde yeniden masaya yatırılmış durumdadır. Balistik füze yapımı ile kitle imha silahlarının geliştirilmesi, Irak ve Kuzey Kore gibi yerlerde sürerken, bir yandan da ilaç, insan organı, plutonyum ve hemen bütün diğer yasadışı malların ticaretinin yapıldığı çok geniş gizli bir piyasanın bulunduğu da bilinmektedir.

Bunların hepsi de gerçek: Düzenlemeye yönelik hiçbir sistem asla kusursuz olamaz. Ayrıca yeterinde uzun bir süre beklenirse, çoğu teknoloji er ya da geç geliştirilecektir. Fakat burada toplumsal düzenleme gözden kaçırılmaktadır: Hiçbir kanun tam olarak uygulanamaz. Her ülkede cinayet bir suç olarak değerlendirilir ve çok ciddi cezalar verilmesini gerektirir ama buna rağmen cinayetler sürüp gider. Fakat cinayetler işlenmeye devam ediyor diye de, bunu caydırıcı kanunlar yürürlükten kaldırılmaz.

Nükleer silahlar söz konusu olduğunda, uluslararası toplumun yürüttüğü gayretli nükleer yayılma karşıtı çabalar sayesinde bu tür silahların yaygınlaşmasını yavaşlatmada ve geçmişte bunları kullanmak isteyecek ülkelerin ellerine geçmelerini önlemede oldukça büyük bir başarı elde edilmiştir. Nükleer çağın henüz başlangıç aşamasında olduğu 1940'larda, uzmanlar düzinelerce ülkenin birkaç yıl içinde nükleer silahlara sahip olacağını öngörüyorlardı.[5] Ancak yalnızca bir avuç ülkenin nükleer silah üretmesi ve yirminci yüzyılın başı geldiğinde, bu silahların hiçbirinin herhangi politik bir anlaşmazlık sırasında kullanılmamış olması, gerçekten de hatırı sayılır bir başarıydı. Olanakları olduğu halde bu silahları üretmekten kaçınmış olan çok sayıda ülke vardır. Örneğin geçmişte her ikisi de askeri diktatörlük rejimine sahip olan Brezilya ile Arjantin nükleer hırsa sahiptiler. Bununla birlikte, içinde bulundukları nükleer yayılma karşıtı rejiminden dolayı bu tür programları gizli tutmak ve gelişmelerini yavaşlatmak zorunda kalmışlardı. Her iki ülke de seksenli yıllarda demokrasiye döndüğünde nükleer silah programları durduruldu.[6]

Nükleer silahları denetlemek biyoteknolojiye oranla daha kolay sayılır. Bunun iki nedeni vardır. Birincisi, nükleer silah geliştirmek bir hayli maliyetlidir ve rahatlıkla fark edilebilecek çok geniş tesisler gerektirir; dolayısıyla kapalı kapılar ardında nükleer silah geliştirmek pek olanaklı değildir. İkincisi, bu teknolojinin ne denli büyük bir tehlike içerdiği öylesine ortadaydı ki, denetlenmesi yönünde dünya çapında derhal çok hızlı adımlar atıldı. Buna karşılık biyoteknoloji görece küçük ve düşük bütçeli laboratuarlarda uygulanabilir; ayrıca, olası riskleri üzerinde uluslararası bir görüş birliği henüz oluşmamıştır.

Diğer taraftan biyoteknoloji, nükleer silahlarda olduğu gibi kuralları uygulama konusunda daha rahat olunabilecek bir alandır. Teröristlerden oluşan bir grubun veya Irak gibi düzenbaz bir devletin eline geçecek tek bir bomba bile, dünya güvenliğini ciddi anlamda tehlikeye atabilir. Buna karşılık, Irak'ın Saddam Hüseyin'i kopyalamayı başarması çok hoş bir durum sayılmasa da, çok büyük bir tehdit oluşturmaz. Başka ülkelerde insan kopyalanmasına izin verilse, hatta bazı Amerikan vatandaşları böyle ülkelere giderek kendilerini kopyalatsalar bile, Birleşik Devletler'de bunu yasaklayan bir yasa geçerliliğini koruyacaktır.

Küreselleşmiş bir dünyada düzenlemenin uluslararası boyutta yapılmadığında işe yaramayacağı şeklindeki iddia doğrudur; fakat bu gerçeği ulusal düzlemde düzenlemeye karşı kullanmak neden sonuç ilişkilerini baş aşağı etmekten başka bir şey değildir. Yasal düzenlemeler nadiren uluslararası düzeyde başlar: ulus-devletler, uluslararası bir düzenleme sistemi üzerinde kafa yormaya başlamadan önce kendi toplumlarına yönelik kurallar geliştirmek zorundadırlar*. Bu özellikle Birleşik Devletler gibi politik, ekonomik ve kültürel açıdan baskın bir ülke için geçerlidir; çünkü dünyanın diğer ülkeleri, Birleşik Devletler'in kendi ulusal hukukunu nasıl ele aldığını dikkatle izlemektedirler. Birtakım biyoteknolojilerin düzenlenmesi bir gün gerçekten somut bir biçim alacaksa bunun bu alanda ulusal düzeyde bir Amerikan etkinliği olmaksızın gerçekleşebileceğini düşünmek zordur.

Başka bazı teknolojilerin başarılı bir düzenlemeye tabi tutulduğunu gösteren bazı örnekler vermekteki amacım, insan biyoteknolojisi için de benzer bir sistem oluşturmanın güçlüğünü

---

* İnsan haklarına ilişkin uluslararası kuralların kendi toplumlarında da uygulanmasını sağlamaya çalışan yeni veya geçiş dönemi demokrasilerinde olduğu gibi, bu genel kuralın bazı istisnaları bulunmaktadır. Bununla birlikte, biyoteknolojiyle ilgili kurallarda bu benzeşim uygun değildir. İnsan haklarına ilişkin uluslararası anlaşmalar, bu hakları gözlemleyip hukuki sistemleri kapsamında zaten yasalaştırmış olan ülkelerin teşvikiyle yapılmıştır.

hafife almak değildir. Uluslararası biyoteknolojisi endüstrisi bir hayli rekabetçi bir yapıdadır ve şirketler çalışmalarını sürdürme açısından en uygun düzenlemelere sahip ortamları sürekli olarak araştırmaktalar. Almanya, kendi travmatik öjeni geçmişinden dolayı genetik araştırmalar konusunda birçok başka ülkeye oranla çok daha kısıtlayıcı bir tutuma sahip olduğu için, Alman ilaç ve biyoteknoloji şirketlerinin çoğu laboratuarlarını İngiltere ve Birleşik Devletler gibi daha az kısıtlayıcı ülkelere taşımışlardır. İngiltere 2000 yılında iyileştirici ya da araştırma amaçlı kopyalamayı yasallaştırdı. Birleşik Devletler de Almanya, Fransa ve bu tür araştırmalara izin vermeyen diğer ülkelerin safına geçtiği takdirde, İngiltere ileride bu araştırmaların cenneti haline gelecektir. Singapur, İsrail ile bazı başka ülkeler, Birleşik Devletler kendi sınırları içindeki girişimleri ahlaki kaygılarla kısıtlamaya devam ettiği takdirde, kök hücre ve diğer spesifik konularda araştırmalara sıcak baktıklarını ilan etmişlerdi.

Bununla birlikte, uluslararası rekabete ilişkin gerçekler Birleşik Devletler veya herhangi başka bir ülkenin teknolojik bir silahlanma yarışına gözü kara dalması gerektiğini göstermez. Kopyalama ve germ-hattına müdahale edilmesi gibi belirli bazı teknolojilerin yasaklanması ya da sıkı bir düzenlemeye bağlanması konusunda uluslararası bir görüş birliğine varılıp varılmayacağını henüz bilmiyoruz. Fakat oyunun daha çok başındayken bu olasılığı göz ardı etmemekte yarar var.

Bir bebeğin kopyalanması anlamına gelen üremeye yönelik kopyalama sorununu ele alalım. Bu kitabın yazıldığı sırada (Kasım 2001) üremeye yönelik kopyalama Almanya, Fransa, Hindistan, Japonya, Arjantin, Brezilya, Güney Afrika ve İngiltere dahil olmak üzere yirmi dört ülkede yasaklanmış durumdaydı. Avrupa Konseyi 1998'de Biyotıpla İlgili İnsan Hakları ve Onuru Anlaşmasına eklenmek üzere insanın üremeye yönelik kopyalanmasını yasaklayan bir Ek Protokol'u kabul etti. Konsey üyesi olan kırk üç ülkenin yirmi dördü bu belgeyi imzaladı. ABD Kongresi de, benzer önlemler üzerinde bir karara varmaya uğraşan birçok başka yasama organından biriydi. Fransız ve Alman hükümetleri, Birleşmiş Milletler'in üremeye yönelik kopyalamaya küresel bir yasak getirmesini önermişlerdi. Koyun Dolly'nin bundan dört yıl önce yaratıldığı düşünülürse, politikacıların ve hukukun teknolojinin hızına yetişmeleri için bir hayli zaman geçmiş olması hiç de şaşırtıcı değildir. Fakat şu anda dünyanın büyük bir bölümünün insanın üremeye yönelik kopyalanmasının yasadışılığı konusunda fikir birliğine varma yolunda ilerlediği görülüyor. Öyle ki birkaç yıl içinde, bir avuç deliden oluşan Rael gibi bir tarikat çocuk kopyalamak istediği takdirde, Kuzey Kore veya Irak gibi bir yere gitmekten başka çare bulamayacak.

Biyoteknolojinin düzenlenmesine ilişkin uluslararası görüş birliğine varma olasılığı ne kadardır? Bunu kestirmek için henüz çok erken ama bu konuyla ilgili olarak kültür ve politikaya ilişkin bazı gözlemlerde bulunulabilir.

Bugün dünya üzerinde biyoteknolojinin bazı türlerinin, özellikle de genetik müdahalenin ahlaka uygunluğu konusunda çok farklı görüşler vardır. Bu görüşler yelpazesinin en kısıtlayıcı ucunda Almanya ve daha önce de belirttiğimiz tarihi nedenlerden dolayı bu yolda ilerlemekten çekinen kıta Avrupa'sındaki başka ülkeler bulunuyor. Kıta Avrupa'sı ayrıca, biyoteknolojinin türlü biçimlerine karşı düşmanca bir tavır sergilemiş olan dünyanın en güçlü çevreci hareketlerine uzun süre ev sahipliği yapmıştır.

Yelpazenin diğer ucunda, tarihi ve kültürel nedenlere bağlı olarak biyoteknolojinin ahlaki boyutuyla çok fazla ilgilenmemiş olan bir dizi Asya ülkesi yer almaktadır. Örneğin Asya'nın büyük bir bölümünde Avrupa'da anlaşıldığı şekliyle (aşkın bir tanrıdan kaynaklanan ve vahiy yoluyla bildirilmiş olan) bir din yoktur. Çin'deki egemen ahlak sistemi olan Konfüçyüsçülük'te Tanrı kavramı bulunmaz. Taoizm ve Şinto gibi halk dinleri animiztikdir ve hayvanlarla cansız nesnelere ruhani özellikler atfederler. Budizm ise insanı ve doğal yaratımı tek bir kozmosta birleştirir. Budizm, Taoizm ve Şinto gibi Asya gelenekleri insan türüyle doğanın geri kalan bölümleri arasında, Hıristiyanlık'ta olduğu gibi kesin bir ahlaki ayrım yapmaktan kaçınırlar. Frans de Waal'ın ileri sürdüğü gibi, bu geleneklerin insan doğası ve insan dışı doğa arasında bir süreklilik olduğunu düşünmeleri, insan olmayan hayvanlara daha fazla sevgi ve hoşgörüyle yaklaşmalarını sağlamıştır.[7] Fakat bu aynı zamanda, insan yaşamının kutsallığına daha az saygı gösterilmesi anlamına gelir. Buna bağlı olarak, kürtaj ve yeni doğan çocukların (özellikle kız çocukların) öldürülmesi gibi uygulamalar Asya'nın birçok bölgesinde yaygındır. Çin hükümeti, idam edilen mahkumların organlarının alınması gibi Batı'da tiksintiyle karşılanacak birtakım uygulamalara izin vermiş ve öjeni yasasını 1995 gibi çok yakın bir tarihte kabul etmiştir.

İngilizce konuşulan ülkeler, Latin Amerika ve dünyanın geri kalan bölümündeki durum, Kıta Avrupa'sı ile Asya arasında bir noktada yer alır. Almanya ve Fransa'nın genetik araştırma karşısında duydukları türde bir fobi, Amerika ve Britanya'da hiç ortaya çıkmadı ve bu iki ülke liberal geleneklerinden dolayı devlet eliyle yapılan yasal düzenlemelere daha kuşkulu yaklaşmaktadır. Özellikle Birleşik Devletler her zaman için teknolojik yeniliklere bağımlı olmuş ve çok çeşitli kurumsal ve kültürel nedenlerden dolayı, teknoloji üretiminde çok başarılı bir konuma gelmiştir. Son yirmi yıl boyunca gerçekleşen bilgi teknolojisi devrimi, Amerikalıların teknolojiye olan sevgilerini körükledi ve çok sayıda Amerikalı teknolojinin kaçınılmaz olarak bireyi özgürleştirip kişiliğini zenginleştirme özelliğinde olduğuna ikna oldu. Buna karşılık, Birleşik Devletler'de bugüne kadar denetimsiz teknolojik gelişmeleri frenlemiş olan muhafazakar dini gruplar (Protestanlar, Katolikler ve sayıları gitgide artan Müslümanlar) dengeleyici unsur konumunda bulunmaktadır.

Liberal geleneklere sahip olan İngiltere, Amerika'ya daima Almanya'ya olduğundan daha yakın olmuştur. Ancak paradoksal olarak, aynı zamanda genetik olarak değiştirilmiş organizmalar ve tarımsal biyoteknoloji karşıtı çevreci hareketlerinin en güçlü olduğu yerlerden biri olmuştur. Bunun çok köklü kültürel nedenleri herhalde yoktur; İngilizlerin genetik olarak değiştirilmiş organizmalara karşı duydukları kuşku büyük olasılıkla, İngiltere'de BSE olarak bilinen *sığır spongiform ensefalopati* hastalığının insanlarda görülen biçimi olan Creutzfeldt-Jacob hastalığına çok sayıda kurban verilmesine yol açan deli dana hastalığının temsil ettiği, yasal düzenlemeler açısından çok ciddi bir yetersizliğe bağlanabilir. BSE'nin biyoteknolojiyle elbette hiçbir ilişkisi yoktur; ama yine de insanların, hükümetin gıda ürünlerinin güvenliğini sağlama konusundaki güvenine zarar vermiştir. Amerikalılar bundan bir kuşak önce, Aşk Boğazı ve diğer çevre felaketlerinden almış oldukları ders nedeniyle çevreye yönelen tehditler konusunda çok daha duyarlı ve bunları düzenlemeye daha istekliydiler.

Dünyada biyoteknolojinin yasal düzene sokulması konusunda oluşmakta olan fikir birliğinin parçası olmaktan kaçınacak bir bölge varsa, o da Asya'dır. Çeşitli Asya ülkeleri ya demokrasiyle yönetilmemekte ya da biyoteknolojinin bazı türlerine karşı ahlaki gerekçelere bağlı olarak karşı çıkmayı gerektiren ulusal seçmen grubundan yoksun bulunmaktalar. Singapur ve Güney Kore gibi Asya ülkeleri biyotıp alanında rekabete katılmak için yeterli araştırma altyapısına sahip olmanın yanı sıra, Avrupa ve Kuzey Amerika'nın elinde bulunan pazar payının bir bölümünü ele geçirme yönünde güçlü ekonomik güdülere de sahipler. Biyoteknoloji gelecekte dünya politikası açısından önemli bir kırılma noktasına dönüşebilir.

Yeni biyomedikal teknolojilerin denetimi üzerinde varılacak uluslararası bir fikir birliğinin, uluslararası toplum ve ona dahil olan öncü ülkelerin ciddi ve kapsamlı çalışmaları olmadan gerçekleşmesi beklenemez. Bu tür bir görüş birliğini oluşturacak sihirli bir değnek yok. Geleneksel diplomasinin araçları olan retorik, ikna, karşılıklı görüşmeler ile ekonomik ve politik basınca gereksinim duyulacaktır. Fakat bu açıdan bakıldığında sorun başka uluslararası sistemlerin yarattığı hava trafiği, telekomünikasyon, nükleer veya balistik füze üretimi gibi sorunlardan farklı değildir.

İnsan biyoteknolojisinin uluslararası yönetişimi, yeni bir uluslar arası örgütün kurulması, Birleşmiş Milletler'in kapsamının genişletilmesi ya da içinden çıkılmaz bir bürokrasi yaratılmasını gerektirmiyor. En basit şekliyle, ulus-devletlerin yasal düzenleme politikalarını uyumlu hale getirmeleri yönündeki çabalarıyla gerçekleşebilir. Bu uyum süreci Avrupa Birliği üyeleri için Avrupa düzeyinde çoktan ortaya çıkmış gibidir.

Örnek olarak ilaçlarla ilgili düzenlemeyi sağlayan uluslararası uygulamayı ele alalım. Endüstrileşmiş her ülkede tıpkı Amerikan Gıda ve İlaç İdaresi (FDA) gibi, bilime dayalı ve ilaçların güvenilirliği ile etkinliğini denetleyen yasal bir düzenleme unsuru bulunur. İngiltere'de İlaç Denetim Dairesi, Japonya'da İlaç İşleri Kurulu, Almanya'da Devlet İlaç Denetleme Kurumu, Fransa'da ise Fransız İlaç Dairesi vardır. Avrupa Birliği'nin 1965 yılından bu yana, ulusal düzeyde farklı yasal etki alanlarında ayrı ayrı başvuruların dosyalanmasından kaynaklanan yineleme ve kayıpların önüne geçmek amacıyla, üye ülkelerdeki ilaç onay sürecini uyumlu hale getirme yolunda çabaları olmuştur. Bunun sonucunda Londra'da 1995 yılında Avrupa İlaç Değerlendirme Dairesi, Avrupa düzeyinde tek bir ilaç onay merkezi olarak görev yapmak üzere kuruldu.[8] Bu uyum sürecinin Avrupa dışına taşmasını sağlamak amacıyla Avrupa Komisyonu da aynı yıl (Uluslararası Uyum Konferansı başlıklı) çok yönlü bir toplantı gerçekleştirdi. Kimi Amerikalılar bunu Avrupalı bürokratların Birleşik Devletler'e de el atma girişimi olarak eleştirdiyse de, bu oluşum verimlilikte önemli ölçüde bir artışa yol açabilecek olması nedeniyle ilaç endüstrisinin büyük desteğini gören gönüllü bir yapı olmayı sürdürmektedir.[9]

İnsan biyoteknolojisinin gelecekte ne tür bir yasal düzenlemeye bağlanması gerektiğini tartışmadan önce, günümüzde bu alanda ne tür düzenlemeler bulunduğunu ve var olan yapının nasıl oluştuğunu anlamamız gerekir. Önümüzde, özellikle uluslararası düzeyde ele alındığında, son derece karmaşık bir resim var ve bu resimde tarımsal ve insan biyoteknolojisinin tarihinin iç içe geçmiş olduğu görülmektedir.

11

BİYOTEKNOLOJİ GÜNÜMÜZDE NASIL DÜZENLENMİŞTİR?

Yasal düzenlemeye, endüstrinin veya bilim toplumunun devletin sınırlı gözetimi altında özdüzenlemesinden, zorunlu unsurlarca resmi düzenlemenin yapılmasına dek çok sayıda farklı yaklaşım bulunmaktadır. Bundan başka, resmi düzenleme şu ya da bu derecedede zorlayıcı olabilir: Uç bir noktada, düzenleyenle düzenlenen arasında, endüstriyi kışkırtacak kadar yakın bir ilişki olabilir ama bu ilişkinin, düzenlemcyi yapan aracının hedef endüstriye ayrıntılı (ve istenmeyen) kuralları zorla dayattığı ve davaların sürüp girmesine yol açan düşmanca bir niteliğe sahip olması da olanaklıdır. Bu biçimlerin birçoğu bugüne dek biyoteknoloji alanına uygulanmış durumdadır.

Genetik mühendisliğini ele alın. Genellikle ayrı türler arasında gen aktarımına yarayan rekombinant DNA (rDNA) teknolojisinin gelişimi, bilim toplumunun özdüzenleme yaptığı erken bir örnektir. New York'taki Cold Spring Harbor Laboratuvarı'nda çalışmalarını sürdüren bir araştırmacı olan Janet Mertz

1970 yılında, bir maymun virüsünün genlerini iyi bilinen bir bakteri olan E.coli'ye aktararak, işlevlerini daha iyi anlamak istedi. Bu girişim Mertz ile danışmanları Paul Berg ve Robert Pollack arasında bu tür deneylerin güvenliğiyle ilgili bir anlaşmazlığa yol açtı. Pollack yeni ve son derece tehlikeli bir mikrobun yaratılabileceğinden korkuyordu.[1]

Sonuç olarak, 1975'te California Pacific Grove'da yapılan ve alanın en önde gelen araştırmacılarının yeşermekte olan rDNA sahasındaki deneyleri denetleme yöntemleri oluşturmak üzere bir araya geldikleri Asilomar Konferansı düzenlendi.[2] Riskler daha iyi anlaşılıncaya dek bu tip araştırmalar gönüllü olarak yasaklandı ve Ulusal Sağlık Kurumları tarafından Rekombinant DNA Danışma Kurulu oluşturuldu. Ulusal Sağlık Kurumları 1979'da, fon sağladığı araştırmalarda uygulanması gereken ilkeleri yayımladı ve birçok başka şeyin yanı sıra, laboratuvardaki rDNA organizmalarının fiziksel kısıtlanmasını zorunlu kılarak, çevreye yayılmalarını yasakladı.

Sonraları rDNA üzerindeki araştırmaların tehlikeli "süperböceklerin" yaratılmasına yol açacağı şeklindeki korkunun temelsiz olduğu ortaya çıktı; hemen bütün yeni organizmaların, doğal yoldan ortaya çıkan akrabalarına oranla çok daha dayanıksız oldukları görüldü. Ulusal Sağlık Kurumları, yapılan daha kapsamlı araştırmalar sonucunda yeni organizmaların laboratuvarda korunması ve çevreye yayılmaması yönündeki yasakları kaldırmaya başladı; böylelikle, günümüzün tarımsal biyoteknoloji endüstrisinin ortaya çıkmasına olanak sağladı. Ulusal Sağlık Kurumları, domates ve patates gibi ürünlerin don sırasında gördüğü zararı azaltmak üzere tasarlanmış olan eksibuz adlı genetik olarak değiştirilmiş bir organizmanın saha denemelerini 1983 yılında onayladı. Genetik mühendisliği en başından beri tartışmalı bir konu olmuştu; Ulusal Sağlık Kurumları'nın, Çevre Koruma Bürosu'nun karar alma ve kamuoyunu bilgilendirme konularındaki ilkelerine uygun davranmadığı suçlamasıyla açılan dava nedeniyle, eksi-buz deneyinin yapılması 1980'lerde birkaç yıl boyunca engellendi.

TARIMSAL BİYOTEKNOLOJİYE İLİŞKİN KURALLAR

Tarımsal biyoteknolojiyi düzenleyen Birleşik Devletler'de şu anda geçerli olan sistem, 1986 yılında Beyaz Saray Bilim ve Teknoloji Politikaları Ofisi tarafından yayınlanmış olan Biyoteknolojinin Düzenlenmesine Yönelik Eşgüdümlü Çerçeve Yönetmelik'i temel alır. Bu yönetmelik, gelişmekte olan biyoteknoloji endüstrisini gözetim altında tutmak için yeni yasa ve kurumların gerekip gerekmediği sorunuyla karşılaşan Reagan yönetiminin oluşturmuş olduğu bir çalışma grubunun yaptığı incelemelerin ürünüydü. Bu çalışma grubu, genetik olarak değiştirilen organizmaların ciddi yeni tehlikeleri bulunmadığına ve var olan düzenlemelerin yeterli olduğuna karar verdi. Gözetim görevi, var olan yasal yetkilerine dayanılarak üç ayrı devlet dairesi arasında paylaştırıldı. Gıda ve İlaç İdaresi (FDA) gıdaları ve içerdikleri katkı maddelerini değerlendirir; Çevre Koruma Bürosu yeni organizmaların çevre üzerindeki etkilerini denetler; Tarımsal Hayvan ve Bitki Sağlığı Denetim Hizmetleri Bölümü de et ve tarımsal ürünlerin yetiştirilmesini ve üretimini gözetim altında tutar.[3]

Amerika'daki düzenleme ortamı görece rahat olup, alan testlerine ve BT mısırı, Roundup Ready soya fasulyesi ve Flavr-Savr Domatesi adı verilen ürün de dahil olmak üzere, çeşitli genetik olarak değiştirilmiş organizmaların ticari hale getirilmesine olanak tanımıştır.[4] Amerika'da bu düzenlemeyi yapan yetkililer genellikle, yeni genetik olarak değiştirilmiş organizmalar için onay almak isteyen şirket ve bireylerle, düşmanca olmayan bir ilişkiyi benimsemişlerdir. Biyoteknoloji ürünlerinin çevre üzerinde uzun vadede yol açacakları etkileri değerlendirmelerini sağlayacak güçlü ve bağımsız bir kapasiteye sahip değillerdir ama başvuru sahiplerinin ya da kurum dışı uzmanların yaptıkları değerlendirmelere güvenmektedirler.[5]

Avrupa'da biyoteknoloji alanındaki düzenleme ortamı çok daha kısıtlayıcıdır. Bunun nedeni, kısmen Avrupa'da genetik olarak değiştirilmiş organizmalara karşı Kuzey Amerika'da olduğundan çok daha güçlü bir politik muhalefetin bulunmasıdır, ama aynı zamanda Avrupa'daki bütün yasal düzenlemelerin hem ulusal hem de Avrupa düzeyinde var olmaları nedeniyle daha hantal bir yapıda olmaları da başka bir nedendir. Biyoteknoloji konusunda yasal düzenlemeler, Avrupa Birliği (AB) üyesi olan devletler arasında dikkate değer bir çeşitlilik gösterir. Danimarka ve Almanya, genetik değiştirmenin güvenliği ve ahlaki boyutlarını gözeten görece sıkı ulusal yasalarla düzenlemeler getirmiştir; buna karşılık Büyük Britanya, Eğitim ve Bilim Bakanlığı bünyesinde bir Genetik Yönlendirme Danışma Grubu oluştur arak görece gevşek bir yaklaşımı benimsemiştir. Fransızlar ise hükmetme eğilimlerine rağmen, 1989 yılına kadar bilim çevresinin özdüzenlemesine güvenmişlerdir.[6] AB kurallarına göre, üye olan devletler bireysel olarak topluluğun bütününden daha kısıtlayıcı olma hakkına sahiptir; ancak buna ne oranda izin verilmesi gerektiği de tartışma konusudur. Örneğin Avusturya ve Lüksembourg, Avrupa Birliği'nin diğer bölümlerinde ekimi yasal olan genetik olarak değiştirilmiş bazı ürünlerin ekimini yasaklamışlardır.[7]

İç pazar içinde serbest ürün dolaşımı konusunda, Avrupa Komisyonu en yetkili kural koyucu organ olmuştur. Komisyon 1990'da iki yönerge yayımladı; bunlardan ilki genetik olarak değiştirilmiş mikroorganizmaların denetim altında kullanımına (90/219 sayılı Yönerge), ikincisi ise genetik olarak değiştirilmiş organizmaların çevreye yayılmasına (90/220 sayılı Yönerge) ilişkindi.[8] Bu yönergeler yeni biyoteknoloji ürünlerinin, ürünlerin çevre veya kamu sağlığı açısından potansiyel tehlike oluşturmadıkları kanıtlanana kadar suçlu olduklarının varsayılmasını öngören "önleyici ilke" gereğince değerlendirmeleri için gerekli temeli hazırlamış oldular.[9] Bu yönergeler 1997 yılında yeni gıdalar olarak bilinen ürünlerin etiketlenmelerini zorunlu kılan, 97/258 sayılı Düzenleme ile desteklendi. Genetik olarak değiştirilen organizmalarla ilgili başka bir yönerge de AB Bakanlar Konseyi tarafından kabul edilerek, biyoteknoloji ürünlerinin çok sıkı gözetim altında tutulmasını ve etiketlenmesini zorunlu hale getirerek daha önceki kanunların koymuş olduğu kısıtlamaların güçlendirilmesini sağlamıştı. Düzenlemeye yönelik bu gerekler, genetik olarak değiştirilmiş organizmaların Avrupa'ya girişini büyük ölçüde yavaşlattı ve orada satılması onaylanan ürünlerin katı kurallara uygun olarak etiketlenmesini zorunlu kıldı.

Avrupalılar elbette bu konularda hemfikir değildirler; ulusal farklılıklar bir yana, Avrupa'nın güçlü biyoteknoloji ve ilaç endüstrileri ile çevre ve tüketici korunmasıyla ilgili kaygılar taşıyan gruplar arasında önemli görüş ayrılıkları bulunmaktadır. Bu bölünmeler komisyonun kendi içine de yansımış olup, Endüstri İşleri ve Bilim Genel Müdürlükleri daha gevşek kurallar isterken, Çevre Genel Müdürlüğü çevresel kaygıların ekonomik çıkarların üzerinde tutulmasını istemektedir.[10]

Gıda güvenlik düzenlemesi de uluslararası düzeyde yapılmıştır. BM Gıda ve Tarım Örgütü ile Dünya Sağlık Örgütü 1962 yılında, amacı var olan gıda güvenlik standartlarını uyumlu hale getirmek ve yeni uluslararası standartlar geliştirmek olan Codex Alimentarius Komisyonu'nu ortaklaşa olarak kurdular. Codex standartları gönüllülüğe bağlıdır fakat Tarifeler ve Ticarete İlişkin Genel Anlaşma (GATT) ve Dünya Ticaret Örgütü (WTO) kuralları uyarınca, ulusal bir standardın GATT/WTO gereklerine uyup uymadığınına ilişkin hükümler için bir referans oluştururlar. WTO'nun Sağlığa ve Bitkisel Sağlığa İlişkin Önlemler Anlaşması (SPS), ulusal gıda güvenlik düzenlemelerinin yapılmasına yönelik çeşitli kurallar belirlemiştir.[11]

WTO'nun herhangi bir üyesi gıda güvenliği konusunda Codex'inkinden daha sert standartlar getirdiği ve bu standartlar bilimsel bir gerekçeye dayanmadığı takdirde, diğer üyeler bunu ticaretin haksız sınırlanması olarak değerlendirmek için yeterli nedene sahip sayılırlar.

Codex Alimentarius, genetik olarak değiştirilmiş organizmalar ortaya çıkıncaya kadar, etkili uluslararası teknokratik yönetişimin bir örneği olarak görülürdü. Yetersiz mali desteği olan düzenleme sistemlerine sahip gelişmekte olan ülkelere, bir dizi hazır standart sunmuş ve gıda ürünlerinde daha kapsamlı küresel bir ticaret olanağı sağlamış olur. Fakat biyoteknolojinin ortaya çıkışıyla birlikte, Codex'in yaptığı iş çok daha politik oldu: Eleştirmenler, standartları, küresel tarım ve biyoteknoloji endüstrilerinin çokça etkisi altında kaldığı ve çalışmaların kamunun incelemesine yeterince açık olmadığı suçlamalarında bulundular.[12]

Tarımsal biyoteknolojinin çevresel boyutu, Ocak 2000'de Colombia Cartagena'da değil ama Montreal Kanada'da düzenlenen uluslararası bir konferansta benimsenen Cartagena Biyogüvenlik Protokolü ile birlikte uluslararası düzeyde ele alınmış oldu. Bu protokol ithalat yapan ülkelerin, söz konusu ürünün zararlı olup olmayacağı bilimsel olarak kanıtlanmadığı takdirde, ithal ettikleri genetik olarak değiştirilmiş organizmalara kısıtlama getirmelerine izin verir ve bu tür ürünleri ithal etmek isteyen şirketlerin, ithalatçı ülkeyi genetik olarak değiştirilmiş organizmaların varlığı konusunda bilgilendirmelerini gerekli kılar. Avrupalılar, Cartagena Protokolü'nün benimsenmesini önleyici ilkenin zaferi olarak değerlendirdiler. Bu protokol elli ülke tarafından onaylandıktan sonra yürürlüğe girecektir.[13] Birleşik Devletler protokolü imzalayamaz; çünkü (Rio Antlaşması olarak bilinen) Biyolojik Çeşitlilik Konvansiyonu'nun taraflarından biri değildir; ancak genetik olarak değiştirilmiş organizmaların en büyük ihracatçısı olarak, bu protokolün koşullarını yerine getirmeye zorlanabilir.[14]

Tarımsal biyoteknolojiyi çevreleyen düzenleme sistemi aşırı derecede tartışmaya yol açmış olup, en büyük kavgalar Birleşik Devletler ile Avrupa Birliği arasında yaşanmıştır.[15] Birleşik Devletler önleyici ilkeyi bir risk standardı olarak kabul etmemiş; ispat yükünün, güvenlik ya da çevre konularında zarar olasılığının bulunmadığını değil bulunduğunu iddia eden tarafta olduğunu savunmuştur.[16] Birleşik Devletler ayrıca, genetik olarak değiştirilmiş organizmaların zorunlu olarak etiketlenmesine karşı çıkmış ve gerekçesi etiketleme zorunluluğunun genetik olarak değiştirilmiş organizmalar ile değiştirilmemiş gıda üretim zincirleri arasında masraflı bir ayrım yapılmasını gerektirmesidir.[17] Birleşik Devletler özellikle Cartagena Protokolü'nün, WTO'nun SPS koşullarını olumsuz etkilemesinden ve genetik olarak değiştirilmiş organizmaların ithalatının bilimsel olmayan nedenlere dayandırılarak kısıtlanması için yasal bir zemin oluşturmasından kaygılanmaktadır.

Görüş açılarındaki bu farklılığın çok sayıda nedeni vardır. Birleşik Devletler dünyanın en büyük tarım ürünleri ihracatçısıdır ve genetik olarak değiştirilmiş tarımsal ürünleri en başta benimseyen ülkelerden biridir. İthalatçı ülkeler genetik olarak değiştirilmiş organizmalara kısıtlama koyar ya da masraflı etiketleme işlemlerini gerekli kılarlarsa ABD'nin kaybı büyük olacaktır. Amerikalı çiftçiler ihracat odaklı olup serbest ticaret isterler; Avrupalı çiftçiler ise çok daha korumacıdır. Birleşik Devletler'deki tüketiciler genetik olarak değiştirilmiş organizmalara Avrupa'da olduğundan çok daha az tepki göstermişlerdir. Yine de bazı gıda üreticileri, genetik olarak değiştirilmiş organizmaları içeren ürünleri gönüllü olarak etiketlemeye başladılar. Buna karşılık Avrupa'da biyoteknolojiye düşmanca bakan çok daha güçlü çevreci bir hareket vardır.

İNSAN BİYOTEKNOLOJİSİ

İnsan biyoteknolojisine yasal düzenleme getiren sistem, tarımsal biyoteknolojiye yönelik sistemden çok daha az gelişmiştir; bunun en büyük nedeni, insanların genetik olarak değiştirilmesinin bitki ve hayvanlarda olduğu kadar ileri bir aşamaya henüz ulaşmamış olmasıdır. Var olan düzenlemelerin bir kısmı ufukta görülen yeni buluşlara da uygulanabilir; bazı bölümler ise uygulamaya yeni konmaktadır; fakat gelecekteki yasal düzenleme sisteminin en önemli unsurlarının, sıfırdan yaratılması gerekmektedir.

Var olan yasal düzenleme yapısının, gelecekte insan biyoteknolojisi alanındaki gelişmelere en uygun olan unsurları, insanlar üzerinde yapılan deneyler ve ilaç onayları olmak üzere birbiriyle yakından ilgili iki alanla ilişkin kurallardır.

İnsanlar üzerinde yapılan deneylere ilişkin kuralların evrimi, yalnızca gelecekte yapılacak olan insan kopyalama ve germ-hattı mühendisliği deneylerine uygulanacak olmalarından dolayı değil, bilimsel araştırmalar konusunda gerek ulusal gerekse uluslararası düzeyde etkili bir şekilde uygulanmakta olan önemli ahlaki sınırlamalara örnek oluşturması nedeniyle de ilgi çekicidir. Bu örnek, düzenlemeye ilişkin yaygın kanıya aykırıdır: Bilim ve teknolojinin engellenemeyen ilerlemesinin kaçınılmazlığı diye bir şey olmadığını gösterir ve bu, teknolojinin devletçe düzenlenmesine en uzak duran ülkede, Birleşik Devletler'de en güçlü konumdadır.

İnsanlar üzerinde deney yapmaya ilişkin kurallar, Birleşik Devletler ilaç endüstrisinin düzenlenmesi çabalarıyla gelişti ve ortaya çıkan her skandal ya da canavarlıkla bir adım daha ilerledi. 1937 yılında test edilmemiş ve daha sonra dietilen glikol zehirini içerdiği belirlenen sülfanilamid iksirinin piyasaya sürülmesi 107 kişinin ölümüyle sonuçlandı.[18] Bu skandalın ardından çok hızlı bir şekilde onaylanıp yürürlüğe konulan 1938 tarihli Gıda, İlaç ve Kozmetik Yasası bugün hâlâ FDA'nın (Gıda ve İlaç İdaresi) yeni yiyecek ve ilaçlar üzerinde düzenleyici yetkesinin yasal temelini oluşturur. 1950'lerin sonları ile 1960'ların başlarındaki talidomid skandalı, ilaç deneylerine katılan kişilerin "bilgilendirilme sonucu rıza" göstermelerinde uygulanan kuralları sıkılaştıran Kefauver İlaç Islahı Yasası'nın 1962'de kabul edilmesine yol açmıştı. İngiltere'de kullanılması onaylanmış olan talidomid, ilacı gebeyken kullanan kadınların çocuklarında korkunç doğum kusurlarına neden olmuştu. FDA ilacın onayını klinik deney aşamasında askıya aldığı halde, ilaç yine de deneylere katılan annelerin çocuklarında doğum kusurlarına yol açmıştı.[19]

İnsan denekler yalnızca yeni ilaçların değil, daha geniş anlamıyla bilimsel deneylerin tehditi altındadır. Birleşik Devletler, Ulusal Sağlık Kurumu'nun (ve öncülü ABD Halk Sağlığı Hizmetleri Dairesi'nin) savaş sonrası dönemde biyomedikal araştırmalara fon sağlanmasında oynadığı rol nedeniyle bilimsel deneylere katılan insan denekleri korumak amacıyla bir dizi kapsamlı kural hazırladı. Yasal düzenlemeler bir kez daha skandal ve trajedi nedeniyle geliştirildi. Ulusal Sağlık Kurumu ilk yıllarda araştırma tekliflerini değerlendirme amacına yönelik bir meslektaş gözetimi sistemi kurmuş fakat bilim topluluğunun, insan deneklerini hedef alan kabul edilebilir risklerin saptanmasına ilişkin hükümlerine boyun eğimişti. Musevi Kronik Hastalıklar Hastanesi'ndeki kronik ve güçsüz hastalara canlı kanser hücreleri şırınga edilmesi skandalı; zihinsel özürlü çocuklara hepatit virüsünün verildiği Willowbrook skandalı; ve frengi teşhisi konulan 400 yoksul zenci adamın, durumları kendilerine bildirilmeden gözlem altına alındığı ve hatta birçok vakada gerekli ilaç var olduğu halde hastanın tedavi edilmediği Tuskegee frengi sakandalının ardından, bu sistemin yetersiz olduğu ortaya çıktı.[20] Yaşanan bu olaylar, araştırmalardaki insan deneklerin korunmasına yönelik yeni federal düzenlemelerin

1974 yılında yapılmasına vc Biyomedikal ve Davranış Araştırmalarının Deneklerinin Korunmasına Yönelik Ulusal Komisyon'un oluşturulmasını sağlayan Ulusal Araştırma Yasası'nın kabul edilerek yürürlüğe girmesine yol açtı.[21] Bu yeni yasalar şu anda geçerli ve artık federal fonlarla gerçekleştirilen araştırmalar için zorunlu olan Kurumsal İnceleme Heyetleri sisteminin temelini atmış oldu. Bu koruma sisteminin yeterliliği bugün bile eleştirilmektedir. Ulusal Biyoetik Danışma Komisyonu, 2001'de bir rapor yayımlayarak yeni federal yasama organını, tek ve güçlendirilmiş bir İnsan Araştırmalarının Gözetimine Yönelik Ulusal Daire kurmaya zorlamıştır.[22]

Ahlaki açıdan kuşkulu araştırmaları yürüten bilimciler, o zaman da şimdi olduğu gibi çalışmaları sonucunda elde edilecek tıbbi yararların, araştırma deneklerine verilebilecek olası zararlardan çok daha ağır basacağını öne sürerek eylemlerini savundular. Biyomedikal araştırmaların risk ve yararlarını en iyi bilim topluluğunun kendi başına değerlendirebileceğini iddia ettiler ve federal yasaların kendi egemenlik alanlarına müdahale etmesine direndiler.

İnsanlar üzerinde yapılan deneylerle ilgili kurallar uluslararası düzeyde de vardır. Bu alandaki en temel yasa, tıbbi deneyin bir denek üzerinde ancak deneğin onayı ile gerçekleştirilebileceği ilkesini belirten Nürnberg Kanunnamesi'dir.[23] Bu kanun, Nazi doktorların İkinci Dünya Savaşı sırasında toplama kamplarındaki tutsaklar üzerinde uyguladıkları korkunç deneylerin açığa çıkmasından kaynaklanmıştır.[24] Bununla birlikte, daha sonraki yıllarda Birleşik Devletler'deki suistimallerin de gösterdiği gibi, diğer ülkelerde çok az etkisi olmuştu ve pek çok doktor bu kanunu, geçerli araştırmalar için fazla sınırlayıcı bularak direnmişlerdi.[25]

Ulusal tıp derneklerini temsil eden küresel örgüt, Dünya Tıp Birliği tarafından 1964 yılında benimsenen Helsinki

Beyannamesi, Nürnberg Kanunnamesi'nin yerini büyük ölçüde aldı. Bilgilendirme sonucu rıza yöntemi de dahil olmak üzere, insan denekler üzerinde yapılan deneyleri yönetecek bir dizi ilke belirleyen Helsinki Beyannamesi, uluslararası resmi bir yasa değil de özdüzenlemeye dayalı bir hareket olduğu için uluslararası tıp alanında daha olumlu karşılandı.[26] Gelişmiş ülkelerdeki geçerli uygulama, bütün bu uluslararası kuralların varlığına rağmen büyük oranda farklılık göstermektedir. Örneğin 1990'lı yıllarda Japonya'da, hastalara durumlarıyla ilgili bilgi verilmediği veya olası tedavilerin doktorlar tarafından anlatılmadığı birçok vaka yaşanmıştı.

Uygulamadaki farklılıklara ve zaman zaman ortaya çıkan kusurlara rağmen insanlar üzerinde yapılan deneyler, aslında uluslararası toplumun bilimsel araştırmaların yürütülme biçimlerine etkili sınırlar koymasının olanaklı olduğunu ve böylelikle araştırma yapmaya duyulan gereksinim ile araştırma deneklerinin onur ve saygınlıkları arasında denge kurulabileceğini göstermektedir. Bu, gelecekte de sık sık ele alınması gerekebilecek bir konudur.

12

GELECEĞE YÖNELİK POLİTİKALAR

Biyoteknolojideki ilerlemeler, insan biyotıbbına ilişkin yasal düzenlemeler sisteminde, dünya üzerindeki yasama organları ile idari makamların doldurmak için yarıştıkları boşlukların açılmasına yol açtı. Örneğin geçtiğimiz bölümde ele alınan ve insanlar üzerinde yapılan bilimsel deneylerle ilgili kuralların, rahim dışındaki embriyolara uygulanabilirliği belirsizdir. Biyomedikal ve ilaç topluluklarının içindeki aktörlerin doğası ve para akışı da artık değişmiş durumda; gelecekte var olacak herhangi bir yasal düzenleme sistemi bunlardan etkilenecektir.

Ancak bir şey çok açık: Hükümetlerin biyoteknolojiyle ilgili soruları, Birleşik Devletler'deki Ulusal Biyoetik Danışma Komisyonu ile Bilimde ve Yeni Teknolojilerde Etik Avrupa Grubu gibi, bilimcilerin, eğitimli teologlar, tarihçiler ve biyoetikçilerle buluştuğu ulusal komisyonlarla çözebildikleri dönem artık yavaş yavaş sona ermek üzeredir. Sözü edilen komisyonlar, biyomedikal araştırmaların ahlaki ve toplumsal sonuçlarına ilişkin entelektüel ön hazırlık görevini yerine getirmede çok yararlı bir rol oynamışlardır. Fakat artık düşünmeyi bırakıp harekete geçmenin ve önerilerde bulunmak yerine yasa çıkarmaya başlamanın zamanı gelmiştir. Gerçek anlamıyla yaptırım gücü bulunan kurumlara ihtiyacımız var.

Biyoteknoloji endüstrisiyle koordinasyon içinde gelişmiş olan biyoetikçiler topluluğu, birçok yönden iki kenarı keskin bir kılıcı andırır. Bu topluluk bir yandan bazı teknolojik yeniliklere ilişkin, bilgelik ve ahlak açısından şüphe ve sorular ortaya koymakla son derece yararlı bir işlevi yerine getirmiştir. Diğer yandan birçok biyoetikçi, bilimcilerden oluşan topluluğun amaçladığı her şeyi haklı göstermeye uğraşan ve Katolik teoloji veya Kant metafiziği hakkında sahip oldukları yeterli bilgi sayesinde, bu geleneklerin dışında kalan kişilerden gelecek her türlü güçlü eleştiriyi bertaraf edebilecek "sofistike" (ve "sofist") kişilere dönüşmüşlerdir. İnsan Genomu Projesi'nin bütçesinin yüzde üçü en başından beri, genetik araştırmaların yol açacağı Etik, Toplumsal ve Yasal Sonuçları incelemeye ayrılmıştı. Bu, bilimsel araştırmanın ahlaki boyutları konusunda duyulan ve takdiri hak eden bir ilgi olarak değerlendirilebilir. Ya da bilimcilerin, gerçek etikçileri yanlarına yaklaştırmamak için ödemek zorunda oldukları bir sus payı anlamına da gelebilir. Kopyalama, kök hücre araştırması, germ-hattı mühendisliği ve benzeri konulardaki her tartışmada, o ortamdaki en rahat vc hoşgörülü kişinin genellikle profesyonel bir biyoetikçi olduğu görülür*.

---

* Bu genel bir olgu olup, düzenleme "tuzağı" olarak bilinir ve bir endüstrinin etkinliklerini gözetim altında tutması gereken grubun, o endüstri için bir unsura dönüşmesidir. Bunun birçok nedenleri arasında, düzenleyicilerin, düzenlemeye tabi olacak olanlardan gelecek para ve bilgiye bağımlı olmaları da bulunur. Ayrıca, birçok profesyonel biyoetikçinin kariyerleriyle ilgili kaygıları vardır. Bilimcilerin, özellikle de moleküler biyoloji veya fizyoloji dalında Nobel ödülü kazanmışlarsa, etikçilerin saygısını kazanıp kazanmama konusunda endişelenmeleri genellikle pek gerekmez. Diğer taraftan etikçiler, birlikte çalışmak zorunda oldukları bilimcilerin saygısını kazanmak için çabalamak zorundadırlar ve bilimcilere ahlaki açıdan hatalı olduklarını söyledikleri ya da bilimcilerin kalpten bağlı oldukları materyalist dünya görüşünden uzaklaştıkları takdirde bu saygıyı elde edemeyecekleri açıktır.

Fakat neyin yapılmaması gerektiğini etikçiler söylemeyecekse kim söyleyecek?

Bazı ülkeler aslında ulusal komisyonlar ve çalışma gruplarını bırakıp gerçek anlamda yasa çıkartma işine girişmiş durumdadır. Yasa yapıcıların alt etmeye çalıştıkları en tartışma yaratan politik konulardan biri, insan embriyolarının kullanım alanlarıyla ilgilidir. Bu konu gerek günümüzde uygulanan gerekse gelecekte uygulanacak olan birçok tıbbi uygulama ve prosedürle bağlantılıdır. Bunlar arasında kürtaj, yapay dölleme, önimplantasyon tanı ve görüntüleme, cinsiyet belirleme, kök hücre araştırması, üreme ve araştırma amaçlı kopyalama ve germ-hattı mühendisliği yer almaktadır. Toplumların embriyolarla ilgili olarak belirleyebileceği olası kurallar, çok sayıda permutasyon ve kombinasyona sahiptir. Örneğin embriyoların, yapay dölleme kliniklerinde kürtajla alınması veya atılmasına izin verilirken, araştırma amacıyla yaratılmalarına ya da cinsiyet veya başka bir özelliği belirlemek amacıyla seçilmelerine izin verilmeyebilir. Bu kuralların oluşturulması ve uygulanmalarının sağlanması, gelecekteki herhangi bir insan biyoteknolojisi sisteminin özünü oluşturacaktır. Şu anda insan embriyolarıyla ilgili çok çeşitli ulusal düzeyde kurallar vardır. Bugüne (Kasım 2001'e) kadar Fransa, Almanya, Avusturya, İsviçre, Norveç, İrlanda, Polonya, Brezilya ve Peru da dahil olmak üzere on altı ülke (Fransa'da kürtaj yasal sayılmakla birlikte) insan embriyoları üzerindeki araştırmaları düzenleyen yasalar geliştirmiştir. Ayrıca Macaristan, Kosta Rika ve Ekvador, embriyoların da yaşam hakkına sahip olduğunu kabul ederek araştırmalara dolaylı bir kısıtlama getirmiştir. Finlandiya, İsveç ve İspanya'daki yasalar embriyolar üzerinde araştırmalara izin vermekle birlikte, yalnızca yapay dölleme kliniklerindeki artık embriyolar kullanılabilmektedir. Almanya'dakiler en sınırlayıcı yasalardandır. Embriyoların Korunmasına İlişkin Yasa'nın (Gesetz zum Schutz von Embryonen) 1990 yılında onaylanmasından bu yana, insan embriyolarının kötüye kullanımı, cinsiyet belirleme, insan germ-hatlarının yapay modifikasyonu, kopyalama ve hibritlerin yaratılması da dahil olmak üzere çok sayıda alan yasal olarak düzenlenmektedir.

1990'da İngiltere, Döllenme ve Embriyoloji Kanunu'nu kabul ederek embriyo araştırmaları ve kopyalama konularında dünyanın en net yasal çerçevesini benimsedi. Bu kanun, bir yandan üremeye yönelik kopyalamayı yasaklarken, diğer yandan araştırma amaçlı kopyalamaya izin vermekteydi. Bununla birlikte bir İngiliz mahkemesi 2001'de, üremeye yönelik kopyalamanın yasal bir boşluk nedeniyle olanaklı olduğuna, dolayısıyla bu boşluğun hükümetçe derhal ortadan kaldırılması gerektiğine karar verdi.[1] Avrupa kıtasında bu konuda bir görüş birliği bulunmadığından, Bilimde ve Yeni Teknolojilerde Etik Avrupa Grubu dışında, embriyolar üzerinde yapılan araştırmaların yasal bir düzene bağlanması yönünde Avrupa düzeyinde herhangi bir hareket olmamıştır.[2]

Embriyo araştırmaları, teknolojinin ürettiği ve toplumları kurallar ve düzenleyici kurumlar oluşturmaya zorlayacak bir dizi yeni gelişmelerin yalnızca başlangıcıdır. Er ya da geç önümüze çıkacak olan diğer gelişmelerin bazıları arasında şunlar vardır:

- *Önimplantasyon tanı ve görüntüleme.* Birden fazla embriyonun, doğum kusurları ve belirli bazı özellikler açısından genetik olarak görüntülenmesini içeren teknoloji türü, "tasarım harikası bebekler" döneminin başlangıcıdır ve insan germ-hattı mühendisliğinden çok daha önce gerçekleşecektir. Bu tür bir görüntüleme, bazı genetik hastalıklara karşı eğilimli olan anne babaların çocukları söz konusu olduğunda zaten uzun zamandır yapılıyor. Gelecekte anne babaların embriyoları cinsiyet, zeka, dış görünüş; saç, göz ya da cilt rengi, cinsel yönelim veya herhangi başka bir özelliği—genetik olarak tanımlanabilir olduğunda—seçme amacıyla görüntüleyip seçmelerine olanak tanımak istiyor muyuz?

- *Germ-hattı mühendisliği.* İnsan germ-hattı mühendisliği gerçekleşebilirse, o zaman önimplantasyon tanı ve görüntüleme konusundaki sorunların aynıları, çok daha aşırı biçimde önümüze çıkacaktır. Önimplantasyon tanı ve görüntüleme, iki ebeveynin genlerine bağlı olarak eldeki sınırlı sayıdaki embriyolar arasında seçim yapılacak olması gerçeğiyle sınırlıdır. Germ-hattı mühendisliği, genetik temellere dayanan ve başarıyla tanımlanabilen özelliklerin tümünü, başka canlı türlerinden aktarılacak olan özellikler de dahil olmak üzere içine alacak şekilde olanakları artıracaktır.
- *İnsan genlerinin kullanımı yoluyla üretilen hibritler.* Emory Üniversitesi primat merkezinin eski müdürü Geoffrey Bourne bir keresinde şöyle demişti: "maymun-insan melezini yaratmaya çalışmak bilimsel açıdan son derece önemli olurdu." Başka araştırmacılar ise kadınları, şempanze ya da goril embriyolarının "taşıyıcıları" olarak kullanma önerisini ortaya atmışlardı.[3] *Advanced Cell Technology* adlı bir biyoteknoloji şirketi, insan DNA'sını bir ineğin yumurtasına başarıyla aktarıp, yok edilmeden önce bir blastokiste dönüşecek şekilde gelişmesini sağladıklarını bildirmişti. Bilimciler kamuoyunun olumsuz tepkisinden korktukları için bu alanda araştırma yapmaktan kaçınmaktadırlar. Fakat bu tür çalışmalar Birleşik Devletler'de yasal değildir. İnsan geni kullanılarak hibrid yaratıklar üretilmesine izin verecek miyiz?
- *Yeni psikotropik ilaçlar.* Birleşik Devletler'de Gıda ve İlaç İdaresi (FDA) terapötik ilaçları düzenler; Uyuşturucuyla Mücadele İdaresi (DEA), eyaletlerin yönetimleriyle birlikte eroin, kokain ve marihuana gibi yasadışı uyuşturucuları düzenler. Toplumların, gelecek kuşakların nörofarmakolojik ilaçların kullanımlarına hangi yasal çerçevede izin vereceklerine karar vermeleri gerekecektir. Gelecekte belleği ya da diğer bilişsel becerileri güçlendiren ilaçların varolması durumunda, güçlendirme amacıyla kullanımın ne kadar arzu

edildiği ve bu konudaki yasal düzenlemelerin ne şekilde yapılması gerektiğine ilişkin kararların verilmesi zorunlu olacaktır.

SINIRI NEREYE KOYMALI?

Düzenleme, aslında düzenleyicilerin belirli oranda yargı haklarını kullanabilecekleri bir alanı tanımlayan, yasal etkinliklerle yasaklanmış etkinlikler ayıran sınırlar koymaktır. Ölümüne özgürlükçüler dışında, yukarıda belirtilen ve biyoteknoloji sayesinde gerçekleştirilebilecek yeni buluşları okuyan kişilerin çoğu büyük olasılıkla bazı sınırların olmasını isteyecektir.

Öncelikle derhal yasaklanması gereken şeyler vardır. Bunlardan bir tanesi üremeye yönelik kopyalama, diğer bir deyişle çocuk yaratma amacıyla yapılan kopyalamadır.[4] Bunun hem ahlaki hem de pratik nedenleri vardır ve bu nedenler Ulusal Biyoetik Danışma Komisyonu'nun, insan kopyalamanın şimdilik güvenli bir şekilde gerçekleştirilemeyeceği yönündeki kaygılarından çok daha ciddidir.

Ahlaki nedenler, kopyalamanın son derece doğadışı bir üreme yöntemi olup, çocuk ile anne baba arasında yine doğal olmayan bir ilişkiye yol açacak olmasıdır.[5] Kopyalanmış bir çocukla anne babası arasında oldukça asimetrik bir ilişki olacaktır. Bu çocuk, genlerinden üretildiği ebeveynin hem çocuğu hem de ikizi olacak; fakat ailedeki diğer ebeveynle hiçbir ilişkisi bulunmayacaktır. Çocukla ilgisi olmayan anne ya da babanın, kendi eşinin çok daha genç bir kopyasını büyütüp yetiştirmesi beklenecektir. Çocuk cinsel anlamada olgunlaştığı zaman, söz konusu ebeveynin onunla olan ilişkisi acaba nasıl bir hal alacaktır? Doğa, elinizdeki kitabın önceki bölümlerinde ele alınan bütün nedenlerden dolayı, sahip olduğumuz değerler açısından geçerli bir başvuru noktasıdır ve ebeveyn-çocuk ilişkisinin standartları olarak kolayca göz ardı edilmemelidir. Kopyalamayı haklı çıkartabilecek bazı sevimli senaryolar yazılabilecek olsa da (örneğin soyunu sürdürebilmek için kopyalamadan başka çaresi olmayan bir soykırım kurbanı gibi), bu tür senaryolar, bütün olarak bu denli zararlı bir uygulamayı destekleyecek yeterince güçlü toplumsal bir çıkar sağlamazlar.[6]

Kopyalamaya içkin bu değerlendirmelerin ötesinde, uygulamayla ilgili başka kaygılar da söz konusudur. Kopyalama, en sonunda tasarım harikası bebekler üretilmesini sağlayacak bir dizi yeni teknoloji için kapının aralanması anlamına gelmektedir ve büyük olasılıkla genetik mühendisliğinden çok daha önce uygulanabilir duruma gelecektir. Yakın gelecekte kopyalamaya alışırsak, daha ileride güçlendirme amaçlı germ-hattı mühendisliğine karşı çıkmamız çok zor olacaktır. Bu teknolojilerin gelişmesinin kaçınılmaz olmadığını ve toplumların teknolojik ilerlemenin hızı ve kapsamını bir ölçüde denetleyebileceklerini göstermek amacıyla, daha henüz yolun başındayken politik bir belirteç koymak çok önem taşımaktadır. Hiçbir ülkede kopyalama lehinde güçlü bir eğilim yoktur. Ayrıca kopyalama aleyhinde dikkate değer ölçüde uluslararası bir görüş birliği de bulunmaktadır. Bu nedenle kopyalama, biyoteknoloji üzerinde politik denetim oluşturmaya başlamak için iyi bir stratejik fırsat sayılmalıdır.

Bununla birlikte, bu durumda geniş kapsamlı bir yasak uygun olsa da, gelecekteki teknolojilerin denetimi için iyi bir örnek oluşturmayacaktır. Önimplantasyon tanı ve görüntüleme, yeni doğacak çocukların genetik hastalık taşımamaları amacıyla günümüzde kullanılmaktadır. Aynı teknoloji, cinsiyet seçimi gibi daha az saygın amaçlarla da kullanılabilir. Bu durumda yapılması gereken, uygulamayı yasaklamak değil düzenlemektir; sınırı uygulamanın çevresine değil, meşru ve meşru olmayan kullanımlarının arasına koymak gereklidir.

Bu sınırı koymanın en açık yollarından biri, iyileştirme ile güçlendirme arasında bir ayrım yapmak ve araştırmaları iyileştirmeye yönlendirip, güçlendirme amaçlı uygulamalara da kısıtlama getirmektir. Sonuçta tıbbın özgün amacı sağlıklı insanları tanrılara dönüştürmek değil, hastaları iyileştirmektir. Yıldız sporcuların sakat dizleri veya kopan bağları yüzünden topallamalarını istemiyoruz; ama aynı zamanda, en fazla steroidi kimin aldığına dayanan bir yarışı da istemiyoruz. Bu genel ilke, biyoteknolojiyi çocuklarımızı daha zeki veya daha uzun boylu yapmak için değil, Huntington hastalığı ya da cystic fibroz gibi genetik hastalıkların iyileştirilmesi amacıyla kullanmamıza olanak sağlayacaktır.

İyileştirme ile güçlendirme arasındaki ayrım, bunun kuramsal olarak yapılamayacağı, dolayısıyla uygulamada da ayırt edilemeyeceği gerekçesiyle eleştirilmiştir. Son yıllarda Fransız postmodern düşünür Michel Foucault'nun[7] da şiddetle savunmuş olduğu ve toplumun patoloji ya da hastalık olarak gördüğü şeyin aslında varsayılan bir normdan sapmanın damgalanmasından kaynaklanan, toplumsal olarak oluşturulmuş bir olgu olduğunu savunan eski bir gelenek vardır. Bir örnek vermek gerekirse, yirminci yüzyılın ikinci yarısında gelişmiş toplumlarda eşcinsellik yaygın bir kabul görünceye dek, homoseksüellik doğaya aykırı görülmüş ve psikiyatrik bir bozukluk olarak sınıflandırılmıştı. Buna benzer bir başka örnek de cüceliktir. İnsanların boyları bir normal dağılım sergiler ve bu dağılımın hangi noktasında cüceliğin ortaya çıktığı açık değildir. Boyu itibarıyla 0.5'lik dilimde yer alan bir çocuğa büyüme hormonu vermek meşru sayılıyorsa, beşinci ya da ellinci dilimdeki çocuğa hormon verilemeyeceğini kim söyleyebilir?[8] Genetikçi Lee Silver geleceğin genetik mühendisliğiyle ilgili olarak benzer bir savı öne sürmüş, iyileştirme ile güçlendirmeyi birbirinden kesin bir çizgiyle nesnel bir şekilde kesip ayırmanın olanak dışı olduğunu ifade etmiştir. Söylediği şudur: "Genetik mühendisliği, her durumda ne annenin ne de babanın genomunda bulunmayan bir şeyi çocuğun genomuna eklemek için kullanılacaktır."[9]

Bazı koşulların patolojik durumla normal durum arasında ayrım yapmaya elverişli olmadıkları doğru olsa bile, sağlık diye bir şeyin olduğu da bir gerçektir. Leon Kass'ın iddia ettiği gibi, bütünsel organizmanın, türlerin evrimsel tarihlerinin gerekleri tarafından belirlenmiş ve basitçe keyfi bir toplumsal oluşturma olmanın çok ötesinde olan doğal bir işleyişi vardır.[10] Bana hep öyle gelmiştir ki, hastalık ile sağlık arasında ilkece hiçbir fark bulunmadığını yalnızca hiç hasta olmamış insanlar öne sürebilir. Çünkü vücudunda bir virüs ya da bacağında bir kırık olan insan, bir şeylerin hiç de yolunda gitmediğini çok iyi bilir.

Hastalıkla sağlık, iyileştirmeyle güçlendirme arasındaki sınırın bulanık olduğu durumlarda bile, düzenleyici kurumlar bu ayrımları uygulamada rutin bir şekilde gerçekleştirebilirler. Örneğin Ritalin'i ele alalım. 3. Bölüm'de belirtildiği gibi, Ritalin'in iyileştirdiği varsayılan Dikkat Eksikliği-Hiperaktivite Bozukluğu (ADHD) adlı "hastalık" aslında bir hastalık değil, odaklanma ve dikkatle ilgili davranışların normal dağılımının uç noktalarında yer alan kişilere yapıştırdığımız etiketin adıdır. Birkaç kuşak önce, ADHD tıp sözlüklerinde bile yer almıyordu. İşte bu, aslında patolojinin sosyal oluşturuluşuna tipik bir örnektir. Dolayısıyla, Ritalin'in iyileştirme ya da güçlendirme amaçlı olarak nitelendirilebilecek kullanımları arasında net bir ayrım yoktur. Yelpazenin bir ucunda hemen herkesin kolaylıkla normal işlevleri yerine getiremeyecek denli hiperaktif olarak tanımlayabileceği çocuklar vardır ve bu çocuklara Ritalin verilmesine karşı çıkmak zordur. Yelpazenin diğer ucunda ise, odaklanmada ya da etkileşimde bulunmada zorluk çekmeyen çocuklar bulunmaktadır ve Ritalin almak, bu çocuklar için başka herhangi bir anfetaminin sağlayacağına benzer ve eğlenceli bulacakları etkiyi deneyimlemekten başka bir işe yaramayacaktır. Ancak söz konusu ilacı iyileştirme değil güçlendirme amacıyla alıyor olacaklardır; bu yüzden de çoğu kimse, bu çocukların ilacı kullanmalarını engellemenin doğru olacağını düşünecektir.

Ritalin'i anlaşmazlık konusu bir ilaç haline getiren şey, bu iki ucun arasında yer alan ve *Zihinsel Bozukluklar Tanı ve İstatistiksel Bilgiler Kılavuzu*'nda söz konusu rahatsızlıkla ilgili olarak belirtilen tanı ölçütlerinin tamamına değil, yalnızca bazılarına uydukları halde, aile hekimleri tarafından Ritalin verilemeye başlanan çocuklardır.

Diğer bir deyişle, eğer tanı aşamasında patoloji ile sağlıklı durum arasındaki ayrımın, tedavi esnasında ise iyileştirme ile güçlendirme arasındaki ayrımın belirsiz olduğu bir durum varsa, o da ADHD ve Ritalin'e ilgili olan durumdur. Düzenleyici unsurlar yine de *bu ayrımı her durumda yapılıyor ve dayatıyorlar*. DEA, Ritalin'i, II. Kategori'de yer alan dolayısıyla yalnızca doktor reçetesiyle ve iyileştirme amaçlı olarak alınabilecek bir ilaç olarak sınıflandırmıştır. Böylelikle Ritalin'in herhangi bir anfetamin gibi zevk amaçlı (yani güçlendirmeye dönük) olarak kullanılmasını kısıtlamıştır. İyileştirme ile güçlendirme arasındaki ayrımın belirsiz oluşu, aralarındaki ayrımı anlamsız hale getirmez. Güçlü kişisel duygularıma göre Birleşik Devletler'deki doktorlar bu ilacı gereğinden fazla öneriyorlar; birçok durumda, anne babalar ve öğretmenler çocukları daha geleneksel yöntemlerle kişiliklerini biçimlendirme yoluna gitmelidir. Bununla birlikte, bütün hatalı yönlerine rağmen var olan düzenleyici sistem, Ritalin'in tamamen yasaklanmasından ya da öksürük şurubu gibi eczanelerde reçetesiz satılmasından çok daha iyidir.

Kesin kuramsal incelemesi yapılamayan karmaşık kararlar verilmesi gerektiği zaman, düzenleyicilere başvurulur. Toprakta bulunan ağır metallerin ya da atmosferdeki sülfür dioksitin "zararsız" olduğu düzey nedir? Düzenleme yapan bir kişi, kurala uymanın maliyetlerine karşılık, sağlıkla ilgili olumsuz sonuçlar arasında seçim yaparken, içme suyundaki belirli bir toksinin düzeyini milyonda elli partikülden beş partiküle düşürmeyi nasıl gerekçelendirebilir? Bu tür kararlar her zaman için anlaşmazlıklara yol açacaktır; fakat bir yandan da uygulamada, kuramsal alanda olduğundan çok daha kolaydır. Çünkü uygulamada, doğru işleyen demokratik bir politik sistem, düzenlemeden sorumlu kurum ya da kişinin kararında pay sahibi olan insanların bir uzlaşma sağlanıncaya dek birbirleriyle mücadele etmelerine olanak sağlar.

Tehlike sınırlarını belirleme yeteneğine gereksinim duyacağımız konusunda ilkesel anlamda anlaşma bir kez sağlandı mı, sınır çizgilerinin tam olarak nereye çekilmesi gerektiğine ilişkin yoğun tartışmalar yapmak verimli bir uğraş değildir. Düzenlemenin diğer alanlarında olduğu gibi, birçok kararı idari kurumlar şu anda elimizde bulunmayan bilgi ve deneyimlere dayanarak deneme yanılma yöntemiyle vereceklerdir. Daha önemli olan ise, önimplantasyon tanı ve görüntülemenin güçlendirme değil iyileştirme amacıyla kullanılması gibi uygulamaları düzenleyecek ve kuralları uygulayacak kurumların tasarlanması ve bu kurumların nasıl uluslararası düzeye genişletilebileceği üzerinde düşünmektir.

Bu bölümün başında da belirtildiği gibi, ilk adımı atması gerekenler öne çıkıp gerekli kural ve kurumları oluşturacak olan yasama organlarıdır. Bunu yapmak, söylemek kadar kolay değildir: Biyoteknoloji teknik açıdan karmaşık ve emek gerektiren dahası, çeşitli çıkar gruplarının farklı yönlere doğru çekmeye çalışmasından dolayı her gün biraz daha değişen bir daldır. Biyoteknolojiyle ilgili politika alışık olduğumuz politik kategoriler arasında değildir. Kişinin muhafazakar bir Cumhuriyetçi ya da bir sol kanat mensubu Sosyal Demokrat olması, onun iyileştirici denen kopyalamaya veya kök hücre araştırmalarına izin veren bir kanun tasarısının lehinde mi yoksa aleyhinde mi oy vereceğini hemen belirlememektedir. Bütün bu nedenlere bağlı olarak birçok yasa koyucu, bu sorunun gelecekte şu ya da bu şekilde çözüme kavuşacağı umuduyla konuyu hasır altı etmeyi yeğleyecektir.

Fakat hızlı teknolojik gelişmeler sürerken harekete geçmekten kaçınmak, aslında söz konusu değişimi yasallaştırmak anlamına gelir. Demokratik toplumlardaki yasa koyucular sorumluluklarını yerine getirmezlerse, başka kurum ve unsurlar kararları onların yerine vereceklerdir.

Bu özellikle Amerikan politik sisteminin tuhaflıkları göz önüne alındığında geçerlidir. Geçmişte yasama organları, kabul edilebilir politik kurallara ilişkin müzakerelerde bulunmaktan kaçındıklarında, mahkemeler toplumsal politikanın çekişmeli alanlarına müdahale etmişti. Kopyalama gibi bir konuda kongre hükmünün bulunmaması durumunda mahkemelerin, er ya da geç işe karışarak, örneğin insan kopyalamanın veya kopyalama üzerinde araştırma yürütmenin anayasal bir hak olduğu yönünde karar almaya itilebileceklerini ya da bunu yapmak zorunda kalabileceklerini görmek zor değildir. Geçmişte hukukla kamuya yönelik politikaların oluşturulması kötü bir yaklaşım olmuştu. Örneğin kürtajın yasal hale gelmesi, yasama organının yasalaştırılması sonucunda gerçekleşmiş olsa, çok daha uygun olurdu. Diğer taraftan Amerikan halkı insan kopyalama konusundaki iradesini demokratik olarak seçilmiş temsilcileri aracılığıyla açıkça ifade ederse, mahkemeler de yeni bir hakka ilişkin kendi iradelerini dayatma konusunda biraz daha dikkatli davranmak zorunda kalacaklardır.

Yasa koyucular insan biyoteknolojisini daha kapsamlı bir düzenlemeye tabi kılmak amacıyla harekete geçerse, söz konusu düzenlemeyi gerçekleştirmek için gerekli kurumların tasarlanmasına ilişkin ciddi sorunlarla yüz yüze gelecektir. Seksenli yıllarda tarımsal biyoteknoloji sahneye çıktığında, Birleşik Devletler ve Avrupa Topluluğu aynı sorunla karşı karşıya gelmişti. Sordukları soru şuydu: Bu iş için varolan yasal düzenleme kurumlarını mı kullanacağız, yoksa karşımıza çıkan yeni teknolojiler bütünüyle yeni yapıların oluşturulmasını gerektirecek ölçüde farklı mı? Amerika'da Reagan yönetimi tarımsal biyoteknolojinin geçmişle karşılaştırıldığında, ürün yerine sürece dayalı bir düzenleme yapılmasını gerektirecek kadar radikal bir farklılık taşımadığına karar vermişti. Bu nedenle düzenleme yetkesini, FDA ve Çevre Koruma Dairesi (EPA)'ne yasal yetkeleri çerçevesinde bırakmıştı. Buna karşılık Avrupalılar sürece dayalı bir yasal düzenleme yapmaya karar verdiler ve buna bağlı olarak biyoteknoloji ürünlerini ele almaya yönelik yeni düzenleme prosedürleri oluşturmaları gerekti.

Günümüzde bütün ülkelerin insan biyoteknolojisi konusunda buna benzer kararları almaları gerekiyor. Düzenleme yetkesi, Birleşik Devletler'de FDA ve NIH gibi varolan kurumlara ya da Recombinant DNA Danışma Komitesi (RAC) gibi danışma kurullarına bırakılabilir. Varolan yapıya yeni düzenleme kurumları ve ek bürokrasi katmanları ekleme konusunda çekingen davranmak gereklidir. Diğer yandan, yaklaşmakta olan biyoteknoloji devriminin getireceği zorluklarla başa çıkması gerekecek yeni kurumlar oluşturmaya gereksinim duyduğumuzu düşünmek için de birçok neden var. Bunu sağlamaktan kaçınmak, sivil havacılık endüstrisi oluşup gelişmeye başladığında Federal Havacılık İdaresi'ni kurmak yerine, kamyonların kullanımını düzenleyen Eyaletlerarası Ticaret Komisyonu'nun bu yeni endüstriyi düzenlemesini beklemeye benzemektedir.

İlk olarak Birleşik Devletler'deki durumu ele alalım. ABD'deki varolan kurumların gelecekteki insan biyoteknolojisi dalını düzenlemede büyük olasılıkla yeterli olamayacağını gösteren ilk sorun, bu kurumların etki alanlarının kısıtlı olmasıdır. İnsan biyoteknolojisi, tarımsal biyoteknolojinin konusu olan ve genetik olarak değiştirilmiş organizmalara ilişkin çalışmaların dışında kalan, insanlık onuru ve insanlık hakları konularıyla bağlantılı birçok etik sorunu ortaya çıkartması nedeniyle tarımsal biyoteknolojiden bir hayli farklıdır. İnsanlar genetik olarak güçlendirilmiş tarımsal ürünlere bazı etik gerekçelerle karşı çıksalar bile, en şiddetli şekilde dile getirilen şikayetler bu ürünlerin insan sağlığı ve çevre üzerindeki olası olumsuz etkileriyle ilgilidir. Bu da tam olarak FDA, EPA ve ABD Tarım Bakanlığı gibi varolan düzenleme kurumlarının görev kapsamına girmektedir. Bu kurumlar yanlış standartları uygulamakla ya da yeterince tedbirli davranmamakla suçlanabilirler; ancak genetik olarak değiştirilmiş gıda maddeleri konusunu ele aldıklarında kendi yetki alanlarında hareket etmiş olurlar.

Kongre'nin önimplantasyon tanı ve görüntülemenin iyileştirici ve güçlendirme amaçlı kullanımlarına ilişkin yasal bir ayrım yaptığını varsayalım. FDA, zeka ve boy gibi kişisel özelliklerin hangi noktada iyileştirici hangi noktada ise güçlendirme amaçlı olduğu veya bu özelliklerin iyileştirici nitelikte olup olamayacakları konusunda politik duyarlılık gerektiren kararları vermek üzere tasarlanmamıştır. FDA bir uygulamayı ancak etkililik veya güvenlikle ilgili gerekçelere bağlı olarak onaylamayabilir; ama etkili ve güvenli olduğu halde yine de düzenlenmesi gereken birçok uygulama da vardır. FDA'nın yetki alanının sınırları bütünüyle ortadadır: Kopyalanmış bir çocuğun FDA'nın yetki alanına giren tıbbi bir "ürün" olduğu şeklindeki, yasallığı kuşku götürür gerekçelere dayanarak insan kopyalanmasını düzenleme hakkı olduğu öne sürülmüştür.

FDA'nın yasal statüsünde değişiklik yapmak ve kapsamını geliştirmek olanaklıdır; fakat geçmişte yaşanan deneyimler göstermektedir ki, uzun bir tarihi olan unsurların, kurumsal kültürlerinde değişiklik yapmak son derece güçtür.[11] Söz konusu kurum kendisine yüklenen yeni görevlere direnmekle kalmaz; yetki alanında kaydırma yapıldığında, eski görevlerini de daha yetersiz bir şekilde yürütmeye başlar. Bu da insan sağlığına yönelik yeni ilaçların, yeni uygulama ve teknolojilerin onaylanması için yepyeni bir yapının oluşturulması gerektiğini göstermektedir. Bu yeni yetkenin, daha geniş bir etki alanının yanı sıra, yeni personeli de olmalıdır. FDA'da görev yapan ve yeni ilaçlarla ilgili deneyleri gerçekleştiren doktor ve bilimcilerin yanı sıra, teknolojinin toplumsal ve etik etkilerine ilişkin konularda fikir üreten ve toplumun sesini yansıtan başka kişilere de yer verilmesi gerekir.

Varolan kurumların gelecekte biyoteknolojiyi denetleme açısından büyük olasılıkla yetersiz kalacak olmalarının ikinci nedeni, geçtiğimiz kuşak sırasında araştırma toplulukları ile biyoteknoloji/ilaç endüstrisinde gerçekleşmiş olan değişikliklerle bağlantılıdır. Doksanlı yılların başlarına kadar olan bir dönemde Birleşik Devletler'de yapılan biyomedikal araştırmaların neredeyse tamamına NIH veya başka bir federal devlet dairesi fon sağlıyordu. Bu, araştırmaların NIH bünyesindeki kurallar aracılığıyla düzenlenebileceği anlamına geliyordu. Devletin düzenleme yetkilileri RAC bilimsel kuruluşlarla iç içe çalışabiliyor ve böylece Birleşik Devletler'de tek bir kişinin bile tehlikeli ya da etik açıdan sorgulanabilir araştırmalar yapmaması sağlanabiliyordu.

Bugün artık bunların hiçbiri doğru değil. Federal hükümet, araştırmalarına en fazla fon aktaran kaynak olmayı sürdürmekle birlikte, biyoteknolojinin yeni alanlarında yapılan çalışmalara sponsorluk yapan çok miktarda özel yatırım da bulunmaktadır. 2000 yılında ABD biyoteknoloji endüstrisi araştırmalara tek başına 11 milyar dolar harcamış, yüz elli binden fazla personel çalıştırmış ve 1993'ten bu yana hacmini ikiye katlamıştır. Gerçekten de insan genomunun haritasının çıkartılması yarışında, büyük devlet yatırımlı İnsan Genomu Projesi, Craig Venter'ın kişisel şirketi olan Celera Genomics'in gölgesinde kalmıştır. Embriyonik kök hücre hatları ilk defa Wisconsin Üniversitesi'nde James Thompson tarafından üretilmiş ve embriyonlara zarar verebilecek araştırmaların federal fonlardan yararlanmalarını yasaklayan kanunlar nedeniyle, devlet dışındaki fonlar kullanılmıştı. Asilomar rDNA Konferansı'nın yirmi beşinci yıldönümü dolayısıyla düzenlenen atölye çalışmasına katılanların çoğu, RAC'nin bir dönem önemli bir işlevi yerine getirmiş olmasına rağmen, günümüzün biyoteknoloji endüstrisini ne gözleme ne de güvenliğini sağlama görevini yerine getirmesinin artık olanaklı olmadığı sonucuna varmışlardır. Komite hiçbir resmi yaptırım gücüne sahip değildir; ayrıca yalnızca seçkin bir bilimsel çevrenin görüşlerini ağırlıklı olarak dile getirmektedir. Söz konusu bilimsel çevrenin doğası da zaman içinde değişime uğramıştır: Günümüzde biyoteknoloji endüstrisiyle bağlantısı olmayan ya da belirli bazı teknolojilere bağlı ticari çıkarları olmayan "saf" araştırmacıların sayısı da son derece azdır.[12]

Bu da herhangi yeni bir düzenleme organının, biyoteknolojiyi etkinlik ve güvenlik konularına ilişkin gerekçelerden daha geniş boyutlarıyla düzenlemesini ve ayrıca federal fonlara bağlı olmayanlar da dahil olmak üzere tüm bilimsel araştırma ve geliştirme etkinlikleri üzerinde yasal yetke sahibi olmasını zorunlu kılmaktadır. İngiltere'deki İnsan Döllenme ve Embriyoloji Yetkesi adlı kuruluş, bu amaçla oluşturulmuştur. Denetleme güçlerini birleştiren tek bir kurumun, özel sponsor bulunması yoluyla federal fonlara ilişkin kısıtlamalardan kurtulmayı engelleyeceği ve biyoteknoloji sektörünün tamamına eşit oranda ışık tutacağı umulmaktadır.

Birleşik Devletler'in ve diğer ülkelerin biraz önce değindiğimiz türde bir düzenleme sistemini hayata geçirmeleri ne kadar olasıdır?[13] Yeni kurumlar oluşturmanın önünde aşılması zor politik engeller dikilecektir. Biyoteknoloji endüstrisi yasal düzenlemelere son derece karşıdır (bırakın ek düzenlemeyi, FDA'nın uyguladığı varolan kuralların bile esnekleştirilmesini istemektedirler); araştırma alanındaki bilimciler de aşağı yukarı aynı görüşe sahiptirler. Birçoğu, düzenlemenin resmi yasalar aracılığıyla değil, kendi toplulukları bünyesinde sağlanmasını tercih edeceklerdir. Hastaları, yaşlıları ve çeşitli hastalıklara çare sunmada çıkarı olan başka kişileri temsil eden dayanışma grupları da, bilimcilerin yanında yer alınca, bu büyük oluşum çok güçlü politik bir birleşim oluşturmaktadır.

Biyoteknoloji endüstrisinin, insan biyoteknolojisinin doğru bir yasal düzenlemeyle ele alınmasını desteklemesi için birçok neden bulunmaktadır; ancak bu nedenler öncelikle sektörün uzun vadedeki kendi çıkarlarından kaynaklanır. Bunu değerlendirmek için, sektörün yeni bir teknolojinin fazla hızlı gelişmesine ilişkin politik tuzaklar konusunda iyi bir örnek olan tarımsal biyoteknoloji alanındaki gelişmeleri incelemesi yeterli olacaktır.

Doksanların başında tarımsal biyoteknolojinin önde gelen atılımcılarından biri olan Monsanto, birinci Bush yönetiminden, kendi ürettikleri genetik olarak güçlendirilmiş ürünler konusunda etiketleme de dahil daha güçlü yasal bir düzenleme oluşturmasını istemeyi düşünmüştü. Liderliğin el değiştirmesiyle birlikte bu girişim sekteye uğradı ve aynı firma sağlığa yönelik zararı olabileceği yönünde hiçbir bilimsel kanıtın bulunmadığı gerekçesiyle, Amerikalı çiftçilerin çok çabuk benimsediği genetik olarak güçlendirilmiş bir dizi organizmayı (GMO) piyasaya sürdü. Ancak şirketin hiç beklemediği bir şey vardı; o da Avrupa'da genetik olarak değiştirilmiş organizmalara karşı gelişen politik tepki ve Avrupa Birliği'nin 1997'de başka ülkelerden ithal edilen genetik olarak değiştirilmiş organizmaların etiketlenmelerine ilişkin koyduğu sıkı kurallardı.[14]

Monsanto ve diğer Amerikan firmaları Avrupalıları bilimsel olmamakla ve aşırı korumacı davranmakla suçladılar; fakat Avrupa, kendi kurallarını Amerikalı ihracatçılara kabul ettirmeye yetecek pazar gücüne sahipti. Genetik olarak değiştirilmiş besinlerle, genetik değişime uğramamış besinleri birbirinden ayırmada kullanacakları yöntemlere sahip olmayan Amerikalı çiftçiler, çok önemli ihracat pazarlarının dışında kalıverdiler. Bunun sonucunda, biyoteknoloji endüstrisini kendilerini yanlış yönlendirmekle suçlayarak, 1997'den itibaren daha az genetik olarak değiştirilmiş ürün ekmeye başladılar. Geçmişi değerlendiren Monsanto firması yetkilileri, daha işin başından bilimsel yönden gerekli görünmese bile, tüketicileri ürünlerinin güvenliği konusunda ikna edecek kabul edilebilir yasal bir düzenleme ortamı hazırlamamakla büyük bir hata yapmış olduklarını fark ettiler.

Eczacılığın düzenlenmesinin tarihçesi, sülfanilamid iksiri ve talidomid gibi dehşet öyküleriyle doludur. İnsan kopyalamaya ilişkin düzenlemeler belki de ancak başarısız bir kopyalama girişimi sonucunda korkunç derecede bozulmuş bir çocuğun doğmasından sonra yapılacaktır. Biyoteknoloji endüstrisi bu tür sorunları ya şimdiden görüp, insanlara bu tür ürünlerin güvenilirliğine ve etik konumuna ilişkin güvence vermek yoluyla kendi çıkarlarını koruyacak bir sistem oluşturacak, ya da şok edici bir kaza veya ürkütücü bir deneyin ardında halkın isyan ve protestolarıyla yüzleşmeyi bekleyecektir.

İNSAN SONRASI TARİHİN BAŞLANGICI MI?

Amerikan rejimi 1776'dan itibaren doğal haklar temeli üzerine inşa edilmeye başlamıştı. Zorbaların keyfi yetkesini kısıtlayan, anayasal hükümet ve yasaların egemenliği, insanların doğaları gereği sahip oldukları türde bir özgürlüğü koruma altına alacaktır. Abraham Lincoln'ın da o tarihten seksen yedi yıl sonra işaret etmiş olduğu gibi, Amerikan rejimi bütün insanların eşit olarak yaratılmış olduğu önermesine adanmıştır. Eşit özgürlük olanağı aslında insanların doğal olarak eşit olmalarıyla oluşur. Ya da daha olumlu bir şekilde belirtmek gerekirse, doğal eşitlik gerçeği politik haklarda da eşitliği gerekli kılmıştır.

Eleştirmenler, Birleşik Devletler'in hiçbir zaman eşit özgürlük idealini gerçekliğe kavuşturmadığını ve tarih boyunca bazı gruplarını tamamen dışlamış olduğunu ileri sürmüşlerdir. Amerikan rejiminin savunucuları ise, kanımca daha doğru bir noktaya işaret ederek eşit haklar ilkesinin, bu haklara sahip olan kişiler çemberinin giderek daha fazla kişiyi içine alır hale gelmesini sağladığını öne sürmüşlerdir. Bütün insanların eşit olduğu bir kez kabul edildikten sonra Amerikan politik tarihi içinde, Bağımsızlık Bildirgesi'nde eşit olarak yaratıldığı ifade edilen o ayrıcalıklı "insanların" hangi topluluklar olduğu hakkında büyük tartışmalar yapılmaya başlamıştı. Bu grup ilk başta kadınları, siyahları ya da mülk sahibi olamayan beyaz erkekleri kapsamıyordu ama yavaş olmakla birlikte zaman içinde bu toplulukları da kapsar hale geldi.

Bu tartışmalara katılan taraflar farkına varsa da varmasa da, hepsinin de aslında insanın "özünün" ne olduğuna ilişkin belli belirsiz bile olsa bir fikirleri ve dolayısıyla şu ya da bu bireyin söz konusu haklara sahip olup olmadıklarını değerlendirmek için bir gerekçeleri vardı. İnsanlar dışarıdan bakıldığında birbirlerinden çok farklı görünür, farklı konuşur ve davranırlar; bu yüzden bu tartışmanın büyük oranda görünürdeki bu farklılıkların sonradan kazanılan adet ve alışkanlıklara mı bağlı olduğu yoksa insanın doğasından mı kaynaklandığı sorusu çevresinde dönüp durmaktaydı.

Kimin insan olarak nitelendirileceğine ilişkin görüşlerimizin daha kapsamlı hale gelmesinde modern fen bilimlerinin de bir ölçüde katkısı olmuştur; çünkü insanların görünürdeki farklılıklarının insan doğasından çok uzlaşımsal olduğunu ortaya koymuştur. Kadın ve erkek olmak gibi doğal farklılıkların *gerçekten bulunduğu* durumlarda ise, bunların politik haklarla ilgisi olmayan ve özsel olmayan nitelikleri etkiledikleri ortaya konmuştur.

Buna bağlı olarak, doğal haklar gibi kavramlara akademik felsefeciler tarafından kötü bir şöhret yakıştırılmış olmasına rağmen politik dünyanın büyük bir bölümü, doğamız gereği bize bağışlanmış olan, insanın durağan "özünün" varlığına ya da böyle bir özün var olduğuna inanmamız gerçeğine dayanır.

Teknolojinin bize bu özü zaman içinde yavaş yavaş değiştirme yeteneğini sağlayabileceği bir insan ötesi geleceğe adım atmak üzere olabiliriz. Birçokları bu gücü, insan özgürlüğü adı altında sevinçle karşılamaktadır. Bu kişiler anne babaların sahip olmak isteyecekleri seçme özgürlüğünü en üst düzeye çıkarmayı, bilimcilerin araştırmalarını kısıtlama olmaksızın yapmalarını ve girişimcilerin refah yaratmak amacıyla teknolojiden özgürce yararlanmalarını istemekteler.

Fakat bu tür bir özgürlük, insanların daha önce yaşadıkları birçok başka özgürlükten farklı olacaktır. Politik özgürlük şimdiye kadar doğalarımızın önümüze sermiş olduğu amaç ve hedeflerin peşine düşme özgürlüğü anlamına gelmekteydi. Bu amaçlar çok kesin biçimde belirlenmemiştir; insan doğası son derece esnektir. Doğamızla uyumlu pek çok seçeneğimiz vardır. Fakat bu uyum sağlama yeteneği sınırsız değildir; ve değişmez unsurlar, özellikle de türümüze özgü çok çeşitli duygusal tepkiler yelpazesinin bütünü, diğer insanlarla bağ kurabilir olmamızı sağlayan güvenli bir liman gibidirler.

Belki de kader, insanlığı bu yeni özgürlüğü benimsemeye zorluyor; ya da belki de bazılarının öne sürmüş olduğu gibi evrimin bir sonraki aşamasında kendi biyolojik yapımızı, doğal seçimin körleme akışına bırakmak yerine bilinçli bir şekilde kendimiz ele alacağız. Fakat eğer bunu yaparsak, gözlerimizi açık tutmalıyız. Birçok kişi insan ötesi dünyanın şu anda içinde yaşadığımız dünyaya benzeyeceğini (özgür, eşit, refah içinde, sevgi dolu, şefkatli), üstelik sağlık konusunda daha iyi olanaklar, daha uzun bir yaşam ve büyük olasılıkla bugün sahip olduğumuzdan daha yüksek zekayı olanaklı kılacağını düşünmektedir.

Fakat insan ötesi dünya, şu andakinden çok daha yoğun bir hiyerarşi ve rekabetin, dolayısıyla büyük toplumsal çatışmaların bulunduğu bir yer de olabilir. İnsan genlerinin birçok başka türe ait genlerle karıştırılmış olması nedeniyle artık insan olmanın tam olarak ne anlama geldiği bilinmeyen ve "ortak insanlık" düşüncesinin bütünüyle yitirildiği bir dünya da olabilir.

Ortalama bir insanın, asla gelmeyecek bir ölümü bir bakımevinde umutsuzca düşleyerek ikinci yüz yılına başladığı bir yer de olabilir. Belki de *Cesur Yeni Dünya*'da tasarlanmış olan, herkesin sağlıklı ve mutlu olduğu ama umut, korku ve savaşımın anlamını unuttuğu yumuşak bir zorbalığın hüküm sürdüğü bir yer de olabilir bu dünya.

Olası bu tür dünyaların hiçbirini, ister sınırsız üreme hakları isterse kısıtlanmamış bilimsel araştırmalar adına olsun, sahte bir özgürlük bayrağına sarınarak kabul etmek zorunda değiliz. Kendimizi insanın amaçlarına hizmet etmeyen ve kaçınılmaz bir teknolojik gelişmenin kölesi olarak görmek zorunda değiliz. Gerçek özgürlük, politik toplumların kendileri için en değerli saydıkları değerleri koruma özgürlüğüdür ve günümüzün biyoteknoloji devrimi söz konusu olduğunda kullanmamız gereken özgürlük işte budur.

NOTLAR

EPİGRAF

1. Bu alıntının bağlamı şudur: "Bundan sonra daha etraflı egemenlik biçimlerine yönelik elverişli önkoşullar bulunacaktır; şimdiye dek bunların eşi benzeri görülmemiştir. Ama bu bile işin en önemli kısmı değil; kusursuz bir ırk yetiştirme amacına sahip ırka dayalı uluslararası birliklerin oluşturulması için tüm olasılıklar hazır; gelecekte 'dünyanın efendileri' olacak olanlar, kendi eliyle koyacağı en katı yasalara dayanan, kudretli filozofların ve sanatçı-tiranların iradelerinin bin yıl boyunca süreceği yeni ve muhteşem bir aristokrasi; Dünyayı ele geçirmek ve böylelikle 'insanın' 'kendisini' bir sanat eserine çevirmek üzere üstün iradeleri, bilgileri, zenginlikleri ve etkinlikleriyle demokratik Avrupa'yı en uysal ve bir o kadar çevik bir araca dönüştürecek olan daha üst bir insan ırkı."

1. BÖLÜM: İKİ KORKU ÜTOPYASI

1. Martin Heidegger, *Basic Writings* (New York: Harper and Row, 1957), s. 308.
2. Peter Huber, *Orwell's Revenge: The 1984 Palimpsest* (new York: Free Pres, 1994), s. 222-228.
3. Leon Kass, *Toward a More Natural Science: Biology and Human Affairs* (New York: Free Pres, 1985), s. 35.
4. Bill Joy, "Why the Future Doesn't Need Us," *Wired* 8 (2000): 238-246.
5. Tom Wolfe, "Sorry, but Your Soul Just Died," *Forbes ASAP*, 2 Aralık 1996.

6. Roger C. Weightman'e Mektup, 24 Haziran 1826, *The Life and Selected Writings of Thomas Jefferson* adlı yapıttan, Thomas Jefferson (New York: Modern Library, 1944), s. 729-730.
7. Francis Fukuyama, *The End Of History and The Last Man* (New York: Free Pres, 1992).
8. Ithiel de Sola Pool, *Technologies of Freedom* (Cambridge, Mass.: Harvard/ Belknap, 1983).
9. Bu konuda bakınız Leon Kass, "Introduction: The Problem of Technology", *Technology in the Western Political Tradition*, adlı yapıttan, ed. Arthur M. Melzer vd. (Ithaca, N.Y.: Cornell University Press, 1993).
10. Bakınız Francis Fukuyama, "Second Thoughts: The Last Man in a Bottle", *The National Interest*, no. 56 (Yaz 1999), s. 16-33.

2. BÖLÜM: BEYİN BİLİMİ

1. http://www.liebertpub.com/ebi/default1.asp adresindeki e-biomed ana sayfasından alıntılanmıştır.
2. Genomik biliminin zihinle ilgili incelemelerde nasıl uygulandığını öğrenmek için, bakınız Anne Farmer ve Michael J. Owen, "Genomics: The Next Psychiatric Revolution?," *British Journal of Psychiatry* 169 (1996): 135-138. Ayrıca bakınız Robin Fears, Derek Roberts, vd. "Rational or Rationed Medicine? The promise of Genetics for Improved Clinical Practice," *British Medical Journal* 320 (2000): 933-995; ve C. Thomas Caskey, "DNA-Based Medicine: Prevention and Therapy," in Daniel J. Kevles and Leroy Hood, eds., *The Code of Codes: Scientific and Social Issues in the Human Genome Project* (Cambridge, Mass.: Harvard University Press, 1992).
3. Bu tartışma konusunda bilgi edinmek için bakınız Frans de Waal, "The End of Nature versus Nurture," *Scientific American* 281 (1999): 56-61.
4. Madison Grant, *The Passing Of The Great Race; or, The Racial Basis of European History*, 4th ed., rev. (New York: Charles Scribner's Sons, 1921).
5. Jay K. Varma, "Eugenics and Immigration Restriction: Lessons for Tomorrow," *Journal of the American Medical Association* 275 (1996): 734.
6. Örnek olarak, bakınız Ruth Hubbard, "Constructs of Genetic Difference: Race and Sex," in Robert F. Weir and Susan C. Lawrence, eds., *Genes, Humans, and Self-Knowledge,* (Iowa City: University of Iowa Press, 1994), s. 195-205; ve Ruth Hubbard, *The Politics of Women's Biology* (New Brunswick, N.J.: Rutgers University Press, 1990).
7. Carl C. Brigham, *A Study of American Intelligence* (Princeton, N.J.: Princeton University Press, 1923).

8. Biyoloji ile kültür arasındaki süreklilige ilişkin bir sav için bakınız Edward O. Wilson, *Consilience: The Unity of Knowledge* (New York: Knopf, 1998), s. 125-130.

9. Margaret Mead, *Coming Of Age in Samoa: A Psychological Study of Primitive Youth for Western Civilization* (New York: William Morrow, 1928).

10. Donald Brown, *Human Universals*, (Philadelphia: Temple University Press, 1991), s. 10.

11. Nicholas Wade, "Of Smart Mice and Even Smarter Men," *The New York Times*, September 7, 1999, s. F1.

12. Matt Ridley, *Genome: The Autobiography of a Species in 23 Chapters* (New York: HarperCollins, 2000), s. 137.

13. Luigi Luca Cavalli-Sforza, *Genes, Peoples, and Languages* (New York: North Point Press, 2000) ve Francesco Cavalli-Sforza ile birlikte *The Great Human Diasporas: The History of Diversity and Evolution* (Reading, Mass.: Addison-Wesley, 1995).

14. Genetik faktörlerin alkolizmde de rol oynadığı ileri sürülmüştür. Bakınız C. Cloninger, M. Bohman, vd. "Inheritance of Alcohol Abuse: Crossfostering Analysis of Alcoholic Men," *Archives of General Psychiatry* 38 (1981): 861-868.

15. Charles Murray and Richard J. Herrnstein, *The Bell Curve: Intelligence and Class Structure in American Life* (New York: Free Press, 1995).

16. Charles Murray, "IQ and Economic Success," *Public Interest* 128 (1997): 21-35.

17. Arthur R. Jensen, "How Much Can We Boost IQ and Scholastic Achievement?," *Harvard Educational Review* 39 (1969): 1-123.

18. Bakınız (kitabın çeşitli yerlerinde olmak üzere), Claude S. Fischer, vd. *Inequality by Design: Cracking the Bell Curve Myth* (Princeton, N.J.: Princeton University Press, 1996).

19. Robert G. Newby ve Diane E. Newby, "The Bell Curve: Another Chapter in the Continuing Political Economy of Racism," *American Behavioral Scientist* 39 (1995): 12-25.

20. Stephen J. Rosental, "The Pioneer Fund: Financier of Fascist Research," *American Behavioral Scientist* 39 (1995): 44-62.

21. Testler konusunda daha fazla bilgi için, bakınız Nicholas Lemann, *The Big Test: The Secret History of the American Meritocracy* (New York: Farrar, Straus and Giroux, 1999).

22. Francis Galton, *Hereditary Genius: An Inquiry into Its Laws and Consequences* (New York: Appleton, 1869).

23. Karl Pearson, *National Life from the Standpoint of Science*, 2. ed. (Cambridge: Cambridge University Press, 1919), s. 21.

24. Stephen Jay Gould, *The Mismeasure Of Man* (New York: W. W. Norton, 1981).

25. Leon Kamin, *The Science and Politics of IQ* (Potomac, Md.: L Erlbaum Associates, 1974).

26. Richard C. Lewontin, Steven Rose, vd. *Not in Our Genes: Biology, Ideology, and Human Nature* (New York: Pantheon Books, 1984). Bu tartışmaya ilişkin görüşler için bakınız Thomas J. Bouchard, Jr., "IQ Similarity in Twins Reared Apart: Findings and Responses to Critics" Robert J. Sternberg and Elena L. Grigorenko, eds., *Intelligence, Heredity, and Environnment* (Cam-bridge: Cambridge University Press, 1997) içinde; ve Thomas J. Bouchard, Jr., David T. Kykken, vd. "Sources of Human Pyschological Differences: The Minnesota Study of Twins Reared Apart," *Science* 226 (1990): 223-250.

27. Robert B. Joynson, *The Burt Affair* (London: Routledege, 1989); ve R. Fletcher, "Intelligence, Equality, Character, and Education," *Intelligence* 15 (1991): 139-149.

28. Robert Plomin, "Genetics and General Cognitive Ability," *Nature* 402 (1999): C25-C44.

29. Diğerlerine ek olarak bakınız Howard Gardner, *Frames of Mind: The Theory of Multiple Intelligences* (New York: Basic Books, 1983); ve *Multiple Intelligences: The Theory in Practice* (New York: Basic Books, 1993).

30. Bakınız Bernie Devlin, vd.; eds., *Intelligences, Genes, and Success: Scientists Respond to the Bell Curve* (New York: Springer, 1997); Ulric Neisser, ed., *The Rising Curve: Long Term-Gains in IQ and Related Measures* (Washington, D. C.: American Psychological Association, 1998); David Rowe, "A Place at the Policy Table: Behavior Genetics and Estimates of Family Environmental Effects on IQ," *Intelligence* 24 (1997): 133-159; Sternberg and Grigorenko (1997), ve Christopher Jencks and Meredith Phillips, *The Black-White Test Score Gap* (WAShington, D. C.: Brookings Instution Press, 1998).

31. Bu araştırmaya göre, "Batının modern toplumlarındaki ortamların ortalama açılımına bakıldığında, zeka testlerinin sonuçlarındaki farklılıkların önemli bir bölümünün bireyler arası genetik farklarla ilgili olduğu görülmektedir... Mevcut bütün korelasyonlar tek bir analiz kapsamında bir araya getirildiğinde, kalıtsallığın (h^2) yaklaşık 0.50 oranında olduğu görülmektedir... Bununla birlikte bu, yanıltıcıdır; çünkü ilgili incelemelerin çoğu çocuklar üzerinde gerçekleştirilmiştir. Bugün artık IQ'nun kalıtsallığının yaşa bağlı olarak değişkenlik gösterdiğini biliyoruz: h^2 artar, c^2 [birlikte büyütülen ama aralarında kan bağı olmayan insanların zekalarındaki benzerlik] ise bebeklikten yetişkinliğe doğru ilerlerken azalır... h^2'nin değerini doğrudan etkileyen ve birbirinden ayrı ortamlarda yetişen MZ [tek yumurta] ikizleri arasındaki korelasyon, Avrupa'da ve Birleşik Devletler'de elde edilen ve yetişkinleri ele alan beş araştırmada 0.68 ile 0.78 oranları arasındaydı." Ulric Neisser ve Gweneth Boodoo, et al, "Intelligence: Knowns and Unknowns," *American Psychologist* 51 (1996): 77-101.

32. Michael Daniels, Bernie Devlin, ve Kathryn Roeder, "Of Genes and IQ," Devlin, vd. (1997) içinde.
33. James Robert Flynn, "Massive IQ Gains in 14 Nations: What IQ Tests Really Measure," *Psychological Bulletin* 101 (1987): 171-191; ve "The Mean IQ of Americans: Massive Gains 1932-1978," *Psychological Bulletin* 95 (1984): 29-51.
34. Lombroso'nun çalışmalarıyla ilgili bilgi için bakınız James Q. Wilson ve Richard J. Hernstein, *Crime and Human Nature* (New York: Simon and Schuster, 1985), s. 72-75.
35. Sarnoff Mednick ve William Gabrielli, "Genetic Influences in Criminal Convictions: Evidence from an Adoption Cohort," *Science* 224 (1984): 891-894; ve Sarnoff Mednick ve Terrie E. Moffit, *The Causes of Crime: New Biological Approaches* (New York: Cambridge University Press, 1987).
36. Wilson ve Herrnstein (1985), s. 94.
37. Bu tür bir eleştiri için bakınız Troy Duster, *Backdoor to Eugenics* (New York: Routledge, 1990), s. 96-101.
38. Travis Hirschi ve Michael Gottfredson, *A General Theory of Crime* (Stanford, Calif.: Stanford University Press, 1990).
39. H. Stattin and I. Klackenberg-Larsson, "Early Language and Intelligence Development and Their Relationship to Future Criminal Behavior," *Journal of Abnormal Psychology* 102 (1993): 369-378.
40. Bu konudaki kanıtların sistematik bir özeti için bakınız Wilson ve Herrnstein (1985), s. 104-147.
41. Richard Wrangham ve Dale Peterson, *Demonic Males: Apes and the Origins of Human Violence* (Boston: Houghton Mifflin, 1996).
42. Şempanzelerde şiddet konusunda başka örnekler için bakınız Frans de Waal, *Chimpanzee Politics: Power and Sex among Apes* (Baltimore: Johns Hopkins University Press, 1989).
43. H. G. Brunner, "Abnormal Behavior Associated with a Point Mutation in the Structural Gene for Monoamine Oxidase A," *Science* 262 (1993): 578-580.
44. Lois Wingerson, *Unnatural Selection: The Promise and the Power of Human Gene Research* (New York: Bantam Books, 1998), s. 291-294.
45. Suçun kilit öneme sahip gelişim aşamalarından birinde itki denetiminin öğrenilememesinden kaynaklandığı şeklindeki kurama suça ilişkin "yaşam rotası" kuramı olarak da değinildiği olur. Söz konusu kuram, suçların neden çok büyük bir oranının sabıkalı kişiler tarafından işlendiğini açıklamayı amaçlar. Suçla ilintili "yaşamsal rotaların" varlığını ortaya koyan klasik bir araştırma için: Sheldon Glueck ve Eleanor Glueck, *Delinquency and Nondelinquency in Perspective* (Cambridge, Mass.: Harvard University Press, 1968). Ayrıca Gluecks'in verilerinin yeni bir analizi için, bakınız Robert J. Sampson ve John H. Laub, *Crime in the Making: Pathways and Turning Points Through Life* (Cambridge, Mass.: Harvard University Press, 1993.)

46. Birleşik Devletler ve diğer batılı ülkelerdeki suç oranlarının 1965'ten sonraki yükselip alçalmaları konusunda bakınız Francis Fukuyama, *The Great Disruption: Human Nature and the Reconstitution of Social Order* (New York: Free Press, 1999), s. 77-87.

47. Martin Daly ve Margo Wilson, *Homicide* (New York: Aldine de Gruyter, 1988).

48. Bu olayla ilgili eğlenceli bir özet için bakınız Tom Wolfe, *Hooking Up* (New York: Farrar, Straus and Giroux, 2000), s. 92-94.

49. Wingerson (1998), s. 294-297.

50. David Wasserman, "Science and Social Harm: Genetic Research into Crime and Violance," *Report from the Institute for Philosophy and Public Policy* 15, (1995): 14-19.

51. Wade Roush, "Conflict Marks Crime Conference; Charges of Racism and Eugenics Exploded at a Controversial Meeting," *Science* 269 (1995): 1808-1809.

52. Alice H. Eagley, "The Science and Politics of Comparing Women and Men," *American Psychologist* 50 (1995): 145-158.

53. Donald Symons, *The Evolution of Human Sexuality* (Oxford: Oxford University Press, 1979).

54. Eleanor E. Maccoby and Carol N. Jacklin, *Psychology of Sex Differences* (Stanford, Calif.: Stanford University Press, 1974).

55. A.g.e., s. 349-355.

56. Eleanor E. Maccoby, The Two Sexes: Growing Up Apart, *Coming Together* (Cambridge, Mass.: Belknap/Harvard, 1998), s. 32-58.

57. A.g.e., s. 89-117.

58. Matt Ridley, *The Red Queen: Sex and the Evolution of Human Nature* (New York: Macmillan, 1993), s. 279-280. Ridley, Hurst ve Haig'e ait olan ve "eşcinsel geninin" mitokondriada bulunduğunu ve birçok böcekte bulunan "erkek katil" genlerine benzediğini ileri süren başka bir kuramdan söz eder.

59. Simon LeVay, "A Difference in Hypothalamic Structure Between Heterosexual and Homosexual Men," *Science* 253 (1991): 1034-1037.

60. Dean Hamer, "A Linkage Between DNA Markers on the X Chromosome and Male Sexual Orientation," *Science* 261 (1993): 321-327.

61. William Byne, "The Biological Evidence Challenged," *Scientific American* 270, no. 5 (1994): 50-55.

62. Robert Cook-Degan, *The Gene Wars: Science, Politics, and the Human Genome* (New York: W. W. Norton, 1994), s. 253.

3. BÖLÜM: NÖROFARMAKOLOJİ VE DAVRANIŞIN DENETİMİ

1. Peter D. Kramer, *Listening to Prozac* (New York: Penguin Books, 1993), s. 44; Tom Wolfe'un görüşleri için bakınız Hooking Up (New York: Farrar, Starus and Giroux, 2000), s. 100-101.
2. Roger D. Masters and Michael T. McGuire, eds., *The Neurotransmitter Revolution: Serotonin, Social Behavior, and the Law* (Carbondale, 1II.: Southern Illinois University Press, 1994).
3. A.g.e., s. 10.
4. Kramer (1993); Elizabeth Wurtzel, *Prozac Nation: A Memoir* (New York: Riverhead Books, 1994).
5. Kramer (1993), s. 1-9.
6. Joseph Glenmullen, *Prozac Backlash: Overcoming the Dangers of Prozac, Zoloft, Paxil, and Other Antidepressants with Safe, Effective Alternatives* (New York: Simon and Schuster, 2000), s. 15.
7. Irving Kirsch and Guy Sapirstein, "Listening to Prozac but Hearing Placebo: A Meta-Analysis of Antidepressant Medication," *Prevention and Treatment* I (1998); Larry E. Beutler, "Prozac and Placebo: There's a Pony in There Somewhere," *Prevention and Treatment* I (1998); ve Seymour Fisher ve Roger Greenberg, "Prescriptions for Happiness?," *Psychology Today* 28 (1995): 32-38.
8. Peter R. Breggin and Ginger Ross Breggin, *Talking Back To Prozac: What Doctors Won't Tell About Today's Most Controversial Drug* (New York: St. Martin's Press, 1994).
9. Glenmullen (2000).
10. Robert H. Frank, *Choosing the Right Pond: Human Behavior and the Quest for Status* (Oxford: Oxford University Press, 1985).
11. Tanınmanın tarihteki rolü hakkında geniş kapsamlı bir tartışma için bakınız Francis Fukuyama, *The End of History and the Last Man* (New York: Free Press, 1992), s. 143-244.
12. Frans de Wall, *Chimpanzee Politics: Power and Sex among Apes* (Baltimore: Johns Hopkins University Press, 1989).
13. Frank (1985), s. 21-25.
14. İlgili ilaçlar arasında dekstroamfetamin (Dexedrine), Adderall, Dextrostat, ve pemoline (Cylert) bulunmaktadır.
15. Dorothy Bonn, "Debate on ADHD Prevalence and Treatment Continues," *The Lancet* 354, issue 9196 (1999): 2139.
16. Edward M. Hallowell and John J. Ratey, *Driven to Distraction: Recognizing and Coping with Attention Deficit Disorder from Childhood Through Adulthood* (New York: Simon and Schuster, 1994).

17. Lawrence H. Diller, "The Run on Ritalin: Attention Deficit Disorder and Stimulant Treatment in the 1990s," *Hasting Center Report* 26 (1996): 12-18.

18. Lawrence H. Diller, *Running on Ritalin* (New York: Bantam Books, 1998), s. 63.

19. Ritalin konusundaki anlaşmazlığın bütün yönleriyle ele alınmasıyla ilgili mükemmel bir inceleme için bakınız Mary Eberstadt, "Why Ritalin Rules," *Policy Review*, April-May 1999, 24-44.

20. Diller (1998), s. 63.

21. Doug Hanchett, "Ritalin Speeds Way to Campuses-College Kids Using Drug to Study, Party," *Boston Herald*, May 21, 2000, s. 8.

22. Elizabeth Wurtzel, "Adventures in Ritalin," *The New York Times*, April 1, 2000, s. A15.

23. Harold S. Koplewicz, *It's Nobody's Fault: New Hope and Help for Difficult Children and Their Parents* (New York: Times Books, 1997).

24. Ritalin'le ilgili politikalar konusunda bakınız Neil Munro, "Brain Politics," *National Journal* 33 (2001): 335-339.

25. Bu konuda daha fazla bilgi için CHADD'in Web sitesine bakınız: http://chadd.safeserver.com/about_chadd02.htm

26. Eberstadt (1999).

27. Diller (1998), s. 148-150.

28. Dyan Machan and Luisa Kroll, "An Agreeable Affliction," *Forbes*, August 12, 1996, 148.

29. Marsha Rappley, Patricia B. Mullan, vd., "Diagnosis of Attention-Deficit/Hyperactivity Disorder and Use of Psychotropic Medication in Very Young Children," *Archives of Pediatric and Adolescent Medicine* 153 (1999): 1039-1045.

30. Julie Mango Zito, Daniel J. Safer, vd., "Trends in the Prescribing of Psychotropic Medications to Preschoolers," *Journal of American Medical Association* 283 (2000): 1025-1060.

31. Bu bölümdeki yardımlarından dolayı Michael McGuire'a minnettarım.

32. Bu istatistikler Ulusal Madde Bağımlılığı Kurumu'nun Web sitesinden alınmıştır. Bakınız: http://www.nida.nih.gov/Infofax/ecstasy.html

33. Matthew Klam, "Experiencing Ecstasy," *The New York Times Magazine*, January 21, 2001.

4. BÖLÜM: YAŞAMIN UZATILMASI

1. 1900 yılına ait rakamlar için bakınız http://www.demog.berkeley.edu/~andrew/1918/figure2.html; 2000 yılı için bakınız http://www.cia.gov/cia/publications/factbook/geos/us.html

2. Bu kuramların özeti için bakınız Michael R. Rose, *Evolutionary Biology of Aging* (New York: Oxford University Press, 1991), s. 160 ff.; Caleb E. Finch ve Rudolph E. Tanzi, "Genetics of Aging," *Science* 278 (1997): 407-411; S. Michal Jazwinski, "Longevity, Genes, and Aging," *Science* 273 (1996): 54-59; ve David M. A. Mann, "Molecular Biology's Impact on Our Understanding of Aging," *British Medical Journal* 315 (1997): 1078-1082.
3. Michael R. Rose, "Finding the Fountain of Youth," *Technology Review* 95, no. 7 (October 1992): 64-69.
4. Nicholas Wade, "A Pill to Extend Life? Don't Dismiss the Notion Too Quickly," *The New York Times*, September 22, 2000, s. A20.
5. Tom Kirkwood, *Time of Our Lives: Why Aging Is Neither Inevitable nor Necessary* (London: Phoenix, 1999), s. 100-117.
6. Dwayne A. Banks and Michael Fossel, "Telomeres, Cancer, and Aging: Altering the Human Life Span," *Journal of The American Medical Association* 278 (1997): 1345-1348.
7. Nicholas Wade, "Searching For Genes to Slow the Hands of Biological Time," *The New York Times*, September 26, 2000, s. D1; Cheol-Koo Lee and Roger G. Klopp, vd., "Gene Expression Profile of Aging and Its Retardation by Caloric Restriction," *Science* 285 (1999): 1390-1393.
8. Kirkwood (1999), s. 166.
9. Kök hücrelerle ilgili tartışmalara örnek olarak bakınız Eric Juengst and Michael Fossel, "The Ethics of Embryonic Stem Cells-Now and Forever, Cells without End," *Journal of The American Medical Association* 284 (2000): 3180-3184; Juan de Dios Vial Correa ve S. E. Mons. Elio Sgreccia, *Declaration on the Production and the Scientific and Therapeutic Use of Human Embryonic Stem Cells* (Rome: Pontifical Academy for Life, 2000); ve M. J. Friedrich, "Debating Pros and Cons of Stem Cell Research," *Journal of The American Medical Association* 284, no. 6 (2000): 681-684.
10. Gabriel S. Gross, "Federally Funding Human Embryonic Stem Cell Research: An Administrative Analysis," *Wisconsin Law Review 2000* (2000): 855-884.
11. Yaşlanmayla ilgili iyileştirmeler konusunda uygulanan araştırma stratejileriyle ilgili olarak bakınız Michael R. Rose, "Aging as a Target for Genetic Engineering," in Gregory Stock and John Campbell, eds., *Engineering the Human Germline: An Exploration of the Science and Ethics of Altering the Genes We Pass to Our Children* (New York: Oxford University Press, 2000), s. 53-56.
12. Jean Fourastié, "De la vie traditionelle à la vie tertiaire," *Population* 14 (1963): 417-432.
13. Kirkwood (1999), s. 6.
14. "Resident Population Characteristics-Percent Distribution and Median Age, 1850-1996, and Projections, 2000-2050," www.doi.gov/nrl/statAbst/Aidemo.pdt.

15. Nicholas Eberstadt, "World Population Implosion?" *Public Interest*, no. 129 (February 1997): 3-22.
16. Bu konuyla ilgili olarak bakınız Francis Fukuyama, "Women and the Evolution of World Politics," *Foreign Affairs* 77 (1998): 24-40.
17. Pamela J. Conover ve Virginia Sapiro, "Gender, Feminist Consciousness, and War," *American Journal of Political Science* 37 (1993): 1079-1099.
18. Edward N. Luttwak, "Toward Post-Heroic Warfare," *Foreign Affairs* 74 (1995): 109-122.
19. Bu konuda daha kapsamlı bir inceleme için, bakınız Francis Fukuyama, *The Great Disruption: Human Nature and the Reconstitution of Social Order* (New York: Free Press, 1999), s. 212-230.
20. Bu noktayı dile getiren Fred Charles Iklé, "The Deconstruction of Death," *The National Interest*, no. 62 (Winter 2000/01): 87-96.
21. Kuşaklar arasındaki değişiklikler temayı oluşturmaktadır, diğerlerine ek olarak Arthur M. Schlesinger, Jr.'ın, *Cycles of American History* (Boston: Houghton Mifflin, 1986); ayrıca bakınız William Strauss and Neil Howe, *The Fourth Turning: An American Prophecy* (New York: Broadway Books, 1997).
22. Kirkwood (1999), s. 131-132.
23. Michael Norman, "Living Too Long," *The New York Times Magazine*, January 14, 1996, s. 36-38.
24. Kirkwood (1999), s. 238.
25. İnsan cinselliğinin evrimi konusunda, bakınız Donald Symons, *The Evolution of Human Sexuality* (Oxford: Oxford University Press, 1979)

5. BÖLÜM: GENETİK MÜHENDİSLİĞİ

1. İnsan Genomu Projesi'nin tarihçesi için, bakınız Robert Cook-Degan, *The Gene Wars: Science, Politics, and the Human Genome* (New York: W. W. Norton, 1994); Kathryn Brown, "The Human Genome Business Today," *Scientific American* 283 (July 2000): 50-55; ve Kevin Davies, *Cracking the Genome: Inside the Race to Unlock Human DNA* (New York: Free Press, 2001).
2. Carol Ezzell, "Beyond the Human Genome," *Scientific American* 283, no. 1 (July 2000): 64-69.
3. Ken Howard, "The Bioinformatics Gold Rush," *Scientific American* 283, no. 1 (July 2000): 58-63.
4. Stuart A. Kauffman ile röportaj "Forget In Vitro-Now It's 'In Silico,'" *Scientific American* 283 no. 1 (July 2000): 62-63.
5. Gina Kolata, "Genetic Defects Detected in Embryos Just Days Old," *The New York Times*, September 24, 1992, s. A1.

6. Lee M. Silver, *Remaking Eden: Cloning and Beyond in a Brave New World* (New York: Avon, 1998), s. 233-247.
7. Ezzell (2000).
8. Wilmut'un bu ilerleme konusundaki kendi görüşleri için, bakınız Ian Wilmut, Keith Campbell ve Colin Tudge, *The Second Creation: Dolly and the Age of Biological Control* (New York: Farrar, Straus and Giroux, 2000).
9. National Bioethics Advisory Commission, *Cloning Human Beings* (Rockville, Md.: National Bioethics Advisory Commission, 1997).
10. Margaret Talbot, "A Desire to Duplicate," *The New York Times Magazine*, February 4, 2001, s. 40-68; Brian Alexander, "(You)2," *Wired*, February 2001, 122-135
11. Glenn McGee, *The Perfect Baby: A Pragmatic Approach to Genetics* (Lanham, Md.: Rowman and Littlefield, 1997).
12. İnsan germ-hattı mühendisliğinin günümüzdeki durumuyla ilgili bilgi için bakınız Gregory Stock ve John Campbell, eds., *Engineering the Human Germline: An Exploration of the Science and Ethics of Altering the Genes We Pass to Our Children* (New York: Oxford University Press, 2000); Marc Lappé, "Ethical Issues in Manipulating the Human Germ Line," in Peter Singer and Helga Kuhse, eds., *Bioethics: An Anthology* (Oxford: Blackwell, 1999), s. 156; ve Mark S. Frankel ve Audrey R. Chapman, *Human Inheritable Genetic Modifications: Assessing Scientific, Ethical, Religious, and Policy Issues* (Washington, D.C.: American Association for the Advancement of Science, 2000).
13. Yapay kromozom teknolojisiyle ilgili bilgi için, bakınız John Campbell ve Gregory Stock, "A Vision for Practical Human Germline Engineering," Stock ve Campbell, eds. (2000), içinde, s. 9-16.
14. Edward O. Wilson, "Reply to Fukuyama," *The National Interest*, no. 56 (Spring 1999): 35-37.
15. Gina Kolata, *Clone: The Road to Dolly and the Path Ahead*, (New York: William Morrow, 1998), s. 27.
16. W. French Anderson, "A New Front in the Battle against Disease," Stock ve Campbell, eds. (2000), s. 43.
17. Fred Charles Iklé, "The Deconstruction of Death," *The National Interest*, no. 62 (Winter 2000/01): 91-92.
18. Kolata (1998), s. 120-156.
19. Nicholas Eberstadt, "Asia Tomorrow, Gray and Male," *The National Interest* 53 (1998): 56-65; Terence H. Hull, "Recent Trends in Sex Rations at Birth in China," *Population and Development Review* 16 (1990): 63-83; Chai Bin Park, "Preference for Sons, Family Size, and Sex Ratio: An Empirical Study in Korea," *Demography* 20 (1983): 333-352; ve Barbara D. Miller, *The Endangered Sex: Neglect of Female Children in Rural Northern India* (Ithaca, N.Y., and London: Cornell University Press, 1981)

20. Elisabeth Croll, *Endangered Daughters: Discrimination and Development in Asia* (London: Routledge, 2001); ve Ansley J. Coale and Judith Banister, "Five Decades of Missing Females in China," *Demography* 31 (1994): 459-479.

21. Gregory S. Kavka, "Upside Risks"; Carl F. Cranor, ed., *Are Genes Us?: Social Consequences of the New Genetics* (New Brunswick, N.J.: Rutgers University Press, 1994), içinde, s. 160.

22. Bu senaryoyu Charles Murray ortaya atmıştı. Bakınız "Deeper into the Brain," *National Review* 52 (2000): 46-49.

6. BÖLÜM: NEDEN KAYGILANMALIYIZ?

1. Rifkin'in biyoteknoloji hakkında çok sayıdaki yazıları arasında şunlar da bulunmaktadır: *Algeny: A New Word, a New World* (New York: Viking, 1983); ve Ted Howard ile birlikte, *Who Should Play God?* (New York: Dell, 1977).

2. Haldane, Bernal ve Shaw'un bu konudaki rollerine dikkatimi çekmesi nedeniyle Michael Linde'ye minnettarım.

3. Alıntının yapıldığı yer: Diane B. Paul, *Controlling Human Heredity: 1865 to the Present* (Atlantic Highlands, N.J.: Humanities Press, 1995), s. 2. Ayrıca yazarın şu makaelesine de bakınız: "Eugenic Anxieties, Social Realities, and Political Choices," *Social Research* 59 (1992): 663-683. Ayrıca bakınız Mark H. Haller, *Eugenics: Hereditarian Attitudes in American Thought* (New Brunswick, N.J.: Rutgers University Press, 1963).

4. Bakınız Henry P. David ve Jochen Fleischhacker, "Abortion and Eugenics in Nazi Germany," *Population and Development Review* 14 (1988): 81-112.

5. Bu konuda klasik bir inceleme için bakınız Robert Jay Lifton, *The Nazi Doctors: Medical Killing and the Psychology of Genocide* (New York: Basic Books, 1986).

6. Gunnar Broberg ve Nils Roll-Hansen, *Eugenics and the Welfare State: Sterilization Policy in Denmark, Sweden, Norway, and Finland* (East Lansing, Mich.: Michigan State University Press, 1996). Ayrıca bakınız Mark B. Adams, *The Wellborn Science: Eugenics in Germany, France, Brazil, and Russia* (New York and Oxford: Oxford University Press, 1990).

7. Öjeninin Çin'deki tarihçesi için, bakınız Frank Dikötter, *Imperfect Conceptions: Medical Knowledge, Birth Defects and Eugenics in China* (New York: Colombia University Press, 1998). Ayrıca yazarın şu makalesine de bakınız: "Throw-Away Babies: The Growth of Eugenics Policies and Practices in China," *The Times Literary Supplement*, January 12, 1996, pp. 4-5; ve Veronica Pearson, "Population Policy and Eugenics in China," *British Journal of Psychiatry* 167 (1995): 1-4.

8. Diane B. Paul, "Is Human Genetics Disguised Eugenics ?"; David L. Hull ve Michael Ruse, eds., *The Philosophy of Biology* (New York: Oxford University Press, 1998) içinde, s. 536ff.
9. Pearson (1995), s. 2.
10. Matt Ridley, *Genome: The Autobiography of a Species in 23 Chapters* (New York: HarperCollins, 2000), s. 297-299.
11. Robert L. Sinsheimer, "The Prospect of Designed Genetic Change," in Ruth F. Chadwick, ed., *Ethics, Reproduction, and Genetic Control*, rev. ed. (London and New York: Routledge, 1992), s. 145.
12. Çin'in tek çocuk politikası ve bunun zorunlu kıldığı kürtajlar, Birleşik Devletler'deki birçok muhafazakar grup arasında tartışmalara yol açmıştır. Bakınız Steven Mosher, *A Mother's Ordeal: One Woman's Fight against China's One-Child Policy* (New York: Harcourt Brace Jovanovich, 1993).
13. Kate Devine, "NIH Lifts Stem Cell Funding Ban, Issues Guidelines," *The Scientist* 14, no. 18 (2000): 8.
14. Charles Krauthammer, "Why Pro-Lifers Are Missing the Point: The Debate over Fetal-Tissue Research Overlooks the Big Issue," *Time*, February 12, 2001, 60.
15. Virginia I. Postrel, *The Future and Its Enimies: The Growing Conflict over Creativity, Enterprise, and Progress* (New York: Touchstone Books, 1999), s. 168.
16. Mark K. Sears, vd., "Impact of Bt Corn Pollen on Monarch Buterflies: A Risk Assessment," *Proceedings of the National Academy of Sciences* 98 (October 9, 2001): 11937-11942.
17. Biyoteknolojinin bazı olası olumsuz dışsallıkları ile ilgili oldukça zeki bir tartışma için bakınız Gregory S. Kavka, "Upside Risks"; Carl F. Cranor, ed., *Are Genes Us?: Social Consequences of the New Genetics* (New Brunswick, N.J.: Rutgers University Press, 1994) içinde.
18. John Colapinto, *As Nature Made Him: The Boy Who Was Raised As a Girl* (New York: HarperCollins, 2000), s. 58.
19. Colapinto (2000), s. 69-70.
20. Kavka, Cranor, ed. (1994) içinde, s. 164- 165.
21. Richard D. Alexander, *How Did Humans Evolve? Reflections on the Uniquely Unique Species* (Ann Arbor, Mich.: Museum of Zoology, University of Michigan, 1990), s. 6.
22. Plato, *The Republic*, Book V, 457c-e.
23. Gary S. Becker, "Crime and Punishment: An Economic Approach," *Journal of Political Economy* 76 (1968): 169-217.

7. BÖLÜM: İNSAN HAKLARI

1. Bu alıntı, şu yayında çözümlemesi bulunan bir konferans tartışmasından alınmıştır: John Stock ve Gregory Campbell, eds., *Engineering the Human Germline: An Exploration of the Science and Ethics of Altering the Genes We Pass to Our Children* (New York: Oxford University Press, 2000), s. 85.
2. Bu iddianın öne sürüldüğü kaynak: Ronald M. Dworkin, *Life's Dominion: An Argument about Abortion, Euthanasia, and Individual Freedom* (New York: Vintage Books, 1994).
3. John A. Robertson, *Children of Choice: Freedom and the New Reproductive Technologies* (Priceton, N.J.: Priceton University Press, 1994), s. 33-34.
4. Ronald M. Dworkin, *Sovereign Virtue: The Theory and Practice of Equality* (Cambridge, Mass.: Harvard University Press, 2000), s. 452. Mükemmel bir eleştiri için bakınız Adam Wolfson, "Politics in a Brave New World," *Public Interest* no. 142 (Winter 2001): 31-43.
5. *Doğalcılık yanılgısı* sözünü türetmiş olan kişi aslında G. E. Moore'dur. Bakınız kendi yayını: *Principia Ethica* (Cambridge: Cambridge University Press, 1903), s. 10.
6. Bununla ilgili son örneklerden biri için bakınız Alexander Rosenberg, *Darwinism in Philosophy, Social Science, and Policy* (Cambridge: Cambridge University Press, 2000), s. 120.
7. Paul Ehlich, *Human Natures: Genes, Cultures, and the Human Prospect* (Washington, D.C./Covelo, Calif.: Island Press/Shearwater Books, 2000), s. 309.
8. William F. Shultz, editöre mektup, *The National Interest*, no. 63 (Spring 2001): 124-125.
9. David Hume, *A Treatise Of Human Nature*, Book III, part I, section I (London: Penguin Books, 1985), s. 521.
10. Robin Fox, "Human Nature and Human Rights," *The National Interest*, no. 62 (Winter 2000/01): 77-86.
11. A.g.e., s. 78.
12. Alasdair MacIntyre, "Hume on 'Is' and 'Ought'", *Philosophical Review* 68 (1959): 451-468.
13. Bu noktanın ileri sürüldüğü kaynak: Robert J. McShea, "Human Nature Theory and Political Philosophy," *American Journal of Political Science* 22 (1978): 656-679. Aristoteles'in tipik bir biçimde yanlış anlaşılmasını okumak için, bakınız Allen Buchanan ve Norman Daniels, vd., *From Chance to Choice: Genetics and Justice* (New York and Cambridge: Cambridge University Press, 2000), s. 89.

14. Robert J. McShea, *Morality and Human Nature: A New Route to Ethical Theory* (Philadelphia: Temple University Press, 1990), s. 68-69.
15. Bentham'ın konuyu ele alışı için bakınız Charles Taylor, *Sources of the Self: The Making of the Modern Identity* (Cambridge, Mass.: Harvard University Press, 1989), s. 332.
16. Hume, bir tür ön-Kantçı olarak yanlış biçimde yorumlanmıştır. Oysa aslında, hakların insanın doğasından kaynaklandığını ileri süren eski geleneğin tam bir üyesidir.
17. Immanuel Kant, *Foundations of The Metaphysics of Morals*, çev. Lewis White Beck (Indianapolis: Bobbs-Merrill, 1959), s. 9.
18. Buna dahil olanlar arasında: MacIntyre (1959), s. 467-468.
19. John Rawls, *A Theory of Justice*, rev. ed. (Cambridge, Mass.: Harvard/ Belknap, 1999), s. 17.
20. A.g.e., s. 347-365.
21. William A. Galston, "Liberal Virtues," *American Political Science Review* 82, no. 4 (December 1988): 1277-1290.
22. Ackerman'ın alıntılandığı kaynak: William A. Galston, "Defending Liberalism," *American Political Science Review* 76 (1982): 621-629.
23. Örneğin bakınız Allan Bloom, *Giants and Dwarfs: Essays 1960-1990* (New York: Simon and Schuster, 1990).
24. Rawls (1999), s. 433.
25. Dworkin (2000), s. 448.
26. Robertson (1994), s. 24.
27. *Casey v. Planned Parenthood* şu yapıttan alıntılanmıştır: Hadley Arkes, "Liberalism and the Law"; Hilton Kramer ve Roger Kimball, eds., *The Betrayal of Liberalism: How the Disciples of Freedom and Equality Helped Foster the Illiberal Politics of Coercion and Control* (Chicago: Ivan R. Dee, 1999) içinde, s. 95-96. Arkes bu konuma ilişkin güçlü bir eleştiride bulunarak, Anayasa ile İnsan Hakları Beyannamesini kaleme alanların doğal-haklar perspektifinden ne denli farklı bir bakış açısına sahip olduğunu gösterir. Ayrıca inanç özgürlüğünün aslında kendi dinini yaratma özgürlüğü şeklindeki yorumunun eleştirisi için, bakınız Michael J. Sandel, *Democracy's Discontent: America in Search of a Public Philosophy* (Cambridge, Mass.: Harvard University Press, 1996), s. 55-90.
28. Çağdaş özgürlük uluslarının Nietzsche ve Heidegger aracılığıyla göreliliğe doğru yozlaşmasına ilişkin tarihçe için, bakınız Allan Bloom, *The Closing of the American Mind* (New York: Simon and Schuster, 1987).
29. Bu konuda çok sayıda örnek için, bakınız Frans de Waal, *Chimpanzee Politics: Power and Sex among Apes* (Baltimore: Johns Hopkins University Press, 1989).

30. Francis Fukuyama, *The Great Disruption: Human Nature and the Reconstitution of Social Order* (New York: Free Press, 1999), s. 174-175.
31. "Savunma amaçlı modernizasyon" dışsal askeri rekabetin gereklerinin, içsel sosyopolitik düzen ve atılımları nasıl yönlendirdiğini anlatır. Meiji-sonrasında restore edilen Japonya'dan, İnternet'e kadar bunun birçok örneği bulunmaktadır.
32. Francis Fukuyama, "Women and the Evolution of World Politics," *Foreign Affairs* 77 (1998): 24-40.
33. Robert Wright, *Nonzero: The Logic of Human Destiny* (New York: Pantheon, 2000).
34. Grup seçimi sorununa ilişkin entelektüel manzara son zamanlarda David Sloan Wilson gibi çokkatlı (yani hem bireysel hem de grupsal) seçiminin güçlü noktalarını öne sürerek savunan biyologların çalışmaları sayesinde değişime uğradı. Bakınız David Sloan Wilson ve Elliott Sober, *Unto Others: The Evolution and Psychology of Unselfish Behavior* (Cambridge, Mass.: Harvard University Press, 1998).
35. Genel bir açıklama için, bakınız Francis Fukuyama, "The Old Age of Mankind"; *The End of History and the Last Man* (New York: Free Press, 1992) içinde.

8. BÖLÜM: İNSAN DOĞASI

1. Paul Ehrlich, *Human Natures: Genes, Cultures, and the Human Prospect* (Washington, D.C/Covelo, Calif.: Island Press/Shearwater Books, 2000), s. 330. Bakınız Francis Fukuyama, Ehrlich'in değerlendirmesi *Commentary*, February 2001.
2. David L. Hull, "On Human Nature", David L. Hull ve Michael Ruse, eds., *The Philosophy of Biology* (New York: Oxford University Press, 1998) içinde, s. 387.
3. Örneğin Alexander Rosenberg türlerin "özsel" niteliklere sahip olmadıklarını çünkü bütün türlerin değişkenlik gösterdiğini ve belirli bir değişkenlik aralığının medyan noktasının bir öz nitelik oluşturmadığını iddia etmektedir. Açıkçası bu semantik bir söz oyunundan başka bir şey değildir; belirli bir türün "doğası" ya da "özü" konusunda yazmış olan kişilerin hepsi de aslında değişkenlik aralığındaki medyan noktasına değinmiş bulunmaktadır. Alexander Rosenberg, *Darwinism in Philosophy, Social Science, and Policy* (Cambridge: Cambridge University Press, 2000), s. 121. Ayrıca bakınız David L. Hull, "Species, Races, and Genders: Differences Are Not Deviations," Robert F. Weir ve Susan C. Lawrence, eds., *Genes, Humans and Self-Knowledge* (Iowa City: University of Iowa Press, 1994), s. 207.
4. Michael Ruse, "Biological Species: Natural Kinds, Individuals, or What?," *British Journal for the Philosophy of Science* 38 (1987): 225-242.

5. Diğerlerine ek olarak bakınız Richard Lewontin, Steven Rose, vd., *Not in Our Genes: Biology, Ideology, and Human Nature* (New York: Pantheon Books, 1984); Lewontin, *The Doctrine of DNA: Biology as Ideology* (New York: HarperPerennial, 1992); ve Lewontin, *Inside and Outside: Gene, Environment, and Organism* (Worcester, Mass.: Clark University Press, 1994).
6. Lewontin (1994), s. 25.
7. Lewontin, Rose, vd. (1984), s. 69 ff.
8. "Neredeyse yalnızca" ifadesini kullanmamın nedeni, bir önceki bölümde de belirtildiği gibi, çağdaş etologlar şempanzeler gibi belirli bazı türlerin öğrendikleri bilgileri kültürel olarak aktarabildiklerini ve bu nedenle farklı gruplar arasında belirli oranda kültürel değişkenliklerin ortaya çıkabildiği ortaya koydular.
9. Ayrıca bakınız Leon Eisenberg, "The Human Nature of Human Nature," *Science* 176 (1972): 123-128.
10. Ehrlich (2000), s. 273.
11. Aristotle, *Nicomachean Ethics* II.1, 1103a24-26.
12. A.g.e., V.7, 1134b29-32.
13. Bakınız Aristotle, *Politics* I.2, 1253a29-32.
14. Roger D. Masters, "Evolutionary Biology and Political Theory," *American Political Science Review* 84 (1990): 195-210; *Beyond Relativism: Science and Human Values* (Hanover, N.H.: University Press of New England, 1993); ve Margaret Gruter ile birlikte, *The Sense of Justice: Biological Foundations of Law* (Newbury Park, Calif.: Sage Publications, 1992).
15. Michael Ruse ve Edward O Wilson, "Moral Philosophy as Applied Science: A Darwinian Approach to the Foundations of Ethics," *Philosophy* 61 (1986): 173-192.
16. Larry Arnhart, *Darwinian Natural Right: The Biological Ethics of Human Nature* (Albany, N.Y.: State University of New York Press, 1998).
17. Arnhardt'ın görüşlerine yönelik eleştiri ve tartışmalar için bakınız Richard Hassing, "Darwinian Natural Right?", *Interpretation* 27 (2000): 129-160; ve Larry Arnhar, "Defending Darwinian Natural Right", *Interpretation* 27 (2000): 263-277.
18. Arnhart (1998), s. 31-36.
19. Donald Brown, *Human Universals* (Philadelphia: Temple University Press, 1991), s. 77.
20. Örnek için bakınız, Steven Pinker ve Paul Bloom, "Natural Language and Natural Selection," *Behavioral and Brain Sciences* 13 (1990): 707-784; ve Pinker, *The Language Instinct* (New York: HarperCollins, 1994).

21. Bu konudaki bir eleştiri için bakınız Frans de Waal, *Chimpanzee Politics: Power and Sex among Apes* (Baltimore: Johns Hopkins University Press, 1989) s. 57-60.

22. Zamanla ilgili savı, Benjamin Lee Whorf Hopi'lerle bağlantılı olarak ileri sürmüştür; renklerle ilgili sava antropoloji ders kitaplarında sıklıkla rastlanabilir. Bakınız Brown (1991), s. 10-11.

23. John Locke, *An Essay Concerning Human Understanding,* Book I, chapter 3, section 7 (Amherst, N.Y.: Prometheus Books, 1995), s. 30.

24. A.g.e., Book I, chapter 3, section 9, s. 30-31.

25. Roberts Trivers, "The Evolution of Reciprocal Altruism," *Quarterly Review of Biology* 46 (1971): 35-56; ayrıca bakınız Trivers, *Social Evolution* (Menlo Park, Calif.: Benjamin/Cummings, 1985).

26. Sarah B. Hardy ve Glenn Hausfater, *Infanticide: Comparative and Evolutionary Perspectives* (New York: Aldine Publishing, 1984); R. Muthulakshmi, *Female Infanticide: Its Causes and Solutions* (New Delhi: Discovery Publishing House, 1997); Lalita Panigrahi, *British Social Policy and Female Infanticide in India* (New Delhi: Munshiram Manoharlal, 1972); ve Maria W. Piers, *Infanticide* (New York: W. W. Norton, 1978).

27. Bu konuda bakınız Arnhart (1998), s. 119-120.

28. Locke'un yeni doğan çocukların öldürülmelerine ilişkin kaynaklarına bakıldığına bunların, on yedinci ve on sekizinci yüzyıllarda Avrupalıları yabancı ülkelerin tuhaflık ve barbarlıklarıyla şaşırtmak amacıyla yazılmış egzotik gezi yazılarından başka bir şey olmadıkları görülür.

29. Peter Singer ve Susan Reich, *Animal Liberation* (New York: New York Review Books, 1990), s. 6; ve Peter Singer ve Paola Cavalieri, *The Great Ape Project: Equality Beyond Humanity* (New York: St. Martin's Press, 1995).

30. Bunu ilk kez Jeremy Bentham ortaya atmış, Singer ve Reich ise sürdürmüştür. Bakınız Singer ve Reich (1990), s. 7-8.

31. Bakınız John Tyler Bonner, *The Evolution of Culture in Animals* (Princeton, N.J.: Princeton University Press, 1980).

32. Frans de Waal, *The Ape and the Sushi Master* (New York: Basic Books, 2001), s. 194-202.

33. A.g.e., s. 64-65.

34. Peter Singer (Singer ve Reich, 1990) eşitlik savının, ilgili varlıkların gerçek eşitliğine hiçbir anlamda bağlı olmayan ahlaki bir kavram olduğu şeklinde garip bir iddiayı ortaya atmaktadır. Şöyle der: "İki kişi arasında yetenek açısından gerçeklere dayanan bir farkın bu kişilerin gereksinimleri ve çıkarlarına gösterdiğimiz ilgi düzeyinde herhangi bir farkı haklı çıkaracak hiçbir mantıksal açıdan sağlam neden yoktur..." (s. 4-5). Bunun doğru olmadığı çok açıktır;

örneğin çocukların idrakı tam gelişmemiş ve yaşam deneyimleri yetersiz olduğu için onlara yetişkinlerle aynı oranda özgürlük tanımayız. Singer, eşitliğe ilişkin ahlaki kavramın nereden kaynaklandığını ya da onun doğal evrenin tamamının hiyerarşik bir yapıya göre düzenlemeyi amaçlayan alternatif ahlaki düşüncelerden neden daha inandırıcı olduğunu açıklayamaz. Başka bir yerde "varlığın çıkarlarını, bu çıkarlar her ne olursa olsun, göz önüne alarak, temel unsurun, eşitlik ilkeleri uyarınca siyah ve beyaz, erkek ve kadın, insan ve insan olmayan tüm varlıkları içine alacak şekilde genişletilmesi gerektiğini" söyler (s. 5). Singer sinek veya sivrisineklerin, hatta virüs ve bakterilerin hak ve çıkarlarına saygı duyup duymamamız gerektiğini açık bir şekilde ele almaz. Bunların önemsiz örnekler olduğunu düşünebilir belki ama öyle değiller: Hakların doğası, ilgili türün doğasına bağlıdır.

9. BÖLÜM: İNSAN ONURU

1. Clive Staples Lewis, The Abolition of Man (New York Touchstone, 1944), s. 85.
2. Counsel of Europe, Draft Additional Protocol to the Convention on Human Rights and Biomedicine, On the Prohibiting of Cloning Human Beings, Doc. 7884, July 16, 1997.
3. Francis Fukuyama, The End of History and The Last Man (New York: Free Pres, 1992) adlı yapıtın ikinci bölümünün teması budur.
4. Tocqueville'e ait bu bölümün yorumu için bakınız Francis Fukuyama, "The March of Equality," Journal of Democracy 11 (2000): 11-17.
5. John Paul II, "Message to the Pontifical Academy of Sciences," October 22, 1996.
6. Daniel C. Dennett, Darwin's Dangerous Idea: Evolution and the Meanings of Life (New York: Simon and Schuster, 1995), s. 35-39; ayrıca bakınız Ernst Mayr, One Long Argument: Charles Darwin and the Genesis of Modern Evolutionary Thought (Cambridge, Mass.: Harvard University Press, 1991), s. 40-42.
7. Michael Ruse ve David L. Hull, The Philosophy of Biology (New York: Oxford University Press, 1998), s. 385.
8. Lee M. Silver, Remaking Eden: Cloning and Beyond in a Brave New World (New York: Avon, 1998), s. 256-257.
9. Ruse ve Hull (1998), s. 385.
10. Silver (1998), s. 277.
11. Friedrich Nietzche, Thus Spoke Zarathustra, First part, section 5; The Portable Nietzche, ed. Walter Kaufmann (New York: Viking, 1968) içinde, s. 130.

12. Charles Taylor, Sources of the Self: The Making of the Modern Identity (Cambridge, Mass.: Harvard University Press, 1989), s. 6-7.
13. Bu önermenin daha kapsamlı bir savunması için bakınız Francis Fukuyama, The Great Disruption: Human Nature and the Reconstitution of Social Order, part II (New York: Free Press, 1999).
14. Aristotle, Politics I.2.13, 1254b, 16-24.
15. A.g.e., I.2.18, 1255a, 22-38.
16. A.g.e., I.2.19, 1255b, 3-5.
17. Örneğin bakınız Dan W. Brock, "The Human Genome Project and Human Identity," in Genes, Humans, and Self-Knowledge, eds. Robert F. Weir ve Susan C. Lawrence, vd. (Iowa City: University of Iowa Press, 1994), s. 18-23.
18. Charles Murray bu olasılığı zaten öne sürmüştü. Bakınız Charles Murray, "Deeper into the Brain," National Review 52 (2000): 46-49.
19. Peter Sloterdjik, "Regeln für den Menschenpark: Ein Antwortschreiben zum Brief über den Humanismus," Die Zeit, no. 38, September 16, 1999.
20. Jürgen Habermas, "Nicht die Natur verbietet das Klonen. Wir müssen selbst entscheiden. Eine Replik auf Dieter E. Zimmer," Die Zeit, no. 9, February 19, 1998.
21. Bu konudaki bir tartışma için, bakınız Allen Buchanan ve Norman Daniels, vd., From Chance to Choice: Genetics and Justice (New York and Cambridge: Cambridge University Press, 2000), s. 17-20. Ayrıca bakınız Robert H. Blank ve Masako N. Darrough, Biological Differences and Social Equality: Implications for Social Policy (Westport, Conn.: Greenwood Press, 1983).
22. Ronald M. Dworkin, Sovereign Virtue: The Theory and Practice of Equality (Cambridge, Mass.: Harvard University Press, 2000), s. 452.
23. Laurence H. Tribe, "Second Thoughts on Cloning," The New York Times, December 5, 1997, s. A31.
24. John Paul II (1996).
25. Bu "ontolojik sıçrama"nın anlamıyla ilgili olarak bakınız Ernan McMullin, "Biology and the Theology of the Human," Phillip R. Sloan, ed., Controlling Our Desires: Historical, Philosohical, Ethical, and Theological Perspectives on the Human Genome Project (Notre Dame, Ind.: University of Notre Dame Press, 2000) içinde, s. 367.
26. İnsanın müzikten aldığı keyfi açıklamak için Darwinizm'e başvurmak aslında pek işe yaramaz. Bakınız Steven Pinker, How the Mind Works (New York: W. W. Norton, 1997), s. 528-538.
27. Örneğin bakınız Arthur Peacocke, "Relating Genetics to Theology on the Map of Scientific Knowledge," in Sloan (2000) içinde, s. 346-350.

28. Laplace'ın sözleri tam olarak şöyleydi: "Öyleyse tüm evrenin [yalnızca güneş sisteminin değil] şu anki durumunun, evrenin kendinden önceki durumun sonucu ve kendinden sonraki durumun da nedeni olduğunu düşünmeliyiz. Doğayı canlandıran bütün güçleri ve doğayı oluşturan varlıkların göreli durumlarını bir anda kavrayabilecek ve bütün bu verileri [başlangıç koşullarını] analiz edebilecek bir zekanın bulunduğu varsayılacak olursa, söz konusu zeka aynı formüle uygun olarak evrendeki en büyük cisimlerin de en küçük atomun da hareketlerini kavrayacaktır. Hiçbir şey onun için belirsiz olmayacak ve gelecek de tıpkı geçmiş gibi gözlerinin önüne serilecektir... Astronominin bize kuyruklu yıldızların devinimlerinde gösterdiği kesin düzen, hiç kuşkusuz tüm olgular için vardır. Tek bir hava ya da su buharı molekülünün izlediği eğri, tıpkı gezegenlerin yörüngelerine benzer bir kesinliktedir. Aralarındaki tek fark ise bizim bilgi eksikliğimizden kaynaklanmaktadır." Final Causality in Nature and Human Affairs, ed. Richard F. Hassing (Washington D.C.: Catholic University Press, 1997), s. 224'te alıntı olarak geçmektedir.
29. Hassing, ed. (1997), s. 224-226.
30. Peacocke, Sloan, ed. (2000) içinde, s. 350.
31. McMullin, Sloan, ed. (2000) içinde, s. 374.
32. Bu soruyla ilgili olarak bakınız Roger D. Masters, "The Biological Nature of the State," World Politics 35 (1983): 161-193.
33. Andrew Goldberg ve Christophe Boesch, "The Cultures of Chimpanzees," Scientific American 284 (2001): 60-67.
34. Larry Arnhart, Darwinian Natural Right: The Biological Ethics of Human Nature (Albany, N.Y.: State University of New York Press, 1998), s. 61-62.
35. Bunun bir istisnası, Kuzeybatı Pasifik'deki Amerikan topraklarında yaşayan ve bir devlet kurmuş görünen yerli avcı-toplayıcı halktır. Bakınız Robert Wright, Nonzero: The Logic of Human Destiny (New York: Pantheon, 2000), s. 31-38.
36. Stephen Jay Gould ve R. C. Lewontin, "The Spandrels of San Marco and the Panglossian Paradigm: A Critique of the Adaptionist Programme," Proceedings of the Royal Society of London 205 (1979): 81-98.
37. John R. Searle, The Mystery of Consciousness (New York: New York Review Books, 1997).
38. Daniel C. Dennett, Consciousness Explained (Boston: Little, Brown, 1991), s. 210.
39. John R. Searle, The Rediscovery of the Minde (Cambridge, Mass.: MIT Press, 1992), s. 3.

40. Hans P. Moravec, Robot : Mere Machine to Transcensdent Minde (New York: Oxford University Press, 1999).
41. Ray Kurzweil, The Age of Spiritual Machines: When Computers Exceed Human Intelligence (London, Penguin Books, 2000).
42. Bununla ilgili bir eleştiri için bakınız Colin McGinn, "Hello HAL," The New York Times Book Review, January 3, 1999.
43. Bu konuda bakınız Wright (2000), s. 306-308.
44. A.g.e., s. 321-322.
45. Robert J. McShea, Morality and Human Nature: A New Route to Ethical Theory (Philadelphia: Temple University Press, 1990), s. 77.
46. Daniel Dennett Consciousness Explained'de şu tuhaf ifadeyi kullanır: "Ama diyebilirsiniz ki, bir yaratığın arzuları bilinçli arzular olmadığı takdirde neden önem taşısınlar ki? Size şu yanıtı veririm: Söz konusu olan bilinçli arzular olsa ne farkeder-özellikle de bilinç bazılarının düşündüğü gibi sonsuza dek keşfedilmeden kalacak olan bir özellikse. Bir 'zombinin' yıkılan hayalleri neden bilinçli bir insanın yıkılan hayallerinden daha az önemli olsun? Burada hemen açığa çıkartılıp ortadan kaldırılması gereken yanıltıcı bir durum var. Diyorsunun ki, asıl önemli olan bilinçtir ama sonra da bunun neden önemli olduğuna ilişkin araştırmada aşama kaydetmemizi sistematik olarak engelleyen doktrinlere sıkı sıkı yapışıp duruyorsunuz" (s. 450). Dennett'ın sorusu daha da açık olan başka bir soruyu kaçırır: Dünyada hangi insan, o zombiden araçsal yarar sağlayabileceği durumlar dışında, bir zombinin hayallerini yıkıp yıkmadığına önem verir ki?
47. Jared Diamond, The Third Chimpanzee (New York: HarperCollins, 1992), s. 23.
48. Us ve duygu arasındaki ikilik, diğer bir deyişle bu ikisinin birbirinden bütünüyle farklı ve ayrılabilir zihinsel nitelikler olduğu şeklindeki düşüncenin kökleri Descartes'a kadar uzanır (bakınız The Passions of the Soul, Article 47). Bu ikiye bölünme o günden bu yana geniş bir kabul görmüş olmakla birlikte birçok yönden yanıltıcıdır. Bir nöröfizyolog olan Antonio Damasio, insana özgü usa vurumun her zaman için kendisinin bedensel belirteçler olarak adlandırdığı ve zihnin belirli bir sorun üzerinde düşünme aşamasında bazı düşünce veya seçeneklere iliştirdiği, çok çeşitli hesaplamaları hızlandıran duygulara dikkati çeker. Antonio R. Damasio, Descartes' Error: Emotion, Reason, and the Human Brain (New York: Putnam, 1994).
49. Bu demektir ki, ahlaki seçimin, doğal duyguları kapatan veya bastıran saf zihinsel bir eylem olduğu şeklindeki Kantçı düşünce, aslında insanların yaptıkları ahlaki seçimlerin mekanizmasını yansıtmaktan uzaktır, İnsanlar daha çok, duygulardan oluşan bir küme ile başka bir duygu kümesi arasında denge kurar ve alışkanlık yoluyla iyi ahlaki seçimlerden duyulan hazzı artırmak yoluyla kişiliklerini geliştirirler.

10. BÖLÜM: BİYOTEKNOLOJİNİN POLİTİK DENETİMİ

1. Kamu görevlilerinin kişisel çıkarları olması, aslında Kamuoyu Seçimi adlı okulun çıkış noktasıdır. Bakınız James M. Buchanan ve Gordon Tullock, The Calculus of Consent: Logical Foundations of Constitutional Democracy (Ann Arbor, Mich.: University of Michigan Press, 1962); ve Jack High ve Clayton A. Coppin, The Politics of Purity: Harvey Washington Wiley and the Origins of Federal Food Policy (Ann Arbor, Mich.: University of Michigan Press, 1999).
2. Alıntının yer aldığı yapıt için, bakınız Gregory Stock ve John Campbell, eds., Engineering the Human Germline: An Exploration of the Science and Ethics of Altering the Genes We Pass to Our Children (New York: Oxford University Press, 2000), s.78.
3. Devletin ailevi konulara hangi noktada meşru olarak müdahale edebileceğine ilişkin genel bir kuram için, bakınız Gary S. Becker, "The Family and the State", Journal of Law and Economics 31(1988): 1-18. Becker devletin yalnızca çocukların çıkarlarının yeterince temsil edilmediği durumlarda müdahalede bulunmasının doğru olduğunu savunur; kopyalama da böyle bir durumdur.
4. Bu tür bir düşünce tarzından dolayı ben kendim de suçluyum. Bakınız Francis Fukuyama, Caroline Wagner, vd., Information and Biological Revolutions: Global Governance Challenges-A Summary of a Study Group (Santa Monica, Calif.: Rand MR-1139- DARPA, 1999).
5. Örneğin bakınız P.M.S. Blackett, Fear, War and the Bomb (New York: McGraw-Hill, 1948).
6. Etel Solingen, "The Political Economy of Nuclear Restraint," International Security 19 (1994): 126-169.
7. Frans de Waal, The Ape and the Sushi Master (New York: Basic Books, 2001), s. 116.
8. İlaçların ulus-devlet düzeyinde ve karşılıklı anlaşmaya dayanan bir prosedür dahilinde hükümetler tarafından onaylanması da mümkündür.
9. Bryan L. Walser, "Shared Technical Decisionmaking and the Disaggregation of Sovereignty," Tulane Law Review 72 (1998): 1597-1697.

11. BÖLÜM: BİYOTEKNOLOJİ GÜNÜMÜZDE NASIL DÜZENLENMİŞTİR?

1. Kurt Eichenwald, "Redesigning Nature: Hard Lessons Learned; Biotechnology Food: From the Lab to a Debacle," The New York Times, January 25, 2001, s. A1.

2. Donald L. Uchtmann ve Gerald C. Nelson, "US Regulatory Oversight of Agricultural and Food-Related Biotechnology," American Behavioral Scientist 44 (2000): 350-377.
3. Uchtmann ve Nelson (2000), ve Sarah A. Taylor, "FDA Approval Process Ensures Biotech Safety," Journal of the American Dietetic Association 100, no. 10 (2000): 3.
4. Herşeye rağmen, biyoteknolojinin aşırı bir düzenlemeye tabi olmasına, özellikle Çevre Koruma Dairesi'ne karşı yöneltilen eleştiriler vardır. Bakınız Henry I. Miller, "A Need to Reinvent Biotechnology Regulation at the EPA," Science 266 (1994): 1815-1819.
5. Alan McHughen, Pandora's Picnic Basket: The Potential and Hazards of Genetically Modified Foods (Oxford: Oxford University Press, 2000), s. 149-152.
6. Lee Ann Patterson, "Biotecnology Policy: Regulating Risks and Risking Regulation," in Helan Wallace ve William Wallace, eds., Policy-Making in the European Union (Oxford and New York: Oxford University Press, 2000), s. 321-323.
7. Teknik olarak, Avrupa'da genetik olarak değiştirilmiş bir organizma pazarlamak isteyen bir ithalatçı, öncelikle ürünün ilk olarak ithal edileceği üye ülkedeki uzman yetkeye başvurmalıdır. Bu üye ülke onay verirse ilgili bililer Brüksel'deki komisyona iletilmekte oradan da tüm üye ülkelere görüş bildirmeleri için aktarılmaktadır. Eğer hiçbir üye ülke karşı çıkmazsa ürün, tüm AB içinde pazarlanabilir. 1997'de Avusturya ve Lüksemburg haşerelere dirençli mısır ithalatına ve yetiştirilmesine yasaklama başlattığında komisyon bu kararlarından vazgeçmelerini istemişti. Bakınız Ruth MacKenzie ve Silvia Francescon, " The Regulation of Genetically Modified Foods in the European Union: An Overview," N.Y.U. Enviromental Law Journal 8 (2000): 530 - 554.
8. Margaret R.Grossman ve A.Bryan, " Regulation of Genetically Modified Organisms in the European Union," American Behavioral Scientist 44 (2000) 378 - 434; ve Marsha Echols, " Food Safety Regulation in the EU and the US: Different Cultures, Different Laws, " Columbian Journal of European Law 23 (1998): 525- 543.
9. Bakınız MacKenzie ve Francescon (2000). Ayrıca bakınız Jonathan H. Adler, "More Sorry Than Safe: Assessing the Precautionary Principle and the Proposed International Biosafety Protocol," Texas International Law Journal 35, no.2 (2000): 173-206.
10. Patterson, Wallace and Wallace (2000) içinde, s. 324-328.
11. Dünya Ticaret Örgütü, Trading into the Future, 2d., ed., rev.(Lausanne: World Trade Organization 1999), s. 19.

12. Lewis Rosman, "Public Participation in International Pesticide Regulation: When the Codex Commission Decides," Virginia Environmental Law Journal 12 (1993): 329.

13. Aarti Gupta, "Governing Trade in Genetically Modified Organisms: The Cartagena Protocol on Biosafety," Environment 42 (2000): 22-27.

14. Kal Raustiala ve David Victor, "Biodiversity since Rio: The Future of the Convention on Biological Diversity," Environment 38 (1996): 16-30.

15. Robert Paarlberg," The Global Food Fight," Foreign Affairs 79 (2000): 24-38; ve Nuffield Council on Bioethics, Genetically Modified Crops: The Ethical and Social Issues (London: Nuffield Council on Bioethics, 1999).

16. Henry I. Miller ve Gregory Conko, " The Science of Biotechnology Meets the Politics of Global Regulation," Issues in Science and Technology 17 (2000): 47-54.

17. Henry I. Miller, "A Rational Approach to Labeling Biotech-Derived Foods," Science 284 (1999): 1471-1472; ve Alexander G. Haslberger, "Monitoring and Labeling for Genectically Modified Products," Science 287 (2000): 431-432.

18. Michelle D. Miller, "The Informed-Consent Policy of the International Conference on Harmonization of Technical Requirements for Registration of Pharmaceuticals for Human Use: Knowledge Is the Best Medicine," Cornell International Law Journal 30 (1997) 203-244.

19. Paul M. McNeill, The Ethics and Politics of Human Experimentation (Cambridge: Cambridge University Press, 1993), s. 54-55.

20. A.g.e., s. 57, 61.

21. A.g.e., s. 62-63.

22. National Bioethics Advisory Commission, Ethical and Policy Issues in Research Involving Human Participants, Final Recommendations (Rockville, Md.: 2001).

Bakınız http://bioethics.gov/press/finalrecomm5-18.html.

23. Michele D. Miller (1997); McNeill (1993), s. 42-43.

24. Bu konuda standart bir çalışma için bakınız, Robert Jay Lifton. The Nazi Doctors: Medical Killing and the Psychology of Genocide (New York: Basic Books, 1986)

25. Tersi daha yaygın olsa da, Nuremberg Kanunnamesi ulusal uygulamaların, uluslar arası yasalarca yönlendirildiği bir durumdur. Örneğin Amerikan Tıp Birliği, Nuremberg Kanunnamesinin benimsenmesinden önce insanlar üzerindeki tıbbi deneylere ilişkin kendi kurallarını belirlememişti. Michele D.Miller (1997), s. 211.

26. McNeill (1993), s. 44-46.

12. BÖLÜM: GELECEĞE YÖNELİK POLİTİKALAR

1. David Firn, " Biotech Industry Plays Down UK Cloning Ruling," Financial Times, November 15, 2001.
2. Noelle Lenoir, " Europe Confronts the Embryonic Stem Cell Research Challenge," Science 287 (2000): 1425-1426; ve Rory Watson, "EU Institutions Divided on Therapeutic Cloning," British Medical Journal 321 (2000): 658.
3. Sherylynn Fiandaca, "In Vitro Fertilization and Embryos: The Need for International Guidelines," Albany Law Journal of Science and Technology 8 (1998): 337-404.
4. Dorothy Nelkin ve Emily Marden,"Cloning: A Business without Regulation," Hofstra Law Review 27 (1999): 569-578.
5. Bu durumun en bütünlüklü açıklaması için bakınız, Leon Kass, "Preventing a Brave New World: Why We Should Ban Cloning Now," The New Republic, May 21, 2001, s.30-39; ayrıca bakınız Sophia Kolemainen, "Human Cloning: Brave New Mistake," Hofstra Law Review 27 (1999): 557-568: ve Vernon J. Ehlers, "The Case Against Human Cloning," Hofstra Law Review 27 (1999) 523-532; Dena S. Davis, "Religious Attitudes towards Cloning: A Tale of Two Creatures," Hofstra Law Review 27 (1999): 569-578; Leon Eisenberg, "Would Cloned Human Beings Really Be Like Sheep?," New England Journal of Medicine 340 (1999): 471-475 Eric A. Posner ve Richard A. Posner, "The Demand for Human Cloning, Hofstra Law Review 27 (1999): 579-608; ve Harold T. Shapiro, "Ethical and Policy Issues of Human Cloning," Science 277 (1997): 195-197. Farklı bakış açıları için, bakınız Glenn McGee, The Human Cloning Debate (Berkeley, Calif.: Berkeley Hills Books, 1998)
6. Ayrıca bakınız Francis Fukuyama, "Testimony Before the Subcommittee on Health, Committee on Energy and Commerce, Regarding H.R. 1644, "The Human Cloning Prohibition Act of 2001,' ve H.R. 2172, "The Cloning Prohibition Act of 2001,' "June 20,2001.
7. Michel Foucault, Madness and Civilization: A History of Insanity in the Age of Reason (New York: Pantheon Books 1965).
8. Genetech adlı biyoteknoloji firması, kısa olmakla beraber hormon eksikliği bulunmayan çocuklara da büyüme hormonu verilmesini sağlayacak girişimlerinden dolayı suçlanmıştı. Bakınız Tom Wilke, Perilous Knowledge: The Human Genome Project and Its Implications (Berkeley and Los Angeles: University of California Press, 1993), s. 136-139.
9. Lee M. Silver, Remaking Eden: Cloning and Beyond in a Brave New World (New York: Avon, 1998), s. 268.
10. Leon Kass, Toward a More Natural Science: Biology and Human Affairs (New York: Free Press, 1985) s. 173.

11. Bu genel başlıkta bakınız, James Q. Wilson, Bureaucracy: What Government Agencies Do and Why They Do It (New York: Basic Books, 1989).
12. Eugene Russo, " Reconsidering Asilomar," The Scientist 14 (April 3, 2000): 15-21; ve Marcia Barinaga, "Asilomar Revisited: Lessons for Today?" Science 287 (March 3, 2000): 1584-1585.
13. Stuart Auchincloss, " Does Genetic Engineering Need Genetic Engineers?," Boston College Environmental Affairs Law Review 20 (1993): 37-64.
14. Kurt Eichenwald, " Redesigning Nature: Hard Lessons Learned; Biotechnology Food: From the Lab to a Debacle, " The New York Times, January 25, 2001, s. A1.

KAYNAKÇA

Ackerman, Bruce. *Social Justice in the Liberal State.* New Haven, Conn.: Yale University Press, 1980.

Adams, Mark B. *The Wellborn Science: Eugenics in Germany, France, Brazil, and Russia.* New York and Oxford: Oxford University Press, 1990.

Adler, Jonathan H. "More Sorry Than Safe: Assessing the Precautionary Principle and the Proposed International Biosafety Protocol." *Texas International Law Journal* 35, no. 2 (2000): 173-206.

Alexander, Brian. "(You)2." *Wired*, February 2001: 122-135.

Alexander, Richard D. *How Did Humans Evolve? Reflections on the Uniquely Unique Species.* Ann Arbor, Mich.: Museum of Zoology, University of Michigan, 1990. Aristotle. *Nicomachean Ethics.*

——. *Politics.*

Arnhart, Larry. *Darwinian Natural Right: The Biological Ethics of Human Nature.* AIbany, N.Y.: State University of New York Press, 1998.

——. "Defending Darwinian Natural Right." *Interpretation* 27 (2000): 263-277.

Auchincloss, Stuart. "Does Genetic Engineering Need Genetic Engineers?" *Boston College Environmental Affairs Law Review* 20 (1993): 37-64.

Bacon, Sir Francis. *The Great Instauration and the Novum Organum.* Kila, Mont.: Kessinger Publishing LLC, 1997.

Banks, Dwayne A., and Michael Fossel. "Telomeres, Cancer, and Aging: Altering the Human Life Span." *Journal of the American Medical Association* 278 (1997): 1345-1348.

Barinaga, Marcia. "Asilomar Revisited: Lessons for Today?" *Science* 287 (March 3, 2000): 1584-1585.

Becker, Gary S. "Crime and Punishment: An Economic Approach." *Journal of Political Economy* 76 (1968): 169-217.

Beutler, Larry E. "Prozac and Placebo: There's a Pony in There Somewhere." *Prevention and Treatment* I (1998).

Blackett, P.M.S. *Fear, War, and the Bomb.* New York: McGraw-Hill, 1948.

Blank, Robert H., and Masako N. Darrough. *Biological Differences and Social Equality: Implications for Social Policy.* Westport, Conn.: Greenwood Press, 1983.

Bloom, Allan. *The Closing of the American Mind.* New York: Simon and Schuster, 1990.

——. *Giants and Dwarfs: Essays* 1960-1990. NewYork: Simon and Schuster, 1987.

Bonn, Dorothy. "Debate on ADHD Prevalence and Treatment Continues." *The Lancet* 354, issue 9196 (1999): 2139.

Bonner, John Tyler. *The Evolution of Culture in Animals.* Princeton, N.J.: Princeton University Press, 1980.

Bouchard, Thomas J., Jr., David T. Kykken, et al. "Sources of Human Psychological Differences: The Minnesota Study of Twins Reared Apart." *Science* 226 (1990): 223-250.

Breggin, Peter R., and Ginger Ross Breggin. *Talking Back to Prozac: What Doctors Won't Tell You About Today's Most Controversial Drug.* New York: St. Martin's Press, 1994.

Brigham, Carl C. A *Study of American Intelligence.* Princeton, N.J.: Princeton University Press, 1923.

Broberg, Gunnar, and Nils Roll-Hansen. *Eugenics and the Welfare State: Sterilization Policy in Denmark, Sweden, Norway, and Finland. East Lansing,* Mich.: Michigan State University Press, 1996.

Brown, Donald. *Human Universals.* Philadelphia: Temple University Press, 1991.

Brown, Kathryn. "The Human Genome Business Today." *Scientific American* 283, no. 1 (July 2000): 50-55.

Brunner, H. G. "Abnormal Behavior Associated with a Point Mutation in the Structural Gene for Monoamine Oxidase A." *Science* 262 (1993): 578-580.

Buchanan, Allen, Norman Daniels, et al. *From Chance to Choice: Genetics and Justice.* New York and Cambridge: Cambridge University Press, 2000.

Buchanan, James M., and Gordon Tullock. *The Calculus of Consent: Logical Foundations of Constitutional Democracy.* Ann Arbor, Mich.: University of Michigan Press, 1962.

Byne, William. "The Biological Evidence Challenged." *Scientific American* 270, no. 5 (1994): 50-55.

Cavalli-Sforza, Luigi Luca. *Genes, Peoples, and Languages.* New York: North Point Press, 2000.

Cavalli-Sforza, Luigi Luca, and Francesco Cavalli-Sforza. *The Great Human Diasporas: The History of Diversity and Evolution.* Reading, Mass.: Addison-Wesley, 1995.

Chadwick, Ruth F., ed. *Ethics, Reproduction, and Genetic Control.* Rev. ed. London and New York: Routledge, 1992.

Cloninger, C., and M. Bohman, et al. "Inheritance of Alcohol Abuse: Crossfostering Analysis of Alcoholic Men." *Archives of General Psychiatry* 38 (1981): 861-868.

Coale, Ansley J., and Judith Banister. "Five Decades of Missing Females in China." *Demography* 31 (1994): 459-479.

Colapinto, John. *As Nature Made Him: The Boy Who Was Raised As a Girl.* New York: HarperCollins, 2000.

Conover, Pamela J., and Virginia Sapiro. "Gender, Feminist Consciousness, and War." *American Journal of Political Science* 37 (1993): I079-1099.

Cook-Degan, Robert. *The Gene Wars: Science, Politics, and the Human Genome.* New York: W. W. Norton, 1994.

Correa, Juan de Dios Vial, and S. E. Mons. Elio Sgreccia. *Declaration on the Production and the Scientific and Therapeutic Use of Human Embryonic Stem Cells.* Rome: Pontifical Academy for Life, 2000.

Council of Europe. *Medically Assisted Procreation and the Protection of the Human Embryo: Comparative Study of 39 States.* Strasbourg: Council of Europe, I997.

——. "On the Prohibiting of Cloning Human Beings." Draft Additional Protocol to the Convention on Human Rights and Biomedicine, Doc. 7884 (July 16, I997).

Cranor, Carl F., ed. *Are Genes Us?: Social Conseyuences of the New Genetics.* New Brunswick, N.J.: Rutgers University Press, 1994.

Croll, Elisabeth. *Endangered Daughters: Discrimination and Development in Asia.* London: Routledge, 2001.

Daly, Martin, and Margo Wilson. *Homicide.* New York: Aldine de Gruyter, 1988.

Damasio, Antonio R. *Descartes' Error: Emotion, Reason, and the Human Brain.* New York: Putnam, 1994.

David, Henry P., Jochen Fleischhacker, et al. "Abortion and Eugenics in Nazi Germany." *Population and Development Review* 14 (1988): 81-112.

Davies, Kevin. *Cracking the Genome: Inside the Race to Unlock Human DNA.* New York: Free Press, 2001.

Davis, Dena S. "Religious Attitudes towards Cloning: A Tale of Two Creatures." *Hofstra Law Review* 27 (1999): 569-578.

Dennett, Daniel C. *Consciousness Explained.* Boston: Little, Brown, 1991.

——. *Darwin's Dangerous Idea: Evolution and the Meanings of Life.* New York: Simon and Schuster, 1995.

Devine, Kate. "NIH Lifts Stem Cell Funding Ban, Issues Guidelines." *The Scientist* 14, no. 18 (2000): 8.

Devlin, Bernie, et al., eds. *Intelligence, Genes, and Success: Scientists Respond to the Bell Curve.* New York: Springer, 1997.

de Waal, Frans. *The Ape and the Sushi Master.* New York: Basic Books, 2001.

——. *Chimpanzee Politics: Power and Sex among Apes.* Baltimore: Johns Hopkins University Press, 1989.

——. "The End of Nature versus Nurture." *Scientific American* 28I (1999): 56-6I.

Diamond, Jared. *The Third Chimpanzee.* New York: HarperCollins, 1992.

Dikötter, Frank. *Imperfect Conceptions: Medical Knowledge, Birth Defects and Eugenics in China.* New York: Columbia University Press, 1998.

——. "Throw-Away Babies: The Growth of Eugenics Policies and Practices in China." *The Times Literary Supplement,* January 12, 1996, pp. 4-5.

Diller, Lawrence H. *Running on Ritalin.* New York: Bantam Books, 1998.

——. "The Run on Ritalin: Attention Deficit Disorder and Stimulant Treatment in the 1990s." *Hasting Center Report* 26 (1996): 12-18.

Duster, Troy. *Backdoor to Eugenics.* New York: Routledge, 1990.

Dworkin, Ronald M. *Life's Dominion: An Argument about Abortion, Euthanasia, and Individual Freedom.* New York: Vintage Books, 1994.

——. *Sovereign Virtue: The Theory and Practice of Equality.* Cambridge, Mass.: Harvard University Press, 2000.

Eagley, Alice H. "The Science and Politics of Comparing Women and Men." *American Psychologist* 50 (1995): 145-158.

Eberstadt, Mary "Why Ritalin Rules." *Policy Review,* April-May I999, 24-44.

Eberstadt, Nicholas. "Asia Tomorrow, Gray and Male." *The National Interest* 53 (1998): 56-65.

——. "World Population Implosion?" Public Interest, no. 126 (February 1997) 3-22.

Echols, Marsha. "Food Safety Regulation in the EU and the US: Different Cultures, Different Laws." *Columbia Journal of European Law* 23 (1998): 525-543.

Ehlers, Vernon J. "The Case Against Human Cloning." *Hofstra Law Review* 27 (1999): 523-532.

Ehrlich, Paul. *Human Natures: Genes, Cultures, and the Human Prospect.* Washington, D.C./Covelo, Calif.: Island Press/Shearwater Books, 2000.

Eichenwald, Kurt. "Redesigning Nature: Hard Lessons Learned; Biotechnology Food: From the Lab to a Debacle." *The New York Times,* January 25, 2001, p. A1.

Eisenberg, Leon. "The Human Nature of Human Nature." *Science* 176 (1972): 123-128.

——. "Would Cloned Human Beings Really Be Like Sheep?" *New England Journal of Medicine* 340 (1999): 471-475.

Ezzell, Carol. "Beyond the Human Genome." *Scientific American* 283, no. 1 (July 2000): 64-69.

Farmer, Anne, and Michael J. Owen. "Genomics: The Next Psychiatric Revolution?" *British Journal of Psychiatry* 169 (1996): 135-138.

Fears, Robin, Derek Roberts, et al. "Rational or Rationed Medicine? The Promise of Genetics for Improved Clinical Practice." *British Medical Journal* 320 (2000): 933-935.

Fiandaca, Sherylynn. "In Vitro Fertilization and Embryos: The Need for International Guidelines." *Albany Law Journal of Science and Technology* 8 (1998): 337-404.

Finch, Caleb E., and Rudolph E. Tanzi. "Genetics of Aging." *Science* 278 (1997): 407-411.

Fischer, Claude S., et al. *Inequality by Design: Cracking the Bell Curve Myth.* Princeton, N.J.: Princeton University Press, 1996.

Fisher, Seymour, and Roger P. Greenberg. "Prescriptions for Happiness?" *Psychology Today* 28 (1995): 32-38.

Fletcher, R. "Intelligence, Equality, Character, and Education." *Intelligence* 15 (1991): 139-149.

Flynn, James Robert. "Massive IQ Gains in 14 Nations: What IQ Tests Really Measure." *Psychological Bulletin* 101 (1987): 171-191.

——. "The Mean IQ of Americans: Massive Gains 1932-1978." *Psychological Bulletin* 95 (1984): 29-51.

Foucault, Michel. *Madness and Civilization: A History of Insanity in the Age of Reason.* New York: Pantheon Books, 1965.

Fourastié, Jean. "De la vie traditionelle à la vie tertiaire." *Population* 14 (1963): 417-432.

Fox, Robin. "Human Nature and Human Rights." *The National Interest,* no. 62 (Winter 2000/01): 77-86.

Frank, Robert H. *Choosing the Right Pond: Human Behavior and the Quest for Status.* Oxford: Oxford University Press, 1985.

Frankel, Mark S., and Audrey R. Chapman. *Human Inheritable Genetic Modifications: Assessing Scientific, Ethical, Religious, and Policy Issues.* Washington, D.C.: American Association for the Advancement of Science, 2000.

Friedrich, M. J. "Debating Pros and Cons of Stem Cell Research." *Journal of the American Medical Association* 284, no. 6 (2000): 681-684.

Fukuyama, Francis. *The End of History and the Last Man.* New York: Free Press, 1992.

——. *The Great Disruption: Human Nature and the Reconstitution of Social Order.* New York: Free Press, 1999.

——. "Is It All in the Genes?" *Commentary* 104 (September 1997): 30-35.

——. "The March of Equality" *Journal of Democracy* 11 (2000): 11-17.

——. "Second Thoughts: The Last Man in a Bottle." *The National Interest,* no. 56 (Summer 1999): 16-33.

——. "Testimony Before the Subcommittee on Health, Committee on Energy and Commerce, Regarding H.R. 1644, 'The Human Cloning Prohibition Act of 2001,' and H.R. 2172, 'The Cloning Prohibition Act of 2001.'" June 20, 2001.

——. "Women and the Evolution of World Politics." *Foreign Affairs* 77 (1998): 24-40.

Fukuyama, Francis, Caroline Wagner, et al. *Information and Biological Revolutions: Global Governance Challenges-A Summary of a Study Group.* Santa Monica, Calif.: Rand MR-1139-DARPA, 1999.

Galston, William A. "Defending Liberalism." *American Political Science Review* 76 (1982): 621-629.

——. "Liberal Virtues." *American Political Science Review* 82, no. 4 (December 1988): 1277-1290.

Galton, Francis. *Hereditary Genius: An Inquiry into Its Laws and Consequences.* New York: Appleton, 1869.

Gardner, Howard. *Frames of Mind: The Theory of Multiple Intelligences.* New York: Basic Books, 1983.

——. *Multiple Intelligences: The Theory in Practice.* New York: Basic Books, 1993.

Glenmullen, Joseph. *Prozac Backlash: Overcoming the Dangers of Prozac, Zoloft, Paxil, and Other Antidepressants with Safe, Effective Alternatives.* New York: Simon and Schuster, 2000.

Glueck, Sheldon, and Eleanor Glueck. *Delinquency and Nondelinquency in Perspective.* Cambridge, Mass.: Harvard University Press, 1968.

Goldberg, Andrew, and Christophe Boesch. "The Cultures of Chimpanzees." *Scientific American* 284 (2001): 60-67.

Gould, Stephen Jay *The Mismeasure of Man.* New York: W. W. Norton, 1981.

Gould, Stephen Jay, and R. C. Lewontin. "The Spandrels of San Marco and the Panglossian Paradigm: A Critique of the Adaptionist Programme." *Proceedings of the Royal Society of London* 205 (1979): 81-98.

Grant, Madison. *The Passing of the Great Race; or, the Racial Basis of European History* 4th ed., rev. New York: Charles Scribner's Sons, 1921.

Gross, Gabriel S. "Federally Funding Human Embryonic Stem Cell Research: An Administrative Analysis." *Wisconsin Law Review* 2000, no. 4 (2000): 855-884.

Grossman, Margaret R., and A. Bryan. "Regulation of Genetically Modified Organisms in the European Union." *American Behavioral Scientist* 44 (2000): 378-434.

Gupta, Aarti. "Governing Trade in Genetically Modified Organisms: The Cartagena Protocol on Biosafety" *Environment* 42 (2000): 22-27.

Guttentag, Marcia, and Paul F. Secord. *Too Many Women? The Sex Ratio Question.* Newbury Park, Calif.: Sage Publications, 1983.

Habermas, Jurgen. "Nicht die Natur verbietet das Klonen. Wir müssen selbst entscheiden. Eine Replik auf Dieter E. Zimmer." *Die Zeit,* no. 9, February 19, 1998.

Haller, Mark H. *Eugenics: Hereditarian Attitudes in American Thought.* New Brunswick, N.J.: Rutgers University Press, 1963.

Hallowell, Edward M., and John J. Ratey *Driven to Distraction: Recognizing and Coping with Attention Deficit Disorder from Childhood Through Adulthood.* New York: Simon and Schuster, 1994.

Hamer, Dean. "A Linkage Between DNA Markers on the X Chromosome and Male Sexual Orientation." *Science* 261 (1993): 321-327.

Hanchett, Doug. "Ritalin Speeds Way to Campuses–College Kids Using Drug to Study, Party" *Boston Herald,* May 21, 2000, p. 8.

Haslberger, Alexander G. "Monitoring and Labeling for Genetically Modified Products." *Science* 287 (2000): 43I-432.

Hassing, Richard F. "Darwinian Natural Right?" *Interpretation* 27 (2000): 129-160.

——. ed. *Final Causality in Nature and Human Affairs.* Washington, D.C.: Catholic University Press, 1997.

Heidegger, Martin. *Basic Writings.* New York: Harper and Row, 1957.

High, Jack, and Clayton A. Coppin. *The Politics of Purity: Harvey Washington Wiley and the Origins of Federal Food Policy.* Ann Arbor, Mich.: University of Michigan Press, 1999.

Hirschi, Travis, and Michael Gottfredson. *A General Tkeory of Crime.* Stanford, Calif.: Stanford University Press, 1999.

Howard, Ken. "The Bioinformatics Gold Rush." *Scientific American* 283, no. 1 (July 2000): 58-63.

Hrdy; Sarah B., and Glenn Hausfater. *Infanticide: Comparative ancl Evolutionary Perspectives.* New York: Aldine Publishing, 1984.

Hubbard, Ruth. *The Politics of Women's Biology.* New Brunswick, N.J.: Rutgers University Press, 1990.

Huber, Peter. *Orwell's Revenge: The 1984 Palimpsest.* NewYork: Free Press, 1994.

Hull, Terence H. "Recent Trends in Sex Ratios at Birth in China." *Population and Development Review* 16 (1990): 63-83.

Hume, David. A *Treatise of Human Nature.* London: Penguin Books, 1985.

Huxley, Aldous. *Brave New World.* New York: Perennial Classics, 1998.

Ikle, Fred Charles. "The Deconstruction of Death." *The National Interest,* no. 62 (Winter 2000/01): 87-96.

Jazwinski, S. Michal. "Longevity, Genes, and Aging." *Science* 273 (1996): 54-59.

Jefferson, Thomas. *The Life and Selected Writings of Thomas Jefferson.* New York: Modern Library, 1944.

Jencks, Christopher, and Meredith Phillips. *The Black-White Test Score Gap.* Washington, D.C.: Brookings Institution Press, 1998.

Jensen, Arthur R. "How Much Can We Boost IQ and Scholastic Achievement?" *Harvard Educational Review* 39 (1969): 1-123.

John Paul II. "Message to the Pontifical Academy of Sciences." October 22, 1996.

Joy Bill. "Why the Future Doesn't Need Us." *Wired* 8 (2000): 238-246.

Joynson, Robert B. *The Burt Affair.* London: Routledge, 1989.

Juengst, Eric, and Michael Fossel. "The Ethics of Embryonic Stem Cells-Now and Forever, Cells Without End." *Journal of the American Medical Association* 284 (2000): 3180-3184.

Kamin, Leon. *The Science and Politics of IQ.* Potomac, Md.: L. Erlbaum Associates, 1974.

Kant, Immanuel. *Foundations of the Metaphysics of Morals.* Trans. Lewis White Beck. Indianapolis: Bobbs-Merrill, 1959.

Kass, Leon. "The Moral Meaning of Genetic Technology," *Commentary* 108 (1999): 32-38.

Kass, Leon. "Preventing a Brave New World: Why We Should Ban Cloning Now." *The New Republic,* May 21, 2001, pp. 30-39.

——. *Toward a More Natural Science: Biology and Human Affairs.* New York: Free Press, 1985.

Kevles, Daniel T., and Leroy Hood, eds. *The Code of Codes: Scientific and Social Issues in the Human Genome Project.* Cambridge, Mass.: Harvard University Press, 1992.

Kirkwood, Tom. *Time of Our Lives: Why Ageing Is Neither Inevitable nor Necessary* London: Phoenix, 1999.

Kirsch, Irving, and Guy Sapirstein. "Listening to Prozac but Hearing Placebo: A Meta-Analysis of Antidepressant Medication." *Prevention and Treatment* 1 (1998).

Klam, Matthew. "Experiencing Ecstasy." *The New York Times Magazine,* January 21, 2001 .

Kolata, Gina. *Clone: The Road to Dolly and the Path Ahead.* New York: William Morrow, 1998.

——. "Genetic Defects Detected In Embryos Just Days Old." The New York Times, September 24, 1992, p. A1.

Kolehmainen, Sophia. "Human Cloning: Brave New Mistake." *Hofstra Law Review* 27 (1999): 557-568.

Koplewicz, Harold S. *It's Nobody's Fault: New Hope and Help for Difficult Children and Their Parents.* New York: Times Books, 1997.

Kramer, Hilton, and Roger Kimball, eds. *The Betrayal of Liberalism: How the Disciples of Freedom and Equality Helped Foster the Illiberal Politics of Coercion and Control.* Chicago: Ivan R. Dee, 1999.

Kramer, Peter D. *Listening to Prozac.* NewYork: Penguin Books, 1993.

Krauthammer, Charles. "Why Pro-Lifers Are Missing the Point: The Debate over Fetal-Tissue Research Overlooks the Big Issue." *Time,* February 12, 2001, p. 60.

Kurzweil, Ray *The Age of Spiritual Machines: When Computers Exceed Human Intelligence.* London: Penguin Books, 2000.

Lee, Cheol-Koo, Roger G. Klopp, et al. "Gene Expression Profile of Aging and Its Retardation by Caloric Restriction." *Science* 285 (1999): 1390-1393.

Lemann, Nicholas. *The Big Test: The Secret History of the American Meritocracy.* New York: Farrar, Straus and Giroux, 1999.

Lenoir, Noelle. "Europe Confronts the Embryonic Stem Cell Research Challenge." *Science* 287 (2000): 1425-1426.

LeVay, Simon. "A Difference in Hypothalamic Structure Between Heterosexual and Homosexual Men. *Science* 253 (1991): 1034-1037.

Lewis, Clive Staples. *The Abolition of Man.* New York: Touchstone, 1944.

Lewontin, Richard C. *The Doctrine of DNA: Biology as Ideology* New York: HarperPerennial, 1992.

——. *Inside and Outside: Gene, Environment, and Organism.* Worcester, Mass.: Clark University Press, 1994.

Lewontin, Richard C., Steven Rose, et al. *Not in Our Genes: Biology, Ideology, and Human Nature.* New York: Pantheon Books, 1984.

Lifton, Robert Jay. *The Nazi Doctors: Medical Killing and the Psychology of Genocide.* New York: Basic Books, 1986.

Locke, John. *An Essay Concerning Human Understanding.* Amherst, N.Y: Prometheus Books, 1995.

Luttwak, Edward N. "Toward Post-Heroic Warfare." *Foreign Affairs* 74 (1995): 109-122.

Maccoby, Eleanor E. *The Two Sexes: Growing Up Apart, Coming Together* Cambridge, Mass.: Belknap/Harvard, 1998.

Maccoby, Eleanor E., and Carol N. Jacklin. *Psychology of Sex Differences.* Stanford, Calif.: Stanford University Press, 1974.

Machan, Dyan, and Luisa Kroll. "An Agreeable Affliction." *Forbes,* August 12, 1996, 148.

MacIntyre, Alasdair. "Hume on 'Is' and 'Ought.'" Philosophical Review 68 (1959): 451-468.

MacKenzie, Ruth, and Silvia Francescon. "The Regulation of Genetically Modified Foods in the European Union: An Overview." *N.Y.U. Environmental Law Journal* 8 (2000): 530-554.

Mann, David M.A. "Molecular Biology's Impact on Our Understanding of Aging." *British Medical Journal* 315 (1997): 1078-1082.

Masters, Roger D. *Beyond Relativism: Science and Human Values.* Hanover, N.H.: University Press of New England, 1993.

——. "The Biological Nature of the State." *World Politics* 35 (1983): 161-193.

——. "Evolutionary Biology and Political Theory." *American Political Science Review* 84 (1990): 195-210.

Masters, Roger D., and Margaret Gruter, eds. *The Sense of Justice; Biological Foundations of Law.* Newbury Park, Calif.: Sage Publications, 1992.

Masters, Roger D., and Michael T. McGuire, eds. *The Neurotransmitter Revolution: Serotonin, Social Behavior, and the Law.* Carbondale, Ill.: Southern Illinois University Press, 1994.

Mayr, Ernst. One Long Argument: *Charles Darwin and the Genesis of Modern Evolutionary Thought.* Cambridge, Mass.: Harvard University Press, 1991.

McGee, Glenn. *The Human Cloning Debate.* Berkeley, Calif.: Berkeley Hills Books, 1998.

——. The Perfect Baby: A Pragmatic Approach to Genetics. Lanham, Md.: Rowman and Littlefield, 1997.

McGinn, Colin. "Hello HAL." *The New York Times Book Review,* January 3, 1999.

McHughen, Alan. *Pandora's Picnic Basket: The Potential and Hazards of Genetically Modified Foods.* Oxford: Oxford University Press, 2000.

McNeill, Paul M. *The Ethics and Politics of Human Experimentation.* Cambridge: Cambridge University Press, 1993.

McShea, Robert J. "Human Nature Theory and Political Philosophy" *American Journal of Political Science* 22 (1978): 656-679.

——. *Morality and Human Nature: A New Route to Ethical Theory.* Philadelphia: Temple University Press, 1990.

Mead, Margaret. *Coming of Age in Samoa: A Psychological Study of Primitive Youth for Western Civilization.* NewYork: William Morrow, 1928.

Mednick, Sarnoff, and William Gabrielli. "Genetic Influences in Criminal Convictions: Evidence from an Adoption Cohort." *Science* 224 (1984): 891-894.

Mednick, Sarnoff, and Terrie E. Moffit. *The Causes of Crime: New Biological Approaches.* New York: Cambridge University Press, 1987.

Melzer, Arthur M., et al., eds. *Technology in the Western Political Tradition.* Ithaca, N.Y: Cornell University Press, 1993.

Miller, Barbara D. *The Endangered Sex: Neglect of Female Children in Rural Northern India.* Ithaca and London: Cornell University Press, 1981.

Miller, Henry I. "A Need to Reinvent Biotechnology Regulation at the EPA." *Science* 266 (1994): 1815-1819.

——. "A Rational Approach to Labeling Biotech-Derived Foods." *Science* 284 (1999): 1471-1472.

Miller, Henry L, and Gregory Conko. "The Science of Biotechnology Meets the Politics of Global Regulation." *Issues in Science and Technology* 17 (2000): 47-54.

Miller, Michelle D. "The Informed-Consent Policy of the International Conference on Harmonization of Technical Requirements for Registration of Pharmaceuticals for Human Use: Knowledge Is the Best Medicine." *Cornell International Law Journal* 30 (1997): 203-244.

Moore, G. E. *Principia Ethica.* Cambridge: Cambridge University Press, 1903.

Moravec, Hans P. *Robot: Mere Machine to Transcendent Mind.* New York: Oxford University Press, 1999.

Mosher, Steven. *A Mother's Ordeal: One Woman's Fight against China's One-Child Policy.* New York: Harcourt Brace Jovanovich, 1993.

Munro, Neil. "Brain Politics." *National Journal* 33 (2001): 335-339.

Murray, Charles. "Deeper into the Brain." *National Review* 52 (2000): 46-49.

——. "IQ and Economic Success." *Public Interest* 128 (1997): 21-35.

Murray, Charles, and Richard J. Herrnstein. *The Bell Curve: Intelligence and Class Structure in American Life.* New York: Free Press, 1995.

Muthulakshmi, R. *Female Infanticide: Its Causes and Solutions.* New Delhi: Discovery Publishing House, 1997.

National Bioethics Advisory Commission. *Cloning Human Beings.* Rockville, Md.: National Bioethics Advisory Commission, 1997.

——. *Ethical and Policy Issues in Research Involving Human Participants, Final Recommendations.* Rockville, Md.: National Bioethics Advisory Commission, 2001.

Neisser, Ulric, ed. *The Rising Curve: Long-Term Gains in IQ and Related Measures.* Washington, D.C.: American Psychological Association, 1998.

Neisser, Ulric, Gweneth Boodoo, et al. "Intelligence: Knowns and Unknowns." *American Psychologist* 51 (1996): 77-101.

Nelkin, Dorothy and Emily Marden. "Cloning: A Business without Regulation." *Hofstra Law Review* 27 (1999): 569-578.

Newby, Robert G., and Diane E. Newby "The Bell Curve: Another Chapter in the Continuing Political Economy of Racism." *American Behavioral Scientist* 39 (1995): 12-25.

Nietzsche, Friedrich. *The Portable Nietzsche,* edited by Walter Kaufmann. New York: Viking, 1968.

Norman, Michael. "Living Too Long." *The New York Times Magazine,* January 24, 1996, pp. 36-38.

Nuffield Council on Bioethics. *Genetically Modified Crops: The Ethical and Social Issues.* London, England: Nuffield Council on Bioethics, 1999.

Orwell, George. 1984. New York: Knopf, 1999.

Paarlberg, Robert. "The Global Food Fight." *Foreign Affairs* 79 (2000): 24-38.

Panigrahi, Lalita. *British Social Policy and Female Infanticide in India.* New Delhi: Munshiram Manoharlal, 1972.

Park, Chai Bin. "Preference for Sons, Family Size, and Sex Ratio: An Empirical Study in Korea." *Demography* 20 (1983): 333-352.

Paul, Diane B. *Controlling Human Heredity:* 1865 to the Present. Atlantic Highlands, N.J.: Humanities Press, 1995.

——. "Eugenic Anxieties, Social Realities, and Political Choices." *Social Research* 59 (1992): 663-683.

Pearson, Karl. *National Life from the Standpoint of Science.* 2d ed. Cambridge: Cambridge University Press, 1919.

Pearson, Veronica. "Population Policy and Eugenics in China." *British Journal of Psychiatry* 267 (1995): 1-4.

Piers, Maria W. *Infanticide.* New York: W. W. Norton, 1978.

Pinker, Steven. *How the Mind Works.* New York: W. W. Norton, 1997.

——. *The Language Instinct.* New York: HarperCollins, 1994.

Pinker, Steven, and Paul Bloom. "Natural Language and Natural Selection." *Behavioral and Brain Sciences* 13 (1990): 707-784.

Plato, *The Republic.*

Plomin, Robert. "Genetics and General Cognitive Ability." *Nature* 402 (1999): C25-C44.

Pool, Ithiel de Sola. *Technologies of Freedom.* Cambridge, Mass.: Harvard/Belknap, 1983.

Posner, Eric A., and Richard A. Posner. "The Demand for Human Cloning." *Hofstra Law Review* 27 (1999): 579-608.

Postrel, Virginia I. *The Future and Its Enemies: The Growing Conflict over Creativity, Enterprise, and Progress.* New York: Touchstone Books, 1999.

Rappley, Marsha, Patricia B. Mullan, et al. "Diagnosis of Attention-Deficit/Hyperactivity Disorder and Use of Psychotropic Medication in Very Young Children." *Archives of Pediatrics and Adolescent Medicine* 153 (1999): 1039-1045.

Raustiala, Kal, and David Victor. "Biodiversity since Rio: The Future of the Convention on Biological Diversity." *Environment* 38 (1996): 16-30.

Rawls, John. *A Theory of Justice.* Rev. ed. Cambridge, Mass.: Harvard/Belknap, 1999.

Ridley Matt. *Genome: The Autobiography of a Species in 23 Chapters.* New York: HarperCollins, 2000.

——. *The Red Queen: Sex and the Evolution of Human Nature.* New York: Macmillan, 1993.

Rifkin, Jeremy. *Algeny: A New Word, a New World.* New York: Viking, 1983.

Rifkin, Jeremy, and Ted Howard. *Who Should Play God?* New York: Dell, 1977.

Robertson, John A. *Children of Choice: Freedom and the New Reproductive Technologies.* Princeton, N.J.: Princeton University Press, 1994.

Rose, Michael R. *Evolutionary Biology of Aging.* New York: Oxford University Press, 1991.

——. "Finding the Fountain of Youth." *Technology Review* 95, no. 7 (October 1992): 64-69.

Rosenberg, Alexander. *Darwinism in Philosophy, Social Science, and Policy* Cambridge: Cambridge University Press, 2000.

Rosenthal, Stephen J. "The Pioneer Fund: Financier of Fascist Research." *American Behavioral Scientist* 39 (1995): 44-62.

Rosman, Lewis. "Public Participation in International Pesticide Regulation: When the Codex Commission Decides." *Virginia Environmental Law Journal* 12 (1993): 329.

Roush, Wade. "Conflict Marks Crime Conference; Charges of Racism and Eugenics Exploded at a Controversial Meeting." *Science* 269 (1995): 1808-1809.

Rowe, David. "A Place at the Policy Table: Behavior Genetics and Estimates of Family Environmental Effects on IQ." *Intelligence* 24 (1997): 133-159.

Runge, C. Ford, and Benjamin Senauer. "A Removable Feast." *Foreign Affairs* 79 (2000): 39-51.

Ruse, Michael. "Biological Species: Natural Kinds, Individuals, or What?" *British Journal for the Philosophy of Science* 38 (1987): 225-242.

Ruse, Michael, and David L. Hull, eds. *The Philosophy of Biology* New York: Oxford University Press, 1998.

Ruse, Michael, and Edward O. Wilson. "Moral Philosophy as Applied Science: A Darwinian Approach to the Foundations of Ethics." *Philosophy* 61 (1986): 173-192.

Russo, Eugene. "Reconsidering Asilomar." *The Scientist* 14 (April 3, 2000): 15-21.

Sampson, Robert J., and John H. Laub. *Crime in the Making: Pathways and Turning Points Through Life.* Cambridge, Mass.: Harvard University Press, 1993.

Sandel, Michael J. *Democracy's Discontent: America in Search of a Public Philosophy.* Cambridge, Mass.: Harvard University Press, 1996.

Schlesinger, Arthur M., Jr. *The Cycles of American History.* Boston: Houghton Mifflin, 1986.

Schultz, William F. "Comment on Robin Fox." *The National Interest,* no. 63 (Spring 2001): 124-125.

Searle, John R. *The Mystery of Consciousness.* New York: New York Review Books, 1997.

——. *The Rediscovery of Mind* (Cambridge, Mass.: MIT Press, 1992).

Shapiro, Harold T "Ethical and Policy Issues of Human Cloning." *Science* 277 (1997): 195-197.

Silver, Lee M. *Remaking Eden: Cloning and Beyond in a Brave New World.* New York: Avon, 1998.

Singer, Peter, and Paola Cavalieri. *The Great Ape Project: Equality Beyond Humanity.* New York: St. Martin's Press, 1995.

Singer, Peter, and Helga Kuhse, eds. *Bioethics: An Anthology.* Oxford: Blackwell, 1999.

Singer, Peter, and Susan Reich. *Animal Liberation.* New York: New York Review of Books Press,1990.

Sloan, Phillip R., eds. *Controlling Our Desires: Historical, Philosophical, Ethical, and Theological Perspectives on the Human Genome Project.* Notre Dame, Ind.: University of Notre Dame Press, 2000.

Sloterdijk, Peter. "Regeln für den Menschenpark: Ein Antwortschreiben zum Brief über den Humanismus." *Die Zeit,* no. 38, September 16, 1999.

Solingen, Etel. "The Political Economy of Nuclear Restraint." *International Security* 19 (1994): 126-169.

Spearman, Charles. The Abilities of Man: Their Nature and Their Measurement. New York: Macmillan, 1927.

Stattin, H., and I. Klackenberg-Larsson. "Early Language and Intelligence Development and Their Relationship to Future Criminal Behavior." *Journal of Abnormal Psychology* 102 (1993): 369-378.

Sternberg, Robert J., and Elena L. Grigorenko, eds. *Intelligence, Heredity, and Environment.* Cambridge: Cambridge University Press, 1997.

Stock, Gregory, and John Campbell, eds. *Engineering the Human Germline: An Exploration of the Science and Ethics of Altering the Genes We Pass to Our Children.* New York: Oxford University Press, 2000.

Strauss, William, and Neil Howe. *The Fourth Turning: An American Prophecy* New York: Broadway Books, 1997.

Symons, Donald. *The Evolution of Human Sexuality.* Oxford: Oxford University Press, 1979.

Talbot, Margaret. "A Desire to Duplicate." *The New York Times Magazine,* February 4, 2001, pp. 40-68.

Taylor, Charles. *Sources of the Self: The Making of the Modern Identity.* Cambridge, Mass.: Harvard University Press, 1989.

Taylor, Sarah E. "FDA Approval Process Ensures Biotech Safety." *Journal of the American Dietetic Association* 100, no. 10 (2000): 3.

Tribe, Laurence H. "Second Thoughts on Cloning." *The New York Times,* December 5, 1997.

Trivers, Robert. "The Evolution of Reciprocal Altruism." *Quarterly Review of Biology* 46 (1971): 35-56.

——. *Social Evolution.* Menlo Park, Calif.: Benjamin/Cummings, 1985.

Uchtmann, Donald L., and Gerald C. Nelson. "US Regulatory Oversight of Agricultural and Food-Related Biotechnology." *American Behavioral Scientist* 44 (2000); 350-377.

Varma, Jay K. "Eugenics and Immigration Restriction: Lessons for Tomorrow." *Journal of the American Medical Association* 275 (1996): 734.

Venter, J. Craig, et al. "The Sequence of the Genome." *Science* 291 (2001): 1304-1351.

Wade, Nicholas. "Of Smart Mice and Even Smarter Men." *The New York Times,* September 7, 1999, p. F1.

——. "A Pill to Extend Life? Don't Dismiss the Notion Too Quickly." *The New York Times,* September 22, 2000, p. A20.

——. "Searching for Genes to Slow the Hands of Biological Time." *The New York Times,* September 26, 2000, p. D1.

Wallace, Helen, and William Wallace. *Policy-Making in the European Union.* Oxford and New York: Oxford University Press, 2000.

Walser, Bryan L. "Shared Technical Decisionmaking and the Disaggregation of Sovereignty" *Tulane Law Review* 72 (1998): 1597-1697.

Wasserman, David. "Science and Social Harm: Genetic Research into Crime and Violence." *Report from the Institute for Philosophy and Public Policy* 15 (1995): 14-19.

Watson, Rory. "EU Institutions Divided on Therapeutic Cloning." *British Medical Journal* 321 (2000): 658.

Weir, Robert F., Susan C. Lawrence, et al., eds. *Genes, Humans, and Self Knowledge.* Iowa City: University of Iowa Press, 1994.

Wilke, Tom. *Perilous Knowledge: The Human Genome Project and Its Implications.* Berkeley and Los Angeles: University of California Press, 1993.

Wilmut, Ian, Keith Campbell, and Colin Tudge. *The Second Creation: Dolly and the Age of Biological Control.* New York: Farrar, Straus and Giroux, 2000.

Wilson, David Sloan, and Elliott Sober. "Reviving the Superorganism." *Journal of Theoretical Biology* 136 (1989); 337-356.

Wilson, Edward O. *Consilience: The Unity of Knowledge.* New York: Knopf, 1998.

——. *On Human Nature.* Cambridge, Mass.: Harvard University Press, 1978.

Wilson, Edward O. "Reply to Fukuyama." *The National Interest,* no. 56 (Spring 1999): 35-37.

Wilson, James Q. *Bureaucracy: What Government Agencies Do and Why They Do It.* New York: Basic Books, 1989.

Wilson, James Q. and Richard J. Herrnstein. *Crime and Human Nature.* New York: Simon and Schuster, 1985.

Wingerson, Lois. *Unnatural Selection: The Promise and the Power of Human Gene Research.* New York: Bantam Books, 1998.

Wolfe, Tom. *Hooking Up.* New York: Farrar, Straus and Giroux, 2000.

——. "Sorry, but Your Soul Just Died." *Forbes ASAP,* December 2, 1996.

Wolfson, Adam. "Politics in a Brave New World." *Public Interest* no. 142 (Winter zool): 31-43.

World Trade Organization. *Trading into the Future.* 2d ed., rev Lausanne: World Trade Organization, 1999.

Wrangham, Richard, and Dale Peterson. *Demonic Males: Apes and the Origins of Human Violence.* Boston: Houghton Mifflin, 1996.

Wright, Robert. *Nonzero: The Logic of Human Destiny.* New York: Pantheon, 2000.

Wurtzel, Elizabeth. "Adventures in Ritalin." *The New York Times,* April 1, 2000, p. A15.

——. *Prozac Nation: A Memoir.* New York: Riverhead Books, 1994.

Zito, Julie Magno, Daniel J. Safer, et al. "Trends in the Prescribing of Psychotropic Medications to Preschoolers." *Journal of the American Medical Association* 283 (2000); 1025-1060.